in memoriam

Jochen

Inhalt

Thomas Barow
mit Beiträgen von Roland Löffler

Finnland per Rad

Ein CYKLOS-Fahrrad-Reiseführer

Verlag Wolfgang Kettler

Thomas Barow
mit Beiträgen von Roland Löffler

Finnland per Rad

Ein CYKLOS-Fahrrad-Reiseführer

Verlag Wolfgang Kettler

Herausgeber: Wolfgang Kettler

Die Deutsche Bibliothek - CIP-Einheitsaufnahme

Barow, Thomas:
Finnland per Rad / Thomas Barow. - 1. Aufl.
- Neuenhagen : Kettler, 1994
  (Ein Cyklos-Fahrrad-Reiseführer)
  ISBN 3-921939-81-X

Das Frontispiz zeigt eine Paneelfassade in Rauma.

1. Aufl. März 1994

ISBN 3-921939-81-X

Druck: Gallus Druckerei KG, Berlin

Bedanken möchte ich mich an dieser Stelle bei meinen Freunden in Finnland und Deutschland, die mich bei der Erstellung dieses Reiseführes in großartiger Weise unterstützt haben. Besondere Anerkennung gebührt Roland Löffler, der zahlreiche Beiträge beisteuerte. Ohne ihn wäre dieses Buch nicht entstanden.
Danken möchte ich auch Risto Mulari, Gerrit Auel, Dr. Siegfried Löffler und Michael Mann für die geduldige Durchsicht des Manuskripts.

Thomas Barow

Mit dem Fahrrad auf Reisen: Finnland

Die Heckklappe der Fähre öffnet sich. Nachdem Autos und Caravans das Schiff verlassen haben, wird der Weg frei für die gut zwei Dutzend Radfahrer. Verschieden wie ihre Herkunft und Ziele mögen auch ihre Erwartungen und Vorstellungen sein: Die zwei Studentinnen aus dem Rheinland wollen die Seenplatte kennenlernen; ein junges französisches Ehepaar lockt es in die Schärenwelt der Südwestküste. Der junge Mann aus Bayern hat noch keine festen Pläne. »Mal sehen, wohin das Rad mich trägt.« Zwei Holländer - Vater und Sohn - zieht es in die Weite Lapplands. Was all diese Menschen verbindet, ist der Wunsch, Finnland per Rad zu »erfahren«. Jeder von ihnen wird dies in einer einzigartigen und unwiederbringlichen Form tun. Doch wird es auch Gemeinsamkeiten geben: die Herzlichkeit, mit der Radler überall empfangen werden. Mehr als einmal wird man hören: »Tervetuloa - You're welcome!« Das einfallende Licht am Heck erscheint wie das Ende eines langen Tunnels. Helsinki begrüßt seine Gäste mit strahlendem Sonnenschein.

Beinahe zwangsläufig gelangt der Besucher zunächst zum nahen Markt. Nicht laut geht es zu; eher still und unscheinbar wechseln Gemüse, Obst und Fisch ihren Besitzer. Ausländische Touristen sind neugierige Augenzeugen des bunten Treibens - nur selten Käufer.

Szenenwechsel: Lappland, Landstraße 9561 von Köngäs nach Pokka. Seit Stunden nieselt es, die Temperatur beträgt nicht viel mehr als 10 °C. Der Straßenbelag ist durch die Nässe glitschig geworden, Dreck spritzt hoch bis zur Sattelstütze. Mein finnischer Begleiter fährt - ohne ein Wort über das Wetter zu verlieren - mal vor, mal hinter mir. »Was will ich eigentlich hier?« schießt es mir durch den Kopf. Am späten Nachmittag bricht die Wolkendecke auf. Am nördlichen Horizont wird ein Fjäll sichtbar; mein Blick schweift über scheinbar endlose Wälder. Am Abend noch eine Tasse heißer Tee, das Wasser dafür über dem Lagerfeuer gekocht. Für einen Moment erscheint alles andere unwirklich und fern.

Nicht nur tausend Kilometer oder einige Wochen Fahrzeit liegen zwischen diesen beiden Eindrücken. Finnland ist vielfältiger als vielleicht anfangs erwartet. Die unzähligen stillen Buchten im Seengebiet; Straßen, auf denen das Gefühl entsteht, das nahe Wasser greifen zu können. Die Verträumtheit so mancher Kleinstadt an der Küste; der schwedische Einfluß ist noch deutlich spürbar. Die Åland-Inseln: ein paar ins Meer geworfene übergroße Felsbrocken.

Irgendwo in Kainuu, Ostfinnland: Rast an einer kleinen Tankstelle. Diese dient auch - oder vor allem? - als Treffpunkt der Einheimischen. Der spröde Charme ist kaum zu übertreffen: »Kahvia ja pullaa« zwischen Motorenöl und Angelhaken, im Hintergrund dudelt im Radio finnischer Tango. Die wenigen Gäste, Männer in Tarnanzügen, unrasiert, Schirmmützen tragend, unterhalten sich über die Jagdsaison, die gerade begonnen hat. All das ist Finnland!

Anleitung zur Benutzung

Informationen über Benzinpreise fehlen in diesem Reiseführer: er ist voll und ganz auf Fahrradreisen ausgerichtet und verzichtet daher auf alle Details, die für Radler unwichtig sind. Statt dessen legt dieses Buch Wert auf Fahrradwerkstätten und Fähren, preisgünstige Unterkünfte, gute Landkarten und ruhige Nebenstraßen.

Finnland weist eine Fülle von nationalen Eigenheiten auf, deren Kenntnis für den Touristen durchaus nützlich ist, will er nicht stetig mit staunend geöffnetem Mund als lebender Mückenfänger durch die Gegend radeln. Etwas Hintergrundwissen über Finnland und die dort lebenden Menschen steht deshalb am Anfang des Buches.

Im Anschluß an die Hintergrundinformationen sind jene kleinen Dinge zusammengestellt, die der Besucher Finnlands wissen sollte und möchte, wie z.B. Anreisemöglichkeiten, Einreisebedingungen, geeignete Landkarten, innerfinnische Verkehrsverbindungen, Unterkünfte, Details zu geeigneten Fahrrädern oder Kulinarisches.

Der eigentliche Fahrradreiseführer beginnt erst danach. Nach einer Vorstellung der Hauptstadt Helsinki wird Finnland »etappenweise« behandelt. Dazu ist das Land in 99 (auf der am Ende des Buches befindlichen Übersichtskarte ersichtliche) Teilstrecken aufgeteilt, so daß ein weitgehend individueller Reiseverlauf ermöglicht wird. Die durchnumerierten Teilstrecken sind mit Kartenskizzen und Streckenverlauf ausführlich beschrieben, Städte und Sehenswürdigkeiten - teilweise mit Rasterstreifen hervorgehoben - behandelt. Detailinformationen zu einem Ort stehen im allgemeinen nur in jeweils einer Etappenbeschreibung; sie sind über das Register am Ende des Buches schnell zu finden.

Die Streckenführung der Etappen ist speziell auf die Belange des Fahrradtouristen abgestimmt: Weitestgehend werden Nebenstraßen benutzt, landschaftlich und touristisch interessante Stätten ausgesucht.

Die Routenempfehlung enthält keine Vorschriften über die zu vollbringende »Tagesleistung« - die Länge der Tagesstrecken bestimmen ausschließlich Sie.

Namen von Ortschaften und Regionen Finnlands werden in der Sprache aufgeführt, die in dem entsprechenden Gebiet vorherrscht, also in der Form, in der Sie Ihnen bei Ihrer Reise auch auf Schildern und Landkarten begegnet. Für den größten Teil des Landes wird dies Finnisch sein. Insbesondere im südwestlichen Finnland mit seinem hohen Anteil an schwedischsprachiger Bevölkerung werden die Ortsnamen sowohl in finnischer als auch in schwedischer Sprache ausgewiesen. Im Landkreis Inari (Lappland) wird neben dem finnischen auch der samische Name genannt. Im Buch wird jeweils die Bezeichnung, die der sprachlichen Mehrheit entspricht, zuerst erwähnt. Eine Besonderheit gilt auf den Åland-Inseln: dort werden Sie vergeblich nach finnischsprachigen Schildern und Ortsnamen suchen. Schwedisch ist auf der Inselgruppe das dominierende Idiom, dementsprechend werden im Buch nahezu ausschließlich die schwedischen Namen bevorzugt.

Die in den Beschreibungen enthaltenen Details über Ortschaften sollen sowohl der Vorauswahl der jeweils zu Aufenthalt und/oder Übernachtung angepeilten Dörfer und Städte dienen als auch touristische Tips »vor Ort« geben. Sie nehmen Ihnen jedoch nicht das Selbstentdecken der Orte ab.

Die Auswahl der Informationen zielt darauf hin, daß sie einen guten Mittelweg zwischen den strikten Vorschriften üblicher »Radwanderführer« und den für Radtouristen unbrauchbaren Angaben gewöhnlicher Reiseführer bieten. Anhand dieses Fahrradreiseführers allein werden Sie aber keine eigenverantwortliche Finnlandreise unternehmen können; als Ergänzung sind gute Straßenkarten unbedingt erforderlich. Die nötige Präzision einer vielfarbigen Karte kann mit in diesem Buch enthaltenen Skizzen nicht erreicht werden.

Damit Sie nicht mit dem aufgeschlagenen Buch in der Hand durch Finnland fahren müssen und womöglich die besten Eindrücke verpassen, ist es sinnvoll, die Streckenführung im voraus mit einem Stift oder einem Textmarker auf die von Ihnen benutzte Karte zu übertragen. Markieren Sie sich Punkte mit Besonderheiten, zu denen Sie Informationen an Ort und Stelle nachschlagen können. Auf diese Art und Weise ist auch die Umkehrung einer Etappenbeschreibung kein Problem.

Manchmal bestehen Möglichkeiten zu kurzen Querverbindungen zwischen einzelnen Etappen. Sofern diese über offensichtlich sich anbietende Hauptstraßen führen, wird nicht besonders darauf hingewiesen; Nebenstraßenverbindungen sind in den Etappenbeschreibungen genannt.

Land und Leute

Traditionelles wird gerne gezeigt

Fläche und Topographie

Mit 338.145 km² nimmt Finnland fast die gleiche Fläche ein wie die Bundesrepublik Deutschland in den Grenzen nach dem 3. Oktober 1990. Die maximale Nord-Süd-Ausdehnung beträgt 1160 km, die Breite entspricht mit 547 km fast der Hälfte dieser Strecke. Im Osten grenzt Finnland auf einer Länge von 1269 km an die Russische Föderation, im Norden auf 716 km zu Norwegen und im Nordwesten auf 586 km zu Schweden. Im Westen und Süden stellt die Küste zum Bottnischen bzw. Finnischen Meerbusen die natürliche Begrenzung dar. Die Küstenlinie zieht sich über eine Länge von 1100 km. Ein Viertel der Landesfläche liegt nördlich des Polarkreises.

Geologisch ist Finnland Teil des Baltischen Schildes. Es wurde jedoch nicht wie das Gebiet Norwegens von der Gebirgsbildung vor etwa 420 Mio. Jahren erfaßt. Das Grundgestein ist erdgeschichtlich sehr alt.

Im Gegensatz zu seinen skandinavischen Nachbarn ist Finnland ein ausgesprochenes Tiefland. Die durchschnittliche Höhe beträgt etwa 150 m ü. NN, nur etwa ein Zehntel des Landes erhebt sich mehr als 300 m über dem Meeresspiegel. Trotzdem ist »Suomi« in weiten Teilen kein ebenes Land. Die durch die Gletschermassen der letzten Eiszeit geformten Landrücken (Moränen) lassen eine Radtour nicht überall zu einem leichten Dahinrollen werden. Die bekanntesten und höchsten Moränen sind die in 20 bis 25 km Abstand zueinander verlaufenden Höhenzüge Salpausselkä (247 m), die das Seengebiet nach Süden hin abgrenzen. Ein weiteres charakteristisches Landschaftsmerkmal sind die ebenfalls während der Eiszeit entstandenen Oser. Darunter sind langgestreckte schmale Kiesrücken zu verstehen, die in Schmelzwasserrinnen am Grunde des Inlandeises abgelagert wurden.

Mit dem Abschmelzen der Eismassen verringerte sich der Druck auf die Landmasse, die sich dadurch in den letzten Jahrtausenden anhob. Die Hebung ist noch nicht völlig abgeschlossen und beträgt zur Zeit etwa 40 cm an der Süd- und 1 m an der Westküste pro Jahrhundert; die Landfläche vergrößert sich somit jedes Jahr um einige Quadratkilometer.

Finnland trägt den Beinamen »Das Land der 1000 Seen« nicht zu Unrecht. Etwa 10 % des Staatsgebietes werden von Wasser bedeckt. Die Anzahl der Seen beträgt 55.000. Insgesamt ergibt sich daraus eine Uferlänge von knapp 100 m pro Einwohner!

Doch Finnland weist eine ganze Menge mehr als »nur« seine Seen auf. Ganz grob lassen sich drei Regionen voneinander abgrenzen:
- Das Küstengebiet und der Schärengürtel
- Die Seenplatte
- Waldfinnland und Lappland

Die Regionen

Das Küstengebiet und der Schärengürtel

Ein etwa 50 bis 80 km breiter Küstensaum schließt sich unmittelbar an das Meer an. Das Land ist vor allem im Westen nahezu völlig flach. Im südlicheren Bereich, im Schärengürtel und auf den Åland-Inseln, ist das Relief deutlich welliger. Wer hier auf kleinen Nebenstraßen fährt, wird dies schnell verspüren. Beinahe überall wird Ackerbau betrieben. Je weiter man nach Norden kommt, desto weniger landwirtschaftliche Nutzung gibt es. Nur noch entlang der Flußläufe finden sich Siedlungen. An der Westküste befinden sich einige schöne Sandstrände, doch laden die Wassertemperaturen des Bottnischen Meerbusens eher zum Sonnenbaden als zum Schwimmen ein.

Die Landschaften Varsinais Suomi (»Eigentliches Finnland«) um Turku und Satakunta nördlich davon sind das älteste »Kulturland« Finnlands. Hier wurden die meisten prähistorischen Funde gemacht. Auch die Christianisierung des Landes nahm hier ihren Anfang; zahlreiche mittelalterliche Feldsteinkirchen zeugen davon. Erst im weiteren Verlauf des Mittelalters dehnte sich die Besiedlung in Richtung Osten nach Uusimaa/Nyland, das Gebiet zwischen Hanko im Westen und Loviisa im Osten, aus. In dessen Zentrum liegt heute die Hauptstadt Helsinki mit ihren »Satelliten« Espoo und Vantaa.

Noch weiter östlich, schon den Übergang nach Karelien bildend, schließt sich Kymenlaakso an. Entlang des dort verlaufenden Flusses Kymijoki findet sich eine ganze Reihe für die Papierindustrie wichtige Städte, die erst in den letzten hundert Jahren Bedeutung erlangten.

Der Schärengürtel vor der südlichen und südwestlichen Küste bildet ein einzigartiges Labyrinth aus kleinen und kleinsten Inseln. Spätestens bei der Überfahrt auf die Åland-Inseln oder bei einem Blick aus der Vogelperspektive wird dem Reisenden das ganze Ausmaß dieses Gewirrs aus Land und Wasser deutlich.

Die Seenplatte

Die Landschaften Häme und Keski-Suomi (»Mittel-Finnland«) im Westen sowie Savo und Pohjois-Karjala (»Nord-Karelien«) im Osten umschließen ein etwa 100.000 km² großes Gebiet, daß zu 40 % aus Wasserflächen besteht. Für viele Touristen ist es schlechthin *das* Ziel eines Finnlandurlaubs: unzählige Buchten, kleine Landzungen und Inseln, unüberschaubare Wasserflächen - die finnische Seenplatte. Das größte Seensystem ist das des Saimaa mit einer Fläche von 4400 km², aber auch der Pielinen nördlich Joensuu und der Päijänne zwischen Lahti und Jyväskylä - beide mit einer Länge von etwa 100 km - sind nicht zu verachten. Allerorten werden im Sommer Ausflugsfahrten mit alten Dampfern angeboten, die alle aufzuzählen Seiten füllen würde. Die längeren Schiffsverbindungen zwischen verschiedenen Städten wurden jedoch in die Etappenbeschreibungen aufgenommen.

Die meisten Gewässer sind sehr flach. An einem warmen Sommertag erwärmt sich dadurch das Wasser in den schilfbestandenen Buchten sehr schnell, ein abendliches Bad - am besten verbunden mit einem Saunagang - bedeutet eine wahre Wohltat nach einem Tag im Sattel.

Waldfinnland und Lappland

Die weiten Wälder der auch als mittelfinnisches Hügel- und Bergland bezeichneten Region stellen eigentlich nur einen Übergang zwischen dem Seengebiet und Lappland dar. In den östlichen Landschaften Kainuu und Kuusamo beginnt die große Einsamkeit. Neben Fichten- und Kiefernwäldern bestimmen vor allem Moore das Landschaftsbild.

Die Provinz Lappland beginnt zwar schon am Nordende des Bottnischen Meerbusens, doch im Bewußtsein der meisten Finnen ist erst Rovaniemi das »Tor« zur letzten Wildnis Europas. Auf einer Fläche, die fast ein Drittel des gesamten Landes ausmacht, leben nur 4 % der Bevölkerung. Einigermaßen dicht besiedelt sind nur noch die Flußtäler; die Wildmark schließt sich unmittelbar an. Bis ungefähr 250 km nördlich des Polarkreises herrschen scheinbar undurchdringliche Wälder vor. Daran schließt sich die Fjällregion an. Anfangs wachsen dort noch lichte Birkenwälder. In höheren Lagen eines »Tunturi«, so die finnische Bezeichnung eines Fjälls, gedeihen nur noch Flechten und Moose. Insbesondere im nordwestlichen Zipfel um Enontekiö steigt das Profil deutlich an. In diesem Bereich befindet sich auch der Haltiatunturi, die mit 1328 m höchste Erhebung Finnlands. Wer sich bis hierhin wagt, sollte unbedingt die entsprechende Ausrüstung (Zelt u. Schlafsack) mitführen. Die Entfernung zur nächsten Siedlung kann durchaus über achtzig Kilometer betragen!

Klima und Wetter

Das Wetter in Finnland unterscheidet sich teils beträchtlich von den aus Mitteleuropa gewohnten Normen. Es wird in erster Linie durch ein kontinentales Klima geprägt. Abgeschwächt wird dieses durch den Einfluß des Golfstromes, der dafür sorgt, daß die Temperaturen während der Sommermonate sehr angenehm sind. Sogar in Lappland steigt die Quecksilbersäule tagsüber ohne weiteres auf 20 °C. In den südlicheren Gebieten sind Temperaturen bis zu 28 °C durchaus möglich. Während des Sommers ist schon in Südfinnland der Tag deutlich länger als in Mitteleuropa, oft erschöpft sich die Nacht in einer langen Dämmerung. Eine künstliche Beleuchtung ist während dieser Zeit allenfalls zum Lesen notwendig. Die Mitternachtssonne können Sie frühestens am Polarkreis erleben, dort jedoch nur zur Sommersonnenwende am 21. Juni. Die größte Niederschlagsmenge fällt im August. Mit Ausnahme des flachen Küstenstreifens spielen Winde keine besonders große Rolle; wenn es weht, dann meistens aus südlicher Richtung.
Trotz der zum Radfahren angenehm milden Sommertemperaturen gehören grundsätzlich einige warme und regensichere Kleidungsstücke ins Gepäck. Insbesondere im Norden kann es auch längere Zeit regnerisch und kühl sein.

Temperaturen und Niederschläge im Juli:

	Helsinki	Kuopio	Vaasa	Sodankylä
	60°N 25°O	63°N 28°O	63°N 22°O	67°N 27°O
Lufttemperatur (°C), Monatsmittel				
	18,0	17,2	16,6	14,6
Lufttemperatur (°C), mittlere tägliche Maxima				
	21,7	21,8	20,6	20,0
Niederschlag (mm)				
	59	53	60	75
Anzahl der Tage mit mind. 1 mm Niederschlag				
	8	9	8	11

Quelle: *Stat. Bundesamt Wiesbaden, Länderbericht Finnland 1993*

Vegetation und Tierwelt

Der Großteil des Landes gehört der borealen Nadelwaldzone (Taiga) an. Die Pflanzenwelt dieser Zone ist nicht besonders artenreich, vorherrschende Baumarten sind Fichte, Kiefer und Birke. Die Fichte benötigt relativ nährstoffreiche Böden, die Kiefer begnügt sich mit einem sandigeren nährstoffarmen Grund. Den Unterwuchs bilden Flechten und Moose sowie verschiedene Zwergsträucher, deren Früchte in der Reifezeit - im Juli/August - vielerorts gesammelt werden. Vereinzelt am Straßenrand parkende Autos deuten fast immer auf Sammler von Blau-, Preisel- und Multebeeren hin. Letztere, im Deutschen auch Sumpfbeere, im Finnischen »lakka« oder »hilla« genannt, wachsen nur in Feuchtgebieten und sind eine besondere Köstlichkeit. Wer einmal die markante Süße dieser Frucht kennengelernt hat, wird sie so schnell nicht vergessen. Verbreiteste Flechtenart ist die Rentierflechte; manche Wälder werden von dieser wie ein Teppich durchzogen. Bei Trockenheit ist die Flechte steif und brüchig, nach einem Regenguß wunderbar weich. Während der kalten Jahreszeit ist sie Hauptnahrungsmittel der Rentiere.

Nach Norden hin werden die Wälder immer lichter, die durchschnittliche Höhe der Bäume nimmt sichtbar ab. Gleichzeitig sind immer mehr Moore zu sehen. Polwärts verschwindet die Fichte als erste aus dem Landschaftsbild, die Taiga geht über in die Tundra. Auf den Fjälls Lapplands gedeihen Krüppelbirken, auf größeren Höhenstufen nur noch Flechten und Moose.

Kaum aus Helsinki heraus, fällt dem mitteleuropäischen Touristen als erstes ein Verkehrsschild auf, daß er von zu Hause nicht kennt: ein Warnschild mit der Silhouette eines Elchs, des größten europäischen Landsäugetiers. Für Radfahrer wird dieser kaum eine Gefahr darstellen, die Tiere sind äußerst scheu und flüchten beim kleinsten Geräusch. Wer in der Morgen- oder Abenddämmerung auf Nebenstraßen fährt und sich dabei möglichst ruhig verhält, kann Glück haben und auf einer Lichtung eines oder sogar zwei dieser bis zu 500 kg schweren Tiere zu Gesicht bekommen. Für rasende Automobilisten kann der Zusammenprall mit dieser prächtigen Kreatur mehr als nur einen Blechschaden bedeuten. Der Bestand gilt als gesichert, die Jagd ist reglementiert. Nur ein bestimmtes Kontingent darf pro Jahr erlegt werden, die Jagdsaison ist auf den Herbst begrenzt.

Schätzungsweise 400 Braunbären leben derzeit wieder in Finnland, lange Zeit war die Spezies vom Aussterben bedroht. Die nordeuropäische Gattung bleibt viel kleiner als ihr nordamerikanischer Verwandter. Ebenso wie die Elche suchen Bären das Weite, sobald sie die Witterung des Menschen aufnehmen. Sogar unter den Einheimischen stellt das vereinzelte Auftauchen eine Überraschung dar: »Ja, der Heikkinen vom Nachbarhof hat letzten Herbst am Berg Juurikkavaara einen gesehen.« Es käme schon einer kleinen Sensation gleich, sollte Ihnen auf Ihrer Reise ein Exemplar über den Weg laufen. Aber Vorsicht: Es ist nicht abschätzbar, wie ein Tier reagiert, daß sich bedroht fühlt!

Ein weiterer Räuber, der Wolf, gilt in ganz Skandinavien inzwischen als ausgerottet. Es gibt zwar noch einzelne Tiere, aber die sind für eine natürliche Bestandssicherung nicht ausreichend. Vom gleichen Schicksal bedroht war der Luchs, doch hat sich dieser wieder stärker ausgebreitet. Sehen wird man auch ihn wahrscheinlich nicht; die als Einzelgänger lebenden Tiere nehmen ein sehr großes Areal für sich in Anspruch. Mit etwas Glück erblickt man ab und zu einen Fuchs - und nicht nur wie hierzulande plattgefahren am Straßenrand. Wer sich in der freien Natur aufhält, wird dabei häufiger Eichhörnchen beobachten können.

Die Rentiere im Norden des Landes sind entgegen den Vorstellungen mancher Touristen reine Nutztiere. Ein Rentier zu jagen würde nichts anderes bedeuten, als eine Kuh auf der Weide zu erschießen!

Beim Durchstreifen der Wälder wird man immer wieder auf verschiedene Vogelarten treffen. Dazu gehören vor allem Birk- und Auerhuhn, die beide zur Gruppe der Waldhühner gehören. Eher selten sind die weiten Schwingen des Falken und des Adlers in den Lüften zu sehen. Obwohl die Jagd auf diese Großvögel streng verboten ist, gibt es in den Tageszeitungen von Zeit zu Zeit Berichte über Wilderer. An der Küste, so bei Liminka südlich Oulu oder auf den Åland-Inseln, haben Zugvögel wie Graugänse und Singschwäne ihre Nistgebiete.

Die weltweit einzige Süßwasserrobbenart lebt im Saimaa-Seengebiet, ungefähr 150 bis 200 Tiere der unter Naturschutz stehenden Art gibt es. In den meisten Gewässern tummelt sich buntes Leben. Hechte, Barsche, verschiedene Weißfische sowie Krebse sind fast überall zu Hause. Forellen, Äschen und Lachse bevölkern vor allem die Flüsse. Der Erwerb einer Angellizenz steht auch Ausländern grundsätzlich offen. Benötigt wird ein staatlicher Angelschein (*Kalastuskortti*), den man gegen eine Gebühr von Fmk 30 bei den Postämtern erhält. Zusätzlich muß ein Erlaubnisschein für das jeweilige Gewässer ausgestellt werden. Diesen erhält man bei den Dienststellen des Zentralamtes für Forstwirtschaft (*Metsähallitus*) und verschiedenen den Tourismus fördernden Einrichtungen (Fremdenverkehrsämter, Campingplätze usw.). Je nach Fangaussicht wird dieser mal mehr, mal weniger kosten. Da die Gebiete, für den ein solcher Schein gilt, häufig sehr groß sind, läßt sich Angeln und Radfahren gut miteinander kombinieren. Jugendliche bis 18 Jahre benötigen keine Lizenz. Metsähallitus (Adresse s. Kapitel *Nationalparks*) veröffentlicht jährlich eine Broschüre mit dem Titel »Tervetuloa kalaan«, aus der alles Weitere zum Thema Angeln - auch auf Deutsch - zu entnehmen ist.

Ein heikles Thema sind die Mücken. Böse Zungen in Finnland behaupten, daß die kleinen Plagegeister im Sommer mit den deutschen Touristen kommen und auch wieder mit ihnen verschwinden. Beim Radfahren werden sie nicht weiter stören, aber wehe, man möchte abends noch einige Zeit vor dem Zelt im Freien verbringen. Gerade in Lappland, wo eine besonders kleine und penetrante Mückenart vorherrscht, kann das zu einem Alptraum werden. Die Mückensprays und Lotionen sind nicht jedermanns Sache. Sie führen nach einigen Tagen auf Tour zu einer Güterabwägung: Mückenstiche oder Spray-Schweiß-Gestank. Zu empfehlen sind die in Finnland verwandten Mittelchen, die riechen nicht ganz so stark. Ins Gepäck einer Skandinavienreise gehört immer ein Antiallergikum. Sinnvoll ist es auf jeden Fall, sich zum Lagern ein möglichst offenes Plätzchen zu suchen: sobald etwas Wind aufkommt, verziehen sich die Mücken. Mit dem Abrücken der Touristenschar Ende August hat sich das Thema ohnehin erledigt - bis zum nächsten Saisonbeginn.

Nationalparks

In Finnland gibt es zur Zeit 27 Nationalparks, die zusammen etwa 2 % der Landesfläche einnehmen. Die Parks sind Naturschutzgebiete, die für jedermann frei zugänglich sind. Eine forstwirtschaftliche Nutzung findet nicht statt. Sobald eine Etappe durch ein Schutzgebiet führt oder in der Nähe eines solchen verläuft, wird in der Etappenbeschreibung darauf hingewiesen. Die meisten Parks sind kleiner als 50 km², einige haben aber gewaltige Ausmaße: Die mit Abstand größten Schutzreservate sind der Urho-Kekkonen-Nationalpark (2550 km²) und der Lemmenjoki Nationalpark (2855 km²) in Lappland. Die Parks sind ein ideales Gebiet für Wanderer (s. Kapitel *Wandern*).
Darüber hinaus gibt es noch eine ganze Reihe weiterer Schutzgebiete wie Totalreservate oder Moorschutzgebiete. Die meisten Parks stehen unter der Verwaltung des Zentralamtes für Forstwirtschaft (*Metsähallitus*; wörtlich übersetzt »Waldregierung«). Dieses hat neben zahlreichen Informationsblättern über die Parks auch die kleine deutschsprachige Broschüre »Finnische Nationalparks« veröffentlicht. Diese Informationen sind über die regionalen Dienststellen des Amtes oder über deren Hauptverwaltung zu beziehen. Die Anschrift:

❑ Metsähallitus
   PL 94
   01301 Vantaa
   Tel. (90) 857841

Bevölkerung

Mit dem Beginn der 90er Jahre kletterte die Einwohnerzahl auf etwas über 5 Mio. Menschen. Die jährliche Wachstumsrate liegt bei 0,4 %. Bezogen auf die Gesamtfläche ergibt sich eine Bevölkerungsdichte von knapp 15 Einwohnern/km². Diese Zahl erscheint hoch und niedrig zugleich: Kein anderes so weit nördlich gelegenes Land der Welt hat eine vergleichbar hohe Bevölkerungsdichte vorzuweisen. Niedrig hingegen wirkt diese Angabe in Relation zu deutschen Verhältnissen; die Vergleichszahl beträgt hier 222 Einw./km².

Die Verteilung der Bevölkerung ist äußerst ungleichmäßig. Die höchste Konzentration liegt im Großraum Helsinki, in dem 830.000 Menschen leben. Zwei Drittel aller Einwohner wohnen in den vier südlichen Provinzen Uusimaa, Turku ja Pori, Häme und Kyme, die zusammen weniger als 20 % der Landesfläche ausmachen. Die Bevölkerungsdichte beträgt hier 46 Einw./km². Nach Norden hin wandelt sich dieser Trend in sein Gegenteil: In den Provinzen Lappland und Oulu, die fast der Hälfte der gesamten Landesfläche entsprechen, leben nur noch 13 % der Bevölkerung. Die Bevölkerungsdichte beläuft sich in diesem Gebiet auf 4 Einw./km², in weiten Teilen Lapplands beträgt sie weniger als 2 Einw./km². Siedlungskonzentrationen ergeben sich dort nur noch entlang der Küste und der Flußläufe. Einer Stadt wie Rovaniemi (33000 Einw.) kommt dabei bereits die Funktion eines Oberzentrums zu, d.h. sie versorgt das Umland mit hochwertigen Waren und Dienstleistungen (z.B. Warenhäuser, Hochschulen).

Die Bevölkerung setzt sich aus drei Hauptgruppen zusammen: den Finnen, den Finnlandschweden und den Samen. Zum Teil werden auch noch die in Finnland lebenden Roma als eigene Gruppe angesehen. Durch die allgemeine Bevölkerungsmobilität und Eheschließungen zwischen den Angehörigen der verschiedenen Gruppen gibt es aber bereits seit Jahrhunderten starke Vermischungen. Mögliche Abgrenzungskriterien (ethnologische Zugehörigkeit, Sprache) sind vor diesem Hintergrund zu relativieren.
Die weitaus größte Gruppe stellen mit 94 % der Gesamtbevölkerung die Finnen (*Suomalaiset*). Sprachwissenschaftlich gehören diese zur finno-ugrischen Sprachenfamilie (s. Kapitel *Sprache*).
Die zweitgrößte Gruppe sind die Finnlandschweden (*Finlandsvenskar*), die sich aus Nachfahren eingewanderter schwedischer Bauern und Angehörigen der Oberschicht zusammensetzen. Der Anteil der schwedischsprachigen Bevölkerung ging seit dem 19. Jh. kontinuierlich zurück: 1880 waren es noch 14,3 %; heute sind es nur noch 5,9 % der Bewohner, die Schwedisch als ihre Muttersprache angeben. Ihre Siedlungsschwerpunkte sind die Südwestküste, der Küstenstreifen der Provinz Vaasa/Vasa sowie die Åland-Inseln. (Zur be-

sonderen Situation der Inselgruppe s. Etappe 8.) In manchen Kleinstädten und Dörfern wird nahezu ausschließlich Schwedisch gesprochen, in Städten wie Turku oder Vaasa kommt dem Finnischen jedoch die größere Bedeutung zu.

Ganz im Norden Lapplands leben noch einige tausend Samen (*Sámi*), vielfach auch als »Lappen« bezeichnet. Insgesamt unterteilen sich diese in vier Untergruppen, deren traditionelles Siedlungs- und Wandergebiet von der norwegischen Eismeerküste über die Finnmark bis auf die Halbinsel Kola (Rußland) reichte. Je nach Gruppenzugehörigkeit entwickelten die Samen unterschiedliche Wirtschafts- und Kulturformen sowie verschiedene Dialekte.

Die Angaben über die Anzahl dieser ethnischen Minderheit im finnischen Territorium schwanken je nach Zählweise zwischen 1700 und 6000. Wer selber kein Finnisch und/oder Samisch spricht, wird diese Minorität als solche kaum erkennen können. Die farbenprächtige Tracht aus den Hochglanzprospekten wird im Alltag praktisch überhaupt nicht getragen. Samisch wird von den Wissenschaftlern der finno-ugrischen Sprachgruppe zugerechnet.

Eine weitere Minderheit besteht aus schätzungsweise 7000 Roma. Vielerorts werden Ihnen diese Menschen begegnen. Vor allem die Frauen bilden mit ihrer bunten Kleidung einen Farbtupfer im Straßenbild.

Anders als im benachbarten Schweden leben nur sehr wenige Arbeitsimmigranten in Finnland. Viele von ihnen sind durch Eheschließungen ins Land gekommen.

1992 stellten 3625 Menschen einen Antrag auf Anerkennung als politischer Flüchtling. Noch nie zuvor hatte es eine größere Anzahl von Asylbewerbern gegeben, mehr als die Hälfte von ihnen stammten aus Albanien. Anerkannt wurden weniger als 20 % der Antragsteller, der Großteil der Bewerber wurde abgeschoben. Die zum Teil ambivalente Haltung gegenüber »Ausländern« kommt vielleicht im Zitat eines Finnen zum Ausdruck, das ich während meiner Recherchen vor Ort aufgeschnappt habe: »Gut, daß es in Finnland so wenige Ausländer gibt. Da wissen wir wenigstens, daß wir unsere Probleme selbst verschuldet haben!«

Sprache

»Finnisch? Das ist doch mit dem Ungarischen verwandt!« ist häufig das einzige, was Finnlandneulingen zum Thema finnische Sprache einfällt. Die Aussage ist zwar nicht falsch, nur ist der Verwandtschaftsgrad nicht viel näher als zwischen Deutsch und Persisch. Im Gespräch werden sich Finnen und Ungarn in den meisten Fällen vermutlich des Englischen oder einer anderen Mittlersprache bedienen.

Das Finnische gehört ebenso wie das Ungarische und einige andere, vor allem im nördlichen Rußland gesprochene Sprachen zur finno-ugrischen Sprachfamilie. Diese wiederum bildet zusammen mit den altaischen Sprachen (z.B. Türkisch, Mongolisch) die ural-altaische Sprachfamilie. Die Stammheimat dieser Großgruppe wird irgendwo im Übergangsbereich von Europa nach Asien vermutet. Auf jeden Fall muß sie nördlich des Gebietes entstanden sein, in dem sich die indogermanischen (die meisten europäischen, iranischen und indischen) Sprachen entwickeln konnten. Damit aber haben sich die Gemeinsamkeiten zwischen dem Finnischen und dem Ungarischen auch schon erschöpft. Die Trennung dürfte vor etwa 4000 Jahren erfolgt sein. Auf ihrem langen Weg in das jetzige Siedlungsgebiet ergaben sich natürlich Vermischungen mit anderen Völkern und deren Sprachen. So dürfte das finnische Wort für »Markt« (tori) aus dem slawischen »targ« entstanden sein.

Auch für den Touristen hör- und erkennbar ist die Verwandtschaft zum Estnischen. Wer z.B. im finnischen Fernsehen die Sprache des südlichen Nachbarn hört und schon ein bißchen Finnisch gelernt hat, wird beinahe automatisch einige Wortfetzen des Gesagten verstehen können. Auch das Samische gehört der finno-ugrischen Sprachgruppe an.

Was macht nun das Finnische aus? - Zunächst einmal die angenehmen Seiten. Fast alles wird so ausgesprochen (aus deutscher Sicht), wie es geschrieben wird. Zugegeben, manchmal ist auch das nicht einfach: voileipäpöytä - Butterbrottisch (kaltes Büfett). Die Betonung liegt immer auf der ersten Silbe, wodurch sich die Aussprache etwas monoton anhört. Es gibt weder Artikel noch Geschlecht, was auch erklärt, warum viele Finnen im Englischen »he« und »she« permanent verwechseln. Auch sind Präpositionen so gut wie unbekannt. Statt dessen werden diese durch unterschiedliche Fälle (Lokalkasus) ausgedrückt, insgesamt werden 15 Fälle voneinander unterschieden. Die Endungen der Substantive werden gebeugt, d.h. der Stammform (des Genitivs!) werden eine oder mehrere Nachsilben angehängt. Von der Beugung bleiben auch die Adjektive nicht verschont. Ein Beispiel:

kaunis kaupunki	eine schöne Stadt, die schöne Stadt
kaunii-n kaupungi-n	einer schönen Stadt, der schönen Stadt (Genitiv; Stammformen = kaunii u. kaupungi)
kaunii-ssa kaupungi-ssa	in einer schönen Stadt, in der schönen Stadt (Inessiv)
kaunii-sta kaupungi-sta	aus einer schönen Stadt, aus der schönen Stadt (Elativ)

Daneben gibt es noch unzählige andere Regeln zur Satzkonstruktion und die - von allen Sprachenlernenden gefürchteten - Ausnahmen. Einen anschaulichen Überblick über die Grundregeln der Grammatik und viele nützliche Redewendungen enthält das kleine Werk *Finnisch für Globetrotter* (s. Kapitel *Reiseführer und Literatur*).

Es wird nur selten vorkommen, daß Sie Ihr Finnisch unbedingt benötigen. Die meisten Menschen sprechen Englisch, auch Deutsch wird relativ häufig beherrscht. Wer des Finnischen nicht mächtig ist, der kommt mit Schwedischkenntnissen weiter (so vorhanden); denn damit wird man Sie überall verstehen. Und wenn nicht, steht Ihnen immer noch die Körpersprache zur Verfügung.

Sobald es Ihnen möglich ist, Kontakt aufzunehmen, wird sich die sprichwörtliche Schweigsamkeit der Finnen als Vorurteil herausstellen. Dabei hat sich durch ein paar »Brocken« Finnisch schon so mancher (fremdsprachlicher) Erinnerungsprozeß in Gang setzen lassen. Nur Mut!

Seien Sie auch nicht überrascht, wenn Ihr finnischer Gesprächspartner schon bei einem ersten Kennenlernen zum Duzen übergeht. Das ist in Finnland nichts Außergewöhnliches. So reden sich z.B. Professoren und Studenten gegenseitig mit »Du« (sinä) an, ohne daß dies als etwas Besonderes empfunden würde.

Religion

Die evangelisch-lutherische Kirche ist seit 1593 finnische Staatskirche, der heute 88 % aller Finnen angehören. Ähnlich wie in Deutschland stand ein Mann im Mittelpunkt der Reformation: Mikael Agricola. Er hatte 1536-1539 in Wittenberg bei Martin Luther und Philipp Melanchthon studiert und wurde nach seiner Rückkehr nach Finnland von Gustav Wasa zum Rektor der Kathedralschule in Turku, der damals höchsten Schule des Landes, ernannt. Zu der Zeit war der christliche Glaube keineswegs überall verbreitet. Besonders im Norden des Landes gab es noch samische Kulturen, in denen Schamanismus betrieben und Naturgottheiten verehrt wurden. Die Reformation in Finnland verlief daher einfacher, weil kein großer katholischer Widerstand zu brechen war, und brachte andererseits eine kulturelle Identität für die Finnen: Durch die Übersetzungen des Neuen Testaments (1548) und von Teilen des Alten Testaments ins Finnische wurde Agricola der Begründer der finnischen Schriftsprache. Bereits 1543 hatte er er das erste Buch in finnischer Sprache, ein ABC-Buch, herausgegeben. Der Kirche wurde die Erziehung des Volkes anvertraut, was in einem dünnbesiedelten Land sehr schwierig war. Die Kathedralschule von Turku wurde 1640 in eine Universität umgewandelt, in die »Åbo Akademi«. Im 18. und 19. Jh. wurde das kirchliche Leben von den pietistischen Erweckungsbewegungen bestimmt, die auch noch heute im kirchlichen Leben präsent sind. Als Finnland im letzten Jahrhundert zum zaristischen Rußland gehörte, zerbrach die sog. »lutherische Einheitskultur«. Der Liberalismus faßte auch in Finnland Fuß, was 1869 zur Trennung von Staat und Kirche führte. Seit 1922 gibt es schließlich ein Religionsfreiheitsgesetz, doch ist die Verbindung von Staat und Kirche weiterhin eng. So führt die Kirche das Bevölkerungsregister, und der Staatspräsident ernennt nach wie vor die Bischöfe, die von kirchlichen Synoden zuvor gewählt werden.
Wer das Bedürfnis nach einem deutschsprachigen Gottesdienst hat, kann in Helsinki die deutsche evangelische Gemeinde besuchen.

Die Zahl der katholischen Christen in Finnland ist verschwindend gering; es sind etwa 4000 Gläubige. Etwa 1000 Finnen sind Mitglieder der jüdischen Gemeinde.

Die orthodoxe Kirche ist mit ihren 53000 Mitgliedern neben der lutherischen Kirche die zweite Staatskirche Finnlands. Ihr spirituelles Zentrum ist das Kloster Uusi-Valamo (Neu-Valamo). Nach der orthodoxen Überlieferung kam im 12. Jh. der griechische Mönch Sergei nach Valamo, einer Insel im Ladoga-See. Zusammen mit seinem karelischen Schüler Hermann gründete er das erste Kloster in Karelien, das im Mittelalter zu einem Wallfahrtsort und einer hoch geachteten theologischen Institution wuchs. 1940 mußten die Mönche als Folge des Winterkrieges Valamo verlassen und zogen an ihre heutige Wirkungs-stätte, wo 1977 eine neue Kirche geweiht wurde. Seit dem Zerfall der Sowjet-union bemühen sich die Mönche um den Wiederaufbau ihres alten, leider stark verfallenen Klosters auf der Insel Valamo. Die Ikonen aus dem 18.Jh. - vor al-lem die »wunderwirkende Ikone der Gottesmutter von Konevitsa« - konnten nach Uusi-Valamo gerettet werden, wo sich auch die größte Ikonenkonservie-rungsanstalt Skandinaviens und die umfangreichste orthodoxe finnische Biblio-thek befindet. Wer sich stärker für den orthodoxen Glauben interessiert, ist dort am richtigen Ort. Die Mönche feiern täglich viermal Gottesdienst. Außerdem lädt das Kloster ein, Seminare, geistliche Tagungen und die besonders feier-lichen Festgottesdienste zu besuchen (z.B.: Festtag der Apostel Petrus und Paulus am 29.6., Festtag der wunderwirkenden Ikone der Gottesmutter von Konevitsa am 10.7., Feier der Verklärung Christi am 6.8.). Darüber hinaus ist es möglich, einige Wochen als Volontär im Kloster zu verbringen und mit den Mönchen zu leben. Interessenten wenden sich an folgende Adresse:

❑ Valamon luostari
   79850 Uusi-Valamo
   Tel. (972) 61911

Klosterkirche Uusi-Valamo

Zeugen der Geschichte

Wie die gesamte skandinavische Landmasse, so war auch das Gebiet von Finnland während der letzten Eiszeit vor 12.000 Jahren von einer mächtigen Eisschicht überzogen. Dadurch bedingt haben sich menschliche Lebensformen erst verhältnismäßig spät in diesen nördlichen Breiten etablieren können. Erste Spuren sind etwa 10.000 Jahre alt und befinden sich an der Küste des nördlichen Eismeeres auf dem Territorium Norwegens. Aus der Zeit um 7200 v. Chr. stammen die ältesten im Gebiet von (Süd-) Finnland gemachten Funde. Bei diesen Menschen handelte es sich um eine nur mit einfachen Steinwerkzeugen hantierende Jäger- und Fischerbevölkerung.

Etwa um 3000 v. Chr. kam eine neue, die *Kammkeramikkultur* auf. Ihren Namen erhielt sie durch einen in Form eines Kamms gestalteten Stempel, mit dem verschiedene Tongefäße verziert wurden. Auch in dieser Zeit stellten Jagd und Fischfang die einzige Lebensgrundlage dar. Eines der wenigen überlieferten Zeugnisse dieser Kultur sind die Felszeichnungen von Astuvansalmi (s. Etappe 77). Inwieweit die Kammkeramiker als direkte Nachfahren der erwähnten ersten Bewohner anzusehen sind, konnte von den Archäologen bislang nicht geklärt werden. Der Ursprung dieser Bevölkerung wird in Osteuropa vermutet, die Wanderungsbewegung dürfte über dem Landweg erfolgt sein.

Mit indogermanischen Stämmen wird die *Bootaxt*- bzw. *Schnurkeramikkultur* (1800-1600 v. Chr.) in Verbindung gebracht. Ackerbau und Viehzucht sind deutliche Kennzeichen eines sich wandelnden Lebensalltags. Gleichzeitig entwickelten sich erste Beziehungen über das Meer hinweg nach Schweden. Darüber hinaus bestanden bereits religiöse Vorstellungen, wie aus verschiedenen Grabbeilagen geschlossen werden kann.

In der Zeit zwischen 1300 und 500 v. Chr. ist die *Bronzezeit* in Finnland anzusiedeln. Da die Kupfervorkommen des Landes noch nicht bekannt waren, muß es sich um eine »importierte« Kultur gehandelt haben. Auch ist die Anzahl der Überreste vergleichsweise gering. Lediglich im Küstenbereich wurden Gerätschaften und steinerne Grabhügel entdeckt, so z.B. auf den Åland-Inseln, bei Lappi (s. Etappe 14) oder bei Laihia (s. Etappe 20). Ein plötzlicher Klimawechsel bedeutete das Ende dieser Epoche. Die bis dahin vorherrschenden Laubbäume verschwanden, Nadelgewächse wie die Fichte setzten sich durch.

Bei all diesen prähistorischen Kulturen hat es sich noch nicht um die Vorgänger der »eigentlichen« Finnen gehandelt. Diese wanderten um die Zeitenwende über das Baltikum und den finnischen Meerbusen nach Südwestfinnland ein. Die erste schriftliche Quelle lieferte der römische Geschichtsschreiber Tacitus in seiner »Germania«. Er beschrieb darin ein armes und wildes Volk, daß weder Behausungen noch eiserne Waffen kenne. Es ist allerdings nicht ganz geklärt, ob dieses vom Römer als »Fenni« bezeichnete Volk tatsächlich mit den einwandernden Finnen übereinstimmt oder ob er damit die Urbevölkerung meinte. Auf jeden Fall belegen Funde von römischen Weinschalen und Eisenschwertern, daß bereits um diese Zeit Beziehungen zur fernen Großmacht bestanden haben müssen.

Die *Eisenzeit* setzte in Finnland erst um 550 n. Chr. ein. Neben der eigenen (Eisen-) Waffenherstellung ist vor allem die Bildung von Stämmen, ein Wandel in den Bestattungsbräuchen und der Kontakt zu den skandinavischen Nachbarn zu beobachten. Eine der wichtigsten Quellen für diese Epoche sind die altfinnischen Runendichtungen, die zu einem Teil von Elias Lönnrot im 19. Jh. gesammelt und unter dem schon legendären Titel »Kalevala« veröffentlicht wurden.
Vorherrschende Wirtschaftsform war der Schwendackerbau, bei dem ein Wald gerodet, das Holz verbrannt und die freiwerdende Fläche als Feld genutzt wird. Allerdings lassen sich bei dieser Form der Bewirtschaftung nur zwei bis maximal drei Ernten pro Acker einbringen; neue Rodungen sind erforderlich, auf dem brachliegenden Feld wächst wieder ein Wald heran.

Vom 9. bis ins 11. Jh. unternahmen schwedische Wikinger durch den Finnischen Meerbusen hindurch Reisen nach Osten, die sowohl durch friedlichen Handel als auch durch Raub geprägt waren. Die Schären vor der Südküste Finnlands boten dabei einen willkommenen natürlichen Schutz, erste Siedlungen entstanden. Es gilt als sicher, daß sich bei diesen Streifzügen auch eine größere Anzahl von Bewohnern aus dem Gebiet Finnlands beteiligten. Der Handelsweg führte vom Ostende des Meerbusens weiter entlang der Newa zum Ladogasee, von dort aus dem Oberlauf des Dnjepr folgend bis ans Schwarze Meer und schließlich bis nach Konstantinopel und in die arabische Welt. Auch die Begründung der Reiche von Nowgorod (862) und Kiew (882) gehörten zu den Werken der Wikinger.

Gegen Ende der heidnischen Zeit hatte sich auf dem Gebiet Finnlands noch keine übergeordnete staatliche Organisation entwickeln können. Jedoch haben sich drei Hauptstämme herausgebildet, die untereinander häufig alles andere als gute Nachbarn waren. Im Osten wohnten die Karelier an den Ufern des Ladoga-Sees, im Seengebiet ließen sich die Tavastländer nieder und im Südwesten, dem »eigentlichen Finnland« (Varsinais Suomi), siedelten die Finnen, die später dem gesamten Land den Namen geben sollten: »Suomi«. Insgesamt war der Siedlungsraum auf ein Gebiet beschränkt, das deutlich südlich des 62. Breitengrades (Linie Mikkeli-Tampere-Pori) lag.

Mit der Verfestigung frühmittelalterlicher Staatsformen in Schweden und Nowgorod sowie der damit verbundenen Etablierung der Kirchen katholischer Prägung im Westen und orthodoxer Ausrichtung im Osten entstand auf dem Gebiet Finnlands ein Machtvakuum, das beide Seiten schon aus politischen und wirtschaftlichen Motiven jeweils für sich zu füllen gedachten. Damit begann eine Zeit, in der die Bevölkerung des Landes zum Spielball Schwedens und Rußlands wurde. Die wichtigen politischen Entscheidungen wurden in Uppsala und Stockholm, in Nowgorod, St. Petersburg und Moskau getroffen, die Folgen - jahrzehntelange Kriege - hatten die Menschen in Finnland zu erdulden. Bis in die Neuzeit hinein waren die Interessen der übermächtigen Nachbarn ausschlaggebend dafür, in welche Richtung sich die finnische Geschichte entwikkelte. Dabei standen sie immer unter dem Eindruck der Voraussetzungen und Ereignisse, die sich im Land selbst abspielten.

Um 1155 landete der schwedische König Erich Jedvardson zusammen mit dem aus England stammenden Bischof Henrik sowie einer größeren Truppe an der Südwestküste. Die Zeit der *Kreuzzüge* und der *Christianisierung* hatte begonnen. Bischof Henrik blieb in Finnland, um eine Kirchenorganisation aufzubauen. Jedoch blieb ihm dazu nicht mehr viel Zeit: Keine zwei Jahre später wurde er auf dem Eis des Köyliöjärvi erschlagen (s. Etappe 14).
Etwa gleichzeitig setzten die Bemühungen der Nowgoroder um einen Einfluß auf die Handelsplätze am Ladoga-See und an der Küste des Finnischen Meerbusens ein. Auch die Deutschen und Dänen blieben nicht untätig. Beide waren bemüht, sich möglichst gute Handelsbeziehungen zu den Nowgorodern zu sichern.

Fast hundert Jahre nach dem ersten Kreuzzug trat Jarl Birger, der Schwager des schwedischen Königs und herausragende Persönlichkeit dieser Zeit, einen zweiten Kreuzzug (1249) an; dessen Ziel war es, die durch unterschiedliche Interessen der Streitparteien bedrohte schwedische Vorherrschaft zu sichern. Schwedische Einwanderer siedelten sich an der finnischen Südküste an, die Provinz Nyland (Uusimaa) sowie verschiedene kleinere Festungen entstanden. 1284 wurde Finnland zu einem schwedischen Herzogtum erklärt. Die Burgen von Åbo (Turku) und Tavastehus (Hämeenlinna) sicherten die Machtstellung. Zum Ende des Jahrhunderts drangen die Schweden weiter nach Osten vor und errichteten 1293 die Festung Vyborg (Viipuri), um von dort aus weitere Bereiche Kareliens unter ihre Gewalt zu bekommen. Über viele Jahre tobten heftige Kämpfe im Grenzgebiet. Erst im *Frieden von Schlüsselburg* (schwed. Nöteborg; finn. Pähkinäsaari) fanden diese 1323 ein vorläufiges Ende. Die Grenze verlief vom östlichen Ende des Finnischen Meerbusens nahezu gerade bis zum Nordende des Bottnischen Meerbusens; eine Linie, auf der sich heute ungefähr die Städte Savonlinna, Kuopio und Oulu befinden. Die Frage nach dem Verlauf der Ostgrenze des schwedischen Königreichs sollte noch über Jahrhunderte ein Streitpunkt nordeuropäischer Politik bleiben.
Mit dem Abschluß des Friedensvertrages war auch die Christianisierung des Landes weitgehend abgeschlossen. Im großen und ganzen hatte sich die westlichere Variante durchgesetzt: Den im schwedischen Einflußbereich lebenden Menschen wurde das katholische, den östlich davon siedelnden Kareliern

das orthodoxe Bekenntnis aufgezwungen. Damit verbunden ist auch die Einrichtung von Verwaltungsstrukturen anzusehen, die sich in der Frühzeit mit den entstehenden Pfarreien deckten. Der gesamte zu Schweden gehörende Bereich (einschließlich der Åland-Inseln) wurde dem Bistum Turku unterstellt. Zu den Hauptaufgaben der kirchlichen Verwaltung gehörte das Eintreiben der Steuern, die in Naturalien zu entrichten waren.

Im Südwesten entstand eine große Zahl von Feldsteinkirchen, von denen die meisten noch heute gut erhalten sind. Die neuen Stände Adel und Geistlichkeit setzten sich sowohl aus der schwedischen als auch aus der einheimischen Bevölkerung zusammen, wobei weltliche Macht eher von auswärtigen Personen bekleidet, geistliche hingegen auch von Finnen ausgeübt wurde.

Mitte des 14. Jh. erhielt das Land schwedisches Recht, in einem Brief des Königs Hakon aus dem Jahr 1362 wurde dem Adel und der Geistlichkeit der »Ostlande« ausdrücklich das Recht bestätigt, an der Königswahl teilzunehmen. Finnland wurde während des gesamten Mittelalters als gleichberechtigte schwedische Provinz angesehen.

Innenpolitische Auseinandersetzungen in Schweden führten 1397 zur Bildung der *Kalmarer Union*, des ersten ganz Skandinavien umfassenden Regierungsverbands. Zu den wichtigsten Auswirkungen auf Finnland gehörten die Anstrengungen der Krone, die - aus ihrer Sicht nutzlose - Wildmark zu besiedeln und somit neue Steuerquellen zu erschließen. Diese Versuche führten zur Konfrontation mit der ansässigen Bevölkerung, für die das nicht erschlossene Gebiet als Jagd- und Fischereirevier durchaus wichtig war. Auch wurden in der Unionszeit die Verwaltungs- und Gerichtbezirke neu aufgeteilt, wobei diese nicht mehr den bisherigen Pfarreien entsprachen. In Turku bildete sich ein oberstes Gericht, das sich aus in Finnland lebender hoher Geistlichkeit und dem Hochadel zusammensetzte.

Der skandinavischen Union war kein ungetrübtes Glück beschieden. Der Streit um die zukünftige Machtverteilung ließ schon bald verschiedene Aufstände ausbrechen. In Finnland gärte es in den den 30er Jahren des 15. Jh., verstärkt wurde der Konflikt durch die begonnene Wildmarkbesiedelung. Karl Knutsohn, der Schloßherr von Viborg (Viipuri) wurde 1448 zum König gewählt, und es kam zur offenen Auseinandersetzung mit den Dänen. Diese zwangen Karl im Jahre 1457 zur Abdankung und inthronisierten ihrerseits Christian von Oldenburg. Unter Druck des dänischen Ritters Erik Axelson Tott erkannte die Ständeversammlung in Finnland den neuen Herrscher an. Aus eigenem Machtdenken heraus verhalf der Familienverband der Totts dem abgesetzten Karl Knutsohn abermals auf den Thron. In der Folgezeit übernahmen zwei der Brüder die ehemalige Königsresidenz Raseborg (Raaseporin linna, s. Etappe 2) und die Festung Korsholm (s. Etappe 18). Erik Axelson Tott war es auch, der für neuen Konfliktstoff an der Ostgrenze sorgte, als er 1475 die Olavsborg (Olavinlinna, s. Etappe 92) errichten ließ.

Mit dem Aussterben der Totts gewann der Reichsverweser Sten Sture die

Macht über ganz Finnland. Die Ausbreitung des Siedlungsgebietes über die 1323 vereinbarte Grenzlinie hinaus brachte ihn in Gegensatz zum Großfürsten von Moskau, der - Pech für Sture - sich 1493 mit dem Unionskönig Hans verbündet hatte. Der Krieg gegen Rußland (1495-1497) endete aus politischer Sicht glimpflich: Das Land wurde nicht besetzt, lediglich Sten Sture mußte (vorübergehend) abtreten. Mit dem Ende der Herrschaft des Unionskönigs Hans (1501) gelangte er wieder in seine alte Position.

Zu Beginn des 16. Jh. brachen die unionsinternen Gegensätze zwischen Dänemark und Schweden-Finnland wieder auf, insbesondere Finnland wurde von den Kämpfen hart betroffen, die Union brach für alle Zeiten auseinander.

Ein tiefer Einschnitt ergab sich mit der Regierungszeit von *Gustav Wasa I.* (1523-1560) und der *Reformation*. Zu den bedeutensten Leistungen des Begründers der Wasa-Dynastie gehörte die Straffung der Zentralverwaltung sowie - auf den Ostteil seines Reiches bezogen - die Ausweitung der Besiedlung über die alte Grenze von 1323 hinaus nach Nordosten. Bestand bis dahin ein Wahlkönigtum, so konnte Gustav Wasa I. ein Erbkönigtum durchsetzen.

Die Reformation dürfte für den erfolgreichen Herrscher mehr Mittel als Zweck gewesen sein. Der Reichstag von Västerås (1527) nahm dem Klerus nahezu vollständig seine Gerichtsbarkeit, hohe geistliche Würdenträger sollten in Zukunft direkt vom König bestimmt werden. Sich selbst ernannte er zum Oberhaupt der Kirche. Die bisherigen materiellen Verhältnisse - reiche Kirche, armer Staat - verkehrten sich in ihr Gegenteil; auch wurden die Bischöfe gezwungen, ihre Burgen aufzugeben. Die Festung Kuusisto (bei Turku, s. Etappe 7) wurde auf Befehl Gustav Wasas I. abgerissen, der Machtfaktor »Kirche« war damit ausgeschaltet.

Die Vermittlung der tieferen geistigen Inhalte der Reformation wird in Finnland vor allem mit einem Mann verbunden: Mikael Agricola. Obwohl hier bereits drei weitere Geistliche vor ihm - unter anderem der Bischof von Turku, Martinus Skytte - im Sinne Luthers gepredigt hatten, so gilt doch Agricola als der eigentliche Reformator Finnlands. Auf Veranlassung seines Bischofs studierte der junge Mönch bei Luther in Wittenberg, kehrte dann nach Finnland zurück, bekleidete schließlich das Amt des Rektors der Turkuer Kathedralschule und war bis zu seinem Tode 1557 Bischof von Turku. Seine wichtigste Leistung war die Übersetzung des Neuen Testaments sowie einiger Bücher des Alten Testaments ins Finnische. Darüber hinaus schuf er eine erste Fibel, was ihn zum Schöpfer der finnischen Schriftsprache werden ließ.

Die de facto bestehende Ausweitung im Osten des schwedischen Herrschaftsbereichs, bedingt durch die Siedlungspolitik des 16. Jh., ließ die alte Rivalität mit dem slawischen Nachbarn wieder in den Vordergrund treten. 1570 begannen die Russen den Krieg, der als die »Lange Fehde« in die Geschichte eingehen sollte. Er dauerte 25 Jahre und endete mit dem Frieden von Täyssinä (1595). Die Grenze rückte nun im Norden bis ans Eismeer. Aber auch dieser

Friede währte nicht lange. Weitere Eroberungen führten zur Ausdehnung bis zum Ladoga-See und dem Frieden von Stolbovo (1617).

Inzwischen war in Schweden *Gustav II. Adolf*, ein Enkel Gustav Wasas I., ans Ruder gelangt. Unter seiner Regentschaft stieg das Reich im 17. Jh. zu einer europäischen Großmacht empor. Wie nur sein Großvater vor ihm, war der junge König darauf bedacht, Staatsverwaltung und Gerichtswesen zu modernisieren. Dazu gehörte auch, daß eine immer größere Anzahl von Urkunden und Dokumenten benötigt wurde, die eine Kenntnis der schwedischen Sprache voraussetzten. War bislang auch unter den Adligen die Kenntnis und Verwendung des Finnischen durchaus akzeptiert, so dominierte nun eindeutig das Schwedische.

Diesem Trend entgegenzuwirken war eines der Ziele des schwedischen Grafen *Per Brahe*, der den Titel eines »Generalgouverneurs« von Finnland führen konnte. So forderte er, daß nur des Finnischen mächtige Personen in den Beamtenstand berufen werden dürften, und verlangte, daß auch der Adel die Sprache der meisten Einheimischen erlerne. Auf den in Finnland hochverehrten Brahe gehen zahllose Städtegründungen im ganzen Land zurück. Auch die Eröffnung der Universität zu Turku, für lange Zeit die einzige Hochschule auf finnischem Boden, war sein Werk. Auf seine Veranlassung hin wurde die von Agricola begonnene Übersetzung der Bibel ins Finnische vollendet.

Gegen Ende des 17. Jh. führte eine Mißernte von bislang nicht bekanntem Ausmaß zu einer großen Hungerkatastrophe. Die Regierenden in Stockholm blieben gegenüber der Not der Bevölkerung untätig, etwa ein Drittel der gesamten Bevölkerung im Ostteil des Reiches verhungerte.
Diese schwere Lage wurde durch außenpolitische Ereignisse noch weiter verschärft. Die von Schweden im 17. Jh. arg gebeutelten Länder Rußland, Polen und Dänemark schlossen sich zu einem Bündnis zusammen. Im Jahre 1700 beginnt der *Große Nordische Krieg*, Schweden verliert ein Territorium nach dem anderen an seine Widersacher. 1703 gründete der russische Zar das nach seinem Namenspatron benannte St. Petersburg an der Mündung der Newa, 1706 erfolgt ein Angriff auf die Festung Viborg (Viipuri). Erst sechs Jahre später, im Frühjahr 1713, wird das mittlere und westliche Finnland Schauplatz von Kriegshandlungen. In Finnland wurde diese Zeit später als der »Große Unfriede« bezeichnet. Durch die Besetzung des Landes erhoffte sich Zar Peter I., eine günstige Ausgangsposition für die anstehenden Friedensverhandlungen zu erhalten. Mit dem *Frieden von Nystad* (Uusikaupunki) 1723 ging seine Berechnung auf: Er schaffte es, die karelische Landenge (sowie Teile des Baltikums) dem Reich einzuverleiben und somit einen breiten Schutzstreifen vor seiner nach Westen ausgerichteten neuen Hauptstadt zu erhalten.
Im Revanchekrieg 1741-1743 wurde Finnland abermals von russischen Truppen besetzt (»Kleiner Unfriede«), Schweden verlor die südöstlichen Städte Hamina, Lappeenranta und Savonlinna.

In der Folgezeit unternahm die schwedische Regierung verstärkt Versuche, ihre Stellung im Land zu sichern. Vor den Toren des damals noch unbedeutenden Helsinki entstand das »Gibraltar des Nordens«, die Seefestung Sveaborg (»Schwedische Burg«), von den Finnen später in Suomenlinna (»Finnische Burg«) umgetauft. An der Südküste nahmen verschiedene Hüttenwerke ihre Arbeit auf (s. Etappe 2 u. 4), durch Handelserleichterungen gewannen zahlreiche Küstenstädte an Bedeutung.

Der per Staatsstreich an die Macht gelangte Gustav III., ein Neffe Friedrichs des Großen, provozierte Rußland zu weiteren militärischen Aggressionen (1788 u. 1789). Als Folge planten in Finnland Teile des Adels und des Offizierskorps einen Aufstand, der jedoch scheitern sollte. Drei Jahre später wurde der als absoluter Herrscher regierende König von einem Adligen ermordet (1792). Sein Sohn, Gustav IV. Adolf, sah sowohl in Napoleon als auch im russischen Zaren seine Gegner. Als diese sich 1807 im Frieden von Tilsit verständigten und Schweden seine ablehnende Politik gegenüber Rußland in keiner Form änderte, befahl Zar Alexander I. ein Jahr später den Vormarsch auf Finnland. 1809 wurde der schwedische König zur Abdankung und zur Aufgabe der östlichen Landesteile gezwungen.

Mit der Errichtung des autonomen *Großfürstentums Finnlands* (1809) begannen mehr als hundert Jahre der Zugehörigkeit zum russischen Herrschaftsbereich. Allerdings stellte dieser Übergang zunächst keinen wirklichen Bruch dar: Die lutherische Kirche konnte ihre Stellung behaupten, Schwedisch blieb in der Verwaltung und in den gebildeten Kreisen weiterhin die vorherrschende Sprache, Recht und Regierungsform Schwedens wurden beibehalten. Im Laufe des Jahrhunderts formten sich ein eigenes Militär und eine eigene Währung. Die Finnmark, die anfangs noch an den Kurs des Rubels gekoppelt blieb (s. u.), war das erste »nationale« Zahlungsmittel. Das Großfürstentum erhielt einen eigenen Vierständelandtag und einen Senat, Vertreter des Zaren in Finnland war der jeweilige Generalgouverneur; als Hauptstadt wurde 1812 Helsinki bestimmt. Das Verhältnis zwischen den ungleichen Nachbarn war bis in die 80er Jahre des 19. Jh. durch einen weitgehenden Liberalismus von Seiten der Zaren und eine ebenso stark ausgeprägte Loyalität der finnischen Untertanen gekennzeichnet. Im Gegensatz zum von Rußland beherrschten Polen brachen in Finnland keine Aufstände aus, im Krimkrieg (1855) blieben die Finnen dem Zaren treu ergeben.

In der ersten Hälfte des 19. Jh. begann sich eine eigene nationale Identität zu entwickeln. Nicht von ungefähr fiel die Veröffentlichung des Kalevala-Epos durch den Arzt Elias Lönnrot gerade in diese Zeit. Es stellte den ersten Versuch der Begründung einer Nationalliteratur dar. Persönlichkeiten wie Johan Ludwig Runeberg, der Schöpfer der späteren Nationalhymne »Unser Land«, oder Johan Vilhelm Snellman, Staatsrechtler, Journalist und einer der heftigsten Vertreter der Gleichstellung der finnischen Sprache, genießen noch heute hohes Ansehen.

Die Stellung der beiden Landessprachen Schwedisch und Finnisch lieferte Stoff für heftige Kontroversen; die Bildung der politischen Parteien im 19. Jh. war in starkem Maß mit dem Streit zwischen »Fennomanen« und »Svekomanen« verbunden.

Mitte des 19. Jh. setzte die *Industrialisierung* ein: 1856 wurde der Saimaa-Kanal eröffnet, der eine direkte Verbindung von der Seenplatte bis zum Finnischen Meerbusen herstellte (s. Etappe 87). 1862 dampfte der erste Zug auf der Strecke Helsinki-Hämeenlinna. Fabriken zur Holzverarbeitung entstanden, so z.B. in Tampere und Valkeakoski. Parallel zur Industrialisierung verschärfte sich die soziale Frage, 1899 wurde die sozialistische Partei gegründet.

Ein wesentlicher Grund für das Erstarken der finnischen Wirtschaftskraft war die Loslösung vom Kurs des Rubels (1865) und die 1878 erfolgte Umwandlung der Finnmark in eine Goldwährung, welche die Eigenständigkeit des Großfürstentums unterstrich - sehr zum Verdruß chauvinistischer Kreise in Rußland.

Die Lage dort hatte sich inzwischen gewandelt. Seit der Ermordung Alexanders II. (1881) wuchs der Einfluß der Panslawisten am russischen Hof. Personifiziert wurde dieser Wandel in der Person des 1898 in das Amt des Generalgouverneurs gelangten Nikolaus Bobrikov, der eine gezielte *Russifizierungspolitik* betrieb. Russisch sollte demnach Schul- und Verwaltungssprache werden, ein neues Wehrgesetz sah den Dienst finnischer Wehrpflichtiger in russischen Truppeneinheiten vor. Diese Pläne blieben nicht ohne Widerstand, Bobrikov starb bei einem Attentat 1904. Ein Jahr später verlor das Zarenreich den Krieg in Ostasien, in Rußland brachen Unruhen aus. In der Folgezeit war der Zar zu Zugeständnissen gezwungen. Finnland erhielt 1906 ein Einkammerparlament, das Frauenwahlrecht - das erste in Europa - wurde eingeführt. Zar Nikolaus II. versuchte in den folgenden Jahren, alte Machtpositionen zurückzugewinnen und verletzte dabei massiv die finnische Autonomie.

Für die Zukunft bedeutete dies den Kampf um die völlige Loslösung von russischer Vormundschaft. Der Erste Weltkrieg und die Revolution in Rußland sollten die Wende herbeiführen. Am 6. Dezember 1917 erklärte das finnische Parlament seine *Unabhängigkeit*. Die von Lenin geführte bolschewistische Regierung war die erste, die noch im selben Jahr die Selbständigkeit formell anerkannte.

Der Streit um die zukünftige Staatsform - parlamentarische Demokratie oder Räterepublik - entzweite die Nation. Aus dem Befreiungskampf wurde ein *Bürgerkrieg*, bei dem sich »Rote Garden« (Bolschewisten) und »Weiße Garden« (Monarchisten und Bürgerliche) bis zum äußersten bekämpften. Mit Hilfe des aus Finnen bestehenden 27. Preußischen Jägerbataillons sowie ins Land gerufener deutscher Truppen gewannen die »Weißen« bis zum April 1918 die Oberhand. Bei den Kämpfen starben 1500 Menschen, 70000 »Rote« wurden gefangengenommen, 8000 davon hingerichtet.

Ein seltsames Zwischenspiel gab es im Oktober des Jahres 1918. Die Anhänger der Monarchie setzten sich mit ihrem Vorschlag durch, dem hessischen Prinzen Friedrich Karl die Krone eines finnischen Königs anzubieten. Das Abdanken Wilhelms II. vom deutschen Kaiserstuhl beendete diese Träume.

In den 20er Jahren festigte sich der junge Staat nach innen und außen. Die Verfassung bestand bereits seit dem 17. Juni 1919. Die durch den Bürgerkrieg verursachte Spaltung der Nation wirkte noch lange nach. Daran änderte auch die Tatsache nichts, daß die Sozialdemokraten 1926 zum ersten Mal an einer Regierungskoalition teilnahmen. Außenpolitisch wichtig war die Unterzeichnung des Friedensvertrages mit der Sowjetunion 1920 (Friede von Dorpat). Darin erhielt Finnland die Gegend um Petsamo, womit ein Zugang zum Eismeer frei wurde. Ein weiterer Prestigegewinn bedeutete die Zuerkennung der Åland-Inseln zum finnischen Territorium durch den Völkerbund 1921 (s. Etappe 8).

Wie in den meisten europäischen Staaten entwickelte sich auch in Finnland eine faschistische Gruppierung. Jedoch war die Bedeutung dieser sog. »Lapuabewegung« zu keiner Zeit wirklich bedeutend. Bereits 1932 wurde sie per Notverordnung verboten.

In die bisher schwerste Krise wurde die Republik im Herbst 1939 gestürzt, als sie von der sowjetischen Regierung eine Note mit der Aufforderung zur Abtretung eines Gebietes auf der Karelischen Landenge und der »Verpachtung« der Halbinsel Hanko als Militärbasis übermittelt bekam. Form und Inhalt der Note glichen denjenigen, die auch die baltischen Republiken empfangen hatten. Die vom späteren Staatspräsidenten Paasikivi und dem Sozialdemokraten Tanner in Moskau geführten Verhandlungen blieben erfolglos, am 30. November 1939 begann der *Winterkrieg*. Sympathie wurde Finnland von allen Seiten bekundet; Unterstützung konnte das Land jedoch keine erwarten. Deutschland und die Sowjetunion waren sich im Geheimvertrag vom 23. August 1939 über ihre »Interessensphären« einig geworden. Die Westmächte konnten kein Interesse daran haben, einen Krieg gegen Stalins Rote Armee zu beginnen. Schweden beharrte aus eigenem Sicherheitsinteresse starr auf seiner Neutralität. Die Finnen wehrten sich verbissen, konnten der materiellen und personellen Übermacht der Russen auf Dauer aber nicht standhalten. Im März 1940 wurde der Friedensvertrag in Moskau unterzeichnet. Ein Teil Kareliens und ein Gebiet im Nordosten mußten abgetreten, Hanko als Militärbasis »verpachtet« werden.

Unterhält man sich heute mit Finnen über diese Zeit, so ist die Ansicht weit verbreitet, daß ein Einlenken bei den Verhandlungen im Herbst 1939 gleichbedeutend mit dem Verlust der Unabhängigkeit gewesen wäre. Das Schicksal Estlands, Lettlands und Litauens zeige deutlich, was unter stalinistischer »Bündnispolitk« zu verstehen sei.

Mit der sowjetischen Annexion des Baltikums im Sommer 1940 wurden finnische Befürchtungen in bezug auf weitergehende Forderungen Stalins weiter verstärkt. In der Not sucht sich der Gefährdete dort Beistand, wo er ihn zu erhalten hofft. Nur so läßt sich das umstrittene Eingehen der militärischen Zusammenarbeit Finnlands mit Deutschland erklären. Schon vor dem Angriff auf die Sowjetunion bezogen Wehrmachtsverbände Stellungen in Lappland, am 22. Juni 1941 begann der deutsch-finnische Angriff auf die Sowjetunion. Erklärtes Ziel der finnischen Führung im sog. *Fortsetzungskrieg* war die Wiederherstellung der Grenzen von 1920; weitergehende Ziele der deutschen Führung wie die Teilnahme an der Blockade Leningrads wurden von der finnischen Regierung durchweg abgelehnt. Mit fortdauerndem Kriegsverlauf verschlechterte sich die Lage der Finnen, im September 1944 kam es zum Waffenstillstand. Auf Druck der Sowjets verpflichteten sich die Finnen, die in Lappland operierenden deutschen Truppen hinauszudrängen. Der von der Wehrmacht praktizierte »Krieg der verbrannten Erde« führte dazu, daß bis auf ein winziges Dorf (s. Etappe 63) jede Siedlung in Lappland zerstört wurde. Im April 1945 verließen die letzten Deutschen das Land.

Im Jahre 1947 schlossen Finnland und die Sowjetunion einen Friedensvertrag, dessen Bedingungen härter waren als die des Abkommens von 1940. In Karelien galt wieder die nach dem Winterkrieg gezogene Grenzlinie; insgesamt verloren 430.000 Karelier (11 % der Gesamtbevölkerung) ihre Heimat. Das Petsamogebiet fiel an die Russen, die Halbinsel Porkkala (s. Etappe 1) mußte für 50 Jahre »verpachtet« werden. Die Reparationszahlungen betrugen 300 Mio. Dollar. Nur ein Jahr nach dem Friedensabkommen unterzeichneten die ehemaligen Kriegsgegner auf Vorschlag Stalins einen »Vertrag über Freundschaft, Zusammenarbeit und Beistand«, in dem sich Finnland verpflichtete, einen eventuellen Angriff Dritter auf die Sowjetunion durch das Gebiet Finnlands zu verhindern.

In der Zeit des Kalten Krieges wurde immer wieder versucht, die auf Verständigung mit dem östlichen Nachbarn und Heraushaltung aus den Interessenkonflikten der beiden weltanschaulichen Systeme ausgerichtete Politik der Präsidenten Paasikivi (1946-1956) und Kekkonen (1956-1982) durch den passiv, i. S. einer totalen Abhängigkeit vom Kreml gebrauchten Begriff der »Finnlandisierung« in Verruf zu bringen. Eine mehr als tausend Kilometer lange Grenze zu einer der größten Militärmächte der Welt hatte jedoch - bei nachdenklicher Betrachtung - ein forscheres Auftreten nicht möglich gemacht. Immerhin ist es den Finnen während der letzten fast fünfzig Jahre gelungen, sich durch eine erfolgreiche Wirtschaftspolitik einen Platz unter den reichsten Nationen der Welt zu sichern.

In den Blickpunkt des internationalen Interesses gelangte Finnland als Ausrichter der KSZE-Konferenzen von Helsinki (1973 u. 1975), in denen heute viele Beobachter einen der Ansätze zu den einschneidenden Veränderungen in Osteuropa während der vergangenen Jahre erblicken.

Übersichtskarte: Verwaltungseinteilung

1 - Uudenmaan lääni
2 - Torun ja Porin lääni
3 - Ahvenanmaan maakunta
4 - Hämeen lääni
5 - Kymen lääni
6 - Mikkelin lääni
7 - Pohjois-Karjalan lääni
8 - Kuopion lääni
9 - Keski-Suomen lääni
10 - Vaasan lääni
11 - Oulun lääni
12 - Lapin lääni

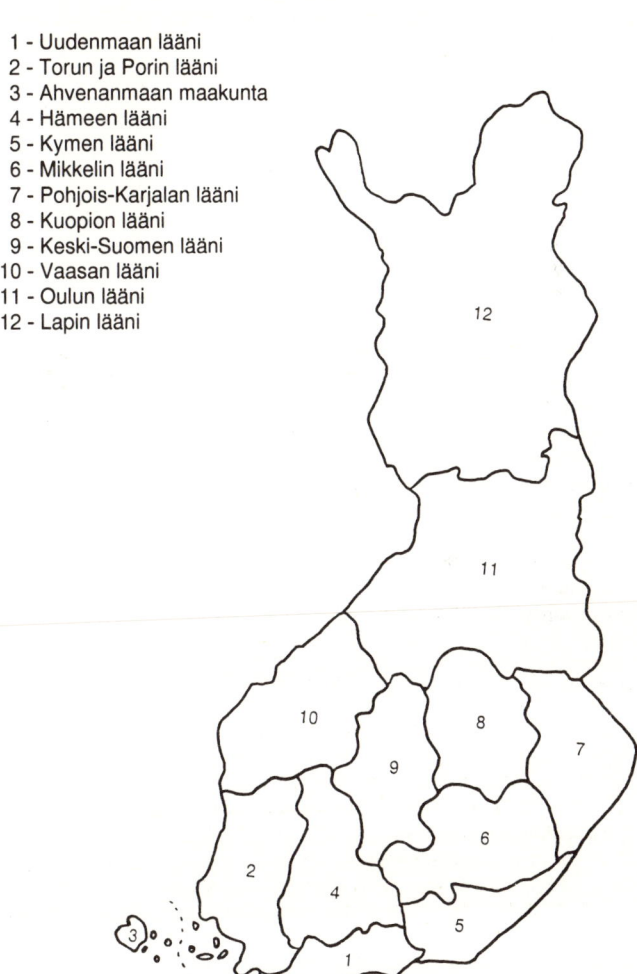

Staat und Verwaltung

Die finnische Verfassung ist seit dem Juli 1919 nahezu unverändert in Kraft. Der Staatsform nach ist Finnland eine Republik, der offizielle Staatsname lautet »Suomen Tasavalta«. Staatsoberhaupt ist der finnische Staatspräsident, der eine sehr einflußreiche Stellung innehat. Er bestimmt die Richtlinien der Außenpolitik und hat über das Inkrafttreten von Gesetzen zu entscheiden. Präsidentschaftswahlen finden alle sechs Jahre statt. Während der zwei Amtsperioden des 1982 erstmals gewählten und 1994 in den Ruhestand getretenen Staatspräsidenten Dr. Mauno Koivisto hat es eine Reihe von Veränderungen gegeben, die auf eine Verringerung der Machtstellung des Präsidenten hinauslaufen. So ist die Auflösung des Parlaments durch den Präsidenten nur noch auf Antrag des Ministerpräsidenten und nach Anhörung des Parlamentspräsidenten und der Fraktionen im Reichstag möglich. Die Amtszeit des Staatspräsidenten wurde auf maximal zwei Wahlperioden begrenzt. Auch die Wahlprozedur erhielt ein neues Gesicht: Wählten die Finnen bislang 301 Wahlfrauen und Wahlmänner, die ihrerseits den Staatspräsidenten bestimmten, so wird nun in direkter Wahl vom Volk darüber entschieden, wer das Amt des Staatsoberhauptes bekleiden soll. Erhält im ersten Wahlgang keiner der Kandidaten die erforderliche absolute Mehrheit, so wird die Entscheidung in einer Stichwahl zwischen den beiden Bewerbern mit den meisten Stimmen herbeigeführt. Bei der ersten so durchgeführten Wahl siegte im Februar 1994 der Sozialdemokrat Martti Ahtisaari.

Dem Ministerpräsidenten obliegt der Vorsitz des Kabinetts, dem insgesamt 16 Ressortminister und der (parteilose) Justizkanzler angehören. Die Machtstellung des Kabinettchefs ist weitaus geringer als die des deutschen Bundeskanzlers. Sowohl der Ministerpräsident als auch die Minister werden vom Staatspräsidenten ernannt, das Parlament muß jedoch dem jeweiligen Kabinett das Vertrauen aussprechen.

Der Reichstag (*Eduskunta*) besteht aus 200 Mitgliedern und wird nach dem Verhältniswahlrecht für jeweils vier Jahre gewählt. Eine Prozentklausel für das Erreichen eines Mandats besteht nicht. Seit den Wahlen vom März 1991 setzt sich das Parlament aus Mitgliedern von neun Parteien zusammen. Der jetzige Reichstag hat mit 77 weiblichen Abgeordneten den weltweit höchsten Frauenanteil vorzuweisen. Das Wahlrecht besitzen die finnischen Frauen bereits seit 1906, so früh wie in keinem anderen Land Europas. Auch die erste Verteidigungsminister*in* der Welt ist eine Finnin: Elisabeth Rehn, Angehörige der Schwedischen Volkspartei, versieht dieses Amt seit 1991 und scheiterte 1994 nur knapp bei den ersten Direktwahlen des Staatspräsidenten.

Die Parteienlandschaft läßt sich nicht in ein einfaches Rechts-Links-Schema pressen. Regierungskoalitionen hat es bereits zwischen allen großen Parteien gegeben. Eine besondere Rolle nimmt die Schwedische Volkspartei (RKP) ein, die als eher konservativer Zusammenschluß die besonderen Interessen der schwedischsprachigen Minderheit vertritt. Sie war und ist an den meisten Nachkriegskoalitionen beteiligt und verfügt derzeit über 12 Mandate im Reichstag. Stärkste gemäßigt konservative Kraft ist die Nationale Sammlungspartei (KOK, 40 Mandate), die ebenfalls in der Regierungsverantwortung steht. Der jetzige Ministerpräsident Esko Aho gehört der Zentrumspartei (KEPU) an, die mit 55 Abgeordneten auch die größte Fraktion stellt. Die Hochburgen des »Zentrums« befinden sich in den ländlichen Regionen im Norden und Osten des Landes. Die Opposition wird derzeit von der Sozialdemokratischen Partei (SDP, 48 Mandate) angeführt. Über lange Jahre war die SDP stärkste Partei im Reichstag, mußte jedoch bei den letzten Wahlen eine herbe Niederlage einstecken. Die politische Linke hat sich seit 1990 im Linksbündnis (Vas, 19 Mandate) zusammengefunden, das aus den »alten« kommunistischen Parteien hervorging und in dem die »Erneuerer« das Sagen haben. Die Grünen (VIHR) konnten sich seit ihrer Gründung in den 80er Jahren kontinuierlich steigern und verfügen im jetzigen Parlament über 10 Sitze. Weitere kleinere im Reichstag vertretene Parteien sind die Christliche Union Finnlands (SKL, 8 Mandate), die Finnische Landvolkpartei (SMP, 7 Mandate) und die Liberalen (LKP, 1 Mandat).

Finnlands Verwaltung gliedert sich in zwölf Provinzen (*lääni*), deren Gebiete zum Teil den traditionellen Landschaften (s. Kapitel *Regionen*) entsprechen. Die Zugehörigkeit der Städte zu den jeweiligen Provinzen wird in den Etappenbeschreibungen genannt. Der Kompetenzbereich einer Provinzverwaltung kann in etwa mit der eines deutschen Regierungsbezirks verglichen werden. Vorsitzender ist ein Landeshauptmann (*maaherra*), der vom Staatspräsidenten ernannt wird. Unterste Verwaltungsinstanzen sind die Städte- und Gemeindeverwaltungen (*kunta*). Deren Parlamente werden jeweils in der Mitte einer Legislaturperiode des Reichstags gewählt, so daß sich in diesen Abstimmungen ein wichtiger Trend für die Stimmung im Land ablesen läßt.

Wirtschaft und Umwelt

Im Eiltempo hat Finnland innerhalb von hundert Jahren den Wandel vom Agrar- zum Industrieland vollzogen und ist heute dabei, sich zu einer Dienstleistungsgesellschaft zu entwickeln.

Nur etwa 7 % der Gesamtfläche werden landwirtschaftlich genutzt. Aufgrund seiner nördlichen Lage und der damit verbundenen kurzen Vegetationsperiode ist die Landwirtschaft Finnlands gegenüber der Mitteleuropas benachteiligt. Die Anbauschwerpunkte des Ackerbaus sind die Tonböden in den südlichen und westlichen Landesteilen. Angebaut werden vor allem Gerste und Hafer, hinzu kommen Kartoffeln und Gemüse. Im äußersten Westen sind Glashauskulturen (Tomaten, Gurken) weit verbreitet. In der Landesmitte und nach Norden hin kommt der Viehwirtschaft (Milch) eine relativ wichtige Bedeutung zu. Einen besonderen Erwerbszweig bildet die Rentierhaltung im äußersten Norden. Noch etwa 2000 Menschen betreiben haupt- oder nebenberuflich Rentierwirtschaft, die Zahl der Rene liegt bei 300.000. Das landschaftliche Erscheinungsbild wird durch Einzelhöfe geprägt, von den Betriebsstrukturen her überwiegen Kleinbetriebe. In vielen Fällen wird Landwirtschaft nur noch als Nebenverdienst betrieben. Insgesamt ist das Agrarsystem darauf ausgerichtet, den eigenen Bedarf zu decken sowie das Einkommen der Bauern zu sichern. Zu beiden Zwecken werden hohe staatliche Zuschüsse bewilligt.
Ökologisch bedenklich ist der auch in Finnland verbreitete übermäßige Einsatz von Düngemitteln. Die Gewinnung neuer Ackerflächen durch Trockenlegung von Sumpfgebieten erscheint angesichts der angestrebten Mitgliedschaft zur Europäischen Union (EU) fragwürdig.

Das traditionelle ökonomische Standbein Finnlands ist die Forstwirtschaft. Nahezu 70 % der gesamten Fläche werden von Wald bedeckt, ein Großteil davon wird bewirtschaftet. Der gesamte Waldbestand Finnlands beträgt rund 1,88 Mrd. m³. Würde man das gesamte Holz in einen Würfel packen, so hätte dieser eine Kantenlänge von 1234 m! Zwei Drittel davon sind in Privatbesitz, weniger als ein Drittel hält der Staat. Der jährliche Einschlag beträgt etwa 43 Mio. m³ oder 2,3 % des gesamten Waldbestandes; der gedachte Würfel hätte immer noch eine Kantenlänge von 350 m. Trotz dieser enormen Einschlagmenge nimmt der Gesamtbestand an Wald zu. Ein Grund dafür ist die Einfuhr von billigem Rohholz aus der (ehemaligen) Sowjetunion. Die Wiederaufforstung aller Rodungen ist gesetzlich vorgeschrieben.
Die Methoden der Forstwirtschaft haben sich in diesem Jahrhundert grundlegend gewandelt. Sie ist durch einen hohen Grad an Automatisierung gekennzeichnet. So braucht eine von nur einem Arbeiter bediente Rodungsmaschine etwa 30 Sekunden, um einen zwanzig Meter hohen Baum zu fällen, zu ent-

asten und in gleichmäßig lange Stücke zu zerschneiden - alles in einem Arbeitsgang. Umfang und Masse des Stamms werden gleichzeitig vom Computer berechnet. Dieser hohe Grad an Mechanisierung bedeutet eine erhebliche Erleichterung der Arbeitsbedingungen für die Waldarbeiter. Mit dieser Entwicklung sank jedoch der Anteil der in der Forstwirtschaft Beschäftigten von 63000 im Jahre 1980 auf weniger als die Hälfte (30000) im Jahre 1992.

Kritiker wenden ein, daß diese intensive Form der Bewirtschaftung einer Monokultivierung Vorschub leiste, da bevorzugt Nadelbäume angepflanzt würden. Dies wiederum führe dazu, daß die Resistenz gegen Umweltverschmutzungen ab- und der Schädlingsbefall zunehme. Auch wird vor einer Reduzierung der Artenvielfalt und dem Verlust des ökologischen Gleichgewichts gewarnt. Tatsächlich ist es so, daß in den 70er Jahren der ökologische Wert der Birke verkannt wurde. Allerdings hat auch hier ein Umdenkungsprozeß stattgefunden. Beim Roden werden die Birken häufig als sog. Überhälter stehengelassen, d.h. sie übernehmen eine Schutzfunktion für die Setzlinge. Bei der Wiederaufforstung werden sowohl Kiefer und Fichte als auch Birke verwandt. Letztere schützen die langsamer wachsenden Nadelbäume vor eventuellen Schadstoffen in der Luft oder im Boden. Nimmt der Bestand an Birken in einem Forst überhand, so werden die weißstämmigen Bäume ausgelichtet.

Untrennbar mit der Forstwirtschaft verbunden ist die holzverarbeitende Industrie. Qualitativ hochwertiges Holz gelangt in die Sägewerke, niedere Güteklassen werden in den Zellulose- und Papierfabriken weiterverarbeitet. Als Transportmittel setzen sich allmählich schwere Lkw durch; das bis in die 80er Jahre noch weit verbreitete Flößen befindet sich auf dem Rückzug. Industriestandorte haben sich vor allem entlang der Küste und in verkehrsgünstig angebundenen Regionen angesiedelt, so z.B. am Südende des Saimaa-Seengebietes. Zellulosefabriken sind es, die vielerorts zu erheblichen Geruchsbelästigungen führen. Auch die Gewässerverschmutzungen gehen zu großen Teilen auf Einleitungen der Zellstoffindustrie zurück.

Vier Fünftel des Produktionsaufkommens der Holz- und Papierindustrie gehen in den Export; die Bundesrepublik gehört seit Jahren zu den wichtigsten Abnehmern. Am gesamten Außenhandel Finnlands nimmt dieser Wirtschaftsbereich einen Anteil von nahezu 40 % ein.

Jedoch sank in den letzten Jahrzehnten der relative Anteil am Wirtschaftsaufkommen zugunsten anderer Industriezweige. Einer der Gründe dafür ist die Umwandlung von Reparationsleistungen an die Sowjetunion (s. Kapitel *Geschichte*) in längerfristige Handelsvereinbarungen, die zu einem beschleunigten Aufbau einer eigenständigen Metall- und Maschinenbauindustrie führten. »Spezialitäten« sind Eisbrecher und die großen Ostseefähren. Auch gab die Mechanisierung der Forstwirtschaft einen Impuls zur Entwicklung der Maschinenbauindustrie.

Eine der Grundlagen hochindustrialisierter Gesellschaften bildet die Energiewirtschaft. Da Finnland neben Holz nur sehr wenige Rohstoffe zur Verfügung stehen, ist es auf die Einfuhr von Brennstoffen angewiesen. Bislang waren dies (stark schwefelhaltiges) Erdöl und Erdgas aus der früheren Sowjetunion. Eigene wichtige Energiequellen sind die Holz- und Torfverbrennung, die Wasserkraft und die Kernkraft. Wie auch in den mitteleuropäischen Ländern ist letztere in Finnland höchst umstritten. Erst im Sommer 1993 wurde der Bau eines fünften Kernreaktors vom Parlament (vorerst) abgelehnt. Auch die »Entsorgung« radioaktiven Materials birgt neue Probleme in sich. Verschiedene »Endlagerstätten« sind im Gespräch, jedoch ist hier noch keine Entscheidung gefallen.

Mehr als die Hälfte der Erwerbstätigen ist inzwischen im weiten Bereich der Dienstleistungen beschäftigt. In manchen Städten erreicht der Anteil in diesem Sektor zwei Drittel aller Beschäftigten. Selbst in sehr kleinen Gemeinden ist das Angebot an Banken, Postämtern usw. noch verhältnismäßig hoch.

Kommt man mit Finnen ins Gespräch über die wirtschaftliche Lage, so werden seit einiger Zeit fast immer zwei Aspekte hervorgehoben: die gegenwärtige Wirtschaftskrise und die kontrovers diskutierte Frage des geplanten Beitritts zur EU.

Seit Beginn der 90er Jahre steckt Finnland in einer tiefen Wirtschaftskrise. Bewegte sich die Arbeitslosenquote während der gesamten 80er Jahre um 5 %, so schnellte sie nach einer kurzen Phase der Hochbeschäftigung 1990 (3,4 %) auf 13,1 % im Jahre 1992 und auf etwa 20 % bis zum Jahresende 1993 in die Höhe. Eine Trendwende ist bislang nicht absehbar. Im strukturschwachen Norden des Landes ist diese Entwicklung besonders deutlich ausgeprägt; vor allem Frauen und Jugendliche sind von Erwerbslosigkeit bedroht. Ein Abbau von Sozialleistungen und ein Sinken der Realeinkommen sind weitere Auswirkungen der Rezession. Zur Unterstützung der Exportmöglichkeiten und als Anreiz für ausländische Investoren wurde die Finnmark zweimal innerhalb eines Jahres um zusammen etwa 25 % abgewertet.
Die Krise wird u.a. auf das allzu schnelle Wirtschaftswachstum in der zweiten Hälfte der 80er Jahre zurückgeführt, was den Finnen die Bezeichnung »Japaner des Nordens« einbrachte. Im Zeitraum von 1987 bis 1989 stieg das Bruttoinlandsprodukt um mehr als 10 % jährlich. Finnische Großunternehmen expandierten gewaltig, ohne daß die Auftragslage gesichert wäre. Der tiefe Fall kam dann unerwartet schnell. Mitausgelöst wurde er durch den Zusammenbruch des sowjetischen Marktes, auf den ein Teil der finnischen Exportwirtschaft ausgerichtet war. In früheren Zeiten lag der Anteil der Ausfuhren in die UdSSR bei knapp über einem Viertel des gesamten finnischen Außenhandelsaufkommens. Grundlage dafür war eine besondere Form der Tauschwirtschaft, das Clearing. Die russische Seite lieferte vor allem Rohstoffe (Erdöl, Gas) und importierte dafür finnische Produkte aus verschiedenen Industriebereichen, insbesondere der Maschinen- und Metallindustrie. Das Sinken der Energiepreise

Mitte der 80er Jahre beschleunigte den Zerfall dieses Marktes.

Seit 1968 ist Finnland Vollmitglied der Europäischen Freihandelsassoziation (EFTA). In den 70er Jahren wurden erste Handelsabkommen mit der Europäischen Gemeinschaft (EG) abgeschlossen. Verhandlungen zwischen EG und EFTA führten im Oktober 1991 zum Abkommen über die Schaffung eines Europäischen Wirtschaftsraumes (EWR), dem auch Finnland angehört. Im März 1992 stellte das Land den Antrag auf Mitgliedschaft in die EG. Die öffentliche Meinung dazu ist geteilt. Dabei sind es weniger die in der Vergangenheit häufig benutzten Argumente der Beibehaltung der Neutralitätspolitik, sondern vielmehr wirtschaftliche Bedenken, die eine allgemeine Zustimmung verhindern. Vor allem von Seiten der Landwirtschaft bestehen berechtigte Sorgen. Das politische Interesse, möglichst unabhängig von eingeführten Lebensmitteln zu sein, führte dazu, daß die Zuschüsse im Agrarbereich die in der EU geleisteten noch übersteigen. Eine fällige »Harmonisierung«, sprich ein Abbau dieser Subventionen, würde das Aus für viele landwirtschaftliche Betriebe bedeuten. Auch die Verhandlungen über den Abbau von Exportsubventionen im Rahmen des Allgemeinen Zoll- und Handelsabkommens (GATT) werden aus diesem Blickwinkel kritisch beäugt. Gerade in noch sehr ländlich geprägten Regionen treffen diese Einwände auf Zustimmung. EU-Befürworter weisen häufig auf die Entwicklungen in den Nachbarländern Schweden und Norwegen hin und warnen vor einer Isolation Finnlands. Bei Redaktionsschluß zeichnete sich in der Bevölkerung trotz aller grundsätzlichen Bedenken eine Zustimmung von über 50 % zugunsten einer EU-Vollmitgliedschaft ab.

Sauna

Irgendwann auf Ihrer Reise wird man Sie fragen, ob Sie die finnische Sauna mögen. Das Gespräch wird sich auflockern, wenn Sie dies aus voller Überzeugung bejahen können. Alles andere würde Ihre finnische Bekanntschaft ohnehin kaum verstehen. Die Sauna gehört in Finnland zum Leben dazu.

Geschwitzt wird in ihr schon seit Jahrhunderten. Die traditionelle Form ist die Rauchsauna. Während des Heizens bleibt der Rauch in der hölzernen Stube; vor dem Eintreten wird er abgelassen, die Pritschen sind rauchgeschwärzt. Weniger das »Baden« als vielmehr das Schwitzen ist in einer solchen Rauchbude möglich. Verbreitet ist dieser Saunatyp heute kaum noch.

Bei der heutigen »Standardsauna« bleibt einem der Rauch erspart. Das wohlige Schwitzen wird durch Aufgüsse von Wasser auf die Ofensteine ausgelöst; ein Dampfstoß umgibt die Badenden. Alle paar Minuten erfolgt ein neuer Aufguß. Es gibt keine besondere Regel, wie lange man sich dieser Prozedur auszusetzen hat; jeder bleibt, solange er sich wohlfühlt. Mit einem Büschel von Birkenzweigen wird der Körper gepeitscht, nicht selbstquälerisch, sondern zur Förderung der Durchblutung. Der angenehme Duft des Birkenquasts läßt Seife überflüssig werden. Zu einer »richtigen« Sauna gehört ein Sprung in den vor ihr liegenden See ebenso wie das Ausruhen auf einer kleinen Bank, von Zeit zu Zeit den Durst stillend. Alkohol ist verpönt, allenfalls ein Bier liegt noch im Toleranzbereich. Die »richtige« Sauna wird mit Holz beheizt; die in den Städten immer mehr verbreiteten elektrischen Saunaöfen sind allenfalls ein Notbehelf.

In früheren Zeiten wurde sich in der Sauna nicht nur gereinigt. Frauen brachten hier ihren Nachwuchs zur Welt. Kinder gezeugt wurden dort allerdings weniger; mit Sex hat finnische Sauna absolut nichts zu tun. Gebadet wird streng getrennt nach Geschlechtern; lediglich innerhalb der Familie ist die »gemischte« Sauna akzeptiert. Es kommt sehr selten vor, aber gelegentlich versuchen auch finnische Männer, unwissende Touristinnen vom Gegenteil zu überzeugen. Lassen Sie sich nicht ins Bockshorn jagen!

Sauna gibt es nicht nur auf Campingplätzen, in Schwimmbädern, Hotels oder Privathäusern. Jede größere Firma, die etwas auf sich hält, bietet ihren Geschäftsgästen ein Schwitzbad an. Mythos oder Wahrheit: Vom ehemaligen Staatspräsidenten Kekkonen wird berichtet, daß dieser seine wichtigsten politischen Entscheidungen zusammen mit seinen Beratern in der Sauna getroffen habe. Wie dem auch sei - werden Sie von finnischen Gastgebern zu einem Saunagang eingeladen, so sollten Sie dies annehmen. Eine Einladung zur Sauna ist Ausdruck höchster finnischer Gastfreundschaft!

Geld

Die nationale Währung Finnlands ist die *markka* (Finnmark), abgekürzt »Fmk« (im internationalen Verkehr »FIM«), unterteilt in 100 *penniä*. Im Umlauf sind Münzen zu 10, 20 und 50 penniä sowie 1 und 5 markkaa sowie Banknoten zu 10, 50, 100, 500 und 1000 markkaa.
Die Ein- und Ausfuhr aller Währungen ist unbeschränkt.

Der Umtausch von Bargeld, Reiseschecks und Eurocheques kann bei fast jeder Bank erfolgen. Bei der Einlösung von Schecks wird ein günstigerer Kurs als beim Bargeldumtausch zugrunde gelegt, allerdings fallen bei bei der Ausstellung von Reiseschecks 1 % Gebühren an. Eurocheques werden in Landeswährung ausgestellt; Gebühren werden erst bei der Abbuchung erhoben (ca. 1,75 %).

Der gleiche günstige Scheckkurs wird berechnet, wenn man von einem deutschen Postsparbuch in Finnland Geld abhebt. Gegen Vorlage des Personalausweises erhält der Sparer (und nur er!) den Gegenwert von pro Tag höchstens DM 1000, innerhalb von 30 Tagen maximal DM 2000, in Finnmark ausbezahlt - gebührenfrei, also eindeutig der preisgünstigste Weg zu finnischem Bargeld. Abhebung ist bei über 500 Postämtern (*posti*) und Postbanken (*postipankki*) möglich, im wesentlichen in Touristenorten und bei den Hauptpostämtern größerer Städte. Jedoch gibt es in jeder Gemeinde ein Postamt, bei dem Sie an Ihr Geld gelangen können. Zu übersehen sind die Ämter nicht, da sie fast immer im Zentrum liegen. Auf eine genaue Aufführung in den Etappenbeschreibungen wurde aus diesem Grund verzichtet. Ein aktuelles Verzeichnis der Abhebungsstellen erhalten Sie ggf. beim »Infoservice Postbank« (Postfach 101520, 66015 Saarbrücken, Tel. [0130] 0880). Insgesamt ist das Netz an Postämtern und -banken dicht genug, um bei geringfügiger Vorausplanung keine Probleme aufkommen zu lassen.
Außer bei Banken kann man auch auf den großen Fährschiffen und in den Häfen, allerdings zu schlechterem Kurs, sein Geld wechseln. In letzter Zeit sieht man auch immer mehr Wechselautomaten.
In jedem Fall darf man damit rechnen, für eine Finnmark etwa DM 0,31 (sFr 0,26 bzw. öS 2,13) bezahlen zu müssen.

Persönliche Schecks von Ausländern - auch Eurocheques - werden von Geschäften usw. in der Regel nicht akzeptiert, obwohl die Verrechnung prinzipiell unproblematisch ist. Hingegen sind Kreditkarten recht verbreitet.

Briefpost

Die finnische Post arbeitet so schnell und zuverlässig, wie man es von allen mitteleuropäischen Ländern gewohnt ist. Dazu gehört auch, daß die Briefkästen nur wochentags geleert werden. Bei den Postgebühren wird zwischen »1. Klasse/Priorität« und »2. Klasse/Nichtpriorität« unterschieden. Bei letzterer müssen zumindest 20 Sendungen gleichzeitig aufgegeben werden, was auf Reisen wohl nur verwegenen Briefeschreibern möglich ist. Die Laufzeiten sind bei der »2. Klasse« um ein paar Tage länger.

Die Portokosten betragen:

Reichweite	*1. Klasse / 2. Klasse*
für Standardbriefe (bis 20 g):	
- innerhalb Finnlands	*Fmk 2,00 / 1,60*
- Nordische Länder und Baltikum	*Fmk 2,30 / 1,90*
- innerhalb des übrigen Europas	*Fmk 2,90 / 2,20*
- außerhalb Europas	*Fmk 3,40 / 2,40*
für Postkarten:	
- innerhalb Finnlands	*Fmk 2,30 / 1,90*
- Nordische Länder und Baltikum	*Fmk 2,30 / 2,10*
- innerhalb des übrigen Europas	*Fmk 2,90 / 2,20*
- außerhalb Europas	*Fmk 3,40 / 3,40*

In Finnland existiert ein fünfstelliges Postleitzahlensystem, das dem deutschen ähnelt. In den meisten Fällen hat eine Stadt oder eine Gemeinde nur eine einzige Postleitzahl; bei einigen größeren Städten können es aber auch mehrere sein. In einigen sehr ländlichen Gegenden wird die Post über das Hauptpostamt der nächstgelegenen Stadt geleitet und mittels der Postbusse verteilt. Die Anschrift trägt dann hinter der Postleitzahl den Namen dieser Stadt, was etwas verwirren kann. Die letzte Zahl von Postfachadressen (PL) ist immer eine »1«, z.B.: PL 1234, 96201 Rovaniemi.

Zur Vermeidung von Verwechslungen und Fehlleitungen ist es erforderlich, im Auslandsbriefverkehr das Kfz-Nationalitätskennzeichen des Bestimmungslandes der Postleitzahl mit einem Bindestrich voranzustellen, also:

- nach Finnland	»SF-«
- von Finnland aus	nach Deutschland »D-«
	nach Österreich »A-«
	in die Schweiz »CH-«

Telefon

Das Telefonsystem Finnlands ist voll auf Selbstwählverkehr ausgerichtet und entspricht größtenteils den üblichen Normen. Die von der Post unabhängige Telefongesellschaft *Tele* unterhält eigene »Ämter«, in denen man auch Telegramme und Fax aufgeben kann. Daneben gibt es private Telefongesellschaften, die in Konkurrenz zur *Tele* arbeiten. Mehr und mehr setzen sich Tastenwahltelefone durch. Sofern noch Apparate mit Wählscheiben eingesetzt werden, haben diese die unangenehme Eigenschaften, daß die Apparate die Münzen immer erst nach einem Piepton akzeptieren, der Ferngespräche regelmäßig unterbricht. Für Auslandsgespräche sind diese Geräte kaum einsetzbar.

Neben Münzapparaten gibt es immer häufiger auch Kartentelefone. Dabei ist zu beachten, daß die Telefonkarten der staatlichen *Tele* und der privaten Gesellschaften nicht kompatibel sind. Karten für die Apparate der *Tele* sind an Postämtern erhältlich, die der Privaten in deren Büros. Darüber hinaus sind an vielen Kiosken ebenfalls Karten beider Gesellschaften zu beziehen.

Die Mindestgebühr für ein Ortsgespräch beträgt Fmk 2; das Wort »Ortsgespräch« ist dabei weit auszulegen, da stets der gesamte Kennziffernbereich darunter fällt. Die Vorwahlbereiche sind nicht immer mit den Verwaltungsbezirken oder Gemeinden identisch. Die Gebühren für Ferngespräche sind nach der Entfernung gestaffelt. Die Fernsprecher geben keine Münzen zurück, die sie einmal vereinnahmt haben; bei Nichtzustandekommen der Verbindung (z.B. Besetztzeichen) wird aber nicht kassiert.

Schon sehr weit verbreitet sind Telefaxgeräte. Sofern die in den Etappenbeschreibungen erwähnten Fremdenverkehrsämter, Jugendherbergen usw. über ein solches verfügen, wird die Faxnummer genannt. Zu beachten ist dabei, daß die Vorwahlnummer von Telefon und Telefax natürlich identisch sind.

Nach Möglichkeit meiden sollte man das Inanspruchnehmen von Leistungen der Telefonauskunft; die Gebühren dafür sind enorm hoch, die Finnmark-Stücke werden vom Automaten regelrecht »gefressen«.

Bei der Direktwahl ins Ausland gelten folgende Vorwahlnummern:
von Finnland aus nach Deutschland *990 49*
nach Österreich *990 43*
in die Schweiz *990 41*
(Am 12.10.1996 wird die Vorwahlnummer für Gespräche ins Ausland den internationalen Normen angepaßt: aus der bisherigen »990...« wird dann »00...«.)

Nach dieser Ziffernfolge ist zuerst ein neuer Signalton abzuwarten, dann sind die Ortskennzahl des Zielortes - wie üblich bei Auslandsgesprächen ohne die Anfangsnull - und die Rufnummer des Teilnehmers zu wählen.
Je Minute sind bei Gesprächen in die deutschsprachigen Länder etwa Fmk 6 fällig.

Bei Gesprächen aus allen mitteleuropäischen Ländern nach Finnland gilt die Vorwahl 00 358; in diesem Fall ist die Anfangsneun der finnischen Bereichs-kennzahl wegzulassen.

Im Zeitraum von 1992 bis 1996 wird das gesamte finnische Telefonsystem um-gestellt, in dieser Zeit ändern sich alle Telefonnummern. Der Wechsel der Vor-wahlnummern ist besonders wichtig. Finnland wird in 13 Telekommunikations-bezirke aufgeteilt. Bei Ferngesprächen wird die Vorwahl mit »0« beginnen, nicht mehr mit »9«. Ein Beipiel: Vaasa wird die Vorwahl 6 haben; also wählt man bei Ferngesprächen 06, wenn man einen Gesprächspartner in Vaasa er-reichen will.
Von dieser Umstellung kann auch dieser Reiseführer nicht verschont bleiben: Sofern die neue Nummer bereits in Gebrauch ist oder wenn diese bekannt ist und die Umstellung in den ersten sechs Monaten des Jahres 1994 erfolgt, so ist sie in den Adressennennungen bereits berücksichtigt. Es wird aber nicht ausbleiben, daß einige der angegebenen Nummern relativ bald überholt sein werden. Das ist leider nicht zu ändern.

Die Zeit

Uhrzeit

Wer nach Finnland reist, ist den Mitteleuropäern um eine Stunde voraus, also Finnland 15 h, Mitteleuropa 14 h usw. Die Umstellung von Normal- auf Sommerzeit erfolgt zum gleichen Zeitpunkt wie im übrigen Europa, die Zeitdifferenz von einer Stunde bleibt somit konstant.

Öffnungszeiten

Touristeninformationsbüros

Die touristischen Informationsstellen Finnlands sind im allgemeinen zu den ortsüblichen Ladenzeiten montags bis freitags geöffnet, die größeren von ihnen ganzjährig. In Gebieten mit sehr starkem touristischen Andrang wird man auch samstags und sonntags (manchmal allerdings nur wenige Stunden am Spätnachmittag) ein offenes *matkailutoimisto* finden, in manchen Orten des weiteren abends länger.

Sehenswürdigkeiten

Museen, Ausstellungen usw. sind vielfach nur während der Sommermonate geöffnet. Insbesondere die überall anzutreffenden Heimat- bzw. Freilichtmuseen schließen ab Mitte August ihre Pforten. Darüber hinaus ist montags häufig Ruhetag. Eine Ausnahme bilden auch hier die touristischen Zentren.

Postämter

Standardöffnungszeit der Postämter ist montags bis freitags 9-17 Uhr; samstags bleiben sie geschlossen. Postlagernde Sendungen im Hauptpostamt Helsinki (Mannerheimintie 11 F), können unter der Woche von 8-21 Uhr, samstags von 9-18 Uhr sowie sonntags von 11-21 Uhr abgeholt werden.

Banken

Die Banken sind im allgemeinen montags bis freitags 9.15-16.15 Uhr geöffnet. In den Häfen und Flughäfen kann auch noch zu weiteren Zeiten getauscht werden.

Geschäfte

Die Ladenöffnungszeiten werden in Finnland weniger rigide gehandhabt als in Deutschland; die Inhaber besitzen in dieser Hinsicht mehr Freiheit. De facto bedeutet das, daß in ländlichen Regionen die meisten Lebensmittelgeschäfte wochentags 9-17 Uhr, samstags bis 13 Uhr, manchmal bis 14 Uhr geöffnet haben. Darüber hinaus besteht in manchen Dorfläden auch sonntags von 11-14 Uhr die Möglichkeit des Einkaufs.

In Städten sind die Öffungszeiten der Supermärkte deutlich länger: Viele Märkte bleiben während der Woche bis 19 oder 20 Uhr geöffnet, samstags entsprechend kürzer bis 16 oder 18 Uhr.

Fachgeschäfte haben üblicherweise von 9-18 Uhr wochentags und von 9-14 Uhr samstags geöffnet. Bei Sportgeschäften mit Fahrradwerkstätten ist es aber durchaus möglich, daß samstags keine Räder repariert werden, da der Monteur an diesem Tag frei hat.

Feiertage

Außer den üblichen Feiertagen wie Weihnachten, Ostern und Neujahr sind in Finnland auch der 1. Mai (Tag der Arbeit), der Mittsommertag (der Freitag vor der Sommersonnenwende) und der 6. Dezember (Unabhängigkeitstag) Feiertage. Hingegen sind der Pfingstmontag, Christi Himmelfahrt und Fronleichnam normale Arbeitstage.

Preisniveau

Finnland hat im allgemeinen den Ruf eines recht teuren Reiselandes. Jedoch ist durch die Abwertungen der Finnmark seit 1991 für den Touristen manches deutlich billiger geworden. Ein »Niedrigpreisland« ist Finnland deshalb noch lange nicht.

Inzwischen liegen die Preise für Lebensmittel und Unterkünfte in etwa auf dem von zu Hause bekannten Niveau. Wer schon in den 80er Jahren in Finnland war, wird feststellen, wie »billig« es geworden ist. Auffällig teuer sind Süßwaren wie Schokolade und Kekse. Alles andere als preiswert sind nach wie vor die hochbesteuerten Warengruppen Alkohol und Tabak.

Zur Jahresmitte 1994 tritt ein neues Mehrwertsteuergesetz in Kraft, das eine Anpassung an das Abgabesystem der EU zum Ziel hat. Die Höhe der Steuer wird flexibel gehandhabt, so daß kein einheitlicher Satz genannt werden kann. Es ist aber zu erwarten, daß nach einer Übergangszeit ab 1996 Übernachtungen um einiges teurer werden.

Wer die Augen offenhält, wird in vielen Supermärkten Regale mit Sonderangeboten finden; auch Waren, deren Verfallsdatum bald erreicht ist, sind oft zu sehen. Da eine größere Vorratshaltung auf einer Radtour ohnehin nicht in Betracht kommt, läßt sich so eine Menge Geld sparen.

Einige Preisbeispiele (ca., Stand 1993):

Artikel	Mengeneinheit	Fmk
Roggenbrot	320 g	7,00
Knäckebrot	500 g	15,00
Butter	500 g	16,50
Margarine	500 g	10,50
Käse	1 kg	50,50
Würstchen	1 kg	42,00
Schweinefleisch, Keule	1 kg	36,50
Kaffee	500 g	14,50
Zucker	1 kg	10,50
Haferflocken	1 kg	9,50
Apfelsinen	1 kg	7,00
Kartoffeln	2,5 kg	9,50
Makkaroni	400 g	4,00

Eine skandinavische Besonderheit ist zweifellos, daß aufgrund des in hohem Maß auf Geschäftsreisen und Konferenzen eingerichteten Beherbergungsgewerbes ausgerechnet in der Haupturlaubszeit Hotels aller Art deutlich billiger sind als in der Nebensaison. Da zudem die Niedrigpreisunterkünfte in Jugendherbergen überwiegend im Sommer zur Verfügung stehen, ist in Finnland das Reisen in der Nebensaison kurioserweise teurer.

Normen

In Finnland gilt in allen Bereichen das metrische System, so daß eine Umorientierung nicht erforderlich ist.

Manche Waren werden aber in abweichenden Mengen verkauft, so z.B. Brot häufig in Packungen zu 400 oder 800 g; der Kilopreis als Vergleichswert ist aber immer genannt.

Für Reisende aus nichtskandinavischen Ländern gibt es ein *Tax-free*-System, bei dem die Mehrwertsteuer bei der Ausreise in bar (nach Abzug einer Gebühr) wieder ausbezahlt wird. Allerdings ist eine gewisse Mindesthöhe des Einkaufsbetrags ebenso erforderlich wie die Nichtnutzung der Ware in Finnland. Da die dem System angeschlossenen Geschäfte die Ware unter Vollabzug der Steuer aber auch ins Ausland versenden, ist es für Fahrradreisende nur selten sinnvoll, die Gepäcktaschen mit Einkäufen unnötig zu belasten.

Als elektrische Spannung wird in Finnland durchweg 220 V Wechselstrom verwendet; die Steckdosen entsprechen mitteleuropäischen Normen.

Besonders hingewiesen sei noch auf eine Eigenart finnischer Entfernungsangaben: Wenn Sie nach dem Weg zu einem bestimmten Ort fragen und Sie zur Antwort erhalten, es sei nicht weit; bleiben Sie mißtrauisch! Vergewissern Sie sich nach der Distanz in Kilometern. Finnische Vorstellungen von Nähe und Ferne sind mit mitteleuropäischen Maßstäben nicht zu vergleichen.

Das Reisen

Mittelalterliche Burg in Turku

Informationsmaterial

Zuständig für allgemeine Informationen über Finnland und touristisches Werbematerial sind folgende Stellen der finnischen Fremdenverkehrswerbung:

in **Deutschland**:
❏ Finnische Zentrale für Tourismus
Darmstädter Landstr. 180
60598 Frankfurt
Tel. (069) 9688670
Fax (069) 686860

in der **Schweiz**:
❏ Finnische Zentrale für Tourismus
Schweizergasse 6
8001 Zürich
Tel. (01) 2111340
Fax (01) 2111119

In Österreich besteht keine eigene Niederlassung der finnischen Tourismuswerbung. Bürger Österreichs wenden sich bitte an das Büro in Frankfurt. Bei den genannten Niederlassungen bekommt man u.a. folgende Publikationen:
Den »Hauptkatalog«, eine allgemeine Broschüre über Urlaub in Finnland mit nützlichen Anschriften und vielen weniger nützlichen Anzeigen; das Heft »Günstig Übernachten« mit Verzeichnissen preiswerter Unterkunftsmöglichkeiten und Campingplätzen; ein Heft mit einem Verzeichnis der Feriendörfer; ein Hotelverzeichnis; Kataloge mit Ferienhütten unterschiedlicher Anbieter; eine Broschüre »Wandern in Finnland«.
Sehr umfangreich und mit einem ausführlichen Karteil versehen ist die Informationsschrift »Reisen in Finnland - Reisehandbuch mit Straßenkarten«. Allerdings wird es durch zahlreiche Werbeseiten künstlich aufgebläht und ist aufgrund seines hohen Gewichts und des DIN-A4-Formats nur für die Reisevorbereitung geeignet. Das Handbuch ist zum Preis von DM 20 erhältlich.
Die vorgenannten Publikationen sind für jeden daran Interessierten sinnvoll. Außerdem gibt es zu jeder Region Spezialprospekte, die aber einen sehr unterschiedlichen Informationsgehalt haben. Fordern Sie deshalb Material gezielt an, z.B. Prospekte über Urlaub auf dem Bauernhof, Ferienhäuser oder spezielle Sportarten.
Wollen Sie Informationen über bestimmte Reisegebiete vor Reiseantritt erhalten, so ist es sinnvoll, die in den Etappenbeschreibungen genannten Informationsstellen (Fremdenverkehrsämter u. Gemeindeverwaltungen) direkt anzuschreiben. Diese verfügen fast immer über Informationsmaterial in englischer,

häufig auch in deutscher Sprache. Anfragen an die finnischen Stellen sind besser in Englisch zu stellen, da Deutsch als Fremdsprache deutlich weniger verbreitet ist.

Während der Reise in Finnland erhält man Informationen zur jeweiligen Region zuverlässig im örtlichen *Matkailutoimisto*, das entweder als eigenständiges Büro existiert, einem kommerziellen Reisebüro oder einer Stadt- bzw. Gemeindeverwaltung angeschlossen ist. Häufig wird bei öffentlichen Verwaltungen auch der Begriff *Matkailuneuvonta* für die entsprechende Einrichtung verwandt. Während der Saison gibt es darüber hinaus an vielen exponierten Orten (Marktplätze, Schiffsanlegestellen usw.) zusätzliche Informationsstellen, die in der Regel mit einem international üblichen Schild »Tourist Information« gekennzeichnet sind. Bei den meisten Büros können auch Ferienhäuser oder Ausflüge gebucht werden. Das Netz der Informationsbüros ist recht dicht. Die Adressen stehen zum einen im Hauptkatalog der Finnischen Zentrale für Tourismus, zum anderen in den Etappenbeschreibungen weiter hinten.
Die Büros verfügen üblicherweise auch über Material anderer Regionen, allerdings je nach räumlicher Ausstattung sehr unterschiedlich. Insgesamt ist das verfügbare Informationsmaterial durchweg recht brauchbar.

Eine skandinavische Besonderheit bei der Kennzeichnung von Sehenswürdigkeiten ist ein Zeichen in Form eines verschlungenen Ornaments. Dieses ⌘ Symbol wird in Prospekten, auf Landkarten und Hinweisschildern häufig verwendet. Es stellt das »St.-Hans-Wappen« bzw. den sog. »Ewigkeitsknoten« dar.

Nachrichten

Der Finnische Rundfunk YLE strahlt zu verschiedenen Tageszeiten Sendungen in englischer, deutscher, französischer, russischer und - der absolute Clou! - lateinischer Sprache aus. Diese Programme sind auf unterschiedlichen Mittel- und Langwellenfrequenzen zu empfangen. Näheres und Programmdetails bei:

❑ YLE-Radio Finnland
   Deutscher Dienst
   PL 10
   00241 Helsinki
   Tel. (90) 14804-450 od. 318
   Fax (90) 1481169

Das Kabelfernsehen ist in Finnland auf dem Vormarsch. Teilweise sind deutsche Privatsender zu empfangen, auch wenn man über den Informationsgehalt von deren Nachrichtensendungen geteilter Meinung sein kann.

In zahlreichen regionalen Tageszeitungen, nicht jedoch in der überregionalen »Helsingin Sanomat«, erscheint während der Sommermonate eine englischsprachige Rubrik »News in brief«, in der im Telegrammstil die wichtigsten AP-Meldungen zusammengefaßt sind. Darüber hinaus erhält man in allen größeren Städten deutsche Tageszeitungen mit etwa ein bis zwei Tagen Verspätung. Auch die Lesesäle größerer Bibliotheken sind in der Regel mit einigen deutschen Zeitungen und Magazinen bestückt. Allerdings hat man Glück gehabt, wenn diese jünger als eine Woche sind.

Festivals

Finnland ist nicht nur Land der Seen und Saunas, sondern auch der Festivals. Während des Sommers finden landauf, landab größere und kleinere kulturelle Veranstaltungen statt. Das Opernfestival von Savonlinna oder das Pori Jazz Festival sind berühmt. Bei beiden Veranstaltungen treten jedes Jahr international renommierte Künstler auf. Ruisrock in Turku ist das älteste regelmäßig stattfindende Rockfestival der Welt. Während der Helsinki-Festwochen von Ende August bis Anfang September wird eine Vielzahl von Veranstaltungen geboten. Über diese und noch viele andere Festivals gibt folgende Stelle Auskunft:

❑ Finland Festivals
 Mannerheimintie 40 B 49
 PL 56
 00101 Helsinki
 Tel. (90) 445686
 Fax (90) 445117

Anreise

Alle Wege führen nach Finnland! Durch die politischen Veränderungen und die Öffnung der Grenzen im Osten Europas ergeben sich zusätzlich zu den direkten Verbindungen über die Ostsee oder zu den durch Schweden führenden Reiserouten neue interessante Möglichkeiten der Anreise.

Zu den allgemeinen Problemen des Fahrradtransports empfiehlt sich das Buch *Der Wind kommt immer von vorn* (s. Kapitel *Literatur*).

Mit dem Flugzeug

Durch die Lüfte geht's natürlich am schnellsten und je nach Start- und Zielort nicht einmal teuer. Finnlands internationaler Hauptflughafen ist Helsinki-Vantaa und befindet sich etwa 20 km nördlich des Zentrums von Helsinki. Wie er von der Stadtmitte am besten zu erreichen ist, wird in Etappe 38 beschrieben. Direktflüge dorthin gibt es von Deutschland (*Finnair/Lufthansa*) ab Hamburg, Frankfurt, Düsseldorf, Berlin und München, von der Schweiz ab Zürich (*Finnair/Swiss Air*) und aus Österreich ab Wien (*Finnair/Austrian Airlines*). Darüber hinaus bestehen von zahlreichen Flughäfen im deutschsprachigen Raum Verbindungen mit Zwischenaufenthalten. Die einzige weitere Nonstopverbindung besteht zwischen Hamburg und Turku. Eine preisgünstige Alternative stellen die Verbindungen der *Estonian Air* nach Tallinn (Estland) dar. Zur Zeit besteht eine Verbindung von Frankfurt aus, eine weitere von Hamburg ist in Planung. Als Anschluß kommen sowohl der Flieger als auch die Fähre in Betracht. Für den Aufenthalt in der wiedererstandenen Baltenrepublik wird jedoch (noch) ein Visum benötigt. Auch sind die Frachtkapazitäten der Flugzeuge begrenzt.

Da es sich bei allen Verbindungen um Linienmaschinen (es gibt keine regelmäßigen Charterflüge nach Finnland) handelt, können prinzipiell Fahrräder mitgenommen werden. Vorbedingung ist in jedem Fall die Anmeldung dieses »Sondergepäcks«, da die Transportkapazitäten in der Regel beschränkt sind. Die *Lufthansa* kassiert für die Beförderung bei Flügen innerhalb Europas eine Pauschalgebühr von DM 50 pro Streckenabschnitt; bei allen anderen Gesellschaften werden Räder innerhalb der Freigepäckmenge (20 kg) ohne Aufpreis transportiert. Theoretisch wird das normalerweise anfallende Übergepäck mit 1 % des Erste-Klasse-Flugpreises berechnet; in der Praxis entfällt das jedoch meist aus Bequemlichkeit, »Kulanz« genannt.

Sinnvoll ist aber in jedem Fall die Beschränkung auf nicht zu viele Gepäckstükke. Wer mit vier Packtaschen, Zelt und Schlafsack fliegt, darf sich nicht wundern, wenn das Abfertigungspersonal die Übergepäcktoleranz als etwas zu weit ausgereizt ansieht. Vorsichtshalber sollte man kleine, aber schwere Dinge (z.B. Werkzeug, Fotoapparat) ins Handgepäck nehmen, das meist nicht gewogen wird, obwohl es eigentlich zur Freigepäckmenge zählt.

Die Liniengesellschaften haben alle diverse Spartarife eingeführt, die an die unterschiedlichsten Bedingungen geknüpft sind; manchmal nur feste Vorausbuchung (14 Tage vor Abflug) der Flugtermine mit Vorschriften über die Mindestaufenthaltsdauer (in der Regel mindestens über ein Wochenende, also kein Problem), in anderen Fällen nur für bestimmte Alters- oder Personengruppen, manchmal nur für kurzfristige Buchungen in letzter Minute. In jedem Fall lohnt es sich, die Tarife zu vergleichen und mehr als nur ein Reisebüro aufzusuchen - der Tarifdschungel ist so undurchschaubar, daß kaum ein Reisebüro wirklich den völligen Durchblick hat.

Die meisten Fluggesellschaften verlangen gewisse Veränderungen am Fahrrad für den Transport: meist Lenker in Längsrichtung verdrehen, Pedale aboder nach innen schrauben, Luft aus den Reifen lassen. Auch eine Kartonverpackung ist nicht verkehrt, wenn auch kaum für den Rückflug wiederzubenutzen. Es empfiehlt sich somit, frühzeitig am Flughafen zu sein - was auch schon deshalb sinnvoll ist, um das Rad sicher mitzubekommen - und das ggf. notwendige Werkzeug bereitzuhalten. Üben Sie die notwendigen Handgriffe vorher zu Hause, und sei es nur, um sicher zu sein, daß die Schrauben nicht festsitzen. (Das Linksgewinde des linken Pedals beachten!) Lassen Sie die Luft nicht vollständig ab, damit sich der Reifen ggf. beim Schieben zum Flugzeug nicht von der Felge lösen kann.

Reservierungen sind bei folgenden Finnair-Niederlassungen möglich:

In **Helsinki**:
❑ Finnair Reservations, Central Booking Office, Tel. (90) 818800.
❑ Finnair Ticket Office, Töölönkatu 21, Air Teminal, Tel. (90) 8187670, Fax 8187696.
❑ Finnair Ticket Office, Mannerheimintie 102, Tel. (90) 8188360, Fax 8188736.
❑ Finnair Ticket Office, City Terminal, Asema-aukio 3, Tel. (90) 8187757, Fax 8187764.

In **Deutschland**:
❑ Finnair Reservations, Tel. (0130) 822823 (zum Nulltarif).

In **Österreich**:
❑ Finnair Reservations, Opernring 1, 1010 Wien, Tel. (0222) 5875548, Fax 5879127.

In der **Schweiz**:
❑ Finnair Reservations, Schweizergasse 6, 8001 Zürich, Tel. (01) 2211460, Fax 2110694.

Mit der Fähre

Fast jeder Reisende, der nicht per Flugzeug nach Finnland kommt, wird auf der Anreise mindestens ein Fährschiff besteigen. Ansonsten bliebe nur der Landweg durch Rußland, ein zwar sicherlich hochinteressantes, aber (nach Aussage verschiedener Radreisender) in jeder Hinsicht »abenteuerliches« Unterfangen. Für fast alle Fähren gibt es Schüler- und Studentenermäßigungen; zum Teil müssen die international anerkannten Ausweise (s. Kapitel *Service*) vorgelegt werden. Näheres dazu entnehmen Sie bitte den Broschüren der jeweiligen Gesellschaften. Mit Ausnahme der Fährverbindungen zwischen Deutschland/Dänemark und Schweden ist die Fahrradmitnahme bei allen Gesellschaften frei.

Die zwischen Travemünde und Helsinki verkehrende GTS Finnjet (*Finnjet-Silja Line*) stellt die direkteste und schnellste Verbindung dar, die je nach Saison zwei- bis dreimal wöchentlich bedient wird. Die Überfahrtsdauer variiert zwischen 23 h in der Hoch- und nahezu 40 h in der Nebensaison. In der Hochsaison sind als günstigste Passagemöglichkeiten sog. »Couchetten« eingebaut: doppelstöckige Liegen mit einem geräumigen Packfach darunter. Das Dröhnen der Antriebsgeneratoren läßt sich mit Gehörstöpseln ausreichend kompensieren.

Ein besonders günstiges Angebot können Mitglieder des Deutschen Jugendherbergswerks nutzen: Bei kurzfristiger Buchung (maximal eine Woche vor Reiseantritt) reduziert sich der Preis auf etwa die Hälfte des normalen Fahrpreises, kann aber nur für den Weg *nach* Finnland gebucht werden. Bei langfristiger Buchung fahren DJH-Mitglieder immerhin noch für den Jugendgruppenpreis (hin und zurück). Für die Strecke nach Helsinki sind die Buchungen ausschließlich beim DJH-Landesverband Nordmark e.V., Abt. Reisedienst, Rennbahnstr. 100, 22111 Hamburg, Tel. (040) 65599529, Fax 65599544, möglich; bei kurzfristiger Buchung genügt die telefonische Anmeldung. Für die Gegenrichtung ist es empfehlenswert, das Informationsblatt des DJH über diesen Sonderpreis mit nach Finnland zu nehmen und bei der Buchung/Bezahlung am Schalter in Helsinki vorzulegen, da dieses Angebot bislang kaum bekannt ist.

Wer immer schon mal auf einer Frachtfähre über das Meer schippern wollte, kann dies mit Schiffen von *Poseidon* zwischen Lübeck und Helsinki-Sompasaari tun. Die Überfahrtsdauer nach Helsinki beträgt 36 h. Allerdings ist die Passage deutlich teurer als auf der nahezu identischen Route der Finnjet.

Von Polens wichtiger Hafenstadt Gdańsk verkehren zweimal pro Woche Fähren der *Polferries* nach Helsinki. Der Preis für die Überfahrt ist relativ günstig. Für die Erweiterung der Tour durch Polen empfiehlt sich der CYKLOS-Fahrradreiseführer *Polen per Rad - Bd. 1 (Norden)*.

Wer über das Baltikum nach Finnland möchte, kann zwischen zwei Linien wählen. *Tallink* und *Estonian New Line* bedienen die Strecke Tallinn-Helsinki. Die Fähren beider Linien laufen zweimal täglich in beiden Richtungen aus.

Eine weitere Anreisemöglichkeit führt durch Schweden und eventuell Dänemark. Zwischen Deutschland und Schweden bestehen folgende Fährverbindungen: Travemünde-Trelleborg, Travemünde-Malmö, Lübeck-Malmö, Rostock-Trelleborg, Saßnitz-Trelleborg, Kiel-Göteborg, Kiel-Nynäshamn/Stockholm; zwischen Deutschland und Dänemark: Puttgarden-Rødby Havn; zwischen Dänemark und Schweden: Helsingør-Helsingborg, Dragør-Limhamn, Grenå-Varberg, Grenå-Halmstad, Frederikshavn-Göteborg. Es bestehen verschiedene Durchgangstarife zwischen diesen Verbindungen und denen von Schweden nach Finnland; diese sind allerdings hauptsächlich auf die Bedürfnisse des Autotouristen zugeschnitten. Nähere Informationen darüber liefern die Prospekte der einzelnen Fährgesellschaften. Wer die Finnlandtour mit einer Schweden- bzw. Dänemarkreise kombinieren möchte, findet in den *CYKLOS*-Fahrradreiseführern *Südschweden per Rad* und *Dänemark per Rad* die entsprechenden Informationen.

Zwischen Schweden und Finnland besteht eine Vielzahl von möglichen Fährverbindungen. Von Hauptstadt zu Hauptstadt gibt es mit *Silja Line* und *Viking Line* je ein bis zwei Überfahrten täglich. Die riesigen Schiffe legen abends ab und kommen am nächsten Morgen im Zielhafen an. Etwas kürzer ist die Passage von Stockholm nach Turku. Dafür gibt es täglich jeweils abends und morgens Abfahrten. In jüngster Zeit versucht sich die *SeaWind Line* auf dieser Strecke zu etablieren, deren Angebote in erster Linie jedoch auf Autofahrer zugeschnitten sind. Die Schiffe von Viking Line und Silja Line stoppen teilweise in Mariehamn auf Åland. *Viking Line* bedient auch die Route Kapellskär-Mariehamn-Naantali. Die Überfahrt auf den ungleich kleineren Schiffen ist um einiges günstiger als auf den »Hauptstrecken« Stockholm-Turku und Stockholm-Helsinki. Mariehamn auf Åland ist bereits Endpunkt der Schiffspassage bei Überfahrten mit *Birka Line* von Stockholm aus. Die kürzeste und preisgünstigste Verbindung bietet *Eckerö Linjen*; sie führt von Grisslehamn nach Eckerö auf Åland. Die Überfahrt dauert lediglich 2 h. Für die eventuelle Weiterfahrt bieten sich die kleinen, für Radfahrer kostenlosen Fähren an, die im Schärengürtel zwischen Åland und dem finnischen Festland verkehren. Näheres dazu in den Etappen 8 u. 10 sowie im Kapitel *Verkehrsverbindungen in Finnland*.

Für Überfahrten im Bottnischen Meerbusen stehen dem Reisenden zwischen den schwedischen Städten Sundsvall, Umeå und Skellefteå und den finnischen Städten Vaasa, Jakobstad und Kokkola verschiedene Möglichkeiten offen. Vorbuchungen sind im allgemeinen nicht notwendig, können jedoch über *Silja Line* vorgenommen werden.

Übersichtskarte:
Fährverbindungen und Grenzübergangstellen

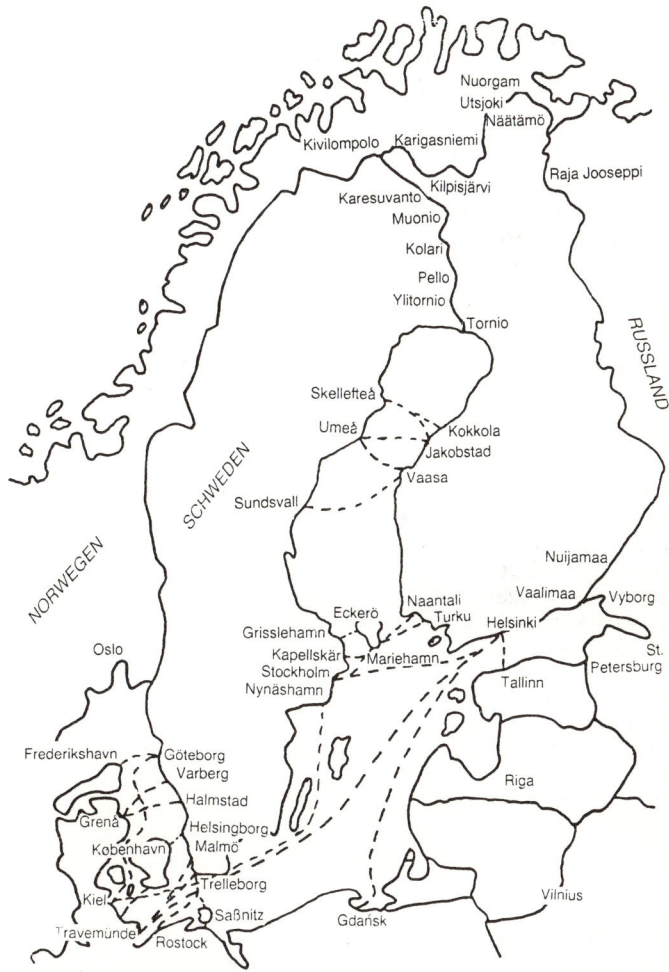

Reedereien/Buchungszentralen im Überblick:

Silja Line:
in **Finnland**:
Oy Silja Line Ab, Mannerheimintie 2, 00100 Helsinki, Tel. (90) 18041.
Oy Silja Line Ab, Käsityöläiskatu 4, 20100 Turku, Tel. (921) 652233.
Oy Silja Line Ab, Nedre Torget, 65100 Vaasa, Tel. (961) 3233630.
in **Deutschland**:
Finnjet-Silja Line, Zeißstr. 6, 23560 Lübeck, Tel. (0451) 5899-0, Fax 5899243.
Finnjet-Silja Line, Georgsplatz 1, 20099 Hamburg, Tel. (040) 321384, Fax 330939.
in **Schweden**:
Silja Line Ab, Kungsgatan 2, 11143 Stockholm, Tel. (08) 222140.
in **Österreich** (Generalagentur):
Dr. Degener Reisen, Neubaugasse 12, 1070 Wien, Tel. (0222) 930541, Fax 133815.
in der **Schweiz**:
Finnjet-Silja Line, Ch. des Grives, 1261 Le Vaud, Tel. (022) 3664230, Fax 3664178.

Viking Line:
in **Finnland**:
Viking Line, Helsinki, Tel. (90) 12351, Fax 1235327.
Viking Line, Turku, Tel. (921) 63311, Fax 6331317.
Viking Line, Naantali, Tel. (921) 852111, Fax 852267.
Viking Line, Mariehamn, Tel. (928) 26150, Fax 11870.
in **Schweden**:
Viking Line, Stockholm, Tel. (08) 6440765, Fax 6413272.
Viking Line, Kapellskär, Tel. (0176) 44100, Fax 44066.
in **Deutschland**:
Viking Line Finnlandverkehr, Skandinavienkai, 23570 Lübeck-Travemünde, Tel. (04502) 4097-99, Fax 3649.
(Generalagentur):
Deutsches Reisebüro, DERTRAFFIC, Emil-v.-Behring-Str. 6, 60439 Frankfurt, Tel. (069) 9588-1753, Fax 9588-1769.
in **Österreich** (Generalagentur):
Meine Reise Seetour Austria, Wipplingerstr. 35, 1010 Wien (0222) 5340413, Fax 53404615.
in der **Schweiz**:
Touring Club Suisse, Rue Pierre-Fatio 9, 1211 Geneve, Tel. (022) 7371516, Fax 7371632.

Poseidon:
in **Finnland**:
Marco Polo Travel Oy, Lönnrotinkatu 21 D, 00120 Helsinki, Tel. (90) 6931300, Fax 6931330.
Oy Wikeström & Krogius Ab, Slottsgatan 35, 20101 Turku, Tel. (921) 335333.
in **Deutschland**:
Poseidon Schiffahrt, Große Altefähre 20/22, 23552 Lübeck, Tel. (0451) 150747, Fax 72811.

Polferries:
in **Finnland** (Generalagentur):
Puolan Laivamatkat, Polferries, 00100 Helsinki, Tel. (90) 445448, Fax 445848.
in **Polen**:
Polferries Gdańsk, ul. Przemysłowa 1, Tel. (48) 431887 od. 430212, Fax 58430975.
Polferries Warszawa, Tel. (48) 300097 od. 302975 od. 302972, Fax 22300071.
in **Deutschland** (Generalagentur):
Poseidon Schiffahrt, Große Altefähre 20/22, 23552 Lübeck, Tel. (0451) 15070, Fax 72811.
in **Österreich** (Generalagentur):
Universal Reisen, Schubertring 9, 1015 Wien, Tel. (0222) 736348-49.
ÖAMTC-Betriebe, Reisebüro, Schubertring 1-3, 1010 Wien, Tel. (0222) 77990.

Tallink:
in **Finnland**:
Tallink, Eteläranta 14, PL 177, 00131 Helsinki, Tel. (90) 228211 od. 22821211, Fax 635311.
in **Estland**:
Helsinki-Tallinn Line, PB 3495 EE, 0001 Tallinn, Tel. (042) 442440, Fax 449103.

Estonian New Line:
in **Finnland**:
Estonian New Line, Fabianinkatu 12, 00100 Helsinki, Tel. & Fax (90) 6802499.

SeaWind Line:
in **Finnland**:
SeaWind Line, Linnankatu 84, 20100 Turku, Tel. (9800) 6800.
in **Schweden**:
SeaWind Line, Tel. (020) 795331.

Birka Line:
in **Finnland**:
Birka Line Ab, Östra Esplanadgatan 7, P.O. Box 175, 22101 Mariehamn, Tel. (928) 27027, Fax 15118 od. 27343.
in **Schweden**:
Birka Line Svenska AB, Södermalmstorg 2, Box 15131, 10465 Stockholm, Tel. (08) 7145510, Fax 7149830.

Eckerö Linjen:
in **Finnland**:
Eckerö Linjen, 22270 Eckerö, Tel. (928) 28300, Fax 38230.
Eckerö Turistservice, 22270 Eckerö, Tel. (928) 39462.
Eckerö Linjen, Storagatan 8, Box 158, 22101 Mariehamn, Tel. (928) 28300, Fax 12011.
in **Schweden**:
Eckerö Linjen, 76045 Grisslehamn, Tel. (0175) 30920, Fax 30820.

Mit dem Auto

Die Mitnahme des Wagens auf den direkten Fährverbindungen zwischen Deutschland und Finnland erscheint wenig sinnvoll, da der Preis dafür unabhängig vom Personenbillett berechnet wird und mindestens DM 300 beträgt. Angesichts der beträchtlichen räumlichen Ausdehnung Finnlands und der zahlreichen Sondertarife für Autofahrer auf den Fähren gibt es aber durchaus Fälle, in denen die Anreise zum Fahrradurlaub preisgünstig mit dem Auto durchgeführt werden kann, da kleine und mittelgroße Gruppen je nach Saison und Reisetag teilweise schon ab zwei Personen billiger transportiert werden, als wenn sie einzeln ohne Auto buchen würden; zudem können Aufpreise für die Fahrräder gespart werden. Außerdem bietet sich so eine relativ unkomplizierte Möglichkeit, Entfernungen innerhalb Finnlands zu einem günstigen Ausgangspunkt der Fahrradreise zurückzulegen. Insbesondere bei der Anreise über Dänemark/Schweden werden von den großen Fährgesellschaften Silja Line und Viking Line finanziell attraktive Angebote gemacht. Dagegen sprechen der Aufwand an Zeit und Geduld sowie die Tatsache, daß für die lange Anreise so mancher Liter Sprit völlig überflüssig und unwiederbringlich verloren geht und zusätzliche Umweltschäden in Kauf genommen werden.

Das gleiche trifft auf die einzig mögliche durchgehende Landverbindung über Polen, die Baltischen Staaten und Rußland zu. Schwierigkeiten kann es zudem bei der Versorgung mit bleifreiem Benzin geben; Rat können in diesem Fall die Automobilklubs erteilen. Ferner müssen Visa beantragt werden (s. Kapitel *Einreise*).

Mit der Eisenbahn

Diese Anreiseform ist sicherlich die zeitaufwendigste von allen und eigentlich nur ausgesprochenen Eisenbahnfans anzuraten. Ausschließlich auf der Schiene ergeben sich lediglich zwei Möglichkeiten: die Strecken Hamburg-København-Stockholm-Haparanda oder Berlin-Warszawa-Vilnius-St. Petersburg-Helsinki. Interessanter erscheint das Befahren von Teilstrecken, z.B. mit dem Zug nach Stockholm oder Tallinn und Weiterfahrt mit der Fähre. Bei der Anreise durch Schweden lassen sich zudem diverse Sondertarife wie Euro-Domino, Interrail und Twinticket nutzen. Nähere Informationen dazu erteilen Reisebüros mit DB-Agentur.

Wichtigste Einschränkung bei jeder dieser Varianten: die Mitnahme eines Rades auf Fahrradkarte als begleitendes Reisegepäck ist - wie bei allen grenzüberschreitenden Zugfahrten - grundsätzlich nicht möglich; wer sein eigenes Rad benutzen will, muß es als Reisegepäck vorschicken - eine sehr unsichere Angelegenheit, da sowohl die Transportzeiten (mindestens vier Tage, aber durchaus auch schon mal mehr als eine Woche) als auch die Häufigkeit von Transportschäden beträchtlich variieren. In jedem Fall sollte man darauf gefaßt sein, daß kleinere Schäden vor Ort behoben werden müssen.

Das Rad wird unabhängig davon, welche Strecke Sie wählen, auf der durch Schweden führenden Route über Haparanda nach Finnland transportiert. Dafür muß jedoch bereits am Ausgangspunkt der Reise ein Ticket erworben werden, das einen finnischen Bahnhof zum Zielpunkt hat.

Mit dem Bus

Immerhin 11 Städte in Deutschland sind durch das Liniennetz der *Continentbus GmbH* (in Kombination mit Touring-Europabus) mit Helsinki relativ direkt verbunden; die Route verläuft durch Schweden nach Stockholm, von dort aus weiter per Fähre. Bei Buchung nur bis Stockholm bietet es sich an, in eigener Regie mit der Fähre nach Turku oder auf die Åland-Inseln überzusetzen. Der Wermutstropfen: kein Fahrradtransport!

Von Reisenden aus Österreich und der Schweiz kann der Linienbus nur in Kombination mit einer Bahnreise nach Frankfurt a.M., Freiburg oder Karlsruhe eingesetzt werden.

Auskunft über alle Strecken von:

❏ Continentbus GmbH
   Adenauerallee 78
   20097 Hamburg
   Tel. (040) 247106

Die Gesellschaft unterhält eine Filiale in Köln (Globus-Reisen); Auskunft außerdem bei allen DER-Reisebüros.

Mit dem EURO-Fahrradbus der ADFC-Tochtergesellschaft *VELOMOBIL* gelangt man immerhin bis nach Växjö (Schweden) oder Toruń bzw. Olsztyn (Polen). Nähere Informationen erteilt:

❏ VELOMOBIL
   Postfach 107747
   28077 Bremen
   Tel. (0421) 3463916
   Fax (0421) 3463960

Einreise

Personen

Personalausweis oder Reisepaß genügt, Visum entfällt. Noch nicht abgelaufene Pässe der ehemaligen DDR werden bis zum 31.12.95 akzeptiert. Wer länger als drei Monate bleiben will, muß eine Aufenthaltsgenehmigung beantragen.

Um über das Baltikum oder Rußland einzureisen, müssen bis auf weiteres Visa beantragt werden: Für das Baltikum genügt das Visum eines der drei Staaten Litauen, Lettland, Estland, was relativ unkompliziert über die jeweiligen Botschaften oder an den Grenzen erhältlich ist. Wer durch Rußland einreisen möchte, sollte sich frühzeitig (!) bei der Konsularabteilung der Botschaft um ein Visum bemühen. Die kurzfristige Antragstellung ist zwar möglich, aber deutlich teurer und nur bei Erscheinen in der Vertretung der Russischen Föderation möglich. Nähere Informationen gibt auch die Intourist Reisen GmbH, Kurfürstendamm 63, 10707 Berlin, Tel. (030) 880070, Fax 88007226.

Voraussetzung für die Erteilung eines russischen Visums ist immer noch eine Einladung bzw. Buchungsnachweis aus Rußland. Letzteren kann man über die Jugendherberge St. Petersburg erhalten. Die Buchung erfolgt am einfachsten über die nationalen Jugendherbergsverbände; für Bürger Deutschlands ist der DJH-Landesverband Berlin-Brandenburg, Tempelhofer Ufer 32, 10963 Berlin, Tel. (030) 2623024, Fax 2629529, zuständig. Buchungen sind ebenfalls über den finnischen Jugendherbergsverband (Anschrift s. Kapitel *Ein Dach überm Kopf*) möglich. Wer von Finnland aus nach Rußland einreisen möchte, kann auch noch im russischen Konsulat in Helsinki (Vuorimiehenkatu 6, Öffnungszeiten 9.30-12.00 Uhr) ein Visum erhalten.

Tiere

Haustiere dürfen seit einiger Zeit mitgebracht werden, sofern sie gegen Tollwut geimpft sind und dies per tierärztlicher Bescheinigung nachgewiesen werden kann. Die Impfung darf höchstens 12 Monate zurückliegen und muß mindestens 30 Tage vor der Einreise erfolgt sein. Die skandinavischen Nachbarn Schweden und Norwegen haben zwar zum 1.5.94 die bisherige viermonatige Quarantäne für Hunde und Katzen vor der Einreise abgeschafft, jedoch ein ganzes Paket an erforderlichen Impfungen und Kontrolluntersuchungen dafür eingeführt. Wenn Ihr vierbeiniger Freund diese schönen Länder kennenlernen soll, müssen Sie sich daher sehr frühzeitig (mindestens ein halbes Jahr vor Einreise) an das schwedische Zentral-Landwirtschaftsamt wenden und die Unterlagen anfordern.

Anschrift:

❑ Statens Jordbruksverk
    Smittskyddsenheten
    S-55182 Jönköping
    Tel. (0046 36) 155000
    Fax. (0046 36) 155005

Zoll und Devisen

Die Ein- und Ausfuhr von Zahlungsmitteln ist unbegrenzt. Für die Ein- und Ausfuhr von Waren gelten folgende Beschränkungen:

➪ 200 Zigaretten oder 250 g andere Tabakerzeugnisse; 2 Liter Bier und 2 Liter Wein oder aber 2 Liter Bier, 1 Liter Wein und 1 Liter Spirituosen (Altersgrenze für Spirituosen 20, für Bier und Wein 18 Jahre); gegen Zollentrichtung dürfen noch weitere »Rationen« eingeführt werden, die jedoch die Transportkapazitäten eines durchschnittlichen Tourenrads übersteigen; sonstige Lebensmittel bis 15 kg je Person, andere Waren im Wert bis zu Fmk 1500.

Dinge des sonstigen persönlichen Bedarfs (sprich Reisegepäck) sind immer zollfrei.

Anmeldepflichtig ist die Einfuhr von Waffen und Munition (vorher Genehmigung bei der Polizeibehörde des Einfuhrortes beantragen)

Bei Einreise durch das Baltikum oder Rußland sind die entsprechend strengeren Bestimmungen zu beachten.

Reisezeit

Die Finnen haben ihre Schulferienzeit von Anfang Juni bis Mitte August, wobei der Juli die Hauptreisezeit der Finnen darstellt. Da der finnische Sommer vergleichsweise kurz ist, wird man um diese Zeit wohl kaum herumkommen. Abgesehen von einigen touristischen Zentren ist von einem übermäßigen Andrang jedoch kaum etwas zu verspüren.

Ein besonderes Erlebnis ist das Mittsommernachtsfest am (verlängerten!) Wochenende um den 21. Juni. Überall im Land werden Sommersonnenwendfeuer entfacht, die Feiern verlaufen recht heftig. Am Morgen danach wirken die großen Städte wie ausgestorben, nur die Nationalfahne weht vor sich hin.

Wer nach Lappland möchte, sollte nicht zu früh aufbrechen. So gab es im Juni 1993 auf den Höhenzügen von Saariselkä (s. Etappe 65) einige Zentimeter Neuschnee!

Ab Mitte August dünnt das Netz touristischer Versorgung rapide aus, und Anfang September wird es nicht nur merklich kühler, sondern auch alle Arten von

Übernachtungsstätten nehmen zahlenmäßig ab (s. Kapitel *Ein Dach überm Kopf*).

Wem es nichts ausmacht, wenn die meisten Museen ihre Pforten geschlossen haben und die Quecksilbersäule des Nachts schon mal unter 0 °C sinkt, der sollte Finnland ungefähr Anfang September zur Zeit der Laubfärbung kennenlernen. »Ruska« wird diese Zeit im Finnischen genannt, und ihre Eigenschaften sind nur schwer in Worte zu fassen: Die Natur sammelt ihre letzte Kraft zu einem gewaltigen Spiel der Farben, ganze Landschaften scheinen in ein Meer aus gelblich-rotbraunen Tönen eingehüllt. Am eindrucksvollsten ist dieses Schauspiel in Lappland, die Wanderer haben dann dort ihre Hochsaison. Die Temperaturen steigen tagsüber auf etwa 15 °C an, in der Sonne läßt es sich noch ganz gut aushalten.

Stromschnellen am Juutuanjoki, Lappland

Übersichtskarte: Eisenbahnstrecken in Finnland

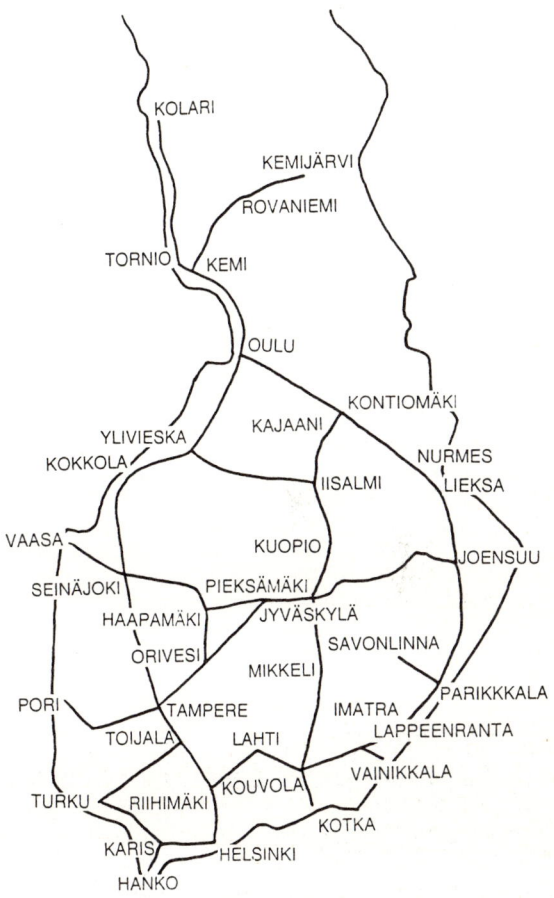

Verkehrsverbindungen in Finnland

Angesichts der großen Ausdehnung Finnlands ist es für Radtouristen ggf. sinnvoll, im Zuge der An- oder Abreise oder zur Überbrückung größerer bzw. un-
günstig zu radelnder Teilstücke evtl. auf die Benutzung von Binnenverkehrs-
mitteln zurückzugreifen.

Eisenbahn

Finnland ist von einem 6000 km langen, recht dichten Netz der Finnischen
Staatsbahnen (*VR*) durchzogen, das vor allem in Südfinnland alle wichtigen
Regionen und Städte miteinander verbindet. Die bedeutendsten Strecken werden von Intercitys (IC) und Spezial-Schnellzügen (EP) befahren. Der Komfort
in der Eisenbahn ist recht hoch; Fernverkehrszüge verfügen über Speise- und
Videowagen; die Waggons sind vom Platzangebot ausreichend bemessen.
Seit etlichen Jahren wird die Nutzung der Eisenbahn durch relativ niedrige Tarife bewußt gefördert, was sich in recht gut besetzten Zügen wiederspiegelt;
bei längeren Entfernungen beträgt der Kilometerpreis etwa Fmk 0,30; bei kür-
zeren Distanzen steigt er ungefähr auf immer noch akzeptable Fmk 0,40; Kinder bis 16 Jahre zahlen nur den halben Fahrpreis; bei gleichzeitigem Erwerb
von Hin- und Rückfahrkarte wird eine 5%ige Ermäßigung gewährt. *Gruppen* erhalten schon ab drei Personen 20 % Rabatt auf die entsprechenden Tarife.
Einfache Fahrscheine sind acht Tage gültig, Hin- und Rückfahrscheine einen
Monat. Für IC- und EP-Züge sind Zuschläge zu entrichten, die entfernungsab-
hängig zwischen Fmk 15 und Fmk 30 betragen. Auf den wichtigen Nord-Süd-
Verbindungen fahren Nachtzüge. Schlafwagenkarten kosten im Sommer
Fmk 60 (Drei-Bett-Abteil) und Fmk 90 (Zwei-Bett-Abteil).
Besitzer des *Finnrailpasses* können innerhalb eines Monats an 3, 5 oder 10
Tagen unbeschränkt das Schienennetz der VR benutzen, die Preise dafür betragen Fmk 480, Fmk 650 und Fmk 900. Die erweiterte Version dieses Angebots, die *ScanRail*-Karte, ist außer in Finnland noch in Schweden, Norwegen
und Dänemark für 21 Tage gültig und kostet für junge Leute bis 25 Jahre
Fmk 1250; diejenigen, die diese Altersgrenze bereits überschritten haben, sind
mit Fmk 1690 dabei. Außerdem beteiligt sich Finnland am *Interrail*-System, bei
dem es ab 1994 auch eine in Zonen aufgeteilte Variante gibt; Zone »B« besteht aus Norwegen, Schweden und Finnland. Wegen des relativ komplizierten
Fahrradtransports in allen skandinavischen Ländern wird das allerdings nur
selten ein günstiges Angebot sein.
Gegen eine Schutzgebühr von Fmk 5 ist ein sehr nützlicher Taschenfahrplan
erhältlich, den es in den Sprachkombinationen Finnisch/Schwedisch und Eng-
lisch/Deutsch gibt.
An allen größeren Bahnhöfen können Räder als Reisegepäck aufgegeben wer-

den, wobei für die Beförderung 2-3 Werktage zu veranschlagen sind. Die Gebühr beträgt entfernungsunabhängig Fmk 40. Der Abschluß einer Reisegepäckversicherung ist möglich. Zieht man es vor, das Rad selbst zu verladen, so ergeben sich keine größeren Schwierigkeiten. Mit Ausnahme der IC und EP verfügen die meisten Züge über einen Gepäckwagen, auch hier beträgt die Gebühr Fmk 40 und wird erst direkt bei den - häufig sehr hilfsbereiten - Schaffnern bezahlt. Auch in den Zügen des Nahverkehrs ohne eigenständiges Gepäckabteil ist der Transport des Drahtesels in Absprache mit dem Zugführer und gegen Zahlung von Fmk 20 möglich. Für Tandems wird jeweils der doppelte Preis verlangt.

Bei eventuellen Transportschäden an aufgegebenen Gütern haftet die VR bis zu Fmk 200 pro Kilo Frachtgut. Da es nach Aussage der Staatsbahn bislang keine Meldungen über Transportschäden bei Fahrrädern gebe, könne man hierzu keine exakte Aussage treffen. Bei einem schwerwiegenden Schaden am Rad sollte man auf jeden Fall einen Antrag auf Entschädigung stellen.

Für alle Fälle die Adresse des Reisedienstes bei den Staatsbahnen:

❑ VR
Matkapalvelu
Rautatieasema
00100 Helsinki
Tel. (90) 7072556

Bus

Das Busnetz ist überaus gut ausgebaut. In allen Regionen, die nicht von der Eisenbahn abgedeckt sind, dienen die Überlandbusse als gleichwertige Transportmittel. Angeblich befördern die Schnellbusse (*pika-auto*, Zuschlag: Fmk 10) die Fahrgäste am schnellsten von einem Ort zum anderen, doch läßt die verdiente Kaffeepause des Fahrers manche Fahrt noch länger erscheinen. Überhaupt sind die Busse nicht die schnellsten. Das liegt weniger am zum Teil recht eigenwilligen Fahrstil - die des öfteren gesprungene Windschutzscheibe deutet eher auf das Gegenteil hin - als vielmehr daran, daß die Fahrer oft noch eine ganze Reihe anderer Dinge zu erledigen haben, wie etwa Paketdienste und Briefkastenleerung. Die Fahrpreise sind geringfügig teurer als die der Bahn: z.B. zahlt man für 100 km Fmk 49, für 400 km Fmk 167. Die einfachen Fahrkarten können entweder am Busbahnhof oder beim Fahrer erworben werden. Ab 80 km gibt es eine Ermäßigung von 10 % auf den Rückfahrpreis. Besitzer einer ISIC-Karte erhalten 30 % Rabatt bei jeder Strecke, die länger als 80 km ist. Gruppen ab drei Personen haben bei über 80 km langen Strecken Anspruch auf eine Ermäßigung von 25 %. Die ermäßigten Fahrkarten müssen immer am Busbahnhof oder in einem Reisebüro gelöst werden. Ein besonderes Angebot ist die *1000-Kilometer-Karte*. Gegen Fmk 300 kann ihr Inhaber 1000 km per Bus zurücklegen. Allerdings hat sie den Nachteil, daß sie aus

Gutscheinen für verschiedene Streckenlängen besteht, wodurch sie sehr unflexibel wird. Muß man z.B. nur 40 km zurücklegen, verfügt aber nur noch über einen 100-Kilometer-Gutschein, so muß man diesen benutzen oder sich eine reguläre Fahrkarte kaufen. Will man außerhalb einer Ortschaft zusteigen, so halten die Busse nur bei deutlichem Winken. Außer an den Busbahnhöfen gibt es Fahrpläne nur noch bei Postämtern. Jedoch wissen in den kleineren Ortschaften auch die Angestellten in den Geschäften über die Fahrzeiten Bescheid. Liest man auf einem Fahrplan den Zusatz »EiL«, so weist dieser nicht auf besondere Eile hin. Im Gegenteil: »EiL« steht für »Ei lauantai« und bedeutet: »samstags nicht«.

Die Mitnahme des Fahrrads ist grundsätzlich möglich. Allerdings sollte dies nur eine Notlösung sein. Zum Teil wird eine Frachtgebühr von Fmk 7,50 erhoben, einige Busgesellschaften übernehmen die Beförderung aber auch gratis. Es gibt keine speziellen Fahrradhalterungen, und die Transportkapazitäten eines Busses sind »naturgemäß« begrenzt. Sinnvoll ist die Benutzung von Postbussen (*Postilinjat*), da diese vor allem im Norden über ein großes Gepäckabteil am Heck des Wagens verfügen. Einladen sollte man das gute Stück grundsätzlich zusammen mit dem Busfahrer. Wenn das Gepäck am Rad befestigt bleibt, stellt es einen wirksamen Schutz bei so manchem Schlagloch dar. Auch sollte man das Rad so legen, daß bei einer scharfen Bremsung oder einer Kurve nicht als erstes die Schaltung oder sonst ein nicht so stabiles Teil gegen weitere Gepäckstücke oder die Außenwand gedrückt wird. Sollte durch den Transport eine Beschädigung auftreten, so muß ein Entschädigungsantrag gestellt werden, der vom Fahrer gegengezeichnet wird. Die Busgesellschaften haften bis zu einem Schaden von Fmk 5000; Berechnungsgrundlage ist der Zeitwert des Rades. Die Aufgabe als Gepäckstück ist auch bei den Busunternehmen möglich, ist jedoch recht teuer. Je nach Entfernung beträgt die Gebühr Fmk 70 bis Fmk 120; auf direkten Verbindungen sollte der Transport dafür maximal ein Tag dauern. Eine Gepäckversicherung ist dabei im Preis inbegriffen. Das gesamte System der Buslinien wird durch das Unternehmen *Matkahuolto* koordiniert, an das auch weitergehende Anfragen zu richten sind. Die Anschrift:

❑ Oy Matkahuolto Ab
  Lauttasaarentie 8
  00200 Helsinki
  Tel. (90) 682701
  Fax (90) 6922082

Flugzeug

Angesichts der großen Entfernungen in Finnland ist es nicht verwunderlich, daß das Binnenflugnetz recht umfangreich ist; 25 Flugplätze in allen Regionen des Landes sind mit Helsinki und teilweise miteinander verknüpft. Die Mehrzahl der Strecken wird von der *Finnair* bedient, einige Verbindungen haben die kleineren Gesellschaften *Finnaviation* und *Karair* übernommen. Es bestehen wie im internationalen Verkehr zahlreiche Ermäßigungsmöglichkeiten. Insbesondere jüngere Reisende (unter 24 Jahre) können äußerst preisgünstig fliegen: in der Hochsaison für Fmk 320 bis Fmk 690 (hin/zurück, je nach Entfernung).

Fahrräder werden als Luftfracht für Fmk 50 transportiert; Beförderung am selben Tag, wenn auch nicht unbedingt in der gleichen Maschine, ist garantiert. Für den Transport sind auch im nationalen Verkehr einige Veränderungen am Rad vorzunehmen (s. Kapitel *Anreise*).

Fähren und Schiffe

Ein wichtiges, weil für manche Regionen unvermeidliches Binnenverkehrsmittel Finnlands bilden zweifellos die Fähren, die vor allem im Bereich der Seenplatte und im Schärengürtel Verbindungen herstellen. Außer größeren Autofähren gibt es eine Unmenge kleiner Linien, die manchmal nur dem Berufsverkehr dienen. Diese als Brückenersatz dienenden, infrastrukturellen Fähren verkehren in der Regel gratis, den Fahrradtransport eingeschlossen. Für das Schärengebiet existieren sogar eigene Fahrpläne; für den Bereich der Åland-Inseln erhält man einen solchen Plan bei:

❑ Ålandstrafiken
Strandgatan 25
22100 Mariehamn
Tel. (928) 25155
Fax (928) 27300

Für das Schärengebiet westlich von Turku existiert ein weiterer Fahrplan, den man bei den in den Etappenbeschreibungen genannten Fremdenverkehrsämtern oder Gemeindebüros erhält.

Für Radtouristen von besonderem Interesse sind außerdem Ausflugsschiffe, die im Seengebiet verkehren und dabei sogar einige Städte miteinander verbinden. Größere Entfernungen lassen sich z.B. auf dem Näsijärvi (bei Tampere), dem Päijänne (Lahti-Jyväskylä), dem Pielinen (nördlich Joensuu) und innerhalb des Saimaa-Seengebietes (Savonlinna-Kuopio) zurücklegen. Für das Rad wird sich in den meisten Fällen ein Platz an Bord finden lassen. Größere Gruppen sollten sich aber in jedem Fall vorher anmelden. Für die Fahrradbeförderung werden zum Teil zusätzliche Gebühren erhoben. Zwei besondere Fähren gibt es auf den Åland-Inseln: Während der Sommermonate bestehen im Nordwesten und Osten der Hauptinsel spezielle Fahrradfährverbindungen; nähere Informationen darüber finden Sie in den Etappenbeschreibungen.

Besonderheiten im Straßenverkehr

Die finnischen Autofahrer sind bei weitem nicht so rücksichtsvoll wie ihre skandinavischen Nachbarn. Insbesondere Lkw-Fahrer fallen immer wieder durch rüpelhaften Fahrstil auf. Zebrastreifen sind im Bewußtsein vieler Autofahrer keine Stellen, an denen beim Erblicken von Fußgängern anzuhalten ist; vielmehr werden sie als Straßenstücke aufgefaßt, an denen Fußgänger die Fahrbahn überqueren *dürfen*. Die Hauptstraßen in Nord-Süd-Richtung sowie die wichtige Ost-West-Verbindung Turku-Helsinki sollten besser gemieden werden. Trotzdem kann man noch ziemlich unbesorgt auf den meisten Straßen radeln. Auf allen Nebenstraßen, im Norden auch auf den Hauptstraßen, ist das Verkehrsaufkommen nicht besonders hoch. Die Verkehrsdichte auf den nichtasphaltierten Straßen ist zum Teil sehr gering. Wenn man dann allerdings von einem vierrädrigen Stinker überholt wird, kann man vor lauter Staub kaum etwas sehen. Auch eventuelles Aufschleudern von Steinen wird zu einer Gefährdung.

Entlang vieler Straßen, insbesondere innerhalb der Ortschaften und an den Ausfallstraßen, sind Radwege angelegt worden. Allerdings gibt es immer noch Straßen, bei denen der Bau eines solchen wünschenswert wäre. Das Befahren der Radwege in beide Richtungen ist grundsätzlich erlaubt. Teilen muß man sich die Wege oftmals mit Rollskifahrern, die in Ermangelung eines weißen Untergrunds auf Asphalt ausweichen.

Die Qualität der Straßenbeläge ist unterschiedlich; alle Hauptstraßen sind gut ausgebaut. Da es in Finnland nur wenige Autobahnen gibt, rollt auch der Fernverkehr auf diesen Strecken. Auch Straßen mit zweistelligen Straßennummern sind im allgemeinen in gutem Zustand. Nicht mehr asphaltiert, sondern von einer groben festen Sand- und Kiesschicht bedeckt, sind die Verbindungen mit drei- und vierstelligen Straßennummern. Diese Einteilung kann allenfalls tendenziell sein, Ausnahmen davon wird man in allen Landesteilen finden. Auch die nichtasphaltierten Straßen sind - zumindest bei trockener Witterung - ebensogut zu befahren wie die asphaltierten. Beim Bau der Hauptstraßen ist die Natur dem Straßenverlauf »angepaßt« worden; entsprechend eben und manchmal sogar monoton wirkt in vielen Fällen die Straßenführung. Bei den kleineren Wegen ist es genau umgekehrt: Hier paßt sich der Verlauf den landschaftlichen Gegebenheiten an. Das ist zwar einerseits schön, andererseits muß dadurch jede noch so kleine Erhebung »erfahren« werden.
In den Etappenbeschreibungen kommen alle Straßentypen vor. Bei nichtasphaltierten Strecken wird in den meisten Fällen eine Alternative genannt.

Baustellen

Das Zusammenspiel aus Feuchtigkeit und Frost führt dazu, daß Straßenbeläge sehr schnell reißen und erneuert werden müssen. Während des gesamten Sommers trifft man in vielen Gegenden im Land auf Baustellen. Deren Länge variiert beträchtlich, zwischen einem und zwanzig Kilometern ist alles möglich. Insbesondere im Norden können sie auch noch länger sein. Teilweise sind die Baustellen noch ebenso gut zu befahren wie die nichtasphaltierten Strecken. Es ist aber auch möglich, daß grober Schotter ein Befahren für Radfahrer praktisch unmöglich macht. Es ergibt sich in diesen Fällen nur noch die Auswahl aus den drei Möglichkeiten Schieben, auf den nächsten Bus warten (kann dauern!) oder umkehren. Um einem solchen Schlamassel zu entgehen, empfiehlt es sich, bei der Tourenplanung einen Blick auf die Spezialkarte der Straßenbaugesellschaft *Tielaitos* zu werfen. Nähere Informationen dazu im Abschnitt *Karten*.

Rentiere

Für Radfahrer ist die Gefahr zwar nicht ganz so groß; trotzdem sei darauf hingewiesen. Jedes Jahr ereignen sich in Nordfinnland einige tausend Unfälle mit Rentieren, insbesondere für Motorradfahrer stellt ein Zusammenstoß eine große Gefahr dar. Steht eine Gruppe von Tieren am Straßenrand, so rennt sie beim Herannahen eines Fahrzeugs nicht unmittelbar in den Wald, sondern kreuzt häufig erst einmal die Fahrbahn. Ab und zu rennen die Tiere auch für hundert oder mehr Meter vor dem Gefährt her; jedenfalls ist das Fluchtverhalten dieser Tiere nicht vorhersehbar. Wer mit seinem Rad bergab mit 35 km oder einer noch höheren Geschwindigkeit mit einem Rentier zusammenstößt, hat schlechte Karten. Sobald man ein Tier in Straßennähe wahrnimmt, was in Lappland sehr oft vorkommt, sollte man nötigenfalls das Tempo verringern und sich immer auf eine Bremsung vorbereiten.

Karten

Die Wahl der Straßenkarte sollte in erster Linie davon bestimmt sein, ob eine Radreise durch das gesamte Land führt oder sich auf einen geografisch relativ eng umrissenen Raum beschränkt. Langstreckenradler werden in vielen Fällen andere Ansprüche an eine Karte stellen als Radtouristen, die sich vielleicht »nur« einen Teil der Seenplatte oder die Åland-Inseln erstrampeln wollen. Für die erste Planung einer Reise reicht eine kleinmaßstäbliche Übersichtskarte (1:500.000 bis 1:1.000.000), wie sie von verschiedenen Verlagshäusern (RV, Mair, Hallwag, Kümmerly + Frey, Ravenstein, ADAC-Straßenkarte) im deutschsprachigen Raum angeboten werden, völlig aus. Ggf. tut es auch die bei den finnischen Zentralen für Tourismus sowie vielen Fremdenverkehrsämtern kostenlos erhältliche Übersichtskarte »Finnland - Karte und Reisetips«.

Für die eigentliche Radtour ist jedoch die Nutzung einer großmaßstäblichen Karte erforderlich, im Kopf jeder Etappenbeschreibung werden die jeweils angemessenen Karten bzw. das jeweilige Kartenblatt genannt. Das eindeutig beste Material wird vom *Karttakeskus* (Kartenzentrum) in Verbindung mit *Maanmittaushallitus* (Landesvermessungsamt) herausgegeben. Die *GT Suomen Tiekartta* (Finnische Straßenkarte) umfaßt mit 19 Blättern das gesamte Land im Maßstab 1:200.000. Das Kartenbild der GT erreicht nahezu die Qualität eines topographischen Kartenwerks, touristische Hinweise sind eingetragen. Wie bei allen anderen Karten vom Karttakeskus ist die Legende auch in englischer und deutscher Sprache angegeben. Für Reisen im Norden des Landes erscheint der Maßstab der GT jedoch etwas übertrieben. Für den Bereich nördlich des Bottnischen Meerbusens empfehlen sich die Karten *Napapiirinmaa* (etwa: »Polarkreisland«) und *Saamenmaa* (etwa: »Samenland«) jeweils im Maßstab 1:400.000, das Kartenbild ist auch hier brauchbar. Herausgegeben werden diese ebenfalls vom Karttakeskus, das für einige touristisch besonders attraktive Regionen auch *matkailukartat* (Touristenkarten) in unterschiedlichen Maßstäben vertreibt. Zur Zeit sind sechs verschiedene Blätter erhältlich: Åland/Ahvenanmaa, Saaristomeri/Skärgårdshavet, Oulujärvi, Kuusamo, Ilomantsi (jeweils 1:100.000) und Saimaa (1:250.000). Die Karten zeichnen sich durch große Exaktheit in der Darstellung und eine Fülle touristischer Informationen aus. Insbesondere im auf einer kleinmaßstäblichen Karte unübersichtlich wirkenden Schärengebiet, auf den Åland-Inseln sowie im Saimaa-Seengebiet sind diese Karten angebracht. Außerhalb Finnlands sind die Karten des Karttakeskus nur im Fachgeschäft zu beziehen; Bestellungen über den Buchhandel sind zwar bei exakter Titelangabe grundsätzlich möglich, dafür muß aber eine längere Lieferzeit in Kauf genommen werden. Hinzu kommt, daß die Karten beim jetzigen Umtauschkurs in Finnland deutlich billiger sind. Jede dieser Karten sowie eine Unmenge weiterer Spezialkarten (Wandern, Kanutouren usw.) sind am besten direkt beim Hauptsitz des Karttakeskus in der Nähe des Bahnhofs Pasila, 3 km nördlich des Zentrums Helsinkis erhältlich. Eine weitere Verkaufsstelle gibt es in Rovaniemi nahe beim Lappia-Haus. Die Adressen:

❑ Karttakeskus
  Opastinsilta 12 B
  PL 85
  00521 Helsinki
  Tel. (90) 1545655

❑ Karttakeskus
  Hallituskatu 1-3 C
  PL 8015
  96101 Rovaniemi
  Tel. (960) 294517

Darüber hinaus wurde ein telefonischer Bestellservice eingerichtet (Tel. [90] 154565-2 bis -4). Die jeweiligen Gebietskarten sind auch an fast allen Tankstellen zu beziehen.

Wer lange Distanzen zurücklegt, wird mit der *Kümmerly + Frey* (K+F, 1:400.000) recht gut zurechtkommen. Der ganze Satz umfaßt drei Blätter (Süd-, Mittel- und Nord-Finnland). Gewichtsfanatiker werden die beidseitige Bedruckung begrüßen, jedoch ist das Falten dadurch immer etwas umständlich. Auch ist das Kartenbild eher dürftig. Die farbliche Einheitssoße aus grüner Landschaft und roten, nur in der Breite geringfügig differenzierten Straßen ist im Mangel an Aussagekraft kaum zu übertreffen; touristische Hinweise fehlen gänzlich. Betreffs Aktualität hinkt sie den Karten des Karttakeskus deutlich hinterher. In Finnland ist diese Karte nicht erhältlich.
Besser ist da noch die *Terrac-WSOY Tiekartta* (Straßenkarte) des Verlagshauses *WSOY*. Das Land wird auf sechs Blättern wiedergegeben; die vier südlichen im Maßstab 1:300.000, die beiden nördlichen 1:400.000. Die Darstellung ist deutlich besser gelungen als bei der K+F. In Finnland ist diese Karte nicht sehr verbreitet und nur über den Buchhandel zu beziehen, was unter Umständen eine Lieferzeit von einigen Tagen bedeutet. In Deutschland hat es sie bis vor kurzem von Terrac gegeben. Da dieser Verlag aber vom Markt »verschwunden« ist, sind nur noch vereinzelte Restexemplare zu haben.

Einen besonderen Service bietet die staatliche Straßenbaugesellschaft *Tielaitos* an: Sie bringt jedes Jahr die Karte *Kesän tienparannukset* heraus, auf der alle größeren Straßenbauvorhaben (s. Kapitel *Besonderheiten im Straßenverkehr*), Umfang und Zeitpunkt der Störung eingetragen sind. Wer eine längere Tour plant, sollte auf jeden Fall einen Blick hineinwerfen. Die Karte ist gratis bei den meisten Tankstellen zu bekommen, die Legende in Englisch und Deutsch ist damit auch für den des Finnischen unkundigen Touristen verständlich. Gleichzeitig ist sie als Übersichtskarte gut zu verwenden.
Ebenfalls an vielen Tankstellen sowie an touristischen Einrichtungen sind kostenlose Stadtpläne zu bekommen, auf der Übernachtungsmöglichkeiten, Sehenswürdigkeiten usw. eingezeichnet sind.

Einige größere Städte bieten Radlern spezielle Freizeit- und Radwegekarten an. Die Karten sind bei den Fremdenverkehrsämtern, manchmal auch in Jugendherbergen oder auf Campingplätzen umsonst zu erhalten. Es sind bislang folgende Karten von den entsprechenden Ortschaften herausgegeben worden:

Pääkaupunkiseutu Ulkoilukartta (Helsinki, Espoo, Vantaa)
Pyörätiekartta Turku (Turku und Umgebung)
Tervasreitit (Joutsa und Umgebung)
Cykelruttkarta över Vasa (Vaasa)
Oulun jalankulku- ja pyörätiet (Oulu)
Rovaniemen Seudun Pyöräilyreitistö (Rovaniemi und Umgebung)
Pyöräily- ja Ulkoilukartta Joensuu (Joensuu)

Blattschnitt der Suomen Tiekartta GT (Finnische Straßenkarte)

Blattschnitt der Matkailukartat (Touristenkarten) sowie der Tiekartat (Straßenkarten) Napapiirinmaa und Saamenmaa

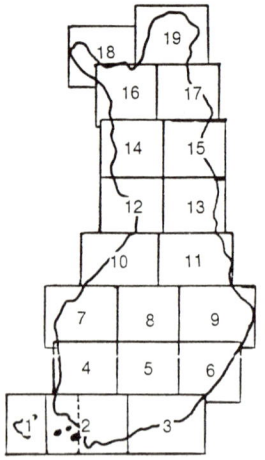

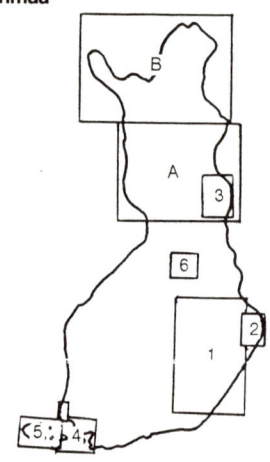

1 - Saimaa (1:250000)
2 - Ilomantsi (1:100000)
3 - Kuusamo (1:100000)
4 - Saaristomeri/Skärgårdshavet (1:100000)
5 - Åland/Ahvenanmaa (1:100000)
6 - Oulujärvi (1:100000)

A - Napapiirinmaa
B - Saamenmaa

Reiseführer und Literatur

Zum Thema Fahrradreise

Jürgen Rieck: *Der Wind kommt immer von vorn*. Mit dem Fahrrad auf Reisen. 6., bearb. und erw. Aufl., Verlag Wolfgang Kettler 1993.

Reiseführer (allgemein)

Wolfgang Albrecht (Hrsg.): *Finnland*, Express Reisehandbuch, Mundo, Köln.
Marlen u. Bert Baesgen: *Finnland*, Verlag Martin Velbinger, Gräfelfing.
Reinhold Dey: *Richtig Reisen Finnland*, DuMont Buchverlag, Köln.
Stefan Graber: *Finnland*, Preiswert Reisen Bd. 59, Hayit Verlag, Köln.
Ulrich Kreuzenbeck/Alexander Geh: *Finnland selbst entdecken*, Regenbogen Reiseführer-Verlag, Zürich.
Michael Tegethof: *Finnland auf eigene Faust*, Conrad Stein Verlag, Kiel.
Axel Patitz (Hrsg.): *Merian-Reiseführer Finnland*, Bd. 3754, dtv, München.
Doreen Taylor-Wilkie (Hrsg.): *ApaGuide Finnland*, Reise & Verkehrsverlag, Stuttgart.

Spezielle Reise- und Sprachführer und landeskundliche Literatur

Wolfgang Albrecht/Markku Kantola: *Finnland*, Beck'sche Reihe Bd. 847, Verlag C. H. Beck, München.
Martti Helenius: *Kanuwandern in Südfinnland*, Nordis, Essen.
Martti Helenius: *Kanuwandern in Nordfinnland*, Nordis, Essen.
Eino Jutikkala: *Geschichte Finnlands*, Kröners Taschenausgabe Bd. 365, Alfred Kröner Verlag, Stuttgart.
Ulrich Kreuzenbeck: *Küstenfinnland und Åland*, Nordis, Essen.
Ulrich Kreuzenbeck: *Seen- und Waldfinnland*, Nordis, Essen.
Hillevi Low: *Finnisch für Globetrotter*, Kauderwelsch Bd. 15, 3. Aufl., Peter Rump Verlag, Bielefeld.
Marianne Mehling (Hrsg.): *Knaurs Kulturführer in Farbe Finnland*, Droemer Knaur, München.
Merian Finnland, Hoffmann und Campe Verlag, Hamburg 1991.
Michael Möbius/Annette Ster: *Richtig Wandern Lappland*, DuMont Buchverlag, Köln.
Reclams Kunstführer Finnland, Reclam Verlag, Ditzingen 1985.
Norbert Schwirtz/Winfried Wisniewski: *Schweden-Finnland*, Landschaften, Tiere, Pflanzen, LB Naturreiseführer, Landbuch-Verlag, Hannover.
Norbert Schwirtz/Winfried Wisniewski: *Lappland*, Landschaften, Tiere, Pflanzen, LB Naturreiseführer, Landbuch-Verlag, Hannover.

Ein Dach überm Kopf

Wer es vorzieht, nicht allabendlich das *Jedermannsrecht* (s. u.) in Anspruch zu nehmen, wird nicht umhin kommen, einen erklecklichen Teil der Reisekasse in Übernachtungen zu investieren. Dabei stehen dem Reisendem alle nur erdenklichen Möglichkeiten offen: Angefangen bei Campingplätzen und Jugendherbergen bis hin zu exklusiven Fünf-Sterne-Hotels bieten sich zwischen Hanko und Utsjoki eine Vielzahl von Beherbergungsbetrieben an. Den geografischen Gegebenheiten entsprechend nimmt in den nördlichen Regionen des Landes die Dichte dieses Angebots ab. Allerdings sollte es auch hier kein Problem sein, einen Platz im Trockenen zu ergattern. In Lappland gibt es eine ganze Reihe von Ferienzentren, deren Hauptsaison im langen und harten Winter liegt: Viele Finnen sind begeisterte Skifahrer!

Reservierungen sind bei fast allen Übernachtungsmöglichkeiten nicht unbedingt notwendig. Eine Ausnahme stellen Bildungsstätten (*kurssikeskus*, *opisto*) dar, die je nach Auslastung ihre Betten auch an Touristen vermieten. Hier ist eine Voranmeldung meistens notwendig. Eine weitere Ausnahme sind die diversen Festivalzeiten (s. Kapitel *Festivals*), zu denen vielerorts dann alles im voraus ausgebucht ist.

Viele Übernachtungsmöglichkeiten, z.B. Campingplätze und Jugendherbergen, stehen den Reisenden jeweils nur für wenige Monate im Jahr zur Verfügung. Die entsprechenden Öffnungszeiten sind in den Etappenbeschreibungen angegeben. Allerdings ist zu beachten, daß es sich hierbei nur um »Eckdaten« handeln kann; von Jahr zu Jahr wird es gewisse Veränderungen geben, so daß insbesondere in der Vor- und Nachsaison eine telefonische Voranmeldung sinnvoll ist.

Die wohl »finnischste« Art der Übernachtung heißt *mökki*: Wer einmal in einer solchen kleinen Holzhütte, nur wenige Meter vom Seeufer gelegen, umgeben von unbändiger Natur und dem Zirpen der Mücken, übernachtet hat, wird dies so schnell nicht vergessen. Zur »Standardversion« gehören Sauna, Feuerstelle und Plumpsklo, ebenso ist in vielen Fällen ein Ruderboot im Mietpreis inbegriffen. Elektrischer Strom und fließendes Wasser (warmes schon gar nicht!) sind eher die Ausnahme denn die Regel, allerdings steigt auch hier das Angebots- und Anspruchsniveau. Diese Hütten gibt es überall in Finnland, nicht wenige Finnen verbringen den ganzen Sommer darin; vermietet wird oft für eine ganze Woche. *Der* gelungene Abschluß einer längeren Tour! Die Fremdenverkehrsämter und die Tourismuszentralen vermitteln Hütten privater Anbieter an ruhesuchende Urlauber; Lomarengas, ein Zusammenschluß verschiedener finnischer Organisationen aus den Bereichen Tourismus und Verkehr, verfügt über ein großes Angebot. Die Preise variieren je nach Größe, Ausstattung und Zeitpunkt zwischen Fmk 600 (2 Personen, »Standardversion«, Nebensaison) und Fmk 5000 (12 Personen, luxuriöse Ausstattung, Hauptsaison) pro Woche.

Darüber hinaus hat Lomarengas eine kleine Broschüre »Bed & Breakfast« zusammengestellt.

❑ Lomarengas
  Malminkaari 23
  00700 Helsinki
  Tel. (90) 35161321
  Fax (90) 35161370

Hotel

Die höchsten Summen kann man gewiß in Hotels loswerden, angefangen bei rund Fmk 150 je Person für Übernachtung und Frühstück in sehr einfachen Hotels. Nach oben gibt es wie üblich keine Begrenzung, aber realistisch sollte man Fmk 250 je Person einplanen; die Preise in der Wintersaison und in der bevorzugten Wanderzeit im Frühherbst liegen eher noch höher.
Die finnischen Hotelbetriebe verfügen nur teilweise über eine nach Sternen gestaffelte Klassifizierung. Die luxuriösten gehören vielfach einer größeren Kette an und arbeiten mit Scheck- oder Rabattsystemen, die beträchtliche Preisermäßigungen mit sich bringen. Eine Zusammenstellung befindet sich im Hauptkatalog der Finnischen Tourismuszentrale. Ein Verzeichnis des Beherbergungsgewerbes gibt es gratis ebenfalls dort. Qualitativ mittel- und hochwertige Hotels gibt es praktisch in jeder Stadt, große Werbetafeln an den Ortseingängen weisen häufig darauf hin. In den Etappenbeschreibungen werden sie jedoch nur ganz selten erwähnt, sofern es entweder sehr einfache Betriebe sind, die sich nur im Namen von den Gasthäusern unterscheiden, oder sich keine anderen Übernachtungsmöglichkeiten in der Nähe der Strecke finden.

Matkustajakoti, Gasthaus und kesähotelli

Die nächst günstigere Übernachtungsmöglichkeit sind *matkustajakoti* und *Gasthaus*. Ersteres entspricht in etwa einer Pension, das Wort an sich läßt sich aufteilen in die Begriffe »matkustaja« = Reisende(r) und »koti« = Heim. Die Verwendung des deutschen Wortes »Gasthaus« mag anfangs etwas irritieren, doch es hat sich im finnischen Sprachschatz inzwischen eingebürgert. Das finnische Verständnis von »Gasthaus« entspricht in etwa dem deutschen Begriffsinhalt.
Eine Besonderheit sind die sog. Sommerhotels, im Finnischen *kesähotelli* genannt. Dabei handelt es sich um Studentenwohnheime, die sonst während der langen finnischen Sommerferien nicht genutzt würden. Die Öffnungszeiten beschränken sich somit auf die Zeit zwischen Anfang Juni und Mitte August. Die Ausstattung ist nicht besonders schön, dafür aber zweckmäßig. Kochgelegen-

heit und Kühlschrank gehören ebenso dazu wie ein kleines Bad. Einige der Sommerhotels sind als 3- oder 4-Sterne-Häuser dem Jugendherbergsverband angeschlossen; die Übergänge zur »richtigen« Jugendherberge sind fließend. Nur falls sie zum JH-Verband gehören, werden sie auch in der entsprechenden Rubrik aufgeführt.

Matkustajakoti, *Gasthaus* und *kesähotelli* werden ebenso wie auch an Touristen vermietete Zimmer in Bildungsstätten (s. o.), preisgünstige Motels (*motelli*) und »Bed & Breakfast« in den Etappenbeschreibungen unter der Rubrik »Unterkunft« zusammengefaßt und aufgeführt. Preislich liegen alle diese Übernachtungsmöglichkeiten zwischen Fmk 100 und Fmk 170, ein ordentliches Frühstück mit inbegriffen (mit Ausnahme der Sommerhotels).

Urlaub auf dem Bauernhof

Eine weitere interessante Art, nicht nur Land sondern auch Leute kennenzulernen, ist der Urlaub auf dem Bauernhof. Wahlweise kann zwischen Halb- und Vollpension gewählt werden, die Preise entsprechen in etwa denen der Gasthäuser. Eine Zusammenstellung von Bauernhöfen im ganzen Land enthält der Katalog »Farmholidays in Finland«, der über folgende Adresse zu beziehen ist:

❑ Maatilalomat
Suomen 4H-liitto
Abrahaminkatu 7
00180 Helsinki
Tel. (90) 642233
Fax (90) 642274

Retkeilymaja (Jugendherberge)

Es hat seinen guten Grund, daß der Begriff »Jugendherberge« in Finnland schlicht ungebräuchlich ist. Die *retkeilymaja* (etwa: »Wandererherberge«) entspricht zwar sowohl im (gehobenen) Standard als auch in der darüber wachenden Organisation prinzipiell der Jugendherberge, in Finnland tummelt sich aber dort nicht nur die Jugend der Welt, sondern die finnischen Herberger sind - wie in ganz Skandinavien - beliebte Übernachtungsstätten auch bei etwas älteren Reisenden, die lediglich preiswerter wohnen möchten. Das Netz der finnischen Jugendherbergen umfaßt mehr als 150 Häuser, von denen etwa die Hälfte ganzjährig geöffnet sind. Ein Verzeichnis aller Herbergen ist beim finnischen Jugendherbergsverband (Anschrift s. u.) oder in den meisten Häusern gratis erhältlich. Ein Handbuch mit Detailbeschreibungen (Ausstattung, Lage usw.) kostet Fmk 30 und ist ebenfalls über den Verband zu beziehen. Allerdings ist darauf hinzuweisen, daß selbst das aktuelle Verzeichnis nicht immer auf dem neuesten Stand ist. So waren 1993 einige Häuser geschlossen, bei anderen hatten sich die Öffnungszeiten geändert. Aus diesem Grund ist eine Voranmeldung bei der jeweiligen Herberge oder beim Verband durchaus anzuraten; zumindest lassen sich so Reisepläne noch kurzfristig ändern. Völlig ausgebucht sind die Herbergen nur sehr selten. Insbesondere zu Festivalzeiten (s. Kapitel *Festivals*) kann das aber schon mal vorkommen.

Wenige Häuser, wie die »Stadionin retkeilymaja« in Helsinki, sind mit den deutschen Jugendherbergen vergleichbar. Bezüglich Konzeption und Ausstattung muß sich bei den meisten anderen der an deutsche Jugendherbergen gewöhnte Reisende jedoch erheblich umstellen. Die teuerste Kategorie sind die *Finnhostel*, die sowohl in der Ausstattung als auch im Preis die in Deutschland existierenden Jugendgästehäuser bei weitem übertreffen. Eine große Zahl von Häusern ist analog den Sommerhotels in Studentenwohnheimen untergebracht, die Übergänge zu den *kesähotelli* sind fließend. Sofern keine weiteren Gäste anwesend sind (was gar nicht so selten vorkommt), kann man als Einzelreisende(r) ein Zwei-Zimmer-Appartement mit Küche und kleinem Bad für sich alleine beanspruchen. Andere Herbergen sind an einfache Hotels oder Campingplätze (zum Teil in Campinghütten) angegliedert, der JH-Betrieb läuft eher nebenher. Wieder andere erinnern eher an »Urlaub auf dem Bauernhof«; die Atmosphäre dort ist oft sehr herzlich, die Herbergseltern sind besonders zuvorkommend.

Die Übernachtung in einer *retkeilymaja* setzt nicht zwingend einen gültigen Jugendherbergsausweis des Heimatlandes voraus, sondern dieser dient lediglich als »Rabattkarte«. Wer keinen JH-Ausweis hat, zahlt Fmk 15 mehr. Eine »Hostelling-International-Karte« kann gegen Fmk 90 auch noch in Finnland erworben werden; bei mehr als sechs Übernachtungen würde sie sich somit schon rentieren. Ein weiteres Angebot ist der *Finnish Hostel Cheque:* Dieser muß beim Verband vorbestellt werden und berechtigt zur Übernachtung in einer Herberge der Zwei- oder Drei-Sterne-Kategorie. Kosten wird er 1994 voraussichtlich Fmk 70; ein Preisvorteil gegenüber einer einzelnen Buchung ist damit in den meisten Fällen nicht gegeben.

Fast alle Herbergen werden von Privatleuten betrieben, so daß sich bislang Sternkategorie und Preis nicht decken. Die Übernachtung kostete 1993 (ohne Rabatt) je nach Standard Fmk 30 bis Fmk 175, wobei Preis und Ausstattungsqualität nicht immer miteinander übereingestimmt haben. Für 1994 wurden jedoch bereits Preiserhöhungen angekündigt. In diesem Betrag sind keine Mahlzeiten enthalten. Ein Frühstück wird teils (in Form eines Büfetts) geboten, kostet etwa Fmk 25 und ist im Vergleich mit der aus Deutschland geläufigen Marmeladenversion ungewöhnlich nahrhaft und reichhaltig. Es gibt in der Regel mehrere Arten von Brot, auch herzhafte Beläge, manchmal Obst, alles in auch für einen anstrengenden Radlertag ausreichenden Mengen. Ein warmes Abendessen bieten nur wenige Herbergen (und normalerweise nur auf Vorbestellung) an. Wer vom Mahlzeitenangebot der *retkeilymaja* unabhängig sein möchte, kann in den meisten Herbergen in der Gästeküche oder in der Küche des eigenen Appartements sein Essen selbst zubereiten. Allerdings schwankt die Ausstattung der Küchen erheblich. Es gibt immer Kochstellen, selten Backöfen; Teller und Bestecke sind nicht in ausreichender Zahl vorhanden - diese sollte jeder Benutzer selbst mitbringen. Auch das Repertoire an Kochtöpfen usw. ist begrenzt. Erfreulich ist hingegen, daß es nahezu überall Kühlschränke für die mitgebrachten Lebensmittel gibt, so daß die Milch fürs Frühstück nicht gleich sauer wird.

Vielfach stehen auch Waschmaschinen zur Verfügung, was bei einer längeren Tour doch sehr nützlich sein kann. Die traditionelle finnische Sauna darf natürlich auch nicht fehlen. Nur wird in den meisten Fällen ein kräftiger Aufpreis verlangt. Unangenehm ist, daß einige Herbergsbetreiber ihr Einkommen dadurch zu verbessern suchen, daß sie auch für eine warme Dusche noch einen Zuschlag von Fmk 5 bis Fmk 10 verlangen.

Grundsätzlich sind waschbare Leinen- bzw. Nesselschlafsäcke oder eine Bettwäschegarnitur vorgeschrieben. Mumienschlafsäcke (Daune oder Kunststoff) sind verboten. Man kann in allen Häusern Bettwäsche leihen, was allerdings bei häufigerer Übernachtung zu einem teuren Vergnügen wird. Bei einigen Häusern der Vier-Sterne-Kategorie ist das Leihen von Bettwäsche jedoch obligatorisch und damit im Preis inbegriffen.

Viele Häuser verleihen Fahrräder (meist nicht tourentauglich!) und einige auch Freizeitausrüstungen wie Paddelboote. Darüber hinaus werden vom finnischen Jugendherbergswerk verschiedene Pauschalangebote gemacht. Dazu gehören individuelle Radwanderungen (mit Möglichkeit des Mietens von Fahrrädern), Bus- und Bahnreisen sowie Autoverleih. Nähere Informationen sowie Vorbuchungen über:

❑ Suomen Retkeilymajajärjestö - SRM r.y.
   Yrjönkatu 38 B
   00100 Helsinki
   Tel. (90) 6931347 od. 6940377
   Fax (90) 6931349

Camping

Finnland ist ein ausgesprochenes Campingland: Etwa 370 Plätze stehen zur Verfügung, von denen etwa 200 als offizielle Plätze des Finnischen Fremdenverkehrsverbandes registriert sind. Sie sind in drei verschiedene Kategorien eingeteilt und werden jährlich vom nationalen Campingverband überprüft. Die Sterneeinteilung gibt vor allem Auskunft über den Umfang an Sanitäreinrichtungen und über die Zeiten, in denen das Büro/die Rezeption besetzt ist. So haben Drei-Sterne-Plätze eine 24-Stunden-Aufsicht, fließend warmes Wasser und Waschgelegenheiten. Ein Heft mit den Adressen und einigen Ausstattungsdetails (Öffnungszeiten, Vorhandensein von Campinghütten usw.) aller offiziellen Plätze gibt es gratis bei den Tourismuszentralen. Ein kleines Handbuch mit zusätzlichen Detailinformationen (Lageskizze, Vorhandensein von Waschmaschinen usw.) gibt es gegen eine Schutzgebühr von Fmk 73 beim Finnischen Fremdenverkehrsverband. Die Anschrift:

❏ Suomen Matkailuliitto
  Mikonkatu 25
  00100 Helsinki
  Tel. (90) 170868
  Fax (90) 654358

Sofern man keinen internationalen Campingausweis FICC besitzt, muß man sich spätestens auf dem ersten Platz für Fmk 10 eine Campingkarte ausstellen lassen. Diese ist im gesamten Land für ein Jahr gültig und muß bei jeder neuen Ankunft vorgelegt werden.

Die Preise für die Übernachtung sind unterschiedlich (je nach Standard des Platzes) und liegen durchschnittlich bei etwa Fmk 40 je Zelteinheit, zu der maximal drei Erwachsene und Kinder gehören. Einzelreisende sind somit durch diese Preisregelung benachteiligt.

Auch nichtzeltende Radtouristen können ggf. auf Campingplätzen nächtigen: in einer der recht weit verbreiteten Campinghütten. Diese kleinen Holzbauten enthalten meistens vier Betten und verfügen zum Teil über eine vollständige Küchenausstattung. Sie werden auch tageweise vermietet, kosten ab Fmk 150 und sind somit für kleinere Gruppen eine preislich interessante Alternative zu den Jugendherbergen. Soweit Campingplätze im Bereich der Streckenempfehlungen dieses Buches Hütten haben, ist dies im Text genannt. In der Hauptsaison sind die Hütten aber häufig frühzeitig belegt, Vorbuchung ist ratsam!

Gaskartuschen sind u.a. in Sport- und Jagdgeschäften erhältlich, Brennspiritus kauft man am besten an Tankstellen.

Fahrräder werden an vielen Campingplätzen zum Verleih angeboten. Aber auch hier ist es eher die Ausnahme, ein Rad zu ergattern, das als tourentauglich einzustufen wäre.

Saunas sind von finnischen Campingplätzen nicht wegzudenken. Allerdings werden sie oft für etwa Fmk 50 stundenweise vermietet, was für Einzelreisende mehr als eine Verdoppelung des gesamten Tagespreises bedeutet. Sofern es gegen eine geringere personenbezogene Gebühr eine allgemein zugängliche Sauna gibt, sollte man sich die Möglichkeit nicht nehmen lassen, von den Finnen in die hohe »Kunst« des Saunabadens eingeführt zu werden!

Wildnishütten

Eine Besonderheit, die Sie als Radfahrer nur selten in Anspruch nehmen können, sind die Wildnishütten. Im allgemeinen stehen sie weit abgelegen, häufig entlang der verschiedenen Wanderrouten. Lediglich in Lappland befinden sich einige dieser einfachsten Unterkünfte in unmittelbarer Nähe der beschriebenen Wegstrecke; sie werden in den jeweiligen Etappenbeschreibungen erwähnt. Bei den im Text genannten handelt es sich durchweg um sog. *autiotupa*, worunter für jeden frei zugängliche unverschlossene Hütten zu verstehen sind. Die Idee ist schon einige hundert Jahre alt: In früheren Zeiten wurde damit Reisenden eine Möglichkeit geboten, im Trockenen zu übernachten. Die Ausstattung der Hütten ist äußerst karg: ein Tisch, ein oder zwei Pritschen, ein Ofen, eine Axt, das obligate Gästebuch und in der Nähe eine Quelle. Oftmals sind auch einige Teebeutel, Zucker, Streichhölzer, Kerzenstummel und andere Utensilien vorhanden. Es gehört zum guten Stil, auch selbst etwas Brauchbares zurückzulassen. Überhaupt besteht ein bestimmter Verhaltenskodex, den es zu beachten gilt: Grundsätzlich ist nur die einmalige Übernachtung in einer Hütte möglich. Demjenigen Reisenden/Wanderer, der am meisten erschöpft ist, wird das Recht vorbehalten, auf der Pritsche zu schlafen. Ist die Hütte schon belegt, so zieht man - sofern es die Kräfte noch zulassen - zur nächsten. Die genaue Auslegung dieser Regelung müssen die Benutzer bei Rücksichtnahme auf den am meisten Erschöpften unter sich ausmachen. Ein genaues Verzeichnis der Wildnishütten ist beim Zentralamt für Forstwirtschaft (*Metsähallitus*) erhältlich; deren Adresse wird im Kapitel *Nationalparks* genannt.

Jedermannsrecht

Zu den wohlbehüteten finnischen Gewohnheitsrechten gehört das Jedermannsrecht (*jokamiehenoikeus*). Danach hat jedermann das Recht, sich überall in der Natur und - eingeschränkt - auch auf Privatgrund zu bewegen, die Schätze der Natur wie Beeren, Pilze usw. zu nutzen und unter Beachtung gewisser Regeln »wild« zu zelten.
Dabei gelten folgende Einschränkungen:
a) Die Verletzung privater Rechte ist selbstverständlich unzulässig. So dürfen keine gepflanzten Blumen, Obstbäume usw. geplündert werden, das Zelten auf landwirtschaftlichen Flächen ist grundsätzlich verboten.
b) Wildes Zelten ist nur für eine Nacht und nur außerhalb der Sichtweite von Wohnhäusern gestattet. Durch die Erlaubnis der dortigen Bewohner wird letztere Einschränkung aufgehoben. Sind Sie sich unsicher, ob das Zelten an einer bestimmten Stelle gestattet ist, fragen Sie einen Anwohner. Kaum jemand wird es Ihnen verwehren, im Gegenteil: ist das Verständigungsproblem gelöst, ergibt sich vielleicht ein nettes Gespräch.
c) Beim Feuermachen ist äußerste Vorsicht in Hinblick auf Schwelbrände walten zu lassen; Lagerfeuer sind grundsätzlich nur mit Genehmigung des Grundbesitzers erlaubt. Bei trockener Witterung wird in Fernsehen, Radio und Zeitung auf Waldbrandgefahr (*metsäpalovaroitus*) hingewiesen. Dann ist das Feuermachen streng verboten. Informieren Sie sich in jedem Fall vorher darüber,

ob eine Brandwarnung ausgegeben wurde. Jahr für Jahr gibt es mehrere hundert Waldbrände, die meisten wurden durch Unachtsamkeit verursacht.
d) Absolut unfreundlich reagieren die Finnen, wenn Abfall in der Natur hinterlassen wird. Dazu gehört nach finnischem Verständnis auch die Nichtbeseitigung (ggf. Vergraben) menschlicher Exkremente!
Auf den Åland-Inseln ist das Jedermannsrecht noch etwas enger gefaßt. So ist dort das »wilde« Zelten ohne ausdrückliche Genehmigung nicht gestattet. Tragen Sie durch Ihr Verhalten dazu bei, daß die Beibehaltung des Jedermannsrechts auch in Zukunft möglich ist!

Finnland selbst entdecken

Bei der Auswahl von Übernachtungsmöglichkeiten und Restaurants stoßen Reiseführer an die Grenzen ihrer Möglichkeiten. Die Überprüfung vieler hundert Quartiere und Lokale würde Jahre dauern und notwendigerweise am Schluß ein größtenteils veraltetes Ergebnis bieten - ein Punkt, an dem die entsprechenden Führer auch stets kranken. Das »Selbstentdecken« von Stätten finnischer Gastlichkeit soll daher dem Reisenden nicht abgenommen werden. Dieses Buch bietet lediglich eine Hilfestellung.

Niedrigpreisunterkünfte wie Jugendherbergen und Campingplätze sind stets aufgeführt, zu Hotels und anderen Unterkünften höherer Preisstufen finden sich Hinweise jedoch nur in (preisorientierter) Auswahl. Die Verzeichnisse der Fremdenverkehrszentralen können diese Informationslücke besser, d. h. aktueller, vollständiger und zuverlässiger füllen als jeder Reiseführer. Wer sich entschließt, auf seiner Finnlandreise hauptsächlich Hotels und Gasthöfe zur Übernachtung aufzusuchen, sollte die paar hundert Gramm Papiergewicht für diese Verzeichnisse nicht scheuen.

Restaurants sind nur in seltenen Fällen aufgeführt. Während des obligaten Orientierungsspaziergangs am Übernachtungsort ist das vergleichende Studium von Speisekarten und Erscheinungsbild ein selbstverständlicher Nebeneffekt, der zum Einleben gehört wie der Einkauf im Laden.

Es liegt nicht in der Absicht dieses Buches, Restaurants und Gaststätten mit dem Prädikat »touristisch interessant« zu versehen - zum einen sind die Geschmäcker zu verschieden, zum anderen wechseln Personal, Publikum und Preise zu schnell, um halbwegs verläßliche Angaben ermöglichen zu können.

Wandern

Finnland ist nicht nur ein Radfahrparadies. Auch ausgedehnte Wanderungen durch die weiten Wälder bergen eine unbeschreibliche Faszination in sich. Einfach das Rad an einem Campingplatz oder in einer Jugendherberge stehengelassen, den Rucksack gepackt und dann für ein oder mehrere Tage in die Wildnis. Loslaufen kann man praktisch überall, die besten Wandergebiete finden sich jedoch in den großen Nationalparks. Routen sind häufig durch farbliche Markierungen ausgewiesen; in einigen Parks bestehen Unterkunftsmöglichkeiten in Schutzhütten und an einfachen Lagerstellen (*laavu*). Darunter ist mehr ein Wind- und Regenschutz als eine geschlossene Hütte zu verstehen. Ein Verzeichnis der Hütten ist über *Metsähallitus*, dem Zentralamt für Forstwirtschaft (Anschrift s. Kapitel *Nationalparks*) erhältlich. Beim Aufenthalt in freier Natur ist es allerdings dringend notwendig, neben dem Jedermannsrecht (s. Kapitel *Ein Dach überm Kopf*) einige andere Verhaltensmaßregeln zu beachten. Sonst kann aus einer wunderschönen Wanderung ein todernstes Abenteuer werden:

Fragen Sie vor der Wanderung die Einheimischen, ob besondere Schwierigkeiten wie Sumpfgebiete oder Geröllfelder existieren. Teilen Sie jemandem mit, wohin und wie lange Sie unterwegs sein werden. Vereinbaren Sie, sich nach Abschluß der Wanderung wieder zu melden, und vergessen Sie nicht, dies dann auch in die Tat umzusetzen.

Unternehmen Sie eine längere Wanderung nie alleine! Man kann nicht damit rechnen, daß man im Falle einer Verletzung noch am gleichen Tag gefunden wird.

Achten Sie genau auf die Wegmarkierungen! Verlassen Sie den Pfad nur, wenn Sie sich im Karten- und Kompaßlesen absolut sicher fühlen.

Verlieren Sie nie die Orientierung! Sie sollten zu jeder Zeit exakt wissen, wo Sie sich befinden und wie Sie wieder an eine Straße oder ein menschliches Anwesen gelangen können.

In den Schutzhütten befinden sich immer Gästebücher. Beschreiben Sie nicht nur, welchen Weg Sie zurückgelegt haben und daß Sie die Landschaft wunderschön finden, sondern schildern Sie die noch vor Ihnen liegende Route. Einigen vermißten Wanderern konnte dadurch schon das Leben gerettet werden.

Wählen Sie Ihre Kleidung und Ihr Schuhwerk nach den landschaftlichen Gegebenheiten. Fast überall im Wald muß man mit Feuchtgebieten rechnen. Knöchelhohe wasserdichte Wanderschuhe (mit »Goretex« gefüttert) sind das mindeste; die Finnen selbst tragen bei Wanderungen fast immer Gummistiefel. Und das nicht ohne Grund!

Sollten Sie sich doch verirrt haben: Bewahren Sie die Ruhe! Teilen Sie Ihre Lebensmittelvorräte maßvoll ein. Man wird Sie finden!

Kulinarisches

Vieles an Eß- und Trinkbarem werden Sie auch von zu Hause kennen. Pizzerien und neuerdings Kebabbuden findet man auch in Finnland, auch wenn die Besitzer so gut wie nie aus Italien oder der Türkei stammen. Vor allem in Helsinki sind aber auch »Exoten« wie vietnamesische Restaurants zu finden. Darüber hinaus gibt es aber eine ganze Reihe von landestypischen Gerichten, die der finnischen Küche einen eigenständigen Charakter geben.

Essen

Das finnische Frühstück (*aamiainen*) ähnelt dem kontinentalen in seinen reichhaltigsten Formen, denn meist gibt es (vom Büfett) neben Cornflakes oder Müsli mehrere Brotsorten, eine Vielzahl von Belägen bis hin zu Wurst und Käse. Sehr verbreitet sind auch unterschiedliche Breisorten; der macht satt und hält lange vor. Joghurt, Milch und Dickmilch ergänzen das Angebot. Der dazu gereichte Kaffee ist in der Regel sehr gut. In Hotels ist das Frühstücksbüfett meist im Zimmerpreis enthalten, andernfalls wird es (ebenso wie in Jugendherbergen) zusätzlich mit etwa Fmk 30 berechnet.

Wenn die Sonne am höchsten steht, bieten nahezu alle Restaurants (*ravintola*) das Tagesgericht an: *lounas*, die einzige Möglichkeit, preiswert zu einem warmen Essen zu kommen. Etwa zwischen 11 Uhr und 14 Uhr, manchmal auch länger, bekommt man für Fmk 30 bis Fmk 50 finnische Hausmannskost in Form eines Tellergerichts mit diversen Extras, die bei geschickter Auswahl individuelle Ansprüche befriedigen können. Außer Brot (meist mehrere Sorten zur Wahl) und Butter gehört ein Salatteller ebenso zum Standard wie ein Erfrischungsgetränk (Milch, Limonade, Mineralwasser oder Dünnbier), häufig auch die obligatorische Tasse Kaffee hinterher. Da in vielen Restaurants der Gast den Salatteller selbst zusammenstellen darf, kann man die etwas einfallslosen Tellergerichte mit einer kräftigen Vitaminspritze aufwerten. Nicht immer wird auf die Salatbüfetts hingewiesen; sofern Sie in einem Restaurant nichts Grünes zugeteilt bekommen, irgendwo im Speisesaal aber ein solches Büfett steht, ist das die indirekte Aufforderung zur Selbstbedienung.

Am frühen Nachmittag gibt es den *paiväkahvi:* Kaffee und dazu Hefegebäck. Die warme Hauptmahlzeit heißt *päivällinen* (eigentlich: »Tagesessen«) und ermöglicht in besseren Restaurants eine differenzierte Menügestaltung, allerdings auch zu erheblich höheren Preisen. Was zur Mittagszeit inklusive Getränk noch Fmk 40 kostete, ist jetzt »solo« unter Fmk 50 nicht mehr zu haben. Serviert wird *päivällinen* am späten Nachmittag.

Abends nach der Sauna gibt's noch *iltapala*. Das Abendessen besteht aus einer weiteren Tasse Kaffee (!), Butterbrot und/oder süßem Gebäck.

Den größten Anteil an der gastronomischen Versorgung nehmen die zahlreichen Selbstbedienungsrestaurants ein, die in der Regel nur tagsüber geöffnet sind. Gute Cafés gibt es nicht sehr häufig. Seinen Kaffee trinkt man besser in einer häufig zur Raststätte ausgebauten Tankstelle, einer schmucklosen *baari* oder in einem *kahvila* genannten einfachen Café.

Zu typischen finnischen Speisen und Gerichten zählen:

Hirvipaisti	Elchbraten
Juustoleipä	gerösteter Frischkäse, der in Kaffee getunkt wird; manchmal etwas zäh
Kaalikääryleet	Kohlrouladen
Kalakeitto	Fischsuppe
Kalakukko	in Brotteig eingebackener Fisch und Speck; vor allem in der Gegend um Kuopio
Karjalan paisti	Karelischer Braten mit unterschiedlichen Fleischsorten
Karjalan piirakka	Karelische Piroggen; in Roggenteig eingebackener Reis, etwas angewärmt und mit Butter bestrichen
Kesäkeitto	»Sommersuppe«, eine Gemüsesuppe
Lihapullat	Hackfleischbällchen
Lohipiirakka	Lachspastete
Maksalaatikko	süßer Auflauf aus Reis, Leber und Rosinen (!)
Marjakiisseli	rote Grütze
Munkki	Krapfen, Berliner
Mustikkapiirakka	Blaubeerkuchen
Nakkipannu	Bratwürstchen
Lenkkimakkara	Fleischwurst; besonders gut, wenn auf dem Saunaofen gegrillt
Piimä	Buttermilch
Poronkäristys	Rentiergeschnetzeltes
Pulla	Hefegebäck
Puuro	Brei
Ruisleipä	dunkles Roggenbrot; häufig in Ringform
Viili	eine recht zähflüssige Art Dickmilch
Wieneri	Gebäckstückchen

Trinken

»Ein Quart Bier und zwei Achtel Schnaps als Magenbitter sind richt'ges Maß und gute Kanne für Kehl und Kopf einem müden Manne.« (aus: Aleksis Kivi,

Die sieben Brüder)

Die angebliche Trinkfreudigkeit der Finnen hat bis in die Literatur hinein ihren Niederschlag finden können. Und wer sich als Reisender auf den Fährschiffen oder abends auf den Straßen umschaut, mag diesem pauschalen Vorurteil zustimmen. Doch die Wirklichkeit sieht anders aus: Im Lebensalltag der meisten Finnen spielt der Alkohol so gut wie keine Rolle. Zu Mahlzeiten werden eher alkoholfreie Getränke gereicht. Wenn etwas getrunken wird, dann eher an Feiertagen wie dem Mittsommerfest - und dann nicht zu knapp! Der durchschnittliche Alkoholkonsum liegt jedoch weit unter dem Deutschlands oder gar Frankreichs. Allerdings ist der Anteil »harter« Getränke wie Wodka vergleichsweise hoch. Tatsache ist, daß ein relativ kleiner Bevölkerungsanteil viel trinkt. Der Verkauf von Getränken mit mehr als 5 % Alkohol ist nur dem staatlichen Monopolkonzern *Alko* gestattet, die Preise sind trotz Finnmark-Abwertungen zu Beginn der 90er Jahre sehr hoch. Bei Alko kostet eine Flasche Whiskey oder Wodka immer noch das Drei- bis Fünffache dessen, was man in heimatlichen Gefilden dafür auf den Tisch legen muß. In Restaurants ist der Preisunterschied nicht ganz so gravierend. Wichtig ist auch die Unterscheidung zwischen »A-oikeudet« (volle Schankrechte) und »B-oikeudet« (nur Bier und Wein).

Für Bierfreunde kommt erschwerend hinzu, daß die Qualität des finnischen Gerstensaftes allenfalls knapp durchschnittlich ist. Nur mit den Edelsorten finnischer Brauereien kann der »Kenner« einigermaßen zufrieden sein. Auch sorgen die abweichenden Lebensmittelbestimmungen dafür, daß sich allerlei Fremdstoffe im Bier befinden - Ascorbinsäure ist noch der harmloseste. Unterschieden wird ähnlich wie in Schweden zwischen verschiedenen Kategorien. Weniger als 2,8 % Alkoholanteil hat Bier der Klasse »I« (*ykkösolut* od. *pilsneri*). Noch im Supermarkt erhältlich ist auch das Gebräu der Kategorie »III« (*kolmosolut* od. *keskiolut*; Alc. 3,7-4,6 % Vol.). Für das »IV A« (A-olut; Alc. 4,7-5,7 % Vol.) muß man bereits zu Alko gehen. Das Bier der Kategorie »IV B« (über Alc. 5,7 % Vol.) ist nur außerhalb der Landesgrenzen erhältlich; die »Resultate« sind auf den Fähren nicht zu übersehen!

Bei den alkoholfreien Getränken genießt der Kaffee eine Spitzenstellung und wird nicht nur zum Frühstück getrunken, sondern auch nach den Tagesmahlzeiten oder zwischendurch als Erfrischungsgetränk. Finnland ist das Land mit dem höchsten Pro-Kopf-Verbrauch an Kaffee in Europa. Für eine Tasse Kaffee bleibt in Finnland immer genug Zeit!

Als alkoholfreie Erfrischungsgetränke werden im übrigen Wasser, Limonade, Saft und Milch etwa gleich häufig konsumiert; es ist keineswegs unüblich, zu einem teuren Restaurantmenü Milch zu trinken. Eine Besonderheit ist *(koti-) kalja*, ein alkoholfreies »Hausbier«, das auch zu den Mahlzeiten serviert wird.

Übrigens werden fast alle Getränke sowohl in Dosen als auch in Pfandflaschen verkauft. Die Rückgabe erfolgt in fast allen Supermärkten per Automat. Wer einmal die Bedienungsanleitung handelnd nachvollzogen hat, wird auch nicht daran verzweifeln, daß die Gebrauchsanweisung nur in Finnisch existiert.

Service

Krankenversicherung

Aufgrund von Sozialversicherungsabkommen zwischen Finnland und Deutschland, der Schweiz und Österreich genießen Bürger dieser Staaten einen hohen Versicherungsschutz. Grundsätzlich ist es empfehlenswert, sich bei der eigenen Krankenkasse über Details bezüglich Erstattung von Leistungen kundig zu machen.

Im Krankheitsfall erhält man bei den »Gesundheitszentren« (*terveyskeskus*) und in den Krankenhäusern weitgehend kostenlos ambulante Behandlung. Welche Formalitäten man dabei beachten muß, steht in einem Informationsblatt der jeweiligen Krankenkasse; dieses kann man dort erhalten.

Für deutsche Versicherte gibt ein Formblatt »SF/D 111«, das man ebenfalls bei den Krankenkassen erhält und das bei jeder ärztlichen Behandlung in Finnland vorzulegen ist. Die Behandlung bei den wenigen frei praktizierenden Ärzten ist um einiges teurer und wird nicht völlig von den Sozialversicherungsabkommen gedeckt.

Die finnische Krankenversicherung enthält für Erwachsene keine zahnärztlichen Leistungen. Sollte man einer Behandlung bedürfen, so wird nur die medizinische Grundversorgung (provisorische Füllung herausgefallener Plomben usw.) durchgeführt. Im allgemeinen muß dafür eine Gebühr entrichtet werden, was aber von den Zahnärzten auch schon mal nicht so eng gesehen wird - zumindest nicht von denen, die an einem Gesundheitszentrum beschäftigt sind.

Als Kostenbeteiligung an Medikamenten sind bis zu Fmk 20 selbst zu tragen. Alle etwaigen Gebühren stellen kein finanzielles Risiko auf einer Reise dar, sofern ein *terveyskeskus* bemüht wird. Eine Erstattung dieser Beträge im Rahmen der zulässigen Leistungen kann nach der Rückkehr bei der heimischen Krankenkasse beantragt werden.

Die Heimführung (Flug o. ä.) im Fall schwerster Erkrankung wird von den Krankenkassen nicht ersetzt. Wer sichergehen will, sollte eine Auslandsreisekrankenversicherung abschließen.

Preisermäßigungen

Für Auszubildende, Schüler und Studenten gibt es in Finnland vereinzelt Preisnachlässe. Um in diesen Genuß zu kommen, braucht man meist den standardisierten ISIC-Ausweis der International Student Travel Conference (ISTC), Weinbergstr. 31, CH-8006 Zürich, den es in Jugendreisebüros und bei den

AStAs der Universitäten gibt; nächstgelegene Ausweisausgabestelle ggf. bei der ISTC erfragen.

Bei der Inanspruchnahme von Ermäßigungen in Museen, Ausstellungen usw. reicht in der Regel aber auch der Schüler- oder Studentenausweis der Ausbildungseinrichtung. Da das Kassieren ein häufiger Ferienjob von Studenten ist, wird die Auslegung oft nicht so streng gehandhabt; sind laut Preisschild nur Kinderermäßigungen vorgesehen, so fallen bei Nachfrage auch schon mal Studenten in diese Kategorie.

In manchen Restaurants erhalten Studenten eine Preisermäßigung; dies wird in der Regel über einen kleinen Zusatz auf der Speisekarte vermerkt. Allerdings liegt die Ermäßigung höchstens bei 10 % des vollen Preises.

Hilferufe

Wenn man sich finanziell verkalkuliert oder seinen Geldbeutel verloren hat, wird man in die Zwangslage kommen, um Hilfe bitten zu müssen.

Die einfachste und auch billigste Art ist immer noch, von Freunden oder Verwandten Geld nachschicken zu lassen. Da die finnische Post zuverlässig ist, kann man die Zusendung einer internationalen Postanweisung riskieren. Wichtig: Der Empfänger muß sich bei Entgegennahme der Barschaft ausweisen können. Bei Verlust des Personalausweises oder des Passes sollte man also lieber einen Ersatzempfänger suchen (z.B. Leiter der Unterkunft, in der man aufs Geld wartet).

Internationale Postanweisungen sind bis zum Höchstbetrag von Fmk 15.000 (auch telegrafisch oder per Eilzustellung) möglich. Wer mehr Geld benötigt, muß sich eine Scheck-Postanweisung (bis zum Gegenwert von DM 20.000 möglich) oder mehrere Anweisungen zuschicken lassen. Falls man sich ausweisen kann, ist die schnellste Empfangsadresse immer das jeweilige Hauptpostamt, postlagernd (»poste restante«). Allerdings kann der Höchstbetrag bei Bar-Postanweisungen nur ausgenutzt werden, wenn keine Postlageradresse und auch kein Hotel usw. in der Anschrift auftaucht (Auskunft am Postschalter).

Nur bei abgelegenen Dörfern muß man mit längeren Laufzeiten rechnen; telegrafische Anweisungen sind normalerweise innerhalb von 24 Stunden am Zielort.

Wenn alle Stricke reißen, ist die jeweilige Botschaft zur Hilfe verpflichtet. Da man hinterher aber alles mit Zinsen und Gebühren zurückzahlen muß, sollte man dort wirklich nur im äußersten Notfall nachfragen.

Die Anschriften:

❑ Deutsche Botschaft
  Krogiuksenentie 4
  00340 Helsinki
  Tel. (90) 4582355
  Fax (90) 4582283

❑ Österreichische Botschaft
  Esplanadi 18
  00130 Helsinki
  Tel. (90) 171322
  Fax (90) 665084

❑ Schweizerische Botschaft
  Uudenmaankatu 16 A
  00120 Helsinki
  Tel. (90) 649422
  Fax (90) 649040

Deutschland hat Honorarkonsuln in Kotka, Kuopio, Mariehamn, Mikkeli, Oulu, Tampere, Turku und Vaasa. Österreich unterhält Generalkonsulate in Oulu, Tampere und Turku.

Bei Unfällen, Bränden usw. sind im Falle eines Falles Notruf und Polizei landesweit unter folgenden Nummern zu erreichen:

Notruf   122
Polizei   10022

Zumindest Englisch wird überall verstanden. Beim Verlangen von Hilfe geben Sie bitte Ihren Namen, den Unfallort und die Art der gewünschten Hilfe an.

Das Fahrrad

Die Streckenbeschreibungen in diesem Buch gehen davon aus, daß zum Erfahren Finnlands ein tourentaugliches Fahrrad benutzt wird.

Wer versucht, die zwar kurzen, jedoch kräftigen Steigungen in der Seenplatte oder die langgezogenen Anstiege in den nördlichen Landesteilen mit einem behäbigen Hollandrad zu bewältigen, wird konsequenterweise frustriert, d.h. schiebend, enden.

Auch gewöhnliche Sporträder mit Dreigangschaltung sind den verschiedenen Anforderungen nur sehr bedingt gewachsen und sollten allenfalls für eine Tour entlang der Westküste eingesetzt werden. Wer die Absicht hat, für die Reise ein Fahrrad neu anzuschaffen oder ein vorhandenes umzurüsten, sollte den folgenden Empfehlungen folgen:

Fahrradtyp: sog. Trekking- oder Reiserad mit richtiger Rahmenhöhe; alternativ sind auch All-Terrain-Bikes (ATBs) oder Mountain-Bikes (MTBs) sinnvoll einsetzbar.

Reifengröße: 32-630 oder 32-622 (früher 27 x 1¼ bzw. 28 x 1¼ Zoll) bzw. MTB-Bereifung für gemischte Straßenverhältnisse.
Wichtig: nicht nur in Deutschland die gängigsten Größen, sondern auch in Finnland. Keine schmaleren Reifen verwenden, da sie den teils unbefestigten finnischen Straßen nicht angemessen sind.

Gangschaltung: mindestens 12-14 Gänge mit 2 Kettenblättern (vorn) 52/42 Zähne oder weniger, Freewheel (Mehrfachfreilaufzahnkranz hinten) mit 14-28 oder 15-28 Zähnen, bei geeigneter Gangschaltung bis 32 Zähne.
Diese Übersetzung ist unbedingt empfehlenswert, da sonst Steigungen nur mit großer Mühe bewältigt werden können; auch eine 1:1-Übersetzung (vorn und hinten gleiche Zahnzahl), wie bei den Dreifachkettenblättern der ATBs und MTBs Standard, ist sinnvoll einsetzbar. Hingegen können die Schnellgänge wegen des fehlenden Straßenbelages und der Gepäckbelastung ohnehin meist nicht genutzt werden, so daß kleinere Zahnkränze als 14zähnige in jedem Fall überflüssig sind.

Ausstattung: Schutzbleche und solide Gepäckträger sind das Wichtigste. Zum Schutz der Kette und der Füße am vorderen Schutzblech ggf. Schmutzfänger anbringen.

Bremsen: Wegen des häufigen Gefälles sind zwei gut funktionierende Bremsen unverzichtbar; als besonders günstig haben sich Cantilever-Bremsen erwiesen.

Mitnehmen, mieten, kaufen?

Die Mitnahme anderer Fahrradtypen als vorstehend geschildert kann nicht empfohlen werden, da sie in Finnland nur bedingt einsatzfähig sind. Der Transport von Rädern ist bei den meisten Reedereien bzw. Fluggesellschaften frei (s. Kapitel *Anreise*). Im Binnenverkehr können die Räder per Flugzeug, Eisenbahn und Überlandbussen transportiert werden. Näheres dazu im Kapitel *Verkehrsverbindungen in Finnland*.

Das Mitnehmen des eigenen, tourentauglichen Fahrrades ist eigentlich stets die beste Lösung, wegen des Transportaufwandes jedoch nicht immer anzuraten. Wer jedoch während seines gesamten Finnlandaufenthaltes von mindestens zwei Wochen mit dem Rad unterwegs sein will, sollte immer ein eigenes benutzen oder vor Ort eines kaufen, das er nach der Reise mit nach Hause nimmt. Allerdings sind Fahrräder in Finnland teurer als bei uns, so daß ein Erwerb dort meist nur unter dem Aspekt des eingesparten Transports bei der Anreise sinnvoll sein kann. Im Falle eines Kaufes sollten Sie aber darauf achten, ein Fahrrad mit *BSA*-Tretlager zu bekommen, da in Finnland als abweichende Sondernorm auch *Fauber*-Lager weit verbreitet sind, bei denen die Tretkurbeln und die Tretlagerwelle aus einem einzigen Stück bestehen; Ersatzteile dafür sind in Mitteleuropa nicht erhältlich.

Wer kürzere Zeit radeln oder nur einen Teil des Urlaubs per Rad verbringen möchte, wird mitunter günstiger fahren, wenn er sich das Rad in Finnland ausleiht. Da das Fahrrad in Finnland zu den anerkannten und vielbenutzten Individualverkehrsmitteln gehört, sind Fahrräder überall zu kaufen und zu mieten, selbst in kleinen Orten. Wo es keinen speziellen Fahrradhändler gibt, besorgen Autowerkstätten oder Sportgeschäfte dieses Geschäft.

Allerdings ist es so in der Regel unmöglich, die Fahrradreise wirklich optimal ausgestattet durchzuführen. Erhältlich sind nämlich vor allem 5-Gang-Räder mit nicht ausreichend bergtüchtiger Schaltung und 3-Gang-Räder mit 26-Zoll-Bereifung (Reifengröße 47-559 bzw. 26 x 1 ³/₄ Zoll). Die letzteren bietet jeder Händler als »Universalgröße« an; 5-Gang-Räder gibt es nur in besser sortierten Läden. Noch seltener sind die eigentlich unbedingt erforderlichen 12- oder 14-Gang-Räder; eher sind noch die Modefahrräder der jüngeren Zeit, die MTBs, erhältlich.

Viele Fahrradhändler, in touristischen Gegenden häufig auch Fremdenverkehrsämter, Campingplätze und Jugendherbergen, vermieten Fahrräder. Adressen sind im Etappenbeschreibungsteil dieses Buches bei den jeweiligen Orten angegeben. Die Preise liegen bei Fmk 40 je Tag bzw. Fmk 200 je Woche. Allerdings eignen sich diese Räder häufig nur zu Tagesausflügen, 26-Zoll-Bereifung und 3-Gangschaltung sind die Regel; den Ansprüchen einer mehrtägigen Tour sind sie nicht gewachsen (Gepäck!). In jedem Fall sollten die angebotenen Räder zuerst einer gründlichen Prüfung unterzogen werden, da teil-

weise abenteuerliche Drahtesel vermietet werden.
Jedes Fahrrad muß grundsätzlich beim Ausleihort zurückgegeben werden.

Ein besonders heikler Punkt bei Mietfahrrädern sind üblicherweise die Sättel.
Wer schon einmal seinen Allerwertesten auf einem zu weichen oder zu harten
Sattel wund gesessen hat, wird den folgenden Rat nicht mehr als sonderbar
abtun: Wer zu Hause ein Fahrrad mit einem ihm genehmen Sattel besitzt, mö-
ge, wenn schon nicht das ganze Rad, so zumindest den Sattel mitnehmen. Im
Vermietergeschäft kann er dann sogleich »umsatteln«.

Reparaturausstattung

Wer sein Fahrrad mit nach Finnland nimmt, wird einige Ersatzteile dort nicht
oder kaum beziehen können. Besondere Schwierigkeiten können sich unter
Umständen bei einem notwendig gewordenen Zahnkranzwechsel ergeben:
Steckkränze sind in Finnland viel verbreiteter als Schraubkränze. Folgende
Werkzeuge und Ersatzteile gehören ins Gepäck:

Luftpumpe
Flickzeug
Reifenheber
Ersatzschlauch (zu beachten: 27- und 28-Zoll-Schläuche gleicher Dicke sind
austauschbar)
Ersatzreifen - bei abweichender Norm; auf jeden Fall vor der Reise neue
Reifen aufziehen
Maul- oder Ringschlüssel
Schraubendreher
Imbusschlüssel
Zahnkranzabzieher für Kettenschaltung
Ersatzspeichen, Nippel, Nippelspanner
Nähmaschinenöl oder Kettenfließfett
Taschenmesser
Brems- und Schaltzüge
Bremsschuhe mit Bremsgummis
Ersatzschrauben und -muttern für Schutzbleche usw.

Zum Thema *Wartung vor der Reise* und *Reparatur* verweise ich auf das in der
Literaturliste aufgeführte Buch *Der Wind kommt immer von vorn.*

Fahrradteile-Vokabular

Im Falle eines Falles werden Sie in keinem normalen Wörterbuch die Übersetzungen für die wichtigsten Fahrradteile finden. Damit Sie sich gegenüber Fahrradhändlern und in Werkstätten verständlich machen können, ist hier eine Liste der entsprechenden Vokabeln zusammengestellt.

Rahmen	**runko**
Oberrohr	ylärunko
Unterrohr	alarunko
Sattelrohr	satularunko
Vordergabel	etuhaarukka
vorderes Ausfallende	etumaisen pyörän kiinnityskohta
hinteres Ausfallende	takimaisen pyörän kiinnityskohta
Hinterrohr (Kettenstrebe)	takahaarukan alaosa
Hinterstreben	takahaarukan yläosa

Laufrad

Achse	akseli
Felge	(pyörän) vanne
Mantel	ulkorengas
Nabe	napa
Reifen	rengas
Schlauch	sisärengas
Speiche	puola, pinna
Schnellspanner	pikalukko
Ventil	venttiili

pyörä

Antrieb

Freilauf-Zahnkranz	ratapakka ja vapaakytkin
Gangschaltung	vaihteisto
Kette	ketjut
Kettenblatt	eturatas
Kettenritzel	keskiöratas
Kettenwerfer (vorn)	ketjunohjain, etuvaihtaja, etuvaihde
Kugellager	kuulalaakeri
Kurbelkeil	keskiön akseli
Pedal	poljin
Schalthebel	vaihdevipu
Schaltwerk (hinten)	takavaihtaja, takavaihde
Schaltzug	vaihdevaijeri
Tretkurbel	kampi
Tretlager	keskiö

voimansiirto

Ausstattung

Bremse	jarrut
Bremsgriff	jarrukahva
Bremszug	jarruvaijeri
Dynamo	dynamo
Felgenbremse	vannejarru
Gepäckträger	tavarateline
Glocke, Klingel	kello
Lenker	ohjaustanko
Lenkervorbau	ohjainkannatin
Lichtanlage	valosysteemi
Luftpumpe	(ilma-) pumppu

varustus

Packtasche	sivulaukku
Rücklicht	takavalo
Rückstrahler	kissansilmä, heijastin
Rücktrittbremse	polkujarru
Sattel	satula
Sattelstütze	satulaputki, satulakannatin
Scheinwerfer	valonheittäjä, lamppu
Schmutzfänger	roiskeläppä
Schutzblech	lokasuoja
Seitenstrahler	pinnaheijastin
Ständer	jalka, seisontatuki
Steuerkopfsatz	ohjainlaakeri(t)
Trommelbremse	rumpujarru

Werkzeug — työkalut

Freilaufabzieher	ratapakka-avain
Hammer	vasara
Imbusschlüssel	kuusioavain
Nietendrücker	niittityökalu
Reifenheber	rengasrauta
Schraubenschlüssel	ruuviavain, jakoavain
Schraubenzieher, -dreher	ruuvimeisseli
Zange	pihdit

Allg. Ersatzteile — yleiset varaosat

Draht	(metalli) lanka
Glühbirne	polttimo
Kabel	kaapeli
Mutter	mutteri
Niete	niitti
Öl	öljy
Schraube	ruuvi

Unterwegs

Sumpflandschaft in Lappland

Unterwegs

Finnland wird in diesem Buch flächendeckend und ausführlich behandelt - in 99 Etappen unterteilt. Die Mehrzahl der Strecken verläuft tendenziell in Süd-Nord-Richtung, wobei die Beschreibungen in den meisten Fällen am südlichen Ende der Etappe einsetzen. Insbesondere an der Westküste entspricht dies der gewöhnlich vorherrschenden Windrichtung. Die Umkehrung aller Strecken ist aber problemlos möglich.

Der Reigen der Streckenbeschreibungen beginnt in Helsinki und wandert zuerst entlang der Südküste bis nach Turku (Etappen 1-7). Durch das Schärengebiet hindurch führen einige Etappen auf die Åland-Inselgruppe (8-10) und treffen nördlich von Turku wieder auf das Festland. Von dort aus geht es entlang der Küste nordwärts bis zur schwedischen Grenze und nach Lappland, wobei einzelne Etappen ins Landesinnere führen und somit Anschlußmöglichkeiten eröffnen (11-37). Wieder von Helsinki ausgehend werden zunächst einige vergleichsweise große Städte im Süden des Landes durchfahren (38-43). Von Tampere bewegt sich die Streckenführung in etwa auf einer Linie, die dem westlichen Rand des Seengebietes entspricht und weiter bis zum Oulujärvi führt (44-52). Zwei nahezu parallel verlaufende Etappenvorschläge treffen schließlich auf den Polarkreis (54-62), drei weitere Teilstrecken durchziehen die Weiten Lapplands und stellen einen Anschluß zur westlich verlaufenden Hauptrichtung her (63-65). Abermals an der Südküste beginnend, verlaufen drei Routen durch die Seenplatte (66-99) und treffen bei Suonenjoki bzw. am Oulujärvi wieder aufeinander, wo sich verschiedene Anschlußmöglichkeiten zu den zuvor erwähnten Etappen anbieten.
Im Kopf jeder Etappe sind die Zwischenziele und die Etappenlänge angegeben. Die Kilometerangaben beziehen sich auf die reine Fahrstrecke mit dem Rad, Fährpassagen sind nicht mitgerechnet. Ferner werden das jeweilige Blatt der GT-Straßenkarte sowie verschiedene andere sinnvoll einsetzbare Karten erwähnt (s. Kapitel *Karten*).

Die Etappenbeschreibungen nennen die benutzten Straßen (mit Numerierung, soweit vorhanden) und Straßenkategorien, schildern die durchradelten Ortschaften und Siedlungen, erwähnen am Wege liegende Sehenswürdigkeiten und verweisen auf interessante Abstecher und mögliche Varianten. In den laufenden Text sind oftmals Hinweise (kleingedruckt) zu touristischen Informationsstellen (matkailutoimisto, matkailuneuvonta), Verkehrsverbindungen, Unterkunftsmöglichkeiten (matkustajakoti, kesähotelli usw.), Jugendherbergen, Campingplätze sowie Fahrradhändler (Verkauf und Reparatur, teilweise auch Vermietung) aufgenommen. Orte und Stätten, die einer ausführlichen Darstellung gewürdigt werden, sind mit einem Rasterstreifen am Rand hervorgeho-

ben. Dort finden sich - analog zum Text - die Informationsdetails in der gleichen Reihenfolge. Die Detailinformation darüber, ob Hütten und/oder Waschmaschinen bei den jeweiligen Unterkünften vorhanden sind, wurde durch »Hü.« bzw. »Waschm.« abgekürzt.
Alle Angaben entsprechen dem Stand von 1993/94.

Sofern Jugendherbergen, Campingplätze usw. ohne Postleitzahl, Ortsangabe oder Telefon- bzw. Faxvorwahl genannt sind, gilt die zuerst aufgeführte Kombination in der jeweiligen Ortsbeschreibung. Dies ist in fast allen Fällen die Adresse des Fremdenverkehrsbüros. Dabei ist zu beachten, daß im Falle einer Postfachadresse (PL) die Endnummer der Postleitzahl eine »1«, bei allen anderen Anschriften jedoch eine »0« ist. Bei einigen größeren Städten kann es auch vorkommen, daß mehrere Postleitzahlen existieren, die jedoch hier nicht einzeln aufgeführt werden. In diesem Fall bleibt es dem Einfallsreichtum der Post überlassen, die Sendung korrekt zuzustellen, was aber bislang kein Problem darstellte.

Den Etappenbeschreibungen sind Kartenskizzen in wechselnden Maßstäben zugeordnet, die den Streckenverlauf markieren. Der Maßstab ist aus dem jeweiligen Kilometerbalken zu ersehen. Die Skizzen enthalten alle Straßen der entsprechenden Region; Ortschaften, Unterkünfte usw. werden wiedergegeben. Dabei werden folgende Zeichen und Symbole verwendet:

* ✶ Anfangs-/Endpunkt einer Etappe
* ⌂ Unterkunft
* ⌂ Jugendherberge
* ▲ Campingplatz
* ✖ Sehenswürdigkeit
* ↢ Fähre
* ✠ Flughafen

Die Symbole sind den jeweiligen Orten - nach Möglichkeit - lagerichtig zugeordnet; bei nahe beieinander liegenden gleichartigen Punkten, z. B. zwei Jugendherbergen, ist das betreffende Symbol nur einmal enthalten. Näheres ist dem Text zu entnehmen.

Die genaue Lage von Ortschaften, Übernachtungsstätten usw. kann nur präzisen Landkarten entnommen werden. Für die Umsetzung der Lageskizzen sind mindestens die empfohlenen Straßen- und Touristenkarten des *Karttakeskus* notwendig.
Die Skizzen sind nicht dazu gedacht, als Landkartenersatz zu dienen; eine derart präzise Darstellung würde ein eigenes Kartenwerk in entsprechendem Maßstab und vielfarbigem Druck erfordern. Eine Umsetzung der Skizzen auf die während der Reise benutzten Landkarten ist unbedingt erforderlich!

Etappenübersicht

Eine Etappenübersichtskarte befindet sich am Schluß des Buches (ausklappbar).

Etappe 1: Helsinki - Espoo - Kirkkonummi (35 km)
Etappe 2: Kirkkonummi - Degerby - Ingå - Ekenäs (73 km)
Etappe 3: Ekenäs - Lappohja - Täktom - Hanko (40 km)
Etappe 4: Ekenäs - Tenala - Perniö - Ylönkylä - Kimito (61 km)
Etappe 5: Kimito - Sauvo - Paimio - Piikkiö - Kaarina - Turku (68 km)
Etappe 6: Paimio - Halikko - Salo - Somero (70 km)
Etappe 7: Kaarina - Pargas - Nagu - Korpo (71 km)
Etappe 8: Korpo (Galtby) - Kökar - Sottunga - Överö - Lumparland (Långnäs) - Lemland - Mariehamn (32 km)
Etappe 9: Mariehamn - Hammarland - Geta - Saltvik - Sund - Kastelholm (79 km)
Etappe 10: Kastelholm - Bomarsund - Vårdö (Hummelvik) - Enklinge - Kumlinge - Lappo - Torsholma - Brändö - Åva - Jurmo - Osnäs - Kustavi - Taivassalo (72 km)
Etappe 11: Turku - Naantali - Merimasku - Askainen - Mietoinen - Taivassalo (72 km)
Etappe 12: Turku - Aura - Riihikoski - Yläne - Säkylä (82 km)
Etappe 13: Taivassalo - Lokalahti - Uusikaupunki - Pyhäranta - Rauma (83 km)
Etappe 14: Rauma - Lappi - Eura - Säkylä - Huittinen (80 km)
Etappe 15: Rauma - Kuivalahti - Luvia - Pori (61 km)
Etappe 16: Pori - Noormarkku - Ahlainen - Merikarvia (60 km)
Etappe 17: Merikarvia - Sideby - Lappfjärd - Kristinestad - Kaskinen (89 km)
Etappe 18: Kaskinen - Närpes - Korsnäs - Malax - Vaasa (108 km)
Etappe 19: Vaasa - Kvevlax - Maxmo - Oravais - Munsala - Nykarleby (75 km)
Etappe 20: Vaasa - Laihia - Isokyrö - Ylistaro - Seinäjoki (79 km)
Etappe 21: Seinäjoki - Alavus - Töysä - Ähtari (85 km)
Etappe 22: Ähtari - Lehtimäki - Alajärvi (64 km)
Etappe 23: Alajärvi - Vimpeli - Veteli (64 km)
Etappe 24: Veteli - Kaustinen - Kokkola (57 km)
Etappe 25: Nykarleby - Jakobstad - Larsmo - Kokkola (57 km)
Etappe 26: Kokkola - Lohtaja - Himanka - Kalajoki (71 km)
Etappe 27: Kalajoki - Alavieska - Ylivieska - Nivala - Haapajärvi (105 km)
Etappe 28: Kalajoki - Pyhäjoki - Raahe (59 km)
Etappe 29: Raahe - Pattijoki - Siikajoki - Lumijoki - Liminka - Kempele - Oulu (87 km)

Etappe 30: Oulu - Muhos - Utajärvi - Vaala (95 km)
Etappe 31: Oulu - Haukipudas - Ii - Kuivaniemi - Simo - Kemi (109 km)
Etappe 32: Kemi - Keminmaa - Tornio (29 km)
Etappe 33: Kemi - Tervola - Rovaniemi (121 km)
Etappe 34: Rovaniemi - Sinettä - Marraskoski - Meltaus - Molkoköngäs (80 km)
Etappe 35: Molkoköngäs - Lohiniva - Alakylä - Kaukonen - Kittilä (72 km)
Etappe 36: Kittilä - Sirkka - Köngäs - Hanhimaa - Pokka (84 km)
Etappe 37: Pokka - Inari (107 km)
Etappe 38: Helsinki - Vantaa - Tuusula - Järvenpää (39 km)
Etappe 39: Järvenpää - Hyvinkää - Riihimäki - Turenki - Hämeenlinna (76 km)
Etappe 40: Turenki - Koski - Hollola - Lahti (69 km)
Etappe 41: Hämeenlinna - Renko - Porras - Somero (73 km)
Etappe 42: Hämeenlinna - Hattula - Valkeakoski - Lempäälä - Tampere (92 km)
Etappe 43: Tampere - Nokia - Vammala - Huittinen (88 km)
Etappe 44: Tampere - Kangasala - Orivesi (54 km)
Etappe 45: Orivesi - Juupajoki - Mänttä - Keuruu (77 km)
Etappe 46: Tampere - Ylöjärvi - Kuru - Ruovesi (82 km)
Etappe 47: Ruovesi - Virrat - Ähtäri (76 km)
Etappe 48: Ähtari - Pylkönmäki - Saarijärvi (70 km)
Etappe 49: Saarijärvi - Kannonkoski - Kivijärvi (58 km)
Etappe 50: Kivijärvi - Kinnula - Reisjärvi - Haapajärvi (102 km)
Etappe 51: Haapajärvi - Kärsämäki - Pyhäntä (70 km)
Etappe 52: Pyhäntä - Otanmäki - Kajaani (76 km)
Etappe 53: Kajaani - Paltamo - Vaala (93 km)
Etappe 54: Kajaani - Ristijärvi - Hyrynsalmi (73 km)
Etappe 55: Hyrynsalmi - Puolanka - Pudasjärvi (139 km)
Etappe 56: Pudasjärvi - Ranua - Rovaniemi (152 km)
Etappe 57: Rovaniemi - Kemijärvi (87 km)
Etappe 58: Hyrynsalmi - Suomussalmi - Juntusranta - Hossa (121 km)
Etappe 59: Hossa - Murtovaara - Kuusamo (79 km)
Etappe 60: Kuusamo - Posio (59 km)
Etappe 61: Posio - Perä-Posio - Lehtiniemi - Isokylä - Kemijärvi (110 km)
Etappe 62: Kuusamo - Kemijärvi (142 km)
Etappe 63: Kemijärvi - Pelkosenniemi - Sodankylä (111 km)
Etappe 64: Sodankylä - Petkula - Vuotso (89 km)
Etappe 65: Vuotso - Tankavaara - Saariselkä - Ivalo - Inari (111 km)
Etappe 66: Helsinki - Porvoo (48 km)
Etappe 67: Porvoo - Askola - Orimattila - Lahti (76 km)
Etappe 68: Lahti - Asikkala - Sysmä - Hartola - Joutsa (111 km)
Etappe 69: Joutsa - Kangasniemi - Pieksämäki (93 km)
Etappe 70: Joutsa - Leivonmäki - Toivakka - Jyväskylä (65 km)
Etappe 71: Jyväskylä - Petäjävesi - Keuruu (61 km)

Etappe 72: Jyväskylä - Suolahti - Äänekoski - Saarijärvi (82 km)
Etappe 73: Suolahti - Konnevesi - Rautalampi - Suonenjoki (79 km)
Etappe 74: Porvoo - Pernå - Loviisa - Pyhtää - Kotka (95 km)
Etappe 75: Kotka - Anjalankoski - Kouvola - Kuusankoski (55 km)
Etappe 76: Kuusankoski - Vuohijärvi - Voikoski - Mäntyharju - Mikkeli (105 km)
Etappe 77: Mikkeli - Anttola - Puumala (73 km)
Etappe 78: Mikkeli - Haukivuori - Pieksämäki (74 km)
Etappe 79: Pieksämäki - Varkaus - Heinävesi (98 km)
Etappe 80: Heinävesi - Uusi-Valamo - Outukumpu (84 km)
Etappe 81: Pieksämäki - Suonenjoki (42 km)
Etappe 82: Suonenjoki - Kuopio (42 km)
Etappe 83: Kuopio - Riistavesi - Tuusniemi - Outukumpu (85 km)
Etappe 84: Kuopio - Siilinjärvi - Maaninka - Iisalmi (97 km)
Etappe 85: Iisalmi - Vieremä - Vuolijoki - Vaala (133 km)
Etappe 86: Kotka - Hamina - Virolahti (63 km)
Etappe 87: Virolahti - Vaalimaa - Ylämaa - Lappeenranta (66 km)
Etappe 88: Lappeenranta - Joutseno - Imatra (41 km)
Etappe 89: Imatra - Ruokolahti - Puumala (63 km)
Etappe 90: Puumala - Sulkava - Savonlinna (77 km)
Etappe 91: Imatra - Särkilahti - Punkaharju (87 km)
Etappe 92: Punkaharju - Savonlinna (36 km)
Etappe 93: Punkaharju - Kerimäki - Kitee (87 km)
Etappe 94: Kitee - Rääkkylä - Liperi - Joensuu (100 km)
Etappe 95: Joensuu - Vaivio - Viinijärvi - Outokumpu (55 km)
Etappe 96: Joensuu - Jakokoski - Eno - Ahveninen - Lieksa (105 km)
Etappe 97: Lieksa - Nurmes (58 km)
Etappe 98: Nurmes - Kuhmo (81 km)
Etappe 99: Kuhmo - Sotkamo - Kajaani (104 km)

Nobody is perfect

Wir bemühen uns, bei jeder Neuauflage eine komplette Aktualisierung aller Informationen durchzuführen, und sind deshalb dankbar für jeden Hinweis zu Korrekturen, Ergänzungen, für Tips zur Streckenführung, für jede Art konstruktiver Kritik. Für verwertbare Hinweise revanchieren wir uns mit einem Buch aus unserem Programm.

Schreiben Sie uns:

Verlag Wolfgang Kettler
Redaktion "Finnland per Rad"
Bergstr. 28
D-15366 Neuenhagen bei Berlin

Helsinki/Helsingfors

Das Erlebnis »Finnland-Urlaub« beginnt mit der Einfahrt in den Hafen von Helsinki. Die »Tochter der Ostsee«, wie die finnische Hauptstadt genannt wird, begrüßt den Schiffspassagier nach einer eindrucksvollen Fahrt durch die Schären mit einem wunderbaren Blick auf den streng klassizistischen Dom.

Helsinki ist mit 500.000 Einwohnern die größte und wichtigste Stadt Finnlands. 1550 gründete der schwedische König Gustav Wasa I. Helsinki. Doch erst als Finnland 1809 unter russischer Herrschaft autonomes Großfürstentum wurde, begann die Stadt sich auszuweiten, vor allem als sie 1812 dessen Hauptstadt wurde. In dieser Zeit entstanden die Empire-Gebäude um den Senatsplatz: das Regierungsgebäude, die Universität und der Dom. Entworfen hat sie der deutsche Architekt Carl Ludwig Engel, ein Schüler des Berliner Baumeisters Karl Friedrich Schinkel. Ab 1917 wuchs Helsinki als Hauptstadt der nun unabhängigen Republik Finnland zur Metropole. Als junge Großstadt ist die finnische Hauptstadt geradezu ein lebendiges Architektur-Museum der letzten zwei Jahrhunderte. 1748 wurde mit den Bauarbeiten für die Seefestung *Suomenlinna/Sveaborg* begonnen, heute die größte Sehenswürdigkeit der Stadt. Bis zu seinem Tode 1840 arbeitete Engel am Senatsplatz, den dann der preußische Emigrant Ernst Lohrmann vollendete. Die Nordseite des Platzes wird vom Dom bestimmt, an der Ostseite steht der Regierungspalais (*Valtioneuvoston linna*), an der Westseite das Hauptgebäude der Universität. Ebenfalls aus dem 19. Jh. stammt die Prachtstraße *Esplanadi*, an der sich auch das schwedische Theater befindet. Daran schließt sich der farbenprächtige Markt (*kauppatori*) an, auf dem der Eindruck entstehen kann, als ob die Finnen nur Fisch essen würden. Der Platz wird umgeben von den Ausflugsbooten des Südhafens und einem Gebäudeensemble aus dem vergangenen Jahrhundert. Dazu gehören das Stadthaus (*Kaupungintalo*, 1833) und der Präsidentpalais (*Presidentinlinna*, 1818). 1868 wurde die orthodoxe *Uspenski*-Kathedrale am Südhafen fertiggestellt. Der Bahnhof, von Eliel Saarinen 1916 erbaut, und das Nationaltheater sind Repräsentanten der finnischen Nationalromantik. Den Jugendstil, wenn auch nicht so üppig wie in Paris, kann man an Häusern im Viertel *Katajanokka* bewundern. Internationale Anerkennung fand die finnische Architektur besonders durch einen Mann: *Alvar Aalto*. Zu seinen letzten Werken zählt die *Finlandia*-Halle am Töölonlahti, wo 1975 die KSZE-Schlußakte unterzeichnet wurde. Eines der gelungensten und beeindruckendsten Beispiele moderner Sakral-Architektur ist die Felsenkirche (*Temppeliaukio-kirkko*) der Gebrüder Suomalainen. Und eine Frau sorgte für Aufsehen: Eila Hiltunen entwarf das *Jean Sibelius*-Denkmal im Sibelius-Park, eine Stahlkonstruktion, die die Musik des Komponisten plastisch darstellen soll. Wer sich mehr für finnische Architektur interessiert, kann sich im Architektur-Museum in der Kasarmikatu informieren. Um gut einzukaufen, geht man zu *Stockmann* am Mannerheimintie, dem finnischen Harrods. Nicht weit davon entfernt befinden sich der Reichstag (*Edusk-untatalo*) und das Nationalmuseum (*Suomen kansallismuseo*), das die finnische Geschichte anschaulich beschreibt: Fresken, Hütten, Zimmer aus Herrenhäusern, Trachten. Auf der anderen Seite des Mannerheimintie befindet sich das Stadtmuseum. Das wichtigste Museum für moderne Kunst ist das *Athenäum* (gegenüber dem Bahnhof). Einen guten Blick über die Stadt gewinnt man vom Café des Hotels Torni (in der Nähe von Stockmann) oder vom Aussichtsturm des Olympiastadions. Dort ist auch das Sportmuseum (*Urheilumuseo*) zu finden. Ausflüge lohnen sich nach Suomenlinna/Sveaborg, zum Volkspark und Freilichtmuseum auf der Insel Seurasaari, zu dem Zoo in Korkeasaari oder an den Strand von Pihlajasaari. Das dreiwöchige Helsinki-Festival im August und September, die Open-Air-Konzerte im Kaivopuisto-Park und Freilichttheater im Esplandi-Park sorgen im Sommer für das kulturelle Leben der finnischen Hauptstadt. Die *Helsinki-Card* berechtigt zur freien Benutzung öffentlicher Verkehrsmittel, freien Eintritt in Museen sowie Ermäßigungen bei Übernachtungen. Sie kostet für Erwachsene 1 Tag Fmk 85, 2 Tage Fmk 110, 3 Tage Fmk 130; für Kinder entsprechend Fmk 45, Fmk 55, Fmk 65.

Information: Helsingin Kaupungin Matkailutoimisto, Pohjoisesplanadi 19, 00100 Helsinki, Tel. (90) 1693757, Fax 1693839, hält auch ausgearbeitete Fahrradrouten bereit; Zimmernachweis im Bahnhofsgebäude, Tel. 171133, Fax 175524.

Flugverbindungen: international: s. Kapitel »Anreise«; national: in alle Landesteile.

Fährverbindungen: nach Travemünde, Hauptsaison 3 x wöchentl., Nebensaison 2 x wöchentl., Dauer 23-39 h, Silja Line; nach Stockholm: 2-3 x tägl., Dauer 15 h, Silja Line bzw. Viking Line; nach Gdańsk, 2 x wöchentl., Dauer 36-39 h, Polferries; nach Tallinn, 4 x tägl., Dauer 3-4 h, Estonian New Line bzw. Tallink.

Bahnverbindungen: in alle Landesteile.

Unterkunft: Erottajanpuisto, Uudenmaankatu 9, Tel. 642169; Kongressikoti, Snellmaninkatu 15 A 10, Tel. 1356839; Lönnrot, Lönnrotinkatu 16, Tel. 6932590; Omapohja, Itäinen Teatterikuja 3, Tel. 666211; Pilvilinna-Irmala-Terminus, Vilhonkatu 6 B, Tel. 630260; Tarmo, Siltasaarenkatu 11 B 40, Tel. 7014735.

Jugendherberge: Eurohostel****, Linnankatu 9, Tel. 664452, Fax 655044, ganzj., Frühstück, Sauna, Waschm., in Nähe des Silja-Line-Terminals; Stadionin Retkeilymaja***, Pohjoinen Stadiontie 3 B, Tel. 496071, Fax 496466, ganzj., Frühstück, Waschm., Fahrradverleih, unter der Nordkurventribüne (!) des Olympiastadions; Satakuntatalo****, Lapinrinne 1 A, Tel. 695851, Fax 6942226, 24.5.-2.9., Frühstück, Sauna, Waschm., vom Busbahnhof 500 m entlang der Salomonkatu; Hostel Academia****, Hietaniemenkatu 14, Tel. 4020206, Fax 441201, 1.6.-1.9., Frühstück, Sauna, Waschm., 1 km westl. des Bahnhofs, in der Nähe des Prominentenfriedhofs Hietaniemi.

Camping: Rastila***, Tel. 316551, 15.5.-15.9., Hü., 10 km östl. des Zentrums entlang der »170« (Radweg), dann rechts.

Fahrrad (Auswahl): Helsingin Urheilupyörä, Fleminginkatu 20, Tel. 710630; Etelä-Suomen Pyörähuolto, Hakkukuja 1, Tel. 519232 od. 515740; Suomen Urheuluaitta Oy, Annankatu 22, Tel. 643064; Fillarikellari Rönn & Co, Annankatu 19, Tel. 604935; Bike Movement Oy, Museokatu 26, Tel. 441936; Simola R., Mannerheimintie 81, Tel. 412108.

Fahrradverleih: Take-off, Nervanderinkatu 11, Tel. 441739, Fax 494647, MTBs.

Etappenbeschreibungen

Etappe 1:
Helsinki - Espoo - Kirkkonummi (35 km)
Karten: GT Nr. 2, Helsinki Tiekartta, Pääkaupunkiseutu Ulkoilukartta

---

Wege aus Metropolen gehören zumeist zu den unangenehmen Seiten einer Radtour. Die hier beschriebene Strecke kann zwar landschaftlich noch nicht viel bieten, führt jedoch verhältnismäßig direkt und sicher nach Westen. Der Großteil der Strecke verläuft über Radwege.

An der Straßenkreuzung *Esplanadi/Mannerheimintie* beginnt ein Radweg, der entlang dem *Bulevardi* führt. Nach etwa einem Kilometer werden zur Linken Werftanlagen sichtbar. Folgen Sie von nun an dem kleinen Hinweisschild »Lauttasaari«. Nachdem Sie die U-406, ein »Museums-U-Boot« aus dem Zweiten Weltkrieg, hinter sich gelassen haben, zweigt an einer unübersichtlichen Kreuzung links die *Itämerenkatu* ab. Schon von weitem wird die Zentrale des Spirituosenmonopolisten *Alko* sichtbar. An der nächsten Kreuzung biegen Sie links ab, überqueren eine Brücke und erreichen den Stadtteil *Lauttasaari*.
Fahrrad: Lauttassaren Pyörä ja Urheilu, Lauttasaarentie 54, Tel. 672798.

Fast am Westende des Stadtteils und dem gleichzeitigen Ende des Radwegs zweigt rechts der *Lahnalahdentie* ab und führt unter der Autobahnbrücke hindurch in die *Luoteisväylä*. Nach ungefähr 500 m durch ein Wohngebiet biegen Sie links in den *Koivusaarentie* ein. Einem kurzen, steilen Anstieg folgt eine ebenso kurze Abfahrt. Die Motorengeräusche signalisieren die Nähe der Autobahn, derem Verlauf Sie (auf dem Radweg!) für einige Zeit folgen. Nach dem Beachten des Hinweisschildes »Tapiola« und dem Überqueren des *Tapiolantie* befinden Sie sich schon nach wenigen hundert Metern im Geschäftszentrum von *Tapiola/Hagalund*, einem Stadtteil von *Espoo* (*in Gegenrichtung:* nach dem Hinweisschild »Lauttasaari« Ausschau halten).

Espoo/Esbo, Uudenmaan lääni. Menschliche Besiedlung kann man zwar bereits für die Zeit von vor 8000 Jahren (!) nachweisen, Stadtrechte besitzt Espoo aber erst seit 1972. Heutzutage zählt die Stadt knapp 180.000 Einwohner; nur die Hauptstadt selbst ist größer. Die weitläufige, absolut moderne Vorstadt von Helsinki wurde nach dem Krieg aus dem Boden gestampft. Doch Espoo ist nicht nur Wohn- und Schlafstadt, sondern auch Sitz der Technischen Universität, die einen exzellenten Ruf besitzt. Der Campus der Uni und des benachbarten Forschungs- und Kongreßzentrums *Otaniemi* stammen aus der Planung von Alvar Aalto. Die »Gartenstadt« *Tapiola*, eine in den 50er Jahren entworfene Satellitenstadt, galt lange Zeit als Beispiel für zukunftsweisendes Wohnen.

Espoos Kulturzentrum (*Kulttuurikeskus*), die mittelalterliche Kirche von Tapiola und den Central Tower, das Wahrzeichen der Stadt, sollte man gesehen haben. Der Freizeitwert von Espoo ist durch die nahe Meeresküste, viele Sportanlagen und 95 Binnenseen sehr hoch.

Nahe der Ostsee steht das burgähnliche Jugendstil-Haus des finnischen Nationalkünstlers Akseli Gallen-Kallela (1865-1931). Heute befindet sich dort das Gallen-Kallela Museum (Stadtteil Tarvaspää, Gallen-Kallelantie 27). Die ursprüngliche Ausstattung der Atelierräume wurde beibehalten, so daß man einen guten Eindruck über Leben und Werk des Künstlers erhält, in dessen Mittelpunkt Darstellungen des Kalevala-Epos und der finnischen Landschaften stehen.

Information: Espoon kaupungin matkailuneuvonta, Itätuulenkuja 11, 02100 Espoo, Tel. (90) 460311, Fax 466378.

Bahnverbindungen: nach Helsinki, Turku.

Unterkunft: Otaniemen Urheilu-ja Turistikoti, Otaranta 6, Tel.460544; Kesähotelli Dipoli, Jämeräntaival 1, Otaniemi, Tel. 435811, Fax 466693, 2.6.-31.8.

Jugendherberge: Finnhostel Espoo****, Nupurinkalliontie 3, Tel. 86701, Fax 8670355, ganzj., Sauna, jenseits der Ringstraße »KEHÄ III«, entlang der »118«.

Camping: Oittaa***, Tel. 862585 od. 716422, Fax 713713, 27.5.-14.8., Hü., Waschm, Fahrradverleih, jenseits der Ringstraße »KEHÄ III«, am See Bodominjärvi.

Fahrrad: Tapiolan pyörähuolto, Niitykummuntie 4, Niitykumpu, Tel.422380; Etelä-Suomen pyörahuolto, Hakkukuja 1, Leppävaara, Tel. 519232; Olarin pyöra ja urheilu, Kuunkatu, Kuitinmäki shopping centre, Tel. 8037306; Minisport, Matinkatu 24, Matinkylä, Tel. 8032377.

Das Durchqueren der Stadt bereitet keine Probleme, wenn man dem Radweg entlang der Hauptdurchgangsstraße (ihr Name wechselt gleich mehrfach) folgt. Nach etwa 8 km, unmittelbar vor der Auffahrt zur Autobahn, biegen Sie links ab, überqueren den Highway, um dann sogleich rechts in den *Kivenlahdentie* einzubiegen. Nach einem Kilometer auf dieser Straße beginnt rechter Hand die *Kauklahdenväylä*, die in den Ortsteil *Kauklahti* führt. Schon kurz nach Überqueren der Ringstraße *KEHÄ III* beginnt zur Linken der *Mankintie*, auf dem man bis zum Etappenziel radelt. Ganz in der Nähe dieser Straße befindet sich *Hvitträsk*, das sehenswerte Atelier der »Nationalromantiker« Saarinen, Gesellius und Lindgren. Die Anlage war ursprünglich für den Pavillon Finnlands bei der Pariser Weltausstellung entworfen worden. Durch Blockholz und Natursteine paßt sie sich sehr gut in die Landschaft ein. Heute ist hier ein Museum und Kunstzentrum eingerichtet.

Die 20.000-Seelen-Gemeinde **Kirkkonummi/Kyrkslätt** (27 % schwedischsprachig) erlebte ihre schwärzeste Stunde im Jahre 1944: Finnland mußte sich verpflichten, das südliche Gemeindegebiet Porkkala für 50 Jahre an die Sowjetunion zu »verpachten«. Die gesamte Bevölkerung wurde binnen kurzer Zeit zur Aufgabe ihres Grundbesitzes gezwungen und mußte evakuiert werden. Die auf Verständigung mit dem übermächtigen östlichen Nachbarn ausgerichtete

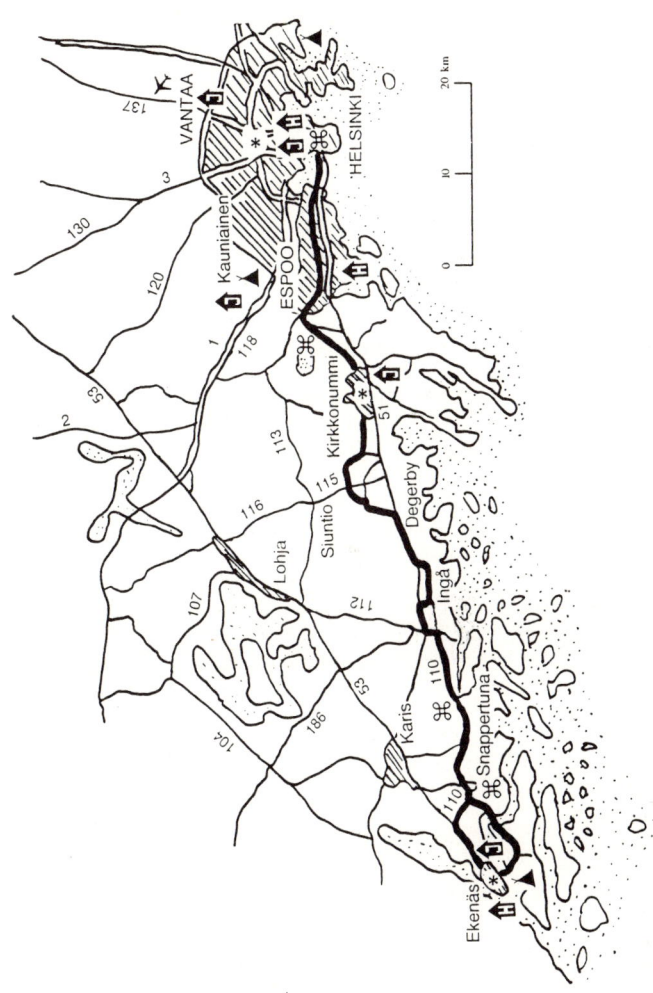

109

Politik des Nachkriegspräsidenten J. K. Paasikivi führte dazu, daß die Sowjetunion im Januar 1956 auf Porkkala verzichtete.

Bahnverbindungen: nach Helsinki, Turku.

Jugendherberge: Finnhostel Lukkari****, Lukkarinmäki 1, 02400 Kirkkonummi, Tel. (90) 2962142, Fax 2962150, ganzj., Sauna, Waschm., Fahrradverleih, im Zentrum.

Fahrrad: Kesport, Asematie 3, Tel. 2989566; Toni Sport, Säästöpankin talo, Tel. 2981312.

Etappe 2:
Kirkkonummi - Degerby - Ingå - Ekenäs (73 km)
Karte: GT Nr. 2

Nördlich der Feldsteinkirche, deren älteste Teile aus dem 13. Jh. stammen, führt die Straße zunächst in Richtung *Pikkala*. Die ganze Strecke paßt sich der welligen Landschaft an, kurze Steigungen und Abfahrten wechseln sich in rascher Folge ab. Nach etwa 4 km gabelt sich die Straße, die Strecke verläuft rechts nach *Kela*. Nach dem Überqueren der Bahnlinie zweigt an einer Kuppe eine nichtasphaltierte Nebenstraße nach *Sjunby* ab. An einer alten Mühle folgen Sie dem Hinweis »Siuntio, as.« und gelangen so wieder auf Asphalt. In der Bahnhofssiedlung von *Siuntio* angelangt, biegen Sie am Postamt links ab. Auf einer kleinen Anhöhe erinnert eine Gedenktafel an den Schriftsteller Aleksis Kivi, der hier einige Jahre seines Lebens verbrachte. An der Bank »Osuuspankki« beginnt rechts die Nebenstraße nach *Billskog*. Wieder auf Asphalt, erreicht man nach 5 km *Degerby*. An der vielbefahrenen Hauptstraße 51 führt kein Weg vorbei, doch schon nach wenigen Kilometern zweigt links die gut befahrbare Nebenstraße nach *Innanbäck* und **Ingå/Inkoo** ab. Im Ort steht die St.-Nikolaus-Kirche (13. Jh.) mit ihrem bemerkenswerten Backsteinblendenschmuck. In Ingå findet im Sommer ein kleines »Folkcamp« statt. Familien aus allen Teilen Finnlands handarbeiten, singen, spielen und tanzen zusammen für eine Woche auf einem gemeindeeigenen Gelände inmitten der Schärenlandschaft. Neue Interessenten (auch nicht finnisch- oder schwedischsprachige!) sind herzlich willkommen (Kontakt: Wim van der Kooij, Marieberg, 10210 Ingå, Tel. [90] 218225).

Für die Weiterfahrt empfiehlt es sich, für kurze Zeit zur »51« zurückzukehren, um dann nach wenigen Kilometern nach links und schon wenig später nach rechts in Richtung Fagervik abzubiegen. Es existiert zwar von Ingå aus auch eine Nebenstrecke, doch ist diese mit unzähligen Schlaglöchern gespickt.

Fagervik hatte Mitte des 17. Jh. einen festen Platz im schwedischen Hüttenwesen. Zwar reichte der Reinheitsgrad der finnischen Erze zur Eisengewinnung nicht aus, doch die Möglichkeit der Energienutzung mittels dreier kleinerer Wasserfälle muß sich als so günstig erwiesen haben, daß sich der lange Transportweg der Erze lohnte. Heute befindet sich Fagervik in Privatbesitz. Die ältesten Gebäude sind rund 300 Jahre alt; das 1772 errichtete Herrenhaus »Corps de logis« ist leider nicht zu besichtigen. Wer sich in der »Kirche des Eisenhammers« trauen lassen will, muß dafür (angeblich) Fmk 500 an den jetzigen Gutsbesitzer berappen...

Nach **Snappertuna** gelangen Sie über eine gut zu befahrene Schotterstraße. Von der Ortsmitte mit der Holzkirche aus dem Jahr 1688 führt ein nur schlecht befestigter Fahrweg zu den Ruinen der Raseborg (*Raaseporin linna*). Leichter gelangt man dorthin, wenn man an Snappertuna vorbei direkt auf die Straße nach *Ekenäs* einbiegt, von wo aus links ein Weg zu den Ruinen führt. Die Festungsanlage wurde vermutlich im 14. Jh. errichtet und diente der Überwachung der Wasserstraße zum nördlicher gelegenen Handelsplatz Tuna. Ihre besten Tage lagen im 15. Jh., als zeitweise der schwedische König Karl Knutson dort residierte. Heute sind die Burgruinen ein beliebtes Ausflugsziel und Schauplatz von Freilichttheaterveranstaltungen. Die jetzige Lage »auf der grünen Wiese« läßt sich mit der Landhebung (etwa 40 cm pro Jahrhundert) erklären.

Für die Weiterfahrt bieten sich zwei Möglichkeiten an: die schönere, jedoch nicht durchgehend asphaltierte Strecke über *Norrby* oder die gut ausgebaute Hauptstraße.

St.-Nikolaus-Kirche in Ingå/Inkoo

Ekenäs/Tammisaari, Uudenmaan lääni, liegt auf einer kleinen Halbinsel im Schutz des inneren Schärengürtels. Von den 14.400 Einwohnern sprechen über 80 % Schwedisch. Zu Zeiten der Gewährung der Stadtrechte durch Gustav Wasa I. (1546) hatte man Großes mit der Stadt vor: sie sollte das Gegenstück zu Reval (Tallinn) auf der anderen Seite des Finnischen Meerbusens werden. Doch diese Bedeutung hat Ekenäs nie erlangen können. Statt dessen entwickelte sich ein munteres kleines Städtchen mit einer malerischen Altstadt (*Barckens Udde*), in deren Mitte die Stadtkirche (1672) steht. Nicht weit davon, etwas östlich, erstreckt sich das Freilichtmuseum Westliches Uusimaa. Vom Wasserturm (der Schlüssel ist beim Fremdenverkehrsamt erhältlich) hat man einen guten Blick auf das Zentrum. Den Naturpark *Ramsholmen*, eine Parkanlage auf einer der vielen Inseln, befindet sich etwas südlich der Ortsmitte. Ferner gibt es noch das *Finlandssvenskt konstcentrum*, in dem neben Ausstellungen vor allem Restaurierungsarbeiten durchgeführt werden. Während des Sommers kann man täglich einen Schiffsausflug in die vorgelagerte Schärenlandschaft machen.

In der Umgebung: Im Gebiet der 20 km nordöstl. gelegenen Kleinstadt *Karis/Karjaa* finden sich in Zentrumsnähe die Ruinen des Schlosses Grabbacka (15. Jh.) sowie in *Mustio* ein Holzschloß im Stil des frühen Neoklassizismus (18. Jh.). In *Pinjainen/Billnäs* steht das Hüttenwerk aus dem 17. Jh. mit der Villa Billnäs (1917), dem Herrenhaus im Stil eines italienischen Renaissancepalastes.

Information: Tammisaaren Kaupungin Matkailutoimisto, Raatihuoneentori, 10600 Ekenäs, Tel. (911) 2632100.

Unterkunft: Motelli Marine, Kammantekijänkatu 4-6, Tel. 2413833; Matkustajakoti Gustav Vasa, Raatihuoneentori, Tel. 2411551; Kesähotelli, (Anschrift & Tel. s. Jugendherberge), 15.5.-15.8.

Jugendherberge: Tammisaaren retkeilymaja***, Höijerintie 10, Tel. 2416393, 16.05.-23.08., Frühstück, Sauna, Fahrradverleih, 1 km östl. des Zentrums.

Camping: Ormnäs***, Tel. 2414434, 24.4.-28.9., Hü., Waschm., Fahrradverleih, 1 km südl. des Zentrums.

Fahrrad: Cykel & mopedservice, Ingmars verkstad, Papinniitynkatu 2, Tel. 2416191; Elmo Sport, Raatihuoneentori, Tel. 2412366.

Anschluß Richtung Westen: Etappe 4

Etappe 3:
Ekenäs - Lappohja - Täktom - Hanko (40 km)
Karte: GT Nr. 2

Die Etappe führt zunächst entlang der Hauptstraße. Mehrfach sind im angrenzenden Wald Überreste von Schützengräben und Panzersperren zu sehen (vgl. Ortsbeschreibung Hanko). Hinter *Lappohja/Lappvik* zweigt die asphaltierte Nebenstraße nach *Koverhar* und *Tvärminne* ab, auf der Sie bis nach Hanko gelangen können.

Hanko/Hangö, 11500 Einw., Uudenmaan lääni, preist sich selbst als die sonnigste Stadt Finnlands an. Ob dies so ist, sei dahingestellt. Auf jeden Fall ist Hanko mit seiner zur Hälfte schwedischsprachigen Bevölkerung die südlichste Stadt der Republik. Noch aus vorgeschichtlicher Zeit stammt eine Gletschermühle, die auf einer kleinen Anhöhe (*Puistovuoret*) zu finden ist. Hankos weit in die Ostsee hineinreichende Lage lockt seit Jahrhunderten Menschen mit ganz unterschiedlichen Motiven an. Schon im 9. Jh. durchzogen die Wikinger auf ihrem Weg nach Osten diese Gegend. Seit dem 15. Jh. verewigten sich Seeleute, Soldaten und Händler in einem ganz besonderen »Gästebuch«: Auf den Felsen von *Hauensuoli*, einer kleinen Insel vor dem Südende der Landzunge, befinden sich mehr als 400 Gravuren; mit einem Ausflugsboot kann man zur Insel gelangen. Im vergangenen Jahrhundert kam die Hautevolee St. Petersburgs; die alten Villen lassen einen Hauch dieser mondänen Bäderwelt erahnen. Gleichzeitig verließen von Hanko aus Hunderttausende das Land auf der Suche nach einer besseren Welt - die meisten von ihnen zog es nach Amerika. Infolge des Winterkriegs 1939/40 wurde Finnland gezwungen, die Halbinsel für 30 Jahre an die Sowjetunion zu »verpachten«. Die Geschichte hingegen verlief anders: Finnland eröffnete im Juni 1941 den Fortsetzungskrieg, unterlag abermals und mußte nun die 30 km westlich von Helsinki gelegene Halbinsel Porkkala an die Sowjetunion abtreten. Das Festungsmuseum am Osthafen (*Linnoitusmuseo*) und das Frontmuseum in der Nähe von Lappohja (*Rintamamuseo*) geben die finnische Auffassung der Ereignisse wieder.

Information: Hangon Kaupungin Matkailutoimisto, Bulevardi 10, PL 14, 10901 Hanko, Tel. (911) 803411, Fax 803412.

Unterkunft: Villa Doris, Appelgrenintie 23, Tel. 2481228; Villa Elisa, Appelgrenintie 17, Tel. 2487201; Villa Eva, Kaivokatu 2, Tel. 2486356, 30.5.-15.8.; Vieraskoti Evangelica, Esplanadi 61, Tel. 2486923; Pensionat Tellina-Thalatta, Appelgrenintie 1-2, Tel. 2486356, 1.6.-15.8., Ferienheim Solgården, Tähtikuja 4, Tel. 2481481, 1.6.-1.8.

Camping: Silversand***, Tel. 2485500, 28.5.-15.8., Hü., Waschm., 3 km nordöstl. vom Zentrum, entlang der »53«.

Fahrrad: Polkupyöräliike Paul Feldt, Tarhakatu 4, Tel. 2481860; Lindfors Kari, Esplanadi 75, Tel. 2481537.

Etappe 4:
Ekenäs - Tenala - Perniö - Ylönkylä - Kimito (61 km)
Karte: GT Nr. 2

Sowohl in **Tenala/Tenhola** als auch in **Perniö** sind für diese Gegend typische Feldsteinkirchen zu sehen.

Jugendherberge: Tenholan retkeilymaja***, Pölkå, 10520 Tenhola, Tel. (911) 50633, ganzj., Sauna, Fahrradverleih, 5 km südl. der Ortsmitte.

Die Straße ist bis dorthin durch lange, verhältnismäßig flache Steigungs- bzw. Gefällstrecken gekennzeichnet. Die ältesten Ausstellungsstücke des schmucken *Perniön museo* stammen noch aus vorhistorischer Zeit. Von Perniö aus ließe sich auch ein Anschluß an das 22 km entfernte Salo (s. Etappe 6) herstellen. Etappe 4 führt jedoch nach Westen.

Kartenskizze Etappen 3 - 6

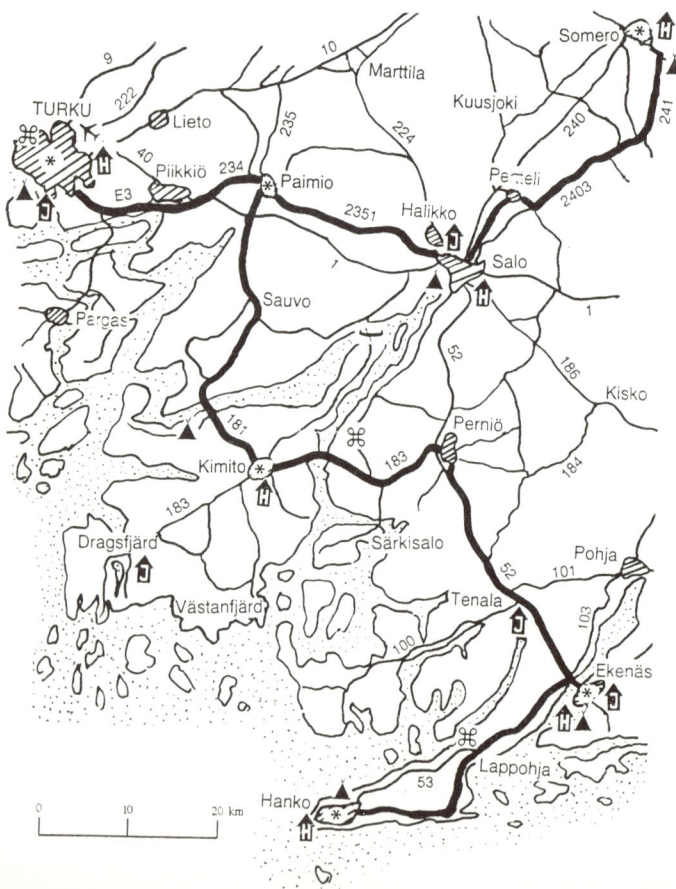

Etwa 4 km außerhalb Perniös zeugen die Hügelgräber von *Vaarnummi* von früher Besiedlung dieser Region. Aus der Zeit der Frühindustrialisierung stammt die weiter westlich gelegene alte Eisenhütte von *Mathildedal*. Nicht weit davon entfernt befindet sich der Gutshof *Teijon ruukinkartano* (1770). Nach Überquerung des *Strömma*-Kanals führt die landschaftlich reizvolle Straße bis nach **Kimito/Kemiö**. In einem Nebenraum der Feldsteinkirche (1325) befindet sich eine kleine Ausstellung des *Sagaland*-Museums. Der Hauptteil dieses Museums, ein Freilichtmuseum, liegt etwas außerhalb.

In der Umgebung: Wer die Insel genauer erkunden möchte, sei auf die Holzkirche in Västanfjärd, das Werksmuseum in Dalsbruk sowie auf die Kunstsammlung im Herrenhof von Söderlangvik verwiesen.

Unterkunft: Brusaby Sommarhotell, 25700 Kimito, Tel. (925) 21944, Fax 3665, 1.6.-10.8.; Källkullen Lägergård, Tel. 3146 od. 3133; Labbnäs Semesterhem, 25870 Dragsfjärd, Tel. 4637.

Jugendherberge: Pensionat och Vandrarhotell****, Kulla, 25870 Dragsfjärd, Tel. & Fax 4553, ganzj., Frühstück, Sauna, Fahrradverleih, 20 km südwestl. von Kimito.

Camping: Kimito Camping***, Eknäs, Tel. 20061, 25.5.-31.8., Hü., Waschm., 10 km entlang der Straße nach Turku.

Fahrrad: Kone-Wuorio, Wuorionkuja, Tel. 21399.

Etappe 5:
Kimito - Sauvo - Paimio - Piikkiö - Kaarina - Turku (68 km)
Karten: GT Nr. 2, Saaristomeri matkailukartta, Pyörätiekartta Turku

---

Nach Verlassen der Insel führt der Weg anfangs durch ein felsiges, im weiteren Verlauf flacher werdendes, landwirtschaftlich intensiv genutztes Gebiet. Auf der Rechten wird **Sauvo** mit seiner aus dem frühen 14. Jh. stammenden Feldsteinkirche sichtbar. Einige Kilometer weiter treffen Sie auf die vielbefahrene Hauptstraße Helsinki-Turku. Es empfiehlt sich, diese zu überqueren und den kleinen Umweg über **Paimio**, den Ausgangspunkt von Etappe 6, in Kauf zu nehmen. Von dort aus führt eine Nebenstraße nach **Piikkiö**, wobei eine lange, aber leichte Steigung zu überwinden ist. Von nun an kann man auf dem Radweg bis in das Zentrum von Turku gelangen. Unterwegs weist ein Schild auf das 3 km von der Straße entfernte Gut Buckila (*Pukkilan kartano*) hin - ein Herrenhaus aus dem 18. Jh. (*in Gegenrichtung:* von der Domkirche entlang der *Uudenmaankatu* und des *Uudenmaantie*).

Turku/Åbo, 160000 Einw., Turun ja Porin lääni, war lange Zeit *das* politische, kulturelle und geistige Zentrum des Gebietes, das heute als »Finnland« bezeichnet wird. Die Gründung der Stadt ging einher mit der Verlegung des Bischofssitzes von Nousiainen (etwa 20 km nördl.) an die Mündung des Flusses Aurajoki im Jahre 1229, einige Jahre später entstanden ein (nicht erhaltenes) Dominikanerkloster (1249) sowie die Burg *Turun linna* (1280). Ihre heutige Gestalt erhielt die Festung im 16. Jh. unter Herzog Johan von Finnland, dem Sohn des Gustav Wasa. Turku war im Mittelalter sowohl Sitz der weltlichen als auch der geistlichen Macht in der Osthälfte des schwedischen Reiches. Das Bistum umfaßte das gesamte damalige »Missionsgebiet«. Die ältesten Teile der Domkirche (*Tuomiokirkko*) stammen aus dem 13. Jh., wichtigste Erweiterungen waren der Bau der Seitenkapellen (14. Jh.), der Ausbau zur Basilika (Erhöhung des Mittelschiffs in Sterngewölbebauweise, 15. Jh.) sowie die zweimalige Erhöhung des Turmes (1681 und 1827). Nahm durch die Reformation der Einfluß der Kirche ab, so war es mit Mikael Agricola (1510-1557) der Bischof von Turku, der das Neue Testament in die Sprache des Volkes übersetzte. Agricola, Schüler Luthers in Wittenberg, gilt somit als der eigentliche Begründer der finnischen Schriftsprache. Auch die erste - allerdings schwedischsprachige - Universität in Finnland wurde 1640 hier gegründet. Einen Einbruch in ihrer Bedeutung erlebte die Stadt im 19. Jh., als Finnland autonomes Großherzogtum und damit Teil des russischen Reiches wurde. Die neuen Machthaber verlegten 1812 die Hauptstadt nach Helsinki, nach dem verheerenden Stadtbrand im September 1827 folgte auch die Universität dorthin. Erst mit der staatlichen Unabhängigkeit 1917 konnte etwas von der einstigen Bedeutung zurückgewonnen werden. So entstanden relativ bald eine neue schwedisch- und eine finnischsprachige Universität, die beide bis heute fortbestehen. Darüber hinaus ist Turku Sitz des Erzbischofs und Provinzhauptstadt.

Eine ganze Reihe von Museen und Ausstellungen können Inhaber der Sammeleintrittskarte »Turku à la carte« besuchen. Dazu gehören Schloß, Wäinö-Aaltonen-Museum (Aaltonen war einer der bedeutendsten finnischen Bildhauer und Maler), Segelschiff »Suomen Joutsen«, Biologisches Museum, Sibelius-Museum sowie das Handwerksmuseum (*Käsityöläismuseo*). Erhältlich ist die Karte an den Kassen aller aufgeführten Sehenswürdigkeiten sowie im Fremdenverkehrsbüro.

Information: Kaupungin matkailutoimisto, Aurakatu 4, 20100 Turku, Tel. (921) 627503 od. (9700) 5515, Fax 2336488; Interrail Information & Café A-Panimo, Läntinen Rantakatu 47, Tel. 304551, 28.6.-14.8. (dort auch Café, Waschgelegenheit und Fahrradverleih).

Flugverbindungen: international: s. Kapitel »Anreise«; national: nach Helsinki tägl.; sowie 20 weitere Verbindungen in alle Landesteile.

Fährverbindungen: nach Stockholm, 4 x tägl., Dauer 10-11 h, Viking Line bzw. Silja Line,; nach Mariehamn, 2 x tägl., Dauer 5½ h, Viking Line bzw. Silja Line; nach Mariehamn: 4 x wöchentl., Dauer 9½ h, (Zwischenstopps, ungünstige Ankunftszeiten!), Norra Linjen bzw. Södra Linjen; darüber hinaus verschiedene, nur an bestimmten Wochentagen verkehrende sog. Wasserbusse ins Schärengebiet.

Bahnverbindungen: nach Helsinki, Tampere, Joensuu, Rovaniemi.

Unterkunft: Birgittalais-Sisarten Vieraskoti, Ursininkatu 15 A, 20100 Turku, Tel. 501910, Fax 503078; Turisti-Aula, Käsityöläiskatu 11, Tel. 334484; Ikituuri, Pispalantie 7, Tel. 376111, Fax 376333; Brahe, Humalistonkatu 13, Tel. 311973.

Jugendherberge: Turun kaupungin retkeilymaja***, Linnankatu 39, Tel. 316578, Fax 311708, ganzj., Frühstück, Waschm. u. Trockner, am Aurajoki gegenüber dem Segelschiff »Suomen Joutsen«.

Camping: Ruissalo***, Tel. 589249, 1.6.-1.9., auf der Insel Ruissalo 10 km westl. vom Zentrum.
Fahrrad (Auswahl): Antin Pyörä, Puutarhakatu 40, Tel. 303991; Raispo, Itäinen Pit-käkatu 38-40, Tel. 328432; T. Saario, Tuureporinkatu 19, Tel. 316356; Sirke-Sport, Puutarhakatu 15, Tel. 314762; Turun Pyörä, Maariankatu 8, Tel. 31780.

Anschluß Richtung Süden: Etappe 7 (ab Kaarina)
Anschluß Richtung Nordwesten: Etappe 11
Anschluß Richtung Norden: Etappe 12

Etappe 6:
Paimio - Halikko - Salo - Somero (70 km)
Karten: GT Nr. 2, Pyörätiekartta Turku

Vom Zentrum folgt man zunächst der leicht ansteigenden Straße in Richtung *Salo*. Am Ortsende zweigt links eine Nebenstraße nach *Hajala* ab. Parallel zur Bahnlinie führt die Etappe durch die leicht geschwungene Landschaft. Die Gegend des »eigentlichen Finnlands« (Varsinais Suomi) gilt als die Kornkammer des Landes. Vorbei an der alten Poststation *Trömperi*, wo heute ein Museum untergebracht ist, gelangen Sie nach **Halikko**. In der Umgebung der vielleicht schon seit der Jahrtausendwende bestehenden Siedlung findet sich eine der größeren eiszeitlichen Gletschermühlen (*Hiidenkirnu*, 8 km in Richtung Angelniemi). Beachtenswert sind auch die Feldsteinkirche (1440) und drei etwas südlich der Ortsmitte gelegene Herrenhöfe. Letztere sind in Privatbesitz und leider nicht zu besichtigen.

Nach **Salo**, dem geschäftigen Mittelzentrum zwischen Turku und Helsinki, sind es nur noch ein paar Kilometer. Den besten Überblick über die verkehrsgünstig gelegene Stadt bietet der Kirchhügel, auf dem schon vor über 500 Jahren eine Kirche stand.
Information: Matkailutoimisto, Sininen talo, Rummunlyöjänkatu 2, 24100 Salo, Tel. (924) 331274.
Bahnverbindungen: nach Helsinki, Turku.
Hotel: Hotel-Gasthaus Salo, Asemakatu 5, Tel. 315666.
Jugendherberge: Laurin koulu**, Venemestarinkatu 37, Tel. 3084400, 7.6.- 10.8., am nordwestl. Stadtrand.
Camping: Vuohensaari**, Tel. 312651 od. 3084882, 1.6.-30.9., Hü., Fahrradverleih, 4 km südl. vom Zentrum.
Fahrrad: Tapsan Pyörä ja Pienkonehuolto, Rummunlyöjänkatu 16, Tel. 331603; Urheiluliike Somersport, Joensuuntie 42, Tel. 488225; Urheiluliike J. L. Tuominen Ky, Joensuuntie 4, Tel. 485182.

Wer sich nicht scheut, ein Stück nichtasphaltierte und mit einigen kurzen kräftigen Steigungen versehene Straße zu befahren, sollte dem Radweg am Westufer des *Uskelanjoki* folgen, um so auf die »alte Straße nach Pertteli« (*Vanha*

Perttelintie) zu gelangen. Alternativ dazu sei die östlich des Flusses verlaufende Nebenstraße empfohlen. Vorbei an der am östlichen Ortsende stehenden Feldsteinkirche folgt man dem Straßenverlauf auf der verkehrsarmen »2403«. Nach ungefähr 20 km mündet diese in die »241« und schließlich in die »280« ein, die nach wenigen Kilometern das Etappenziel **Somero** erreicht.
Unterkunft: Matkakoti Rantatupa, Vanhatie 13, 31400 Somero, Tel. (924) 488117.
Camping: Hovimäki**, 31460 Hirsijärvi, Tel. 43554, ganzj., Hü., 6 km östl. von Somero, entlang der »280«.

Anschluß Richtung Nordosten: Etappe 41

Etappe 7:
Kaarina - Pargas - Nagu - Korpo (71 km)
Karten: GT Nr. 1 & 2, Saaristomeri matkailukartta, Pyörätiekartta Turku

---

Vom Zentrum der an Gewerbebetrieben reichen Stadt **Kaarina** führt der *Paraistentie* nach Süden und überquert den Sund zur Insel Kuusisto. Ganz in derem Osten finden sich die Ruinen der mittelalterlichen Fluchtburg *Kuusisto*, die von den katholischen Bischöfen Turkus genutzt und auf Befehl Gustav Wasas 1528 abgerissen wurde. Das Verkehrsaufkommen ist bis Pargas noch relativ hoch, doch besteht entlang der gesamten Strecke ein Radweg.

Pargas/Parainen, 11900 Einw., Turun ja Porin lääni, kann mit einer schönen Lage inmitten der Schärenlandschaft aufwarten. Leider verhindert die stark vertretene Kalk- und Zementindustrie, daß der Besucher diese reizvolle Umgebung zur Kenntnis nehmen kann! Im Zentrum des alten Stadtteils *Gamla Malmen* steht die Feldsteinkirche (1312). Daran schließt sich die Agricola-Kapelle (1690) an, in der ein Exemplar der ersten in Finnland gedruckten Bibel zu bewundern ist. Im Heimatmuseum (*Pargas hembygdsmuseum*) ist vor allem ein Zimmer interessant, in dem Lenin auf seiner Flucht aus Rußland im Jahr 1907 übernachtet haben soll.
In der Umgebung: Der Stammsitz der bedeutenden Adelsfamilie Fleming, der spätmittelalterliche Herrenhof *Qvidja*, befindet sich etwa 15 km östlich auf der Insel Lemlax.
Information: Åbolands Turistförening, Fredrikaplan 1, 21600 Pargas, Tel. (921) 885942, Fax 885933.
Unterkunft: Gasthaus Alvar, Malmnäsin rantatie 8, Tel. 888828 od. 889997, Fax 889616; Ferieninsel Björkholm, 21600 Pargas, Tel. 886430.
Jugendherberge: Norrdal***, Norrby, Tel. 885955, Fax 885933, 1.5.-15.9., Sauna, Waschm., Fahrradverleih, 2 km nördl. des Zentrums.
Camping: Solliden Camping***, Anschrift & Tel. s. Jugendherberge, 28.5.-22.8., Hü., Waschm., Fahrradverleih.
Fahrrad: Par Motors, Storgårdsgatan 2, Tel. 826836.

Mit dem Verlassen von Pargas gelangen Sie in das eigentliche Schärengebiet. Südlich des gesamten Etappenverlaufs erstreckt sich ab hier der 1983 gegründete Nationalpark (*Saaristomeren kansallispuisto*, 39 km²). In ihm finden seltene Tierarten wie der Seeadler oder die Ringelrobbe einen Lebensraum.

Zwei große Fähren stellen die Verbindung zur Gemeinde **Nagu/Nauvo** her. Im Kirchdorf steht die St.-Olaf-Kirche (13. Jh.). Die nördlich gelegene Schäre Själö war früher ein Ausweisungsplatz für Leprakranke; heute befindet sich dort eine Wasserforschungsanstalt.

Fährverbindungen (ab Pärsnäs): nach Korpo, etwa 55 x tägl.; nach Utö, 5-6 x wöchentl.; (ab Nagu): nach Åvensar über Själö und Norrskata, 1 x tägl.

Unterkunft: Nagu Marthahem, 21660 Nagu, Tel. (926) 51409.

Camping: Semesternagu Ab**, 21670 Pärnäs, Tel. 57111, Fax 57311, 15.4.-15.11., Hü., Waschm., 13 km entlang der Straße nach Korpo.

Kartenskizze Etappe 7

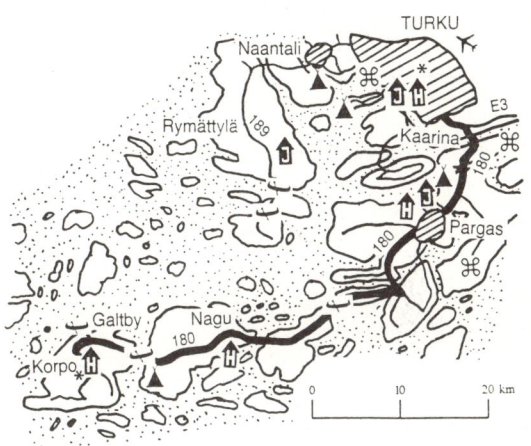

Mit einer weiteren Fähre gelangt man in die Gemeinde **Korpo/Korppoo**. Der Fähranleger von *Galtby* (vgl. Etappe 8) befindet sich schon einige Kilometer vor dem Kirchdorf, dessen 1100 Bewohner in der Mehrzahl Schwedisch als Muttersprache haben. Feste Besiedlung gibt es bereits seit dem 12. Jh., als Schweden das Land in Besitz nahmen. Diese waren es auch, die im 14. Jh. die Feldsteinkirche errichteten. Informationen über den Nationalpark sind im *Gamla Posthuset* (Tel. 31590, Fax 31592) erhältlich.

Information: Kommunkansliet, 21710 Korpo, Tel. (926) 31100, Fax 31554.

Fährverbindungen (ab Galtby): nach Åland vgl. Etappe 8; nach Norrskata bzw. Houtskär, etwa 1 x stündl.; (ab Verkan): nach Houtskär, 1 x tägl.; nach Berghamn 1 x tägl.;

nach Österskär, 1 x tägl. (nicht am Wochenende).
Unterkunft: Gasthaus Restaurant Forellen, Kyrkby, Tel. 31202; Gasthaus Röda huset, Kyrkby, Tel. 31444; Hannas trädgård, Rumar, Tel. 45173.
Fahrrad: Jockes kb, Kyrkbyn, Tel. 31277.

Etappe 8:
Korpo (Galtby) - Kökar - Sottunga - Överö - Lumparland (Långnäs) - Lemland - Mariehamn (32 km)
Karten: GT Nr. 1, Åland Turistkarta

Åland. Der 6500 Inseln umfassende Archipel zwischen Schweden und dem finnischen Festland nimmt eine Sonderstellung unter den zwölf Provinzen des Landes ein. Seine 24.800 Bewohner fühlen sich in vielerlei Hinsicht mehr mit dem westlichen Königreich als mit »Suomi« verbunden. In der Tat liegen die ethnologischen Wurzeln der Bevölkerung in Schweden. Auf den 600 bewohnten Inseln ist Schwedisch das vorherrschende Idiom, die Inselgruppe war über Jahrhunderte hinweg »Sprungbrett« schwedischer Siedler auf dem Weg nach Osten. Ihrem Selbstverständnis nach fühlen sich viele Menschen als »Åländer« und nicht etwa als »schwedischsprachige Minderheit in Finnland«. Darunter verstehen die Åländer die auf dem finnischen Festland lebenden schwedischsprechenden Zeitgenossen. »Echte« finnischsprachige Finnen sehen das freilich etwas anders. Verschiedentlich zeigen diese sich sogar vergrämt, wenn sie im Urlaub auf »Ahvenanmaa« - so die finnische Bezeichnung der Inselgruppe - auf einmal Schwedisch sprechen sollen.

Geografisch gliedert sich das Inselreich in zwei Bereiche: das »feste« Åland mit einem Durchmesser, der auf keiner Linie mehr als 50 km beträgt; Wälder und Ackerbau prägen das Landschaftsbild. Östlich davon schließen sich die Schärengemeinden an, eine Komposition aus Wasser, Fels und - mit etwas Glück - strahlend blauem Himmel. Erste Spuren menschlicher Existenz reichen 6000 Jahre zurück, eine große Anzahl vorgeschichtlicher Grabstätten in vielen Gegenden lassen die Eilande auch für Archäologen interessant werden.

Damals sahen die Ålands noch anders aus: die mit dem Ende der letzten Eiszeit einsetzende Landhebung hat die Inseln Jahrhundert für Jahrhundert »wachsen« lassen. Ab etwa 900 u.Z. entdeckten die Wikinger die Inseln als Ausgangspunkt für ihre Raubzüge, in der Folgezeit entstand das Schloß *Kastelholm*. Seit dem Mittelalter war der Archipel immer wieder ein Objekt der Begierde allzu aufdringlicher Nachbarn. Einmal waren es die Dänen, einmal die Polen und - ab dem 18. Jh. - mehrfach die Russen, welche die strategische Bedeutung der Ålands erkannten und nutzten. Letztere mußten im Krimkrieg 1854 eine schwere Niederlage hinnehmen, als englische und französische Truppen die noch nicht fertiggestellte Festung *Bomarsund* in einen

Trümmerhaufen verwandelten. In der Folge wurden die Inseln zur entmilitarisierten Zone erklärt. Mit der Unabhängigkeit Finnlands stellte sich für die Åländer die Frage der staatlichen Zugehörigkeit. In einer Abstimmung im Herbst 1917 votierten 95 % der Einwohner für den Anschluß an Schweden. Doch machten sie die Rechnung ohne den Wirt, in diesem Fall den (von Finnland angerufenen) Völkerbund. Im Juni 1921 entschied dieser, daß Åland zwar zu Finnland gehöre, jedoch einen Autonomiestatus erhalten müsse. Verschiedentlich wird dieses Urteil als ein politisches Zugeständnis an die junge Republik gewertet: Finnland als Bollwerk gegenüber der aufstrebenden Sowjetunion. Das 1993 nochmals geänderte Autonomiegesetz enthält das Recht, die eigene Sprache und Kultur zu bewahren. In praktische Politik umgesetzt bedeutet dies, daß das Parlament (*Lagting*) die ausschließliche gesetzgebende Gewalt über das Bildungs- und Gesundheitswesen, die Verwaltung, das Post- und Polizeiwesen, die Wirtschaftsförderung und die Besteuerung der Inseln innehat. Von der finnischen Regierung unterzeichnete internationale Verträge bedürfen der Zustimmung des åländischen Landtags, soweit sie die Autonomie der Inseln berühren. Für die Bewohner besonders wichtig ist das sog. Heimatrecht, ein Regionalbürgerrecht, das entweder durch Geburt erworben oder nach mindestens fünfjährigem Aufenthalt beantragt werden kann. Es enthält das aktive und passive Wahlrecht sowie die Befugnis, Grundbesitz zu erwerben. Von besonderer Bedeutung ist ferner die nach wie vor gültige Entmilitarisierung und die damit verbundene Befreiung von der Wehrpflicht. Die Wirtschaft Ålands basiert in erster Linie auf Dienstleistungen (70 % der Arbeitsplätze, 80 % des Bruttosozialprodukts); die Schiffahrt und der damit verbundene Tourismus machen den Löwenanteil aus. Der industrielle Sektor ist nur schwach, der Agrar- und Fischereisektor relativ stark vertreten.

Für Radfahrer sind die Inseln ein wahres Paradies. Anstrengende Steigungen sind selten, der höchste »Berg« (*Orrdals klint*) ist gerade mal 129 m hoch. Ein besonderes Radstreckensymbol, ein grünes Tandem auf weißem Grund, führt in jede Gegend des »festen« Ålands. Die Benutzung der kleineren, innerhalb der Schärengemeinden verkehrenden Fähren ist für Radfahrer durchweg frei. Darüber hinaus bestehen während des Sommers zwei - allerdings kostenpflichtige - Fahrradfährverbindungen.

Der kleine Hafen von *Galtby* (Gemeinde Korpo) ist der Ausgangspunkt der Fähren zu den Åland-Inseln. Durchgehend (Strecke Galtby-Långnäs) verkehren diese montags, dienstags, donnerstags und freitags jeweils zweimal täglich (früh morgens bzw. nachmittags), mittwochs nur einmal (frühmorgens) sowie an den Wochenenden nur jeweils einmal am Nachmittag. Die Überfahrtszeit beträgt fast fünf Stunden; Reservierungen sind nicht notwendig. Feste Anlegestellen sind die Häfen der Gemeinden *Kökar*, *Sottunga*, *Föglö* (*Överö*); nur zum Teil werden *Kyrkogårdsö* und *Husö* angelaufen.

Von der kleinen Schärengemeinde **Kökar** bestehen täglich zwei bis drei weitere Verbindungen, so daß sich hier ein Zwischenstopp anbietet. Die 300 Einwohner verteilen sich auf die Siedlungen Karlby und Hellsö. Die Ende des 18. Jh. errichtete Kirche entstand auf den Ruinen eines spätmittelalterlichen Franziskanerklosters. Ganz in dessen Nähe wurde ein aus der Eisenzeit (etwa 700 v. Chr.) stammender Wohnplatz freigelegt.

Fährverbindungen (ab Kökar): s. Etappenbeschreibung.
Unterkunft: Antons Gästhem, 22730 Kökar, Tel. (928) 55729; Kökar Logi, Karlby, Tel. 55889, 20.6.-31.7.
Camping: Sandvik Camping, Tel. 55729, 1.5.-1.10., Hü., Waschm., Fahrradverleih, im nordwestl. Gemeindegebiet.

Sottunga ist mit rund 150 Einwohnern die kleinste eigenständige Gemeinde Finnlands. Zwei Drittel davon finden Platz in der ältesten Holzkirche (1661) der Inselgruppe. Übernachtungsmöglichkeiten bestehen auf der Hauptinsel sowie auf der südlicher gelegenen Insel *Husö*.

Fährverbindungen (ab Sottunga): nach Kökar bzw. Galtby s. Etappenbeschreibung; nach Överö bzw. Långnäs s. Etappenbeschreibung sowie freitags und (nach Bestellung) dienstags und samstags; nach Snäckö freitags und (nach Bestellung) dienstags, samstags und sonntags.
Unterkunft: Sottunga stugby, 22720 Sottunga, Tel. (928) 55147; Husö stugby, Tel. 55195.

Nur durch einen Zwischenstopp in *Överö* unterbrochen, schippert die Fähre nach *Långnäs*, dem Hafen der Gemeinde **Lumparland** (*in Gegenrichtung:* sonntags bis dienstags und donnerstags 2 Abfahrten, mittwochs, freitags und samstags je 1 Abfahrt; dazu täglich 2-3 Überfahrten bis *Kökar*). Alternativ dazu ist es möglich, bereits in *Överö* das Schiff zu verlassen und in den Hauptort der Gemeinde **Föglö**, *Degerby*, zu radeln. Etwa 4 km südwestlich davon steht die im frühen 14. Jh. errichtete Kirche. Die Fähre von Degerby nach *Svinö* (Gemeinde Lumparland) verkehrt dreizehnmal täglich, die Überfahrtsdauer beträgt 30 Minuten.

Fahrradfähre: Långnäs - Prästö, 1.6.-15.8., 1 x tägl., Dauer 1 h, Fmk 40.
Unterkunft: Svinö Stugby, 22630 Lumparland, Tel. (928) 35530; Långnäsbyn, Lumparland, Tel. 35557; Enigheten, 22710 Föglö, Tel. 50310.

Lemland gehört zu den älteren Gemeinden auf Åland. Die mehrfach erweiterte St.-Brigitta-Kirche stammt aus dem späten 13. Jh., die Seefahrerkapelle St.-Olaf ist etwa ein halbes Jahrhundert älter. In dessen Nähe findet sich eine Steinsetzung in Labyrinthform (*jungfrudans*), deren Ursprung in der Zeit der Wikinger liegen dürfte. Sinn und Zweck dieser Steinsetzungen sind bis heute nicht vollständig geklärt. Sie befinden sich häufig um Grabstätten und werden mit Sonnen- und Mondverehrungen in Zusammenhang gebracht.

Unterkunft: Mellanvik stugby, 22610 Lemland, Tel. (928) 34164.

Sie verlassen die Insel über den *Lemströms Kanal* und erreichen das »feste« Åland. Durch den Südteil der Gemeinde *Jomala* geht's nach Mariehamn.

Foto rechts: Windmühlen gibt es viele an der Westküste

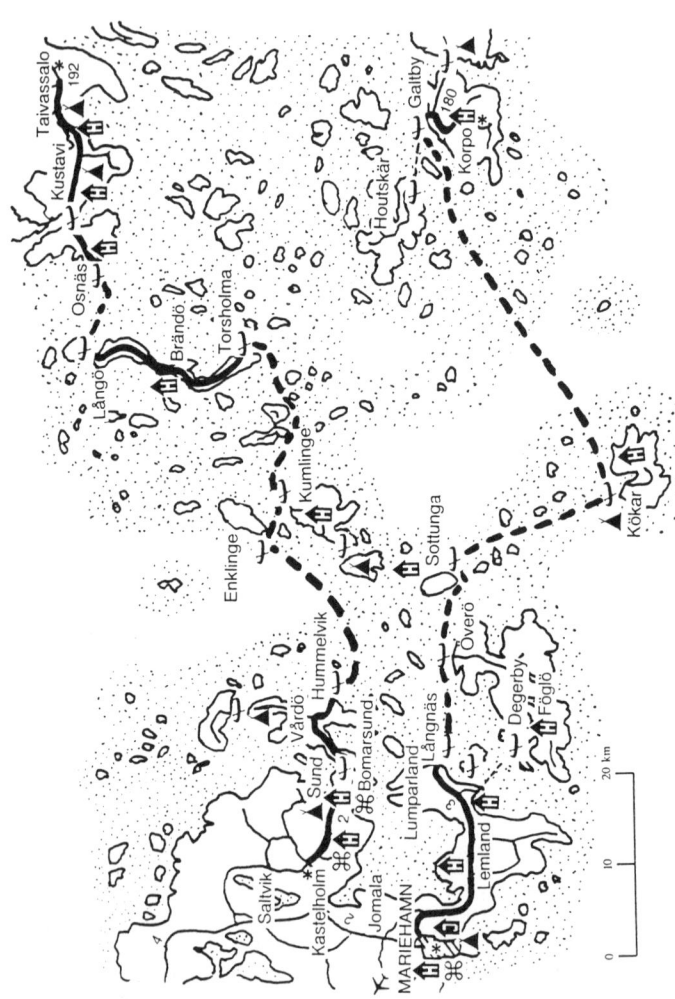

Mariehamn/Maarianhamina ist Verwaltungssitz und einzige Stadt der autonomen Inselgruppe. Die Gründung aus dem Jahre 1861 wurde nach Maria Alexandrovna, der Gemahlin des russischen Zaren, benannt. Lange Zeit war die Einwohnerzahl der Stadt außerordentlich bescheiden: 10 Jahre nach ihrer Gründung lag sie bei 300, in den letzten Jahren hat sie sich bei 10.000 eingependelt. Mit der Entwicklung des modernen Fährbetriebes wuchs die Bedeutung Mariehamns als Hafenstadt, der Heimathafen vieler großer Fähren liegt hier. Das Stadtbild ist geprägt durch eine planmäßige Bebauung mit zum Teil breiten lindengesäumten Alleen; daher rührt auch der Beiname »Stadt der 1000 Linden«. Während der Sommerszeit werden der großen Anzahl von Touristen eine ganze Reihe von Sehenswürdigkeiten dargeboten: in der Nähe des Fährhafens die Viermastbarke »Pommern« als Hauptattraktion des Schiffahrtsmuseums, im Stadtpark das Ålands-Museum (kulturhistorische u. archäologische Ausstellungen) sowie das im gleichen Gebäude untergebrachte Kunstmuseum. Der Sitz des Landtags (*Lagting*) und der åländischen Selbstverwaltung (*Självstyrelsegården*) befindet sich nicht weit entfernt davon (Führungen im Sommer freitags, 10 Uhr).

Information: Ålands Turistinformation, Storagatan 11, 22100 Mariehamn, Tel. (928) 27300.

Flugverbindungen: nach Helsinki, tägl.; sowie 20 weitere Verbindungen in alle Landesteile.

Fährverbindungen: nach Turku, 2 x tägl., Dauer 5½ h, Viking Line bzw. Silja Line; nach Turku: 4 x wöchentl., Dauer 9½ h, Norra Linjen bzw. Södra Linjen (Zwischenstopps, ungünstige Ankunftszeiten!); nach Stockholm, 2 x tägl., Dauer 5½ h, Viking Line bzw. Silja Line; nach Kapellskär (Schweden), 3-4 x tägl., Dauer 2½ h, Viking Linie.

Unterkunft: Gästhem Kronan, Neptunigatan 52, Tel. 12617, 16.5.-14.8.; Kvarnberget, Parkgatan 28 C, Tel. 12617, 16.5.-15.8.; Gästhem Neptun, Neptunigatan 41, Tel. 12617, 16.5.-15.8.; Pensionat Solhem, Lökskärsvägen, Tel. 16322; Övernäsgården, Ö. Ytternäs, Tel. 12525, 1.5.-30.9.; Öhbloms Gästhem, Möckelö 60, Tel. 12280.

Jugendherberge: Botel Alida, Östra Hamnen, Tel. 13755, 1.5.-31.8., nicht im SRM.

Camping: Gröna Udden, Tel. 19041, 15.5.-30.8., Fahrradverleih, 1 km südl. des Parlamentsgebäudes; Möckelö Camping, Jomala, Tel. 12228 od. 38456, 1.6.-15.8., 7 km Anfahrt, westl. des Zentrums.

Fahrrad: Allans Sport, Norragatan, Tel. 12475.

Fahrradverleih: Ro-No Rent, P.F. 13, Tel. 12820, Fax 12817, West- und Osthafen.

Etappe 9:
Mariehamn - Hammarland - Geta - Saltvik - Sund - Kastelholm (79 km)
Karten: GT Nr. 1, Åland Turistkarta

Die ersten Kilometer legt man auf der Hauptstraße Richtung *Eckerö* zurück. Der größte Teil der Etappe hält sich an die grün-weiße Beschilderung für Radfahrer. Schon bald weist ein Schild auf das Naturreservat *Ramsholmen* hin; ein markierter kleiner Wanderweg führt durch eine noch ursprüngliche Laubwald-

und Hainlandschaft. Folgt man wieder der Hauptstraße, so zweigt wenige Kilometer weiter links eine Nebenstraße ab (Ausschilderung: »Eckerö«). Die ruhige, jedoch nicht asphaltierte Strecke können Sie für einige Kilometer weitgehend ungestört befahren.

Unterkunft: Gasthof Djurvik, 22130 Gottby, Tel. (928) 32433, 1.5.-30.9.

Kartenskizze Etappe 9

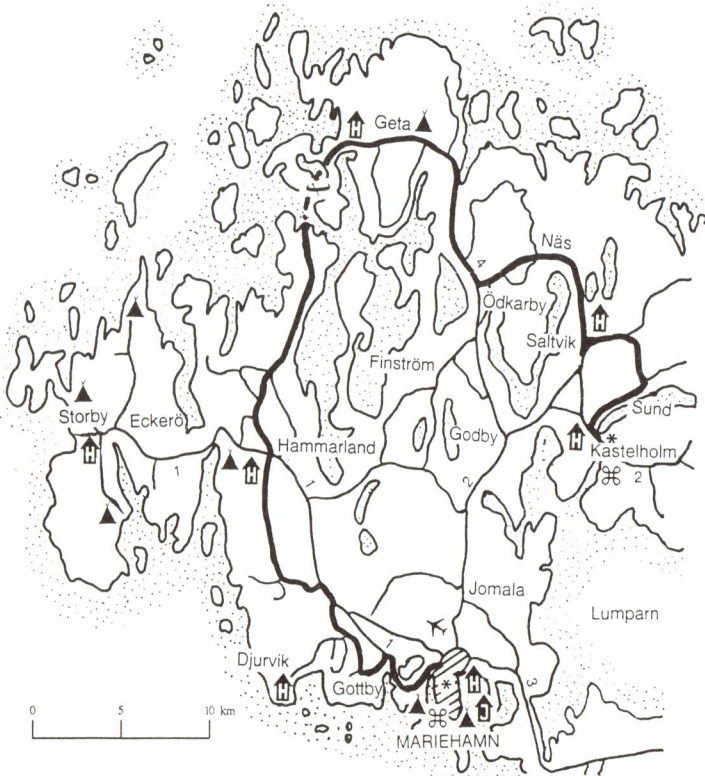

Nachdem Sie wieder für 1 km die Hauptstraße entlang geradelt sind, führt die ausgeschilderte Radfahrstrecke abermals über eine Nebenstraße durch die Siedlung *Torp* und weiter nach **Hammarland**. Ein Gräberfeld aus der Wikingerzeit liegt in unmittelbarer Nähe der aus rotem Granit errichteten St.-Catharina-Kirche.

Unterkunft: Gäddviken Turistenhotell, Sålis, 22240 Hammarland, Tel. (928) 37650, 1.6.-31.8.; Sålis Gästhem, Tel. 37613, 1.5.-30.9.

Camping: Kattnäs, Frebbenby, Tel. 37687, 15.4.-30.9., Hü., Waschm., 2 km in Richtung Eckerö, dann 3 km nach Süden.

In der Umgebung: Von Hammarland aus bietet sich ein Abstecher nach **Eckerö** an. Die Gemeinde hat neben einer sehr hohen Dichte an touristischen Dienstleistungen das Heimat- und Bankmuseum *Labbas* (im Gemeindeteil Storby) sowie das Postmuseum (in Hafennähe) vorzuweisen. Über Eckerö wurde während vieler Jahrhunderte die Postverbindung nach Schweden aufrechterhalten. Die Kirche stammt aus dem frühen 13. Jh.; in den folgenden Jahrhunderten wurden jedoch zahlreiche Veränderungen vorgenommen.

Fährverbindungen und Übernachtungsmöglichkeiten in der Gemeinde Eckerö:

Fährverbindungen: nach Grisslehamn (Schweden), Hauptsaison 5 x tägl., Nachsaison 2-3 x tägl., Dauer 2 h, Eckerö Linjen.

Unterkunft: Granbergs Gästhem, 22270 Eckerö, Tel. (928) 38590; Storby Logi, Tel. 38469, 1.3.-31.1.

Camping: Hummelviks Camping, Storby, Tel. 38311 od. 22033, 1.5.-31.8., Hü., 3 km nördl. von Storby; Käringsunds Camping, Tel. 38309, 1.5.-30.9., Hü., Waschm., 1,5 km nördl. von Storby; Notvikens Camping, Överby, Tel. 38429 od. 38020, Fax 38329, 1.5.-30.9., Hü., Waschm., vom Kirchdorf aus 2 km nach Süden; Degersands Camping, Tel. 38004 od. 38592, 8 km südl. von Storby; Uddens Husvagcamping, Tel. 38670 od. 38610, 1.5.-30.9., Hü., 8 km nördl. von Storby.

Von Hammarland aus führt eine gut ausgeschilderte Radroute durch ein landwirtschaftlich intensiv genutztes Gebiet entlang dem *Ivarskärsfjärden* in Richtung *Geta*. In *Skarpnåtö* sind ein Bauernhof aus dem 17. Jh. und ein Heimatmuseum zu sehen. Ganz in der Nähe befindet sich die Anlegestelle der kostenpflichtigen Fahrradfähre (Fmk 25) nach *Hällö* (Gemeinde Geta). Diese verkehrt im Juni einmal täglich (mittags) sowie von Anfang Juli bis Mitte August zweimal täglich (mittags und nachmittags) in beiden Richtungen. Die Überfahrtsdauer beträgt 20 min (alternativ: von Hammarlands Kirche aus auf der »1« für 3 km nach Süden, dann links in Richtung *Djäkenböle* bzw. *Kulla* abbiegen).

Das südliche Gemeindegebiet von **Geta** ist noch verhältnismäßig flach und wird stark landwirtschaftlich genutzt. Zum Norden hin wird es jedoch deutlich hügeliger und waldiger. Von der *Soltuna Turiststation* auf dem *Getabergen* (99 m) erhält man einen schönen Rundblick; ein Pfad führt zur *Luolat*-Grotte.

Unterkunft: Granqvist Hütten, 22340 Geta, Tel. (928) 49610; Dånö stugby, Geta, Tel. 23000, 9 km nordwestl. von Geta.

Camping: Kasvikens Camping, Geta, Tel. 41410, Hü., 4 km östl. von Geta.

Für fast 13 km folgen Sie der wenig befahrenen »Hauptstraße« nach Süden. Kurz hinter der Grenze zur Gemeinde **Saltvik** beginnt eine Nebenstraße nach

Ödkarby und *Näs*, nach weiteren 5 km erreichen Sie das »Zentrum« von Saltvik. Die dortige Kirche aus der Mitte des 12. Jh. liegt etwas abseits der Route.
Unterkunft: Lillhop stugor, 22430 Saltvik, Tel. (928) 36176; Runneröds Hütten, Tel. 43679.

Wer noch die spärlichen Überreste alter Schutzburgen aus der Wikingerzeit (in *Borgboda*) und die alte Kirche von **Sund** (12. Jh.) in Augenschein nehmen möchte, sollte der Straße nach *Rangsby* und *Björby* folgen. Von der Kirche Sunds sind es noch einmal 4 km bis zum Etappenziel, dem Schloß *Kastelholm*. Dieses entstand vermutlich im 13. Jh. und befand sich in der Folgezeit unter schwedischer Herrschaft. Mit abnehmender strategischer Bedeutung wurde es in späteren Jahrhunderten als Jagdschloß genutzt. Seit zehn Jahren werden umfangreiche Restaurierungsarbeiten vorgenommen. In der Nachbarschaft der Burganlage befinden sich das Freilichtmuseum *Jan Karlsgården* und das Gefängnismuseum *Vita Björn*.
Unterkunft: Kastelholms Gästhem, 22520 Kastelholm, Tel. (928) 43841, 1.4.-31.10., Waschm.; Ekers semestertugor, Tel. 43959, Fax 43979.

Etappe 10:
Kastelholm - Bomarsund - Vårdö (Hummelvik) - Enklinge - Kumlinge - Lappo - Torsholma - Brändö - Åva - Jurmo - Osnäs - Kustavi - Taivassalo (72 km)
Karten: GT Nr. 1, Åland Turistkarta

Kartenskizze s. S. 124

Bereits nach 10 km durchquert die Straße die Ruinen der überdimensionierten Festungsanlage *Bomarsund* (zur Geschichte der Festung: s. Etappe 8). Im Lotsenhaus *Prästö Lotsstuga* werden die in den Ruinen gemachten Funde ausgestellt. Nicht weit davon entfernt befinden sich verschiedene Übernachtungsmöglichkeiten.
Unterkunft: Bomarsunds Gasthaus, 22530 Sund, Tel. (928) 44036, 1.5.-31.8.
Camping: Prästö Turistservice, Tel. 44045, 1.5.-15.9., Hü., in der Nähe der Ruinen; Puttes Camping, Tel. 44016 od. 44040, 15.5.-31.8., Hü., Waschm., Fahrradverleih, 2 km östl. der Ruinen.
Mit einer Bedarfsfähre überquert man den Sund und durchfährt den Hauptort der Gemeinde **Vårdö**, die Siedlung *Vargata*.
Camping: Sandösunds Camping, 22550 Vårdö, Tel. 47750, 1.5.-30.9., Hü., Fahrradverleih, 3,5 km nördl. der Kirche.

An der Kirche (15. Jh.) biegt man zum Fährhafen von *Hummelvik* ab. Die Fähre verkehrt mit Zwischenstopps in *Enklinge* (kleines Heimatmuseum), *Kumlinge* und *Lappo* bis nach *Torsholma* viermal täglich in beiden Richtungen. Die Überfahrtsdauer beträgt fast drei Stunden. Für einen Zwischenstopp eignet sich besonders die Insel **Kumlinge**, deren Gotteshaus (Mitte des 15. Jh.) ältestes Gebäude der Gemeinde sein dürfte. In den kriegerischen Wirren des frühen 18. Jh. wurde Kumlinge zerstört.

Fährverbindungen (ab Kumlinge): nach Torsholma und Åland s. Etappenbeschreibung; (ab Snäckö): nach Långnäs über Överö 1-3 x tägl.

Unterkunft: Gasthaus Remmaren, 22820 Kumlinge, Tel. (928) 55402, Fahrradverleih; Remmarina, Tel. 55402.

Camping: Ledholm Camping, Tel. 55647, 1.5.-30.9., Waschm., 13 km südl. des Fähranlegers, auf der Insel Snäckö.

Für die 22 km bis zur nächsten Fähre sollten Sie ruhig etwas mehr Zeit einplanen. Die Strecke durch die Schären ist eine einzige »Traumstraße«. Die Inseln der Gemeinde **Brandö** sind nur karg bewachsen, landwirtschaftliche Nutzung erfolgt hauptsächlich durch Sonderkulturen; so werden beispielsweise Tomaten in Gewächshäusern angebaut.

Unterkunft: Brandö Stugby, 22920 Brandö. Tel. (928) 56221; Fågelviks stugby, Tel. 56142.

Etwa eine halbe Stunde dauert die direkte Überfahrt nach *Osnäs*, womit gleichzeitig die Ålands verlassen werden. Durchschnittlich einmal pro Stunde verläßt eine Fähre den Hafen.

Unterkunft: Kustavin Kalatuvat Ky, Vuosnainen, Tel. (922) 37339, in der Nähe des Fähranlegers.

Nach weiteren 10 km stellt eine Bedarfsfähre die Verbindung nach **Kustavi** her. Die Einwohnerzahl von 1150 erhöht sich während der Ferienzeit um ein Vielfaches. Die Anordnung zum Bau der Holzkirche *Kivimaa* (1783) durch Gustav III. war gleichbedeutend mit der Ortsgründung.

Fährverbindungen: ab Kustavi nach Bedarf; ab Parattula nach Åselholm über Jumo, 1 x tägl.

Information: Kustavin Matkailuneuvonta, Kunnantalo, 23360 Kustavi, Tel (922) 876255.

Unterkunft: Venken putka, Tel. 876475, in der Ortsmitte.

Camping: Kustavin lomakeskus ja Camping***, Tel. 876230, 4.6.-7.8., Hü., Waschm., Fahrradverleih, vom Zentrum 2,5 km nach Süden.

Über die 460 m lange Brücke *Kaitaisten silta* gelangen Sie endgültig auf das Festland. Von hier sind es nur noch wenige Kilometer bis nach **Taivassalo**, dem Etappenziel. Die Granitkirche stammt vom Beginn des 14. Jh.; deren Kalkmalereien wurden erst rund 100 Jahre später erstellt.

Information: Taivassalon kunta, 23310 Taivassalo, Tel. (922) 878225.

Unterkunft: Kaitainen, Antti ja Tarja Aromaa, Tel. 877771, Bauernhof an der »162« zwischen Taivassalo und Kustavi.

Camping: Mussalo***, Tel. 879341 od. (921) 789009, 1.6.-15.8., 5 km in Richtung Kustavi, dann 4 km nach Süden.

Fahrrad: Piilinen ky, Eerontie 3, Tel. 878144 od. 878742.

Anschluß Richtung Norden: Etappe 13

Etappe 11:
Turku - Naantali - Merimasku - Askainen - Mietoinen - Taivassalo (72 km)
Karten: GT Nr. 2, Saaristomeri matkailukartta, Pyörätiekartta Turku

Bis *Naantali* führt diese Etappe nahezu ausschließlich über Radwege. Beginnend auf der Westseite des *Aurajoki* fahren Sie bis zur Burg und biegen dann kurz hinter einem Bahnübergang rechts ab. Für etwa 3 km folgt der Radweg der »E 63« durch ein Industriegebiet. Beim Erreichen der *Länsikaari* biegen Sie abermals rechts ab (Ausschilderung »Perno«), bewältigen den leichten Anstieg, um dann an der Kreuzung nach links einzubiegen. Nachdem Sie die Kraftfahrzeugstraße Turku-Naantali überquert haben, befinden Sie sich am Stadtrand von *Raisio*. Dort deutet ein Schild auf das Freilichtmuseum *Krookilan Kotiseutukeskus*. Haben Sie dieses hinter sich gelassen, fahren Sie den Radweg parallel zur Hauptstraße bis *Naantali*.

Naantali/Nådendal, 8700 Einw., Torun ja Porin lääni, ist Ziel zahlreicher Tagesausflügler. Der Grund dafür: *Muumimaailma*, das Pendant zum Freizeitpark in Tampere. Die Mumins, *die* (Medien-) Stars finnischer Kinder, sind allgegenwärtig.
Die wirklich schöne Seite ist die Altstadt mit ihren zahlreichen Holzbauten aus den vergangenen zwei Jahrhunderten. Noch älter ist die Kirche (1462) des 1443 gegründeten Klosters des Birgittenordens. Dort entstanden im 15. Jh. die ersten noch heute erhaltenen Bibelübersetzungen in schwedischer Sprache durch den Mönch Jöns Budde. Die Reformation ließ den Orden und damit die Stadt in die Bedeutungslosigkeit fallen. Ein Aufschwung ergab sich im 18. Jh.: Naantali ist der älteste Kurort des Landes.
In der Umgebung: Westlich von Naantali, in *Kultaranta*, hat der finnische Staatspräsident seine Sommerresidenz; der umliegende Park kann freitags von 18-20 Uhr besucht werden.
Information: Naantalin Matkailu Oy, Kaivotori 2, 21100 Naantali, Tel. (921) 850850, Fax 850852.
Fährverbindungen: nach Mariehamn bzw. Kapellskär (Schweden), 2 x tägl., Dauer 5½-8 h (Mariehamn) bzw. 8-11 h (Kapellskär), Viking Line.
Unterkunft: Pensionaatti Villa Waski, Mannerheiminkatu 10 A, Tel. 751767; Tammiston tila, Tammistontie 45, Tel. 757316; Naantalin kesähotelli, Opintie 3, Tel. & Fax s. Information, 1.6.-7.8., Porhonkallion Lomakeskus, Porhonkallio, Tel. 859145, Fax 859045, 6 km in Richtung Merimasku.
Jugendherberge: Päiväkulman retkeilymaja***, Päiväkulma, 21140 Rymättylä, Tel. 521894, 1.4.-30.9., Frühstück, Sauna, Waschm., 20 km westl. von Naantali.
Camping: Naantali Camping***, Tel. 850855, ganzj., Hü., Waschm., südl. des Zentrums.
Fahrrad: VG Varaosat, Kreirinkatu; Antik Pyörät, Satamatie 4.

Über die Insel *Luonnonmaa* führt der Weg nach **Merimasku**, wo es eine Holzkirche aus dem Jahr 1726 mit einer reich verzierten Kanzel gibt. Mittels Fähre gelangen Sie auf die nicht durchgehend asphaltierte Straße nach **Askainen**. Von der Dorfkirche aus kann man einen Abstecher zum 2 km westlich gelegenen Herrenhof *Louhisaari* machen. Im Jahre 1867 kam dort ein Mensch zur Welt, der auf die Entwicklung des finnischen Staates großen Einfluß nehmen sollte: Carl Gustav Mannerheim, der »Marschall« der Finnen. Folgt man dem Etappenverlauf, so wird schon von weitem der Kirchturm von **Mietoinen** sichtbar. Ein Abstecher ins 15 km entfernte *Nousiainen* führt zum Grabmal des Bischofs Henrik (vgl. Etappe 14) in der Feldsteinkirche aus dem Jahr 1280. Auf der »192« wird **Taivassalo** erreicht.

Camping: Vankkuri-Vehmas, 23210 Rautila, Waschm., 9 km östl. von Taivassalo in der Nähe einer Brücke.

Ortsbeschreibung Taivassalo & Anschluß Richtung Westen: Etappe 10
Anschluß Richtung Norden: Etappe 13

Etappe 12:
Turku - Aura - Riihikoski - Yläne - Säkylä (82 km)
Karten: GT Nr. 2, Pyörätiekartta Turku

Unweit der *Tuomiokirkkosilta* (»Domkirchenbrücke«) beginnt längs der *Multavierunkatu* ein Radweg, der bis zum Busbahnhof führt. Nachdem Sie die Brücke über die Eisenbahn überquert haben, biegen Sie am Kreisverkehr in den *Tampereentie* ein. Der Radweg verläuft entlang dieser Ausfallstraße, die in den *Vanha Tampereentie* (Straßennummer 222) übergeht, und führt im Ortsteil *Räntämäki* vorbei an der St.-Marie-Kirche, einer im 14. Jh. errichteten Feldsteinkirche, bis weit hinter die Stadtgrenze. Nach etwa 7 km, bereits im Gemeindegebiet von *Lieto*, passiert man die Ruinen einer alten Burg. Kurz darauf folgen ein kleines Mühlenmuseum (*Nautelan koski ja myllymuseo*) und der Vergnügungspark *Zoolandia*. Schon bald erreichen Sie die kleine Gemeinde **Aura**, in der es außer dem kleinen Museum *Koskipirtti* nicht viel zu sehen gibt.

Fahrrad: Nummen Pyörähuolto, 21380 Aura, Tel. (921) 860276.

Sie ersparen sich ein kurzes Stück Hauptstraße, wenn Sie bereits hinter dem Bahnübergang rechts abbiegen und dem Straßenverlauf in Flußnähe folgen. Nach Überquerung der Hauptstraße fahren Sie am obengenannten Museum vorbei in Richtung **Riihikoski**.

Fahrrad: Riihikosken pyörähuolto, 21870 Riihikoski, Tel. (921) 861730.

Im Zentrum der Ortschaft zweigt links die Straße nach Yläne ab; dieser folgt man für etwa 12 km. Auf flacher Strecke erreichen Sie **Yläne**. Von dort bis zum Etappenende **Säkylä** sind es noch 22 km entlang dem See *Pyhäjärvi*.

Information: Säkylän kunta, matkailuneuvonta, 27800 Säkylä, Tel. (938) 39881, Fax 8671020.

Unterkunft: Feriendorf Lomasäkylä, Tel. 8672915, 16 km südl. von Säkylä.
Camping: Säkylä Camping***, Tel. 8670221 od. 8670568, 22.5.-31.8., Hü., Waschm.,
Fahrradverleih, 1,5 km nördl. des Zentrums, am Pyhäjärvi.
Fahrrad: Kesport Markku Ruisla, Tel. 8670110.

Anschluß Richtung Westen & Osten: Etappe 14

Kartenskizze Etappen 11 - 14

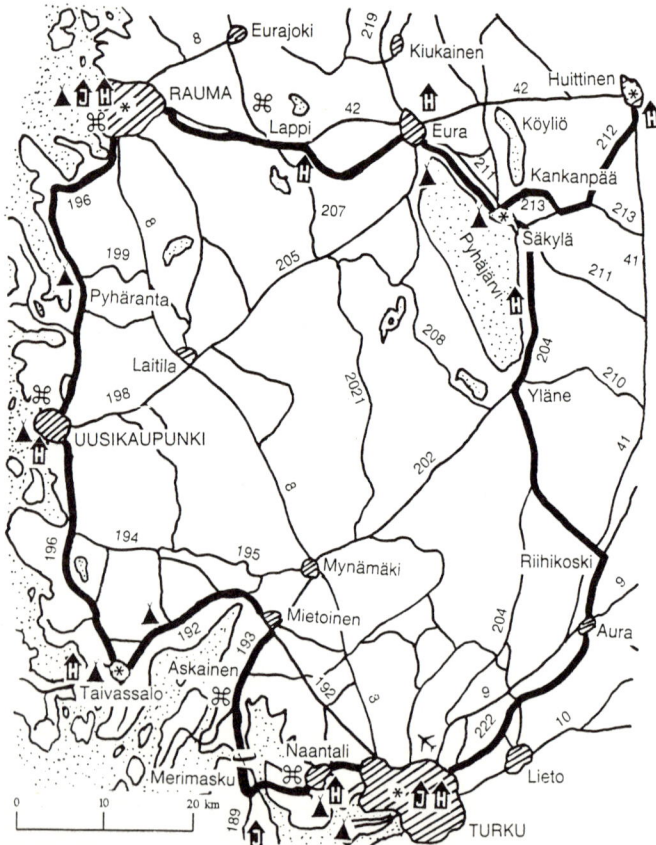

Etappe 13:
Taivassalo - Lokalahti - Uusikaupunki - Pyhäranta - Rauma (83 km)
Karten: GT Nr. 2 & 4

Wird man auf seinem Weg von schweren Lkw überholt, so sind diese häufig mit Granitblöcken aus den Steinbrüchen von Hilloinen beladen. Entlang der flachen Strecke breiten sich zahlreiche Erdbeerfelder aus, Schilder weisen auf die Möglichkeit des Selbstpflückens hin.

Uusikaupunki/Nystad, 18.000 Einw., Turun ja Porin lääni, wurde 1617 auf Geheiß des schwedischen Königs Gustav II. Adolf gegründet. Schon bald erlangte die Stadt Bedeutung als Handelsort, vor allem Holzfässer waren ein »Exportschlager«. Das Kulturhistorische Museum (*Uudenkaupungin kulttuurihistoriallinen museo*) in der Ylinenkatu läßt diese Zeit wieder lebendig werden. Ganz in dessen Nähe findet sich der Mühlenhügel (*Myllymäki*), der seinen Namen nicht zu Unrecht trägt: vier Windmühlen befinden sich auf dem Plateau, umgeben von einem kleinen Park im englischen Stil. Historische Bedeutung erreichte Uusikaupunki im Jahre 1721; der Abschluß eines Friedensvertrages zwischen Schweden und Rußland, in der deutschsprachigen Geschichtsschreibung als der Friede von Nystad bèkanntgeworden, brachte das Ende des Nordischen Krieges. Die heutige Stadt ist in starkem Maß durch die Autoindustrie (Saab-Valmet) geprägt. Ganz in der Nähe der Fabrik befindet sich das Automuseum (*Ukin Mobiilit*) mit Oldtimern, bei denen sogar Radfahrer ins Staunen kommen können. Weniger spektakulär, aber dennoch sehenswert ist das kleine Lotsenmuseum *Luotsitupa* am Hafen, eine ehemalige Lotsenstation. In dessen Nachbarschaft steht die alte Kirche (1628), deren Architekt seine Inspirationen aus Uusikaupunkis Bedeutung als Seefahrtsstadt erhalten haben dürfte. Jedes Jahr findet in der ersten Augustwoche ein Musikfestival, das an den hier geborenen Komponisten B. H. Crusell erinnert, mit Klassik und Jazz statt.
In der Umgebung: Die Ende des 14. Jh. errichtete Feldsteinkirche von *Kalanti* mit ihren ausdrucksvollen Fresken aus dem 15. Jh. ist kunsthistorisch bedeutsam (8 km östl. in Richtung Laitila).
Information: Matkailutoimisto, Levysepänkatu 4, 23500 Uusikaupunki, Tel. (922) 1551, Fax 155388; Matkailuneuvonta, Rauhanpuisto, Alinenkatu 34, Tel. 21225, 1.6.-15.8.
Unterkunft: Gasthaus Pooki, Ylinenkatu 21, Tel. 12771; Pirkholma Bauernhof, Eila u. Keijo Lindfors, Tel. 41737, auch Camping möglich, 10 km nördl. vom Zentrum.
Camping: Santtionranta**, Tel. 23862, 1.6.-30.8., Hü., Fahrradverleih, 1 km nördl. vom Zentrum.
Fahrrad: Urheilu-Vapari, Alinenkatu 25, Tel. 23215; Uudenkaupungin Pyörä, Sepänkatu 4, Tel. 21110.

Verläßt man Uusikaupunki in nördlicher Richtung, wird es allmählich etwas hügeliger. In **Pyhäranta** können Architekturinteressierte die im nationalromantischen Stil errichtete Granitkirche (1909) besichtigen.

Camping: Suojala**, 23950 Pyhäranta, Tel. (938) 58125 od. 251386, 14.5.-31.8., Hü., Waschm., 1 km nördl. der Ortsmitte, entlang der Straße nach Rauma.

Kurz vor Erreichen der »8« zweigt links eine Straße nach *Unaja* ab, die in ihrer Fortsetzung bis ins Zentrum von Rauma führt (*in Gegenrichtung:* Ausschilderung »Kortela« beachten).

Rauma/Raumo, 38.500 Einw., Turun ja Porin lääni, gehört zu den drei ältesten Städten Finnlands. Die *Altstadt* mit ihren zahlreichen Holzbauten, die besterhaltene ihrer Art in ganz Skandinavien, wurde 1991 in die UNESCO-Liste des Weltkulturerbes der Menschheit aufgenommen. Mit der Gewährung der Stadtrechte im Jahre 1442 durch König Kristoffer und der gleichzeitigen Gründung eines Franziskanerklosters gewann die Stadt Einfluß als Seefahrts- und Handelsstadt. Franziskanermönche waren es auch, die im 14. und 15. Jh. die Heilig-Kreuz-Kirche (*Pyhän Ristin kirkko*) erbauten, die mit ihren herrlichen Deckengemälden im Chor noch heute im nördlichen Teil der Altstadt zu bewundern ist. Schlechter erging es der zur selben Zeit errichteten Dreifaltigkeitskirche (*Pyhän Kolminaisuuden kirkko*). Sie wurde bei einem Brand im Jahre 1640 zerstört, ihre Ruine befindet sich südwestlich des Zentrums. Der Bebauungsplan der Altstadt stammt aus dem 16. Jh., sein heutiges Gesicht erhielt Rauma im 18. und 19. Jh.. Die schmucken Holzhäuser mit ihren zahllosen Läden animieren zum Bummeln, ebenso der Marktplatz, auf dem ein geschäftiges Treiben herrscht. Zum Süden hin wird der Platz durch das alte Rathaus begrenzt, in dem heute das Stadtmuseum mit Exponaten zur Seefahrtsgeschichte und der Kunst des Spitzenklöppelns, der traditionellen Handarbeits Raumas, untergebracht ist. Folgt man von dort aus der Kauppakatu in Richtung Osten, so stößt man linker Hand auf das Bürgerhaus *Marela*, das von verschiedenen Reederfamilien bewohnt wurde. Eine Ausstellung ermöglicht Einblick in die Welt der Wohlhabenden zu Beginn unseres Jahrhunderts. Aus der gleichen Zeit, jedoch etwas schlichter ausgestattet, stammt das Haus eines Seemanns am Ufer des Raumanjoki, heute ebenfalls ein Museum (*Kirsti*, Pohjankatu 3). Weitere Museen: im Empirestil errichtetes Kunstmuseum (wechselnde Ausstellungen, Kuninkaankatu 37), *Savenvalaja* beherbergt Werkstatt- und Wohnräume eines Töpfers (Nummenkatu 12). Die beiden Aussichtstürme *Kiikaritorni* und *Näkötorni* ermöglichen einen Blick auf die Stadt. Rauma lebt heute nicht allein vom Tourismus, als Umschlagplatz für Holz, Zellulose und Papier hat es eine lange Tradition. Darüber hinaus werden Sanitäreinrichtungen, Elektroartikel und Kleidung produziert.

Information: Rauman kaupungin matkailutoimisto, Valtakatu 2, 26100 Rauma, Tel. (938) 8344551-2, Fax 8224555.

Unterkunft: Asuntohotelli Valtaväylä, Valtakatu 3, Tel. 8224144.

Jugendherberge: Kesähotelli Rauma**** (Finnhostel), Satamakatu 20, Tel. 8240130, 1.6.-31.8., Frühstück; Poroholman retkeilymaja***, Tel. 8224666, 15.5.-

31.8., Frühstück, Sauna, Waschm., Fahrradvermietung, 2 km westl. des Zentrums, auf dem Gelände des Campingplatzes.
Camping: Poroholma***, Tel. 8224666, 15.5.-31.8., Hü., Waschm., Fahrradverleih, 2 km westl. des Zentrums.
Fahrrad: Pyörä-Nurmi Oy, Kuninkaankatu 26, Tel. 8225123; Suomisen Pyörä Ky, Kuninkaankatu 29, Tel. 8225017; Silvan Pertti, Syväraumankatu 6, Tel. 8241520.

Anschluß Richtung Norden: Etappe 15

Etappe 14:
Rauma - Lappi - Eura - Säkylä - Huittinen (80 km)
Karte: GT Nr. 4

Nördlich der *Pyhän Ristin kirkko* beginnt an einem Kreisverkehr der Radweg entlang dem *Porintie*. Nachdem Sie die Stadt hinter sich gelassen haben, geht rechts eine Nebenstraße nach *Kolla* ab, der Sie für einige Kilometer folgen können. Wieder auf der Hauptstraße sind es nur noch wenige Kilometer bis nach **Lappi**, wo 4 km außerhalb die bronzezeitliche Begräbnisstätte *Sammallahdenmäki* (Ausschilderung: »Kirkonlaattia«) zu sehen ist.
Information: Lapin kunta, PL 5, 27231 Lappi tl, Tel. (938) 8260049, Fax 8260805.
Unterkunft: Raija Leppänen, Ruona, Tel. 8261445, südl. des Zentrums, entlang der »207«.
Fahrrad: Helasmo, Isomäenkuja, Tel. 8260465.

Gut 5 km östlich von *Lappi* zweigt abermals rechts eine nichtasphaltierte Nebenstraße nach *Kulju* ab, die bis nach **Eura** (10000 Einw.) führt (*in Gegenrichtung:* vom Schulzentrum aus auf der Straße nach *Savikko*). Auch hier finden sich - auf dem Hügel *Käräjämäki* - alte Grabstätten. Allerdings stammen diese »nur« aus der Eisenzeit.
Information: Euran kunta, PL 22, 27511 Eura, Tel. (938) 39901.
Hotel: Hotel Kauttuan Hovi, Tel. 8652088.
Camping: Kiperi Camping**, 27500 Kauttua, Tel. 8653003, 16.5.-31.8., 6 km südl., am Ufer des Pyhäjärvi.
Fahrrad: Euran pyörä ja paukku, Yhdistie, Tel. 8651221; Euran Konepiste, Yhdistie 1, Tel. 8651440.

Noch aus der vorindustriellen Zeit stammt die Eisenhütte in *Kauttua* einige Kilometer südlich auf dem Weg zum See *Pyhäjärvi*. Heute ist dort - in der Nachbarschaft neuer Industrien - ein Freilichtmuseum entstanden. Die schöne Uferstraße führt durch die Siedlung *Iso-Vimma* bis nach **Säkylä** (s. Etappe 12).
Auf der flachen »213« gelangt man von hier nach *Kankanpää*. Linker Hand wird der *Köyliönjärvi* sichtbar. Auf dem Eis dieses Sees wurde um 1157 Bischof Henrik, der erste Vertreter des Klerus im »Missionsgebiet« Finnland, vom Bauern Lalli erschlagen. Sein Motiv ist bis heute unklar. Historiker vermuten, daß die Tat eine Reaktion auf neue Steuerlasten, wie etwa die Pflicht zur

Verköstigung von Kirchenvertretern, sein könnte. Die Heiligenlegende hingegen beschreibt Lalli als einen schon zuvor vom Bischof mit kirchlicher Buße belegten Mörder.

Von *Kankanpää* führt die Etappe durch eine waldreiche Landschaft über *Vuorenmaa* bis zur Hauptstraße 41. Sie überqueren diese, biegen nach gut 100 m links ab und folgen der Nebenstraße bis nach *Huittinen* (*in Gegenrichtung:* am südwestl. Ortsausgang an einer häßlichen Siedlung in den *Loimijoentie* einbiegen). Eine erste Besiedlung des 9500 Einwohner zählenden **Huittinen** gab es im 13. Jh. Die durch Brandschäden mehrfach zerstörte Feldsteinkirche entstand im darauffolgenden Jahrhundert. Im benachbarten Museum sind u.a. Skulpturen des Bildhauers Lauri Leppänen ausgestellt.
Information: Matkailuneuvonta, Huittisten kaupunginvirasto, Hämeentie 10, 32700 Huittinen, Tel. (932) 604111, Fax 604215.
Unterkunft: Länsi-Suomen Opisto, Loimijoentie 280, Tel. 69517, 2 km südl. des Zentrums, Voranmeldung erforderlich.
Fahrrad: Polkupyöräliike ja Korjaamo E. Viitanen, Risto Rytinkatu 13, Tel. 66292; Lauttasport Oy Kesport, Valtakatu 7, Tel. 61621.

Anschluß Richtung Nordosten: Etappe 43

Etappe 15:
Rauma - Kuivalahti - Luvia - Pori (61 km)
Karte: GT Nr. 4

Bis nach Kuivalahti führt die Etappe auschließlich über kaum befahrene, mit Ausnahme der letzten 7 km aber durchgehend asphaltierte Straßen. Hinter der Eisenbahnbrücke nördlich des Busbahnhofs von Rauma zweigt rechts die Straße nach *Sorkka* ab. Eine etwas andere »Sehenswürdigkeit« gibt es im 8 km vom Etappenverlauf entfernten *Olkiluoto* zu sehen. Dort steht eines der vier finnischen Kernkraftwerke. Das Informationszentrum ist täglich 10-20 Uhr geöffnet.
Einige Zeit nach Passieren der Dörfer *Hankkila* und *Linnanmaa* zweigt links eine birkengesäumte Allee ab, die geradewegs auf den heutzutage als Alten- und Behindertenheim genutzten Herrenhof *Vuojoki* zuläuft. Etwa 200 m hinter diesem biegen Sie nach links ab und folgen dem Straßenverlauf bis nach **Kuivalahti** (alternativ: Hauptstraße über *Eurajoki*). Bis nach **Luvia** (Sandsteinkirche im nationalromatischen Stil sowie kleines Freilichtmuseum) ist die Straße asphaltiert.
Fahrrad: Virtasen Paja, Vanha Porintie, 29100 Luvia, Tel. (939) 581612.
Von dort führt eine im ersten Streckenteil schlecht befestigte Straße nach Pori (*in Gegenrichtung:* entlang dem *Vähäraumantie*, an einer Eisbahn rechts halten, 4 km vor *Viasvesi* links in die Nebenstraße einbiegen).

Kartenskizze Etappe 15

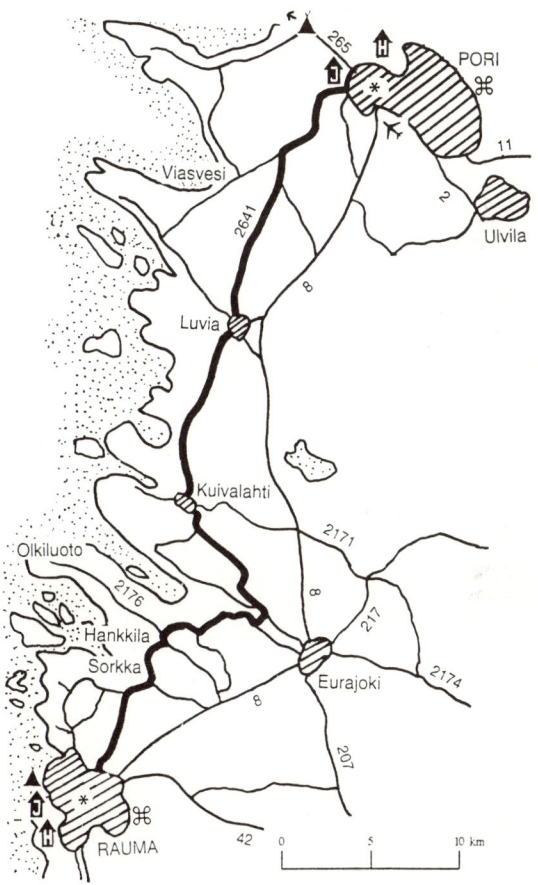

Pori/Björneborg, 76.500 Einw., Torun ja Porin lääni. Das jährlich im Juli stattfindende *Pori-Jazz-Festival* hat die 1558 gegründete Stadt über die Grenzen des Landes hinaus bekannt gemacht. Kultur spielt aber nicht erst seit diesem Jahrhundert eine Rolle. 1872 fand hier die erste finnischsprachige Theateraufführung statt, das heutige Theatergebäude wurde jedoch erst 1883/84 errichtet. Im selben Viertel, zwischen *Hallituskatu* und *Eteläranta*, befinden sich weitere Sehenswürdigkeiten: das Stadthaus in der Tradition florentinischer und venezianischer Palastarchitektur, das Rathaus im Empirestil, die neugotische Keski-Pori-Kirche, das Museum der Region Satakunta sowie das Kunstmuseum. Auf dem Friedhof von Käppärä (westl. des Zentrums) findet sich schließlich noch das Juselius-Mausoleum, das der Industrielle F. A. Juselius zum Andenken an seine 1898 verstorbene elfjährige Tochter durch den »Nationalromantiker« J. Stenbäck errichten ließ. Ansonsten ist Pori alles andere als eine Schönheit. Zahlreiche Stadtbrände zerstörten bis auf ein kleineres Viertel östlich des Zentrums die gesamte alte Bausubstanz; schachbrettartig angelegte Straßenzüge, Industrieanlagen und Zweckbauten der 60er und 70er Jahre prägen das Stadtbild.

In der Umgebung: Das 9 km südöstl. gelegene *Ulvila* ist gewissermaßen der »Vorgänger« Poris. Erste Siedler waren im 11. Jh. Einwanderer aus Schweden, im 14. Jh. erhielten deren Nachfahren die Stadtrechte. Kunsthistorisch wichtigste Sehenswürdigkeit ist die 1330 errichtete Feldsteinkirche. Die Stadt verlor an Bedeutung, als ihr 1492 die Außenhandelsrechte aberkannt wurden.

Information: Kaupungin matkailutoimisto, Hallituskatu 9 A, 28100 Pori, Tel. (939) 6335780, Fax 6332509, Fahrradverleih.
Flugverbindungen: nach Helsinki, tägl.; 18 weitere Verbindungen in alle Landesteile.
Bahnverbindungen: nach Tampere, Helsinki.
Unterkunft: Keskus, Itäpuisto 13, Tel. 6338447; Musa, Putimäentie 69, Tel. 300100; Tiira, Santojentie 9, Tel. 343792; Raumantien motelli, Niittymaa, Tel. 6475620, 10 km südl., in Richtung Rauma; Yyterin Kievari Oy, Yyterinsantojentie, Tel. 343922.
Jugendherberge: Tekunkorpi***, Korventie 52, Tel. 28400 od. 6475620, Fax 28125, 15.5.-15.8., Frühstück, Sauna, Fahrradverleih, 5 km westlich des Zentrums.
Camping: Isomäki***, Tel. 410620, nur während des Pori-Jazz-Festivals geöffnet, 2 km südl. des Zentrums; Yyteri***, Tel. 343778, Fax 335251, 19.5.-22.8., Hü., Waschm., Fahrradverleih, 18 km nordwestl. von Pori, in Strandnähe; Siikaranta***, Tel. 344120, 28.5.-16.8., Hü., Waschm., Fahrradverleih, 30 km nordwestl. von Pori, auf der Insel Reposaari.
Fahrrad: Tmi Musan Pyörä, Tähtikatu 13, Tel. 414605; Pyöräliike Ratsu, Esivallankatu 28, Tel. 6333658; Pyörä-Pori Ky, Vähäraumantie 6, Tel. 300818; Pyörä-Sport, Eteläpuisto 14, Tel. 6327017; Satakunnan Urheululiike Oy, Antinkatu 15, Tel. 6335450; Tikkulan Pyörä Ky, Vanhakoivistontie 48, Tel. 23189 od. 24791.

Kartenskizze Etappe 16 & 17

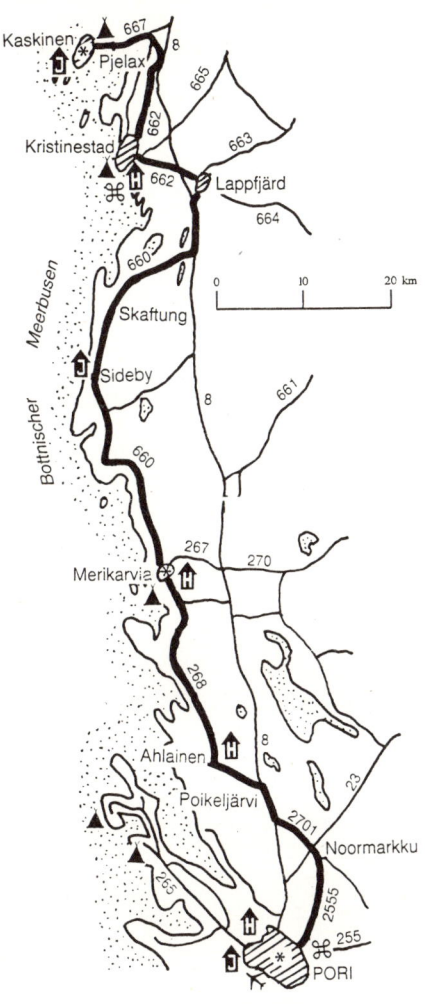

Etappe 16:
Pori - Noormarkku - Ahlainen - Merikarvia (60 km)
Karte: GT Nr. 4

Über die Brücke *Porin silta* und zwischen alten Industrieanlagen hindurch verlassen Sie Pori auf dem *Ruosniementie*. Der Gedenkstein auf halbem Weg nach **Noormarkku** erinnert an hier im finnischen Bürgerkrieg gestorbene Soldaten. Um Mißverständnissen vorzubeugen: Das Hakenkreuz symbolisiert in keiner Weise Zuneigung zu nationalsozialistischem Gedankengut. Vielmehr ist es ein in Finnland gebräuchliches Runenzeichen, das u.a. bis in die heutige Zeit die Amtskette des Staatspräsidenten ziert.
Fahrrad: Noormarkun Pyörähuolto ja Korjaamo, Hannu Hurttila, 29600 Noormarkku.

Zwischen *Poikeljärvi* und *Lamppi* fahren Sie für etwa 2 km auf der »8«, um dann auf der gut ausgebauten Nebenstraße nach **Ahlainen** zu gelangen.
Unterkunft: Rustholli kotimajoitus, 29700 Ahlainen, Tel. (939) 556007.
Von dort gelangt man auf der neuen Straße bis nach **Merikarvia**, einem alten Fischereizentrum, das mit seiner etwas überdimensionierten Holzkirche (1899) aufwarten kann.

139

Information: Merikarvian kunta, 29900 Merikarvia, (939) 540333.
Unterkunft: Vanha Heikkilä, Pirjo ja Markku Itäkylä, im Zentrum; weitere Unterkunfts-
möglichkeiten bestehen in Tuorila, 8 km östl. an der »8«.
Camping: Meri-Camping***, Brändö, Tel. 511283, 1.6.-15.8., Hü., Waschm., Fahrrad-
verleih, 3 km westl., in der Nähe des Fischerhafens.
Fahrrad: Hyrskylahden Pyörä ja Mopo, Tauno Hyrskylahti, Tel. 511243.

Etappe 17:
Merikarvia - Sideby - Lappfjärd - Kristinestad - Kaskinen (89 km)
Karten: GT Nr. 4 & 7

Die ersten Kilometer verlaufen über unbefestigte Straße. Dies ändert sich jedoch mit dem Erreichen der Provinz Vaasa. Straßenschilder sind hier wieder
öfter auf Schwedisch geschrieben. Der Anteil der schwedischsprachigen Bevölkerung ist in Küstennähe relativ hoch, in einigen Gemeinden wird nahezu
ausschließlich schwedisch gesprochen. Vor allem in den Ferienmonaten sind
vermehrt Autos mit schwedischen Kennzeichen in dieser Region unterwegs.
Dabei handelt es sich zum Großteil nicht um schwedische Urlauber, sondern
um Finnen auf »Heimaturlaub«. Seit den 60er Jahren leben aufgrund der ehemals günstigeren Arbeitsbedingungen Tausende von Finnen in Schweden.
In **Sideby/Siipyy** findet sich neben der Jugendherberge auch das Freilichtmuseum *Kilen*.

Jugendherberge: Retkeilymaja Kilstrand***, Kiilintie 90, 64490 Siipyy, Tel. (962) 2225611, Fax 2225615, 1.6.-15.8., Frühstück, Sauna, beim Freilichtmuseum.

Bis zur Abzweigung nach Kristinestad müssen Sie wieder ein Stück entlang der Hauptstraße fahren. Wer einen kleinen Umweg in Kauf nimmt, kann in **Lappfjärd/Lapväärtti** die große Holzkirche (1851) bewundern.

Kristinestad/Kristiinankaupunki, 9000 Einw., Vaasan lääni. Gäbe es so etwas wie einen Preis für die gemütlichste Kleinstadt Finnlands, Kristinestad hätte ihn verdient. Die Stadt profitiert davon, daß sie in ihrer Geschichte nie einer Feuersbrunst zum Opfer fiel. Die alten Holzhäuser und die engen Gassen schaffen eine anheimelnde Atmosphäre. Die ganze Stadt, deren Einwohner zu 60 % schwedisch sprechen, ist schnell zu überblicken: Von dem alten Zollhaus und der im österbottnischen Blockpfeilerstil errichten *Ulrika-Eleonora-Kirche* bis zur *Kattpiskargränden*, mit 2,99 m eine der schmalsten Gassen Finnlands, sind es nur wenige Minuten zu Fuß. Dazwischen liegt der Markt, in dessen Nähe das Seefahrtsmuseum untergebracht ist. Ihren Höhepunkt erlebte die 1649 gegründete Stadt im vergangenen Jahrhundert, als Handel und Seefahrt florierten.

Information: Café Alma, PB 13, 64101 Kristinestad, Tel. (962) 2216278.
Unterkunft: Gasthaus Kuivamäki, Rautatienkatu 4, Tel. 2212878.
Camping: Pukinsaari***, Salantie, Tel. 11484, 27.5.-4.9., Hü., Waschm., Fahrradverleih, 1,5 km entlang dem Salantie in südwestl. Richtung.
Fahrrad: Tavaratalo A. Talas, Kauppatori, Tel. 2211470; Sport Boden, Stortorget, Tel. 2212440.

Vom Marktplatz aus führt eine Nebenstraße in Richtung Vaasa. Nach ungefähr einem Kilometer auf der »8« erreichen Sie die Abzweigung nach *Pjelax* und **Kaskinen/Kaskö**, dessen Erscheinungsbild sich nicht hinter dem von Kristinestad zu verstecken braucht. Im Nordteil der mit 1800 Einwohnern kleinsten Stadt des Landes findet sich ein Fischereimuseum; auf der nur mit einer kleinen Fähre erreichbaren Insel Sälgrund steht ein Leuchtturm, der jedoch nur von außen zu betrachten ist.

Jugendherberge: Björnträ vandrarhem***, Raatihuoneenkatu 22, 64260 Kaskinen, Tel. (962) 2227007, 15.6.-15.8., im Zentrum.
Camping: Marianranta***, Tel. 2227589, 1.6.-15.8., Hü., Fahrradverleih, am nördl. Ortseingang.

Etappe 18:
Kaskinen - Närpes - Korsnäs - Malax - Vaasa (108 km)
Karten: GT Nr. 7, Cykelruttkarta över Vasa

Eines der ersten Gebäude der zu 93 % schwedischsprachigen Stadt **Närpes/Närpiö**, das man von Süden kommend erblickt, ist eine zum Freilichtmuseum gehörende Windmühle. Dahinter, auf einer kleinen Anhöhe, stehen die Feld-

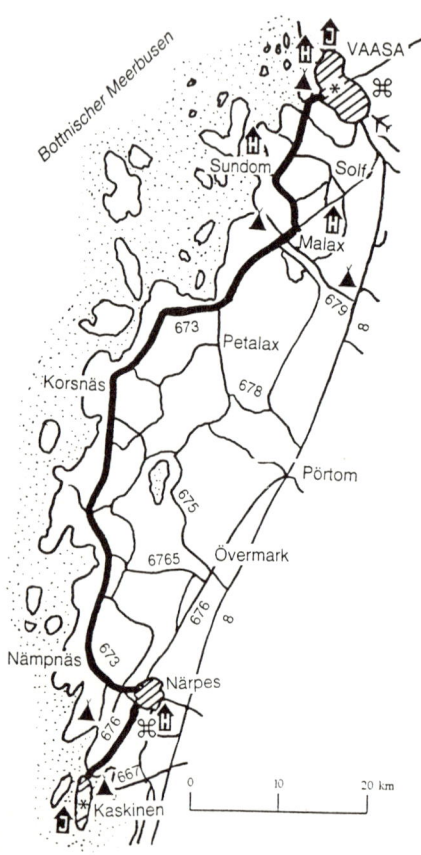

Kartenskizze Etappe 18

steinkirche (1435) und die sie umgebenden Kirchbuden (*kyrkstallar*). In früheren Zeiten erfüllten sie ihren Zweck als Unterstände für die Pferde weit angereister Gottesdienstbesucher.

Information: Stadshuset, 64200 Närpes, Tel. (962) 49111, Fax 41285; Tourist-Information, Tel. 41727, Juni u. Juli.

Unterkunft: Övermark Resandehem, Tel. 53164; SÖFF Sommerhotel, Tel. 56441, 1.6.-31.8.; SÖY Studentenwohnungen, Tel. 43151, 1.6.-31.7.

Camping: Tjärlax Camping**, Tel. 50710, 3 km in Richtung Korsnäs, dann 7 km nach Tjärlax.

Fahrrad: Nelsons Cykel & TV, Närpesvägen 30, Tel. 41450.

In der ganzen Region fällt die große Anzahl von Gewächshäusern auf. Seit dem Verfall der Energiepreise ist es (vordergründig) günstiger, Tomaten und Gurken im Inland zu produzieren. Über *Nämpnäs* und *Korsnäs* (erste finnische Windkraftanlage, 800 kW) gelangt man nach **Malax/Maalahti**, wo außer dem Bootsmuseum (Schwerpunkt: Fischereiwesen) verschiedene Übernachtungsmöglichkeiten vorhanden sind.

Unterkunft: Motel Charly, 66100 Malax, Tel. (961) 3651104.

Camping: Åminne Stugby**, Tel. 651135, 1.5.-30.9., Hü., Waschm., Fahrradverleih, 4 km westl., am Meer; Valtatie 8**, 66160 Långåminne, Tel. 3657250, 1.5.-30.9., Hü., Waschm., Fahrradverleih, 12 km östl., an der »8«.

Etwa 3 km nördlich von Malax beginnt die zwar nicht asphaltierte, jedoch sehr gut zu befahrende Nebenstraße nach *Sundom*.

Unterkunft: Saukkoranta, Lomarannantie 15, 65410 Sundom, Tel. (961) 3571601, Fax

142

177850; Utterön Lomakylä Ky, Tel. 3571257, Fax 3571255, 1.5.-15.9.
Ein Radweg führt zum Etappenziel, das über einen Damm und vorbei am *Wasalandia*-Freizeitpark erreicht wird.

Vaasa/Vasa, 54.500 Einw., Provinzhauptstadt des Vaasan lääni, hat eine sehr wechselvolle Geschichte aufzuweisen. Die ersten Überbleibsel ihrer Entwicklung - der Schutzwall der Festung *Korsholm* (*Chrysseborgh*) sowie die Ruinen einer kleinen Grausteinkirche zu Ehren der Heiligen Maria - befinden sich 6 km östlich des Zentrums im heutigen Alt-Vaasa (*Vanha Vaasa*). Zu dieser Zeit (14. Jh.) lag die Siedlung unmittelbar am Bottnischen Meerbusen; bedingt durch die nach wie vor anhaltende Landhebung (etwa 1 m pro Jahrhundert) »wanderte« die Küstenlinie weiter nach Westen. Die Vergabe von Stadtrechten (1606) erfolgte durch den schwedischen König Karl IX., welcher der Ortschaft zuerst die Bezeichnung *Korsholm* gab. Nur fünf Jahre später bestimmte er jedoch in Anlehnung an den Namen seiner Familie die Umbenennung. In den folgenden Jahrzehnten wechselten sich Zeiten der friedlichen Entwicklung mit denen großer Zerstörungen ab. Zweimal wurde die Stadt durch kriegerische Einwirkung in arge Mitleidenschaft gezogen: im Nordischen Krieg (1714) und während des schwedisch-russischen Krieges (1808) gab es große Verwüstungen. Von da an bis zur staatlichen Unabhängigkeit Finnlands (1917) hieß die Stadt entsprechend der neuen Herrschaftsverhältnisse nun Nikolainkaupunki bzw. Nikolaistad. In ihren Folgen noch verheerender war eine Feuerkatastrophe (1852), bei der innerhalb weniger Stunden die gesamte Einwohnerschaft obdachlos wurde. Ursache: ein Bauer hielt im Schuppen eines Kaufmanns sein Mittagsschläfchen - mit brennender Pfeife! Damit sich ein derartiges Mißgeschick nicht wiederholen kann, wurden bei der Neugründung breite Alleen angelegt, die einen Brandschutz gewähren sollten. Diese planmäßig angelegten Straßenzüge prägen noch heute das Bild der Stadt. Im finnischen Bürgerkrieg (1918) war Vaasa für kurze Zeit Verwaltungszentrum der jungen Republik und Ausgangspunkt von Operationen der »Weißen« unter Marschall Mannerheim sowie der von ihm befohlenen Jägerbataillone. Am Nordende des Zentrums ist das Regionalmuseum (*Pohjanmaan museo*) mit unterschiedlichsten Ausstellungsstücken aus der Kulturgeschichte dieser Landschaft untergebracht. Im selben Gebäude befindet sich auch die Kunstsammlung des Arztes Hedman mit Werken finnischer Maler des 19. und 20. Jh. sowie einigen älteren Gemälden niederländischer und französischer Meister. Weitere Sehenswürdigkeiten sind die im Jugendstil errichte *Helsingfors Aktiebank* sowie die Markthalle (*Kauppahalli*) aus dem Jahre 1902. Eine Kunstausstellung der etwas anderen Art findet sich auf dem *Edvininpolku* östlich vom Zentrum: Die außergewöhnlichen Romangestalten des Aleksis Kivi (*Die sieben Brüder*) und ihre »Heldentaten« sind Gegenstand einiger Skulpturen, die sich inmitten eines kleinen Waldes befinden. Das heutige Vaasa mit seiner überwiegend finnischsprachigen Bevölkerung (73 %) gibt sich ganz als moderne Dienstleistungsstadt: Über 60 % der Erwerbstätigen sind im tertiären Sektor beschäftigt. Neben den Verwaltungsfunktionen kommt auch dem Fährverkehr Bedeutung zu, mit einem jährlichen Passagieraufkommen von etwa einer Million Menschen gehört Vaasa nach Helsinki und Turku zu den wichtigsten Passagierhäfen im Schwedenverkehr.

Information: Matkailutoimisto, Waasa Center, Hovioikeudenpuistikko 11, 65100 Vaasa, Tel. (961) 325 1145, Fax 3253620.

Flugverbindungen: nach Helsinki, tägl.; sowie 20 weitere Verbindungen in alle Landesteile.

Fährverbindungen: nach Sundsvall (Schweden), Hauptsaison 2-3 x tägl., Nebensaison 1-2 x tägl., Dauer 9 h, Silja Line; nach Umeå (Schweden), Hauptsaison 2-4 x tägl., Nebensaison 1-2 x tägl., Dauer 3½ h, Silja Line.

Bahnverbindungen: nach Seinäjoki, Tampere, Helsinki.

Unterkunft: Motelli Teboil, Pitkäkatu 62, Tel. 3176422; Öcy Summerhotel, Tehtaankatu 1 D, Tel. 3121650, Fax 3121680, 7.6.-24.7., Evankelinen Kansanopisto, Rantakatu 21-22, Tel. 3174903, Fax 3124072, Juni u. Aug., Voranmeldung erforderlich; Matkustajakoti Olo, Asemakatu 12, Tel. 3174558, Fax 3175226.

Jugendherberge: Tekla****, Palosaarentie 58, Tel. 3177850, Fax 3213989, ganzj., Frühstück, Sauna, Waschm., 2 km nördl. des Zentrums, im Stadtteil Palosaari.

Camping: Vaasa Camping***, Niemeläntie, Tel. 3173852, Fax 3125989, 29.5.-29.8., Hü., Waschm., Fahrradverleih, 2 km westl., in der Nähe des Wasalandia-Freizeitparks.

Fahrrad: Pyörä- ja Mopohuolto J. Vilponen, Vaasanpuistikko 14, Tel. 3170031; Pyörä Tarvike Huolto, Kauppapuistikko 33, Tel. 3171423; Pyörä-Kivistö Ky, Pitkäkatu 59, Tel. 3173285; Sund J B, Vaasanpuistikko 24, Tel. 3178540.

Etappe 19:
Vaasa - Kvevlax - Maxmo - Oravais - Munsala - Nykarleby (75 km)
Karten: GT Nr. 7, Cykelruttkarta över Vasa

Rechts vom Bahnhof führt der Radweg über die Eisenbahnbrücke parallel zur »8«. Leider hört dieser am Stadtrand auf, wird jedoch noch für eine Weile durch den breiten Seitenstreifen ausgeglichen (alternativ: Nebenstraße über *Vähäkyrö* und *Vörå*).

Unterkunft: Klemetsgårdarna, 66640 Maxmo, Tel. (961) 3450122 od. 3450270, Fax 3450279, 1.6.-15.8.; Semesterstugor, Tel. 3450222 od. 3450285.

Im direkt am Meer gelegenen **Oravais/Oravainen** ging es nicht immer so friedlich zu, wie es heutzutage den Anschein hat. 1808 tobte hier zwischen Schweden und Russen eine heftige Schlacht, aus der die zaristischen Truppen siegreich hervorgingen.

Unterkunft: Seesidehouse & Hillhouse, Katarina Heikius, Vasavägen 110, 66800 Oravis, Tel. (949) 167036 od. (961) 3850687.

Camping: Vinlax fritidsområde, Valdemar Präst, Tel. 3850027.

Fahrrad: Nils Åstrand Ab, Tel. 3850405.

Ganz in der Nähe der Abzweigung nach **Munsala** befindet sich das *Finlands Svenska Skolmuseum*. Im heutigen Museumsgebäude wurde 1862 die erste schwedischsprachige Volksschule in Finnland gegründet. Im Gottesdienst der Feldsteinkirche kann man der ältesten noch in Gebrauch befindlichen Orgel des Landes (1736) lauschen.

Nach weiteren 10 km auf ebener Strecke ist Nykarleby erreicht.

Nykarleby/Uusikaarlepyy, Vaasan lääni. Bis vor 20 Jahren war das »Neukerledorf« mit 1000 Einwohnern die kleinste Stadt Finnlands; jedoch änderte sich dies mit der Gemeindereform von 1975, als Munsala, Jeppo und der Landkreis Nykarleby eingemeindet wurden. Die gesamte Gemeinde hat heute 8000 Bewohner, von denen der Großteil Schwedisch als Muttersprache hat. Bis vor nicht allzu langer Zeit war die Nerztierzucht wichtigster Erwerbszweig; überall in der Umgebung sind noch die niedrigen Stallungen schon von weitem zu erkennen. Jedoch ging die herausragende Bedeutung dieses Gewerbes zugunsten der althergebrachten Landwirtschaft zurück.

Information: Nykarleby Stad, Topeliusesplanaden 7, 66900 Nykarleby, Tel. (967) 7220599.

Camping: Juthbacka***, 7220046 od. 7220677, 1.6.-31.8., Hü., Fahrradverleih, in Zentrumsnähe.

Fahrrad: Sport Johan, Topeliusesplanaden 1, Tel. 7221455.

Anschluß Richtung Norden: Etappe 25

Etappe 20:
Vaasa - Laihia - Isokyrö - Ylistaro - Seinäjoki (79 km)
Karten: GT Nr. 7, Cykelruttkarta över Vasa

Ausgehend vom Westende des Zentrums führt ein Radweg entlang dem Ufer der *Etelainen Kaupunginselkä* bis zum Freilichtmuseum *Brågegarden*. Auf dem Radweg einer parallel zur Autobahn führenden Nebenstraße gelangt man an das Ostende der Stadt, von wo aus »Vanha Vaasa« (vgl. Stadtbeschreibung Vaasa, Etappe 18) ausgeschildert ist. Nur wenige Kilometer östlich, im kleinen Dorf *Toby*, ist eine Steinbrücke zu sehen, von der niemand genau weiß, wie alt sie ist.

Die Bewohner von **Laihia** gelten als die »Schotten« Finnlands. Ihre angebliche Neigung zu sparen, wie und wo es nur geht, wird im neuen »Geizhalsmuseum« (2 km außerhalb, im Ortsteil *Kupparla*) »dokumentiert«. Im 5 km südlich gelegenen *Jakkula* finden sich noch einige Grabhügel aus der Bronzezeit.

Unterkunft: Gasthaus Laihia, Kauppatie, 66400 Laihia, Tel. (961) 4771188.

Fahrrad: Lehtolan Pyörä ja Kone Ky, Tampereentie 88, Tel. 4770437.

Eine Nebenstraße führt nördlich des Flusses *Kyrönjoki* nach **Isokyrö**, wo eine Steinkirche mit Wandmalereien aus dem 16. Jh. steht.

Fahrrad: Pyöräkorjaamo Tom Forslund, Orismala, 61500 Isokyrö, Tel. (964) 4724828.

Kartenskizze Etappen 19 & 20

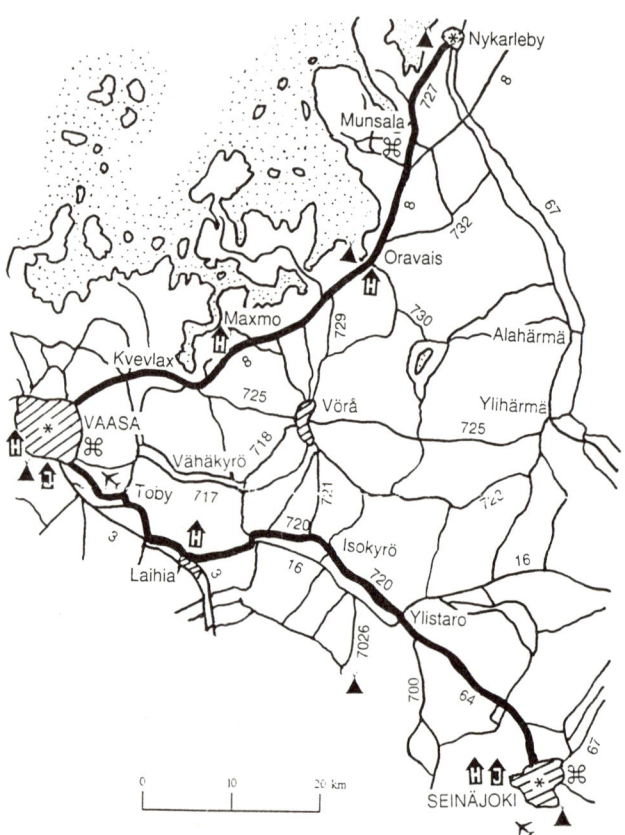

Der Nebenstraße weiter folgend, gelangt man nach **Ylistaro**, dessen neugotische Kirche bei entsprechenden Lichtverhältnissen schon von weitem in der Sonne glänzt.

Camping: Orisbergin kristillinen leirintäalue*, 61560 Orisberg, Tel. (964) 4725013, 1.7.-15.8., Hü., etwa auf halber Strecke der Hauptstraße (!) zwischen Isokyrö und Ylistaro, 10 km südl. bis nach Orisberg.

Fahrrad: Pyöräliike Raumala & Kumpp., Kärkimäentie 6, 61400 Ylistaro, Tel. 4740172. Von dort aus bleibt nur die nicht übermäßig stark befahrene »64« bis nach Seinäjoki.

Seinäjoki, 28.000 Einw., Vaasan lääni, gehört aufgrund der Bauten von Alvar Aalto mit Sicherheit zu den modernsten Städten im Land. Das von ihm entworfene Gebäudeensemble besteht aus Theater, Stadthaus, Bibliothek, Ämtergebäude sowie der Kirche und ist ein Meilenstein in der Architekturgeschichte. Darüber hinaus gilt Seinäjoki als die »Hauptstadt des Tango«. Das markante Erkennungszeichen dieser speziell finnischen Version ist die abfallende Tonfolge in Moll. Im Juli eines jeden Jahres findet das Tango-Festival statt. Etwas heftiger dürfte es im Juni hergehen, wenn das Provinssi-Rockfestival angesagt ist.

Information: Seinänaapurien Matkailu Oy, Torikeskus, 60100 Seinäjoki, Tel. (964) 4143890, Fax 4143892.

Flugverbindungen: nach Helsinki, 5 x wöchentl.; nach Ylivieska, bis Ende Juni u. ab Mitte August 5 x wöchentl.

Bahnverbindungen: nach Vaasa, Tampere, Helsinki, Turku, Rovaniemi.

Unterkunft: Gasthaus Nurmela, Kalevankatu 29, Tel. 4141771; Gasthaus Seinäjoki, Keskuskatu 12, Tel. 4148844; Pension Vuorela, Kalevankatu 31, Tel. 4232195.

Jugendherberge: Marttilan Kortteeri****, Puskantie 38, Tel. 4144800, Fax 4234145, 1.6.-11.8., Frühstück, Sauna, Waschm., im Zentrum.

Camping: Törnävä***, Törnäväntie 29, Tel. 4120784, 1.6.-30.8., Hü., Fahrradverleih, 3,5 km südl. des Zentrums.

Fahrrad: Kakspyörä-Huolto, Verkatehtaankatu 13, Tel. 4231121; J. T. Pyörähuolto, Vapaudentie 56, Tel. 4143664.

Etappe 21:
Seinäjoki - Alavus - Töysä - Ähtari (85 km)
Karte: GT Nr. 7

Vom Bahnhof aus fährt man auf dem Radweg am Busbahnhof vorbei bis zur Kreuzung, an der dann links die Straße nach *Kuortane* beginnt. Nach 14 km zweigt die außergewöhnlich gut ausgebaute Nebenstraße 6961 nach **Alavus** (10.500 Einw.) ab. Für diese Gegend selten ist die mit Jugendstilelementen versehene Kirche (1914), in deren Nachbarschaft sich das kleine Heimatmuseum befindet.

Information: Matkailuneuvonta, Alavuden kaupunki, Kuulantie 6, 63300 Alavus, Tel. (965) 516111.

Bahnverbindungen: nach Tampere, Seinäjoki.

Unterkunft: Matkustajakoti Kirmanen, Lähteentie 14, Tel. 5111866.

Camping: Sapsalampi*, 63340 Sapsalampi, Tel. 5145352 od. (964) 4123606, 1.6.-15.8., Hü., 18 km südl., in Richtung Virrat.

Vom Zentrum aus radelt man zunächst für kurze Zeit in Richtung *Kuortane*. Unmittelbar vor der Bahnlinie beginnt rechts eine Nebenstraße nach *Tuuri* (*in Gegenrichtung:* in *Tuuri* kurz vor der Bahn rechts abbiegen). Auf der »705« gelangen Sie in die kleine Gemeinde **Töysä**.

Camping: Sepänniemen Lomakylä**, 63600 Töysä, Tel. (965) 5261550, Hü., 3 km nördl. der Ortsmitte.

War die Landschaft bis Töysä noch fast durchgehend flach und landwirtschaftlich genutzt, so steigt sie nun merkbar an. Hier liegt der Übergang von der Küstenlandschaft zur Seenplatte.
Die Attraktionen von **Ähtäri**, einem richtigen Touristennest, sind der mit über 20 Jahren älteste Tierpark Finnlands und der Freizeitpark *Mini-Suomi*.
Information: Ähtärin Matkailu Oy, Ostolantie 4, 63700 Ähtari, Tel. (965) 31191, Fax 31998.
Bahnverbindungen: nach Tampere, Seinäjoki.
Unterkunft: Gasthaus Hankola, Hankolantie 17, Tel. 30198; Honkiniemen Kurssikeskus, Tel. 32854, Fax 32850, 15 km nördl. am Ähtärinjärvi; Hyvölän talo, Tel. 30071 od. 30115, 5 km südl. des Zentrums.
Jugendherberge: Ähtarin retkeilymaja***, Koulutie 16, Tel. 31467, 14.6.-31.7., Fahrradverleih, im Zentrum.
Camping: Ähtärin eläinpuiston leirintäalue***, Tel. 393555, Fax 393611, 15.6.-31.8., Hü., Waschm., Fahrradverleih, 7 km östl. des Zentrums, am Tierpark.
Fahrrad: Urheilu-Ahola, Hankolantie 2, Tel. 30208.

Anschluß Richtung Süden: Etappe 47
Anschluß Richtung Osten: Etappe 48

Etappe 22:
Ähtari - Lehtimäki - Alajärvi (64 km)
Karte: GT Nr. 7

Westlich des langezogenen *Ähtärinjärvi* schlängelt sich die »709« durch eine hügelige Landschaft, die sich zum Etappenende hin etwas abflacht. In Lehtimäki schwenken Sie nach rechts auf die nach Norden verlaufende »706« ein.
In **Alajärvi** (9500 Einw.) sind einige Bauten Alvar Aaltos zu sehen, dessen Geburtsort in der Nachbargemeinde Kuortane liegt. Zu seinen Frühwerken gehören Villa Vainolä, Krankenhaus und Jugendvereinshaus. Spätere Entwürfe sind das Verwaltungs- und Gemeindezentrum sowie die Stadthalle.
Information: Alajärven kaupunki, matkailutoimisto, Alvar Aaltontie 1, 62900 Alajärvi, Tel. (966) 7771.
Hotel: Kantakievari, Paavolantie 1, Tel. 2455.
Unterkunft: Motel Kanavan Kievari, 62720 Sissala, Tel. 74121.
Jugendherberge: Kuusiniemi***, 62710 Kurejoki, Tel. 74542, 1.6.-31.12., 7 km westl. des Zentrums.
Fahrrad: Kesport Hyöty-Puoti, Keskuskatu 11; Alajärven Kenkä, Kirkkotie 1.

Kartenskizze Etappen 21 - 23

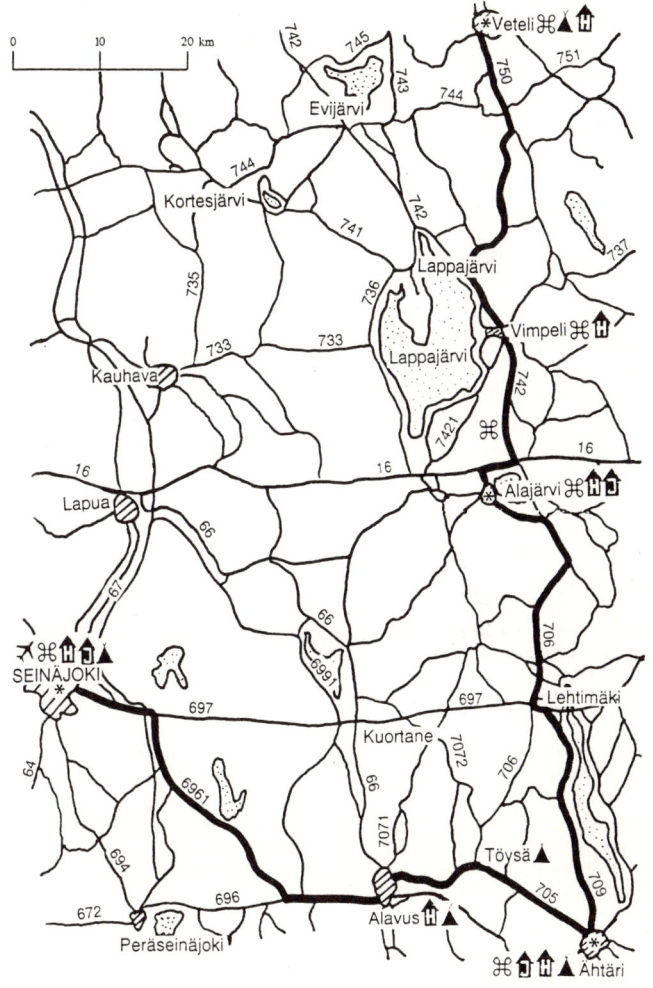

Beim Verlassen von Alajärvi trifft man kurz hintereinander auf das *Nelimarkka*-Museum (finn. Kunst aus dem 19. und 20. Jh.) sowie das Edelstein- und Mineralienmuseum (*Jalokivi- ja Mineraalimuseo*) in *Hoisko*. In **Vimpeli** schließlich befindet sich das Skimuseum zur Geschichte der Herstellung der langen Bretter.
Unterkunft: Kotipesä, Riippusillantie 2, 62800 Vimpeli, Tel. (966) 51115.

»Hauptattraktion« der Gemeinde **Veteli** ist die Autorennstrecke in *Kemora* (10 km östl.). Ferner gibt es im Zentrum das Holzschnittatelier des Aimo Vähäkainu zu besichtigen (*in Gegenrichtung:* vom Zentrum rechts in Richtung *Heikkilä*).
Information: Perhonjokilaakson Matkatoimisto Oy, Kirkkotie 3, 69700 Veteli, Tel. (968) 621882 od. 621750, Fax 621765.
Unterkunft: Feriendorf Huhtaniemi, Tel. 626190, Hü., auch Camping, 10 km in Richtung Jyväskylä, Hü.; Ferienappartements Heikkilä, Tel. 621750, 2 km südl. des Zentrums.
Camping: Kalastusmatkailu Kalax***, Tel. 626200, 1.5.-31.8., 11 km in Richtung Jyväskylä.

Entlang der »13« gelangt man nach **Kaustinen** (4500 Einw.), wo jeweils in der dritten Juliwoche ein großes Volksmusikfestival stattfindet. Zum Festivalgelände gehören auch das Musikinstitut (*Kansanmusiikki-Instituutti*) und das finnische Volksmusikmuseum.
Information: Kaustisen matkailutoimisto, Kaustintie 1, 69600 Kaustinen, Tel. (968) 8612200, Fax 8612267.
Unterkunft: Motelli Marjaana, Kokkolantie 1, Tel. 8611211; Kaustinen kesähotelli, Urheilutie 8, Tel. 8611252, 15.6.-15.8.
Jugendherberge: Koskelan Lomatalo****, Känsäläntie 123, Tel. 8611338, ganzj., Frühstück, Sauna, Fahrradverleih, 3 km westl. von Kaustinen.
Camping: Tastula***, Tel. 8614118 od. 8611468, 1.6.-15.8., Hü., Waschm., 10 km nördl.
Fahrrad: Kaustisen Pyöräliike, Terveystie 3; K-Rauta Kauppakeskus, Kappelintie 15.

Bis nach *Nedervetil/Alaveteli* gelangen Sie auf einer Nebenstraße, in deren Nähe sich auch ein Campingplatz befindet.
Camping: Seljesåsen***, 68999 Kokkola, Seljes, Tel. (968) 49715, 30.4.-31.9.,

Waschm., Fahrradverleih, 15 km östl. von Nedervetil.

Auf der inzwischen nahezu völlig ebenen »13« radeln Sie bis nach *Kokkola* (*in Gegenrichtung:* vom Bahnhof aus den Radweg nach Norden befahren, durch die Bahnunterführung hindurch bis zur Hauptstraße).

Kokkola/Karleby, 35.000 Einw., Vaasan lääni, wirkt auf den ersten Blick wie eine farblose Industriestadt. Seit den 60er Jahren gibt es Schwerindustrie; Textil- und Lederindustrie können auf eine lange Tradition zurückblicken. Das Zentrum ist durch »moderne« Zweckbauten geprägt. Doch schon dahinter beginnt *Neristan*, ein gut erhaltenes Holzhausviertel. Dort sind auch die Kunstsammlung Karl Herman Renlunds (finn. Kunst des 19. und 20. Jh.) sowie das Lassander-Haus (Stadtgeschichte und wechselnde, zum Teil hochkarätige Kunstausstellungen) zu sehen. Im Stadtteil *Kirkkonmäki*, jenseits der vielbefahrenen Bahnlinie, befindet sich eine Feldsteinkirche aus dem 15. Jh. sowie der vom Pfarrer, Politiker und Ökonom Anders Chydenius Ende des 18. Jh. bewohnte Pfarrhof. Chydenius ist der Mann, dessen Bild heutzutage den finnischen 1000-Mark-Schein ziert.

In der Umgebung: Auf der vorgelagerten, mittels Wasserbus erreichbaren Insel *Tankar* ist neben der Kirche (1754) auch das Robbenfangmuseum zu besichtigen.

Information: Kokkolan Matkailu Oy, Mannerheiminaukio, 67100 Kokkola, Tel. (968) 8311902 od. 8289402, Fax 8310306, Fahrradverleih.

Flugverbindungen: (ab Kronoby, 20 km südl.); nach Helsinki, tägl.; sowie 16 weitere Verbindungen in alle Landesteile.

Fährverbindungen: nach Skellefteå (Schweden), Hauptsaison 1 x tägl., Nebensaison donnerstags bis sonntags 1 x tägl., Dauer 5 h, Silja Line.

Bahnverbindungen: nach Seinajoki, Helsinki, Turku, Rovaniemi.

Unterkunft: Turisti, Isokatu 22, Tel. 818968, Fax 26209; Villa Elba, PL 43, Tel. 8313400, Fax 8289389; Hickarö Motelli, Hickarö, Tel. 826209, 1.5.-31.8., 7 km südl., an der Straße nach Larsmo.

Jugendherberge: Tankkari****, Vanhansatamanlahti, Tel. 8314006, Fax 8310306, 1.6.-30.9., Frühstück, Sauna, Waschm., Fahrradverleih, 2,5 km nördl. vom Zentrum, auf dem Gelände des Campingplatzes.

Camping: Suntinsuu**, Anschrift & Tel. s. Jugendherberge, 1.6.-30.9., Hü., Fahrradverleih.

Fahrrad: Dahlbackan Pyöräliike, Ristiraannankatu 6, Tel. 8311729; Lybäckin Pyöröliike, Pormestarinkatu 7, Tel. 8313044; Pyöräpojat Ky, Isokatu 23, Tel. 8311172; Pyöräliike A. Ylikorpi, Kustaa Aadolfinkatu 23, Tel. 8314053.

Anschluß Richtung Süden: Etappe 25
Anschluß Richtung Norden: Etappe 26

Etappe 25:
Nykarleby - Jakobstad - Larsmo - Kokkola (57 km)
Karte: GT Nr. 10

Am nördlichen Ortsende beginnt die Etappe; sie führt am Geburtshaus des Dichters Zacharias Topelius (*Kuddnäs museum*) vorbei in Richtung Jakobstad.

Jakobstad/Pietarsaari, 20.000 Einw., Vaasan lääni, hat in den letzten 200 Jahren den Wandel von einer Seefahrts- zur Industriestadt durchgemacht. War früher der Bau von Segelschiffen wichtigster Arbeitgeber, so ist es heute die Papierindustrie. Ein Prestigeobjekt, das an die »gute alte Zeit« erinnern soll, liegt im alten Hafen (*vanha satama*) vor Anker. Die »Jacobstads Wapen«, der Nachbau eines Küstenfrachtseglers aus dem 18. Jh., wird ab 1994 zahlungskräftige Passagiere mit auf Fahrt nehmen. Mit dem Aufkommen der Dampfschiffahrt drohte auch für Jakobstad der Niedergang, doch siedelten sich mehrere neue Industrien an. Zu diesen gehörte die Tabakfabrik Rettig-Strengberg, in der noch heute produziert wird. Eine Ausstellung informiert über die Entwicklung der Tabakverarbeitung. Sehenswert ist auch der Stadtteil *Skata* mit Holzhäusern aus dem 19. Jh., die den großen Stadtbrand 1835 überstanden haben. Darüber hinaus sind im Zentrum verschiedene Bauten im Empire- und im Jugendstil zu sehen.
In der Umgebung: Das arktische Museum *Nanoq* (grönländisch: »Eisbär«) informiert über Kultur und Lebensweise der Eskimos (7 km außerhalb in Richtung Fäboda, geöffnet im Sommer 13-19 Uhr).
Information: Kaupungin matkailutoimisto, Raatihuoneenkatu 7, 68600 Pietarsaari, Tel. (967) 7231796 od. 7851208.
Fährverbindungen: nach Umeå (Schweden), nur sonntags, Dauer fast 5 h, Silja Line; nach Skellefteå (Schweden), 1-2 x tägl., Dauer 5 h, Silja Line.
Unterkunft: Westerlundin matkustajakoti, Pohjoisnummikatu 8, Tel. 7230440.
Jugendherbergen: Bodgärdet****, Pitäjäntie 5, Tel. 7246610, Fax 7233339, 1.6.-31.7., Frühstück, Sauna, Waschm., südl. des Zentrums, in Nähe der Pedersöre-Kirche; Joutsen**, Nissahörn, Tel. 7230660, 15.5.-31.8., Frühstück, Sauna, Waschm., 4 km vom Zentrum entfernt, an der nach Kokkola führenden Straße.
Camping: Joutsen***, Anschrift s. Jugendherberge, 15.5.-31.8., Hü., Waschm., Fahrradverleih.
Fahrrad: Mattsson, Visasmäki 6, Tel. 7230361; Bike Trim, Asematie 5, Tel. 7237199.

Richtung *Kokkola* gelangt man über die am Campingplatz vorbeiführende Ausfallstraße. Schon kurz hinter der Stadtgrenze liegt der Zeltplatz von **Larsmo/Luoto.**
Camping: Strandcamping**, Assarskärsvägen 1, 68580 Furuholmen, Tel. (967) 7285151 od. 7285053, ganzj., Hü., Waschm.
Fahrrad: Gustav Björkskog, Helgövägen 16, in Larsmos Gemeindeteil Bosund.

Wer sich das Kirchdorf ansehen will, muß die »749« für kurze Zeit verlassen. Nur die südliche Ortszufahrt ist asphaltiert! Die »Straße der sieben Brücken« führt durch eine Schärenlandschaft zum Etappenziel **Kokkola**. Immer wieder wird der Blick auf große Wasserflächen freigegeben.

Stadtbeschreibung Kokkola & Anschluß Richtung Osten: Etappe 24

Kartenskizze Etappen 24 - 26

Im Schärengürtel

Etappe 26:
Kokkola - Lohtaja - Himanka - Kalajoki (71 km)
Karte: GT Nr. 10

Der parallel zur »8« führende Radweg verläßt die Stadt in Richtung Norden. Noch bevor der Tierpark (*Elainpuisto*) erreicht ist, zweigt die alte, jedoch durchweg asphaltierte Landstraße nach Oulu (*Vanha Ouluntie*) ab. Nicht so gut ausgebaut, dafür landschaftlich sehr schön, ist die über *Karki* nach **Lohtaja** führende Nebenstraße. Machen Sie einen Abstecher an die Küste, so gelangen Sie nach *Ohtakari* und an den Sandstrand dieses Fischerdorfes. Einige Kilometer nördlich Lohtaja mündet die Nebenstraße wieder in die »8« (*in Gegenrichtung:* an der Beschilderung »Niemelä« abbiegen).

Information: Himangan Matkailu Oy, 68100 Himanka, Tel. (968) 875099 od. 875056.
Unterkunft: Gasthaus Himanka, Tel. 875210, im Zentrum; Roiman Majat, Tel. 875209, 2 km nordwestl. von Himanka.
Camping: Sautinkaari***, Tel. 875099, ganzj., Hü., Waschm., Fahrradverleih, 1 km nordwestl. von Himanka.

Von **Himanka** aus fährt man auf der »773« bis *Pahkala* und biegt dort auf die

Straße nach *Torvenkylä* ein. Mit dem Erreichen der Provinz Oulu bewegt man sich wieder in einer vorwiegend finnischsprachigen Region. Auf einer nichtasphaltierten Nebenstraße radeln Sie fast bis nach **Kalajoki**, nur die letzten Kilometer führen über die »87«. Kalajokis einzige Sehenswürdigkeit ist das kleine Fischereimuseum *Plassi* etwas außerhalb des Zentrums. Etwa 6 km südlich - mitten in einer Dünenlandschaft - befindet sich eines der beliebtesten (und teuersten!) Ferienzentren Finnlands (*Hiekkasärkät*).

Information: Kalajokiseudun Matkailupalvelu r.y., Kasarmintie 5, 85100 Kalajoki, Tel. (983) 460505, Fax 4691319.

Unterkunft: Juusolanmäki, Tel. 465293, 12 km südl. von Kalajoki.

Jugendherberge: KAJU***, Tel. 462300, 1.5.-31.8., 5 km südl. von Kalajoki; Tapion Tupa****, Hiekkasärkät, Tel. 466622, ganzj., Sauna, Fahrradverleih, 6 km südl. von Kalajoki.

Camping: Hiekkasärkät***, Tel. 4692400, Fax 4692211, 19.5.-26.9., Hü., Waschm., Fahrradverleih, 8 km südl. von Kalajoki.

Fahrrad: Risto Koivu, Kaartamäentahua 1, Tel. 460182; Urheilu ja Kone, Holmantie 4, Tel. 460600.

Etappe 27:
Kalajoki - Alavieska - Ylivieska - Nivala - Haapajärvi (105 km)
Karte: GT Nr. 10

Die gesamte Etappe leitet durch die landwirtschaftlich intensiv genutzte Ebene entlang dem Fluß *Kalajoki*; weite Teile führen über gut asphaltierte Nebenstraßen. Vom Ortszentrum Kalajokis folgt sie zunächst der Durchgangsstraße in östlicher Richtung. Sie passieren nacheinander **Alavieska** und **Ylivieska**. Letztere ist eine erst in jüngerer Zeit expandierende Stadt (13.000 Einw.), die ihr Wachstum vor allem ihrer verkehrsgünstigen Lage verdankt (Eisenbahnlinie, Hauptstraße 13, Flughafen).

Information: Ylivieskan Kaupunki, matkailuneuvonta, PL 70, 84101 Ylivieska, Tel. (983) 42941.

Flugverbindungen: nach Helsinki u. Seinäjoki, bis Ende Juni u. ab Mitte August 5 x wöchentl.

Bahnverbindungen: nach Helsinki, Turku, Oulu, Rovaniemi.

Unterkunft: Motelli Kartano, Tel. 424799; Männikkömaja, Huhmarintie, Tel. 427172.

Jugendherberge: Ylivieskan retkeilymaja***, Suksitie 1 B, Tel. 424583 od. 42941, Fax 4294229, 2.6.-15.8., Sauna, Waschm., 500 m östl. des Bahnhofs.

Fahrrad: Sport Huoltokeskus, Savisilta 1, Tel. 425385; Alavieskan Sport, Tel. 430615, im Nachbarort Alavieska.

Vom Zentrum aus fährt man zunächst für kurze Zeit in Richtung *Oulainen* bzw. *Oulu*. Bereits am Ortsausgang zweigt die Straße nach *Vähäkangas* und *Raudaskylä* ab. In der Stadtmitte von **Nivala** (11200 Einw.) erinnert ein Museum an den aus der Kleinstadt stammenden ehemaligen Staatspräsidenten Kyösti Kallio und den Bildhauer Kalervo Kallio.

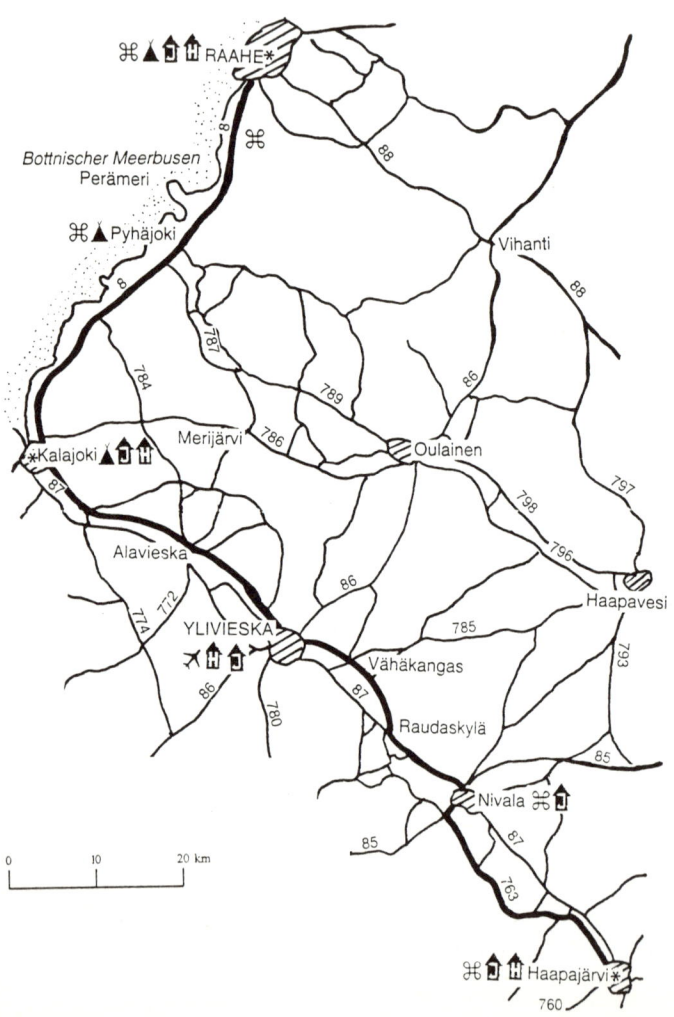

Bottnischer Meerbusen
Perämeri

Pyhäjoki

Vihanti

Merijärvi

Oulainen

Kalajoki

Alavieska

YLIVIESKA

Haapavesi

Vähäkangas

Raudaskylä

Nivala

Haapajärvi

0   10   20 km

Jugendherberge: Nivalan retkeilymaja***/****, Maliskyläntie 2, 85500 Nivala, Tel. (983) 443171 od. 4492217, Fax 442555, 7.6.-31.7., Frühstück, Sauna, Waschm., Fahrradverleih, 1 km östl., in der Nähe der »87«.
Fahrrad: Niva-Pyörä, Orvo Hyvönen, Kalliontie 10 A, Tel. 442454; Pyöräkiri, Hannu Marjoniemi, Kalliontie 35, Tel. 443231.

Wer sich die Hauptstraße ersparen möchte, sollte etwa 5 km in Richtung *Kannus* bzw. *Kokkola* fahren und dann auf die größtenteils asphaltierte »763« einbiegen, die bis zum Etappenziel führt. Auch **Haapajärvi** (8500 Einw.) ist Heimatort eines ehemaligen Staatspräsidenten: K. J. Ståhlberg war nach der Unabhängigkeit des Landes der erste Präsident und gilt als einer der Architekten der Verfassung. In seinem Haus ist heute ebenfalls ein Museum untergebracht.
Information: Kaupungintalo, matkailuneuvonta, Kustaa Vaasankatu 2-4, 85800 Haapajärvi, Tel. (984) 7693111.
Unterkunft: Haapajärven Kesähotelli, Linnintie 4, Tel. 24484; Punainen Mylly, Nivalantie 866, 85820 Oksava, Tel. 30290, 8 km westl., in Richtung Nivala; Maatilamatkailu O. Jaakonaho, Nivalantie 617, Oksava, Tel. 30224, 6 km westl., in Richtung Nivala.
Camping: Junttilantia**, 85820 Oksava, Tel. 30199, 1.5.-30.9., Hü., 10 km westl., in Richtung Nivala.
Fahrrad: Arin Auto- ja Pienkonekorjaamo, Rahkatie 4, Tel. 21522.

Anschluß Richtung Süden: Etappe 50
Anschluß Richtung Nordosten: Etappe 51

Etappe 28:
Kalajoki - Pyhäjoki - Raahe (59 km)
Karte: GT Nr. 10

Auf dieser Etappe gibt es zur Hauptstraße 8 leider keine Alternative. Im »Süddorf« (*Etelänkylä*) von **Pyhäjoki** ist eine alte Brücke, im Ortsteil *Annala* ein Freilichtmuseum zu sehen.
Information: Pyhäjoen kunta, PL 6, 86101 Pyhäjoki, Tel. (983) 43901, Fax 4390266.
Camping: Kielosaari***, Tel. 433212 od. 433766, 1.6.-20.8., Hü., in der Nähe der Ortsmitte.
Fahrrad: Timonen, Soiniontie 1, Tel. 434217.

Nicht versäumen sollte man die *Janssonin Galleria* in *Piehinki*, eine größere Galerie im Haus des Künstlers *Jari Jansson*. Ausstellungsstücke sind in erster Linie Werke von Jansson sowie Bilder und Skulpturen zeitgenössischer finnischer Künstler. Auf einem Radweg kommen Sie bis ins Zentrum von Raahe.

Raahe, 18.300 Einw., Oulun lääni. Bis zur Eröffnung des Rautaruukki-Stahl-werkes in den 60er Jahren lagen rund 100 Jahre der Bedeutungslosigkeit hinter Raahe. Heute ist der Betrieb (zu besichtigen vom 16.6.-30.8., jeweils sonntags) mit 4000 Beschäftigten wichtigster Arbeitgeber der Stadt. Geht es der Metallindustrie schlecht, hat auch die Stadt schlechte Karten. Und in den 90er Jahren sieht es nicht gut aus... Die glorreichen Zeiten sind lange vor-bei. Nach der Gründung im Jahre 1649 durch den Grafen Per Brahe (der finn. Name »Raahe« entstand aus dem alten schwed. Namen »Brahestad«) setzte zunächst eine langsame Entwicklung ein. Mit der Verleihung von weit-reichenden Handelsrechten (1791) und der Segelschiffahrt begann die Glanzzeit. Bis zu 58 Segelschiffe gehörten zur Handelsflotte von »Brahe-stad«. Das Aufkommen der Dampfschiffe im 19. Jh. verursachte den bisher tiefsten Einschnitt in der Stadtgeschichte. Diese wird im Stadtmuseum doku-mentiert, wo auch der Welt ältester Taucheranzug ausgestellt ist.
Information: Raahen kaupungin matkailutoimisto, Brahenkatu 10, 92100 Raahe, Tel. (982) 2992268, Fax 2992224.
Unterkunft: Kesähotelli, Anschrift s. Jugendherberge.
Jugendherberge: Raahen retkeilymaja***, Seminaarinkatu 2-4, Tel. 2238448, 1.6.-7.8., Frühstück, 1 km nördl. des Zentrums.
Camping: Kylmäniemi***, Tel. 2992270, 1.6.-31.8., Hü., Waschm., Fahrradverleih, 1 km nördl. des Zentrums, direkt an der Küste.
Fahrrad: Osmon Pyörä Ky, Kirkkokatu 33, Tel. 2237398; Raahen Pyöräpiste, Kirkko-katu 35, Tel. 2237708; Es-Pa Urheilu Oy, Kirkkokatu 45, Tel. 2237737; Urheilunurk-ka, Kauppakatu 31, Tel. 220600.

Etappe 29:
Raahe - Pattijoki - Siikajoki - Lumijoki - Liminka - Kempele - Oulu (87 km)
Karten: GT Nr. 10 & 12, Oulun jalankulku- ja pyörätiet

Vom Bahnhof führt ein Radweg bis nach **Pattijoki**. Über *Olkijoki*, in dessen »Friedensstube« 1808 der Waffenstillstandsvertrag zwischen Schweden und Rußland unterzeichnet wurde, wird die Gemeinde **Siikajoki** erreicht.
Unterkunft: Touristen-Landgut Törmälä, Alapää, 92320 Siikajoki, Tel. (982) 241311.

Durch flaches, landwirtschaftlich genutztes Land führt die Straße über **Lumijo-ki** nach **Liminka**. Die Bucht von Liminka (*Liminganlahti*) ist ein überaus wert-volles Feuchtgebiet. Im Frühjahr und im Herbst bevölkern Tausende von Zug-vögeln den breiten Schilfgürtel, aber auch im Sommer ist eine große Zahl ver-schiedener Arten zu beobachten. Nähere Auskunft erteilt das Informationszen-trum Liminganlahti (Tel. 442842), das auch ornithologische Führungen anbie-tet. Im Museumsgebiet der Gemeinde (*Limingan museoalue*) ist u.a. ein klei-nes Lampenmuseum zu besichtigen.

Information: Limingan kunta, PL 40, 91901 Liminka, Tel. (981) 441242, Fax 442134.
Camping: Värminkoski***, Tel. 441283, 1.5.-30.9., Hü., 4 km entlang der »8« nach Süden.
Fahrrad: Limingan urheilupiste, Kauppakatu 2, Tel. 442804.

Parallel zur Eisenbahn führt eine Straße nach Norden. Für etwa 3 km befahren Sie die Hauptstraße, um dann links nach **Kempele** (Ausschilderung: »Riihivainio«) abzubiegen. Die dortige Holzkirche (1690) wurde Ende des 18. Jh. mit Wandmalereien von Mikael Toppelius versehen.

Unterkunft: Kempeleen Moottorimaja, Sohjanantie, 90440 Kempele, Tel (981) 515566; Gasthaus Pohjan Kievari, Eerontie, Tel. 515433.
Camping: Kempele Camping***, Tel. 515455 od. 515566, 15.5.-15.9., Hü., nordöstl. der Ortsmitte.
Fahrrad: Pyöräkorjamo Hintsala, Takkulantie, Tel. 516051; Kempeleen Pyöräkorjaamo, Sammonkuja, Tel. 515678.

Vom Gemeindehaus (*kunnantalo*) führt ein Radweg entlang der alten »4« bis ins Zentrum von Oulu. Auf dem Weg dorthin passieren Sie ein Automuseum (*in Gegenrichtung: vom Zentrum entlang der Uusikatu und später dem Limingantie nach Süden*).

Rentierherde

Oulu. Von den 103.500 Einwohnern sind 10 % an der 1958 gegründeten Universität der Provinzhauptstadt eingeschrieben. Die Stadt selbst ist wesentlich älter. Zu Beginn des 17. Jh. entstand auf der Insel *Linnansaari* eine Burg, die Verleihung der Stadtrechte erfolgte 1610. Altes ist - mit Ausnahme der speichengefährdenden Kopfsteinbepflasterung - nur noch wenig zu finden. Die Burg wurde 1774 durch russische Truppen zerstört, im 19. Jh. richtete ein Stadtbrand großen Schaden an. Die am schönsten erhaltenen Häuser sind in der Nachbarschaft des »Strandmarktes« (*Torinranta*) zu sehen. Die weithin sichtbare Kirche entstand in der zweiten Hälfte des 18. Jh., erlitt jedoch auch schwere Brandschäden und erhielt ihr heutiges Aussehen nach Plänen von C. L. Engel. Mit der Verlegung des Bischofssitzes von Kuopio nach Oulu (1900) wurde sie zur Domkirche geweiht. Sicherte im vergangenen Jahrhundert der Seehandel, insbesondere der Export von Teer, den Lebensunterhalt der Bevölkerung, so haben sich nach dem Zweiten Weltkrieg einige größere Industrien in Oulu angesiedelt. Hinzu kommen die Funktionen als Verwaltungssitz sowie als Schul- und Ausbildungszentrum der Region. Im nördlich des Zentrums gelegenen Stadtteil *Linnanmaa* sind der botanische Garten, das zoologische sowie das geologische Museum als der Universität angegliederte Ausstellungen kostenlos zu besichtigen. Enttäuschend ist hingegen das mit hohem Werbeaufwand gepriesene »Wissenschaftszentrum« *Tietomaa:* Spielhölle mit Bildungsanspruch! Die Reizflut übersteigt das Wahrnehmungsvermögen eines jeden durchschnittlichen Besuchers. Die Chance des Computereinsatzes als Medium wird vertan; statt dessen verlocken die zahlreichen Simulationen zum wahllosen Drücken der bunten Knöpfe. Aufschlußreicher ist da noch die Ouler Uniformen- und Ehrenzeichengalerie (*Oulun asepuku- ja kunniamerkkigalleria*) mit dem bezeichnend unpassenden Titel »Ruhm und Ehre« im Obergeschoß desselben Gebäudes.

Information: Oulun Matkailu Oy, Torikatu 10, 90100 Oulu, Tel. (981) 3141294 od. 3141295.

Flugverbindungen: nach Helsinki, tägl.; sowie 20 weitere Verbindungen in alle Landesteile.

Bahnverbindungen: nach Helsinki, Turku, Kuopio, Joensuu, Rovaniemi.

Unterkunft: Kesähotelli Otokylä, Haapanatie 2 C, Tel. 332672.

Jugendherberge: Välkkylä****, Kajaanintie 36, Tel. 377707, Fax 371804, 2.6.-30.8., Frühstück, Sauna, Waschm., 1 km östl. des Bahnhofs.

Camping: Nallikari***, PL 237, Hietasaari, Tel. 541541 od. 3141295, Fax 3141310, 1.5.-15.10., Hü., Waschm, Fahrradverleih, 4 km nordwestl. des Zentrums.

Fahrrad: Jussin Pyöräpiste, Valtatie 53, Tel. 5542983; Laatu-Pyörä Ky, Kansankatu 48, Tel. 3116677; Mustosen Pyörä Oy, Saaristonkatu 27, Tel. 3115500; Polkupyöräkorjaamo Laihiainen, Sepänkatu 12, Tel. 372657; Pyörä-Suvala Ky, Kauppurienkatu 30, Tel. 375467; P. Aittola, Kauppurienkatu 32, Tel. 3114306; Taisto Hirvonen Oy, Hal"lituskatu 21, Tel. 371535 od. 3117149.

Anschluß Richtung Norden: Etappe 31

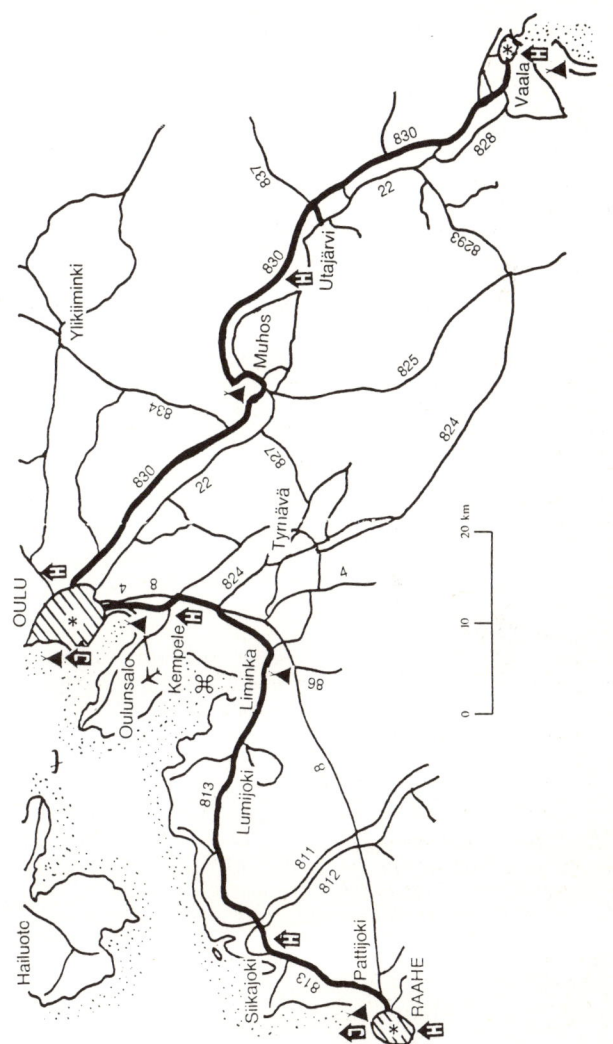

Etappe 30:
Oulu - Muhos - Utajärvi - Vaala (95 km)
Karten: GT Nr. 11 & 12, Oulun jalankulku- ja pyörätiet

Durch den *Kasarmintie* gelangen Sie am Kunstmuseum vorbei in den Stadtteil *Värttö*. Kurz nach der Überquerung des *Oulujoki* trifft man auf die »Straße nach Vaala«, den *Vaalantie*, der durch ein sanft hügeliges Gebiet in Richtung **Muhos** führt. Die dortige Kirche (1643) ist die älteste noch genutzte Holzkirche des Landes. Im Zentrum ist ferner die Kunstgalerie Terttu Jurvakainen zu finden.
Information: Kunnanvirasto, PL 39, 91501 Muhos, Tel. (981) 5330111, Fax 5332433; Tourist-Information, Tel. 5333523, nur im Sommer.
Camping: Montta***, Tel. 5331468, 15.5.-30.9., Hü., Fahrradverleih, 3 km nördl. des Zentrums.
Fahrrad: Pienkonekorjaamo, V. Happo, Asematie 10, Tel. 5332762; Konekorjaamo, R. Jelkänen, Polvitie 6, Tel. 5331947.

Wieder auf der Nordseite des Flusses, geht's in Ufernähe bis nach **Utajärvi**.
Unterkunft: Merilän kartano, 42 Alamerilä, 91600 Utajärvi, Tel. (981) 421128, 5 km westl. entlang der »22«.

Die Etappe führt weiterhin auf der kaum befahrenen nördlichen Uferstraße nach Osten (Ausschilderung: »Niska«). Nach 17 km mündet diese in die »22«, der Sie bis zur Abzweigung nach *Jylhämä* folgen (*in Gegenrichtung:* Beschilderung »Utalahti« beachten). In Höhe eines der zahlreichen Wasserkraftwerke überquert man abermals den Fluß und gelangt schon bald in das am Westende des *Oulujärvi* gelegene **Vaala**.

In der Umgebung: Etwa 15 km westlich von Vaala liegt der kleine Nationalpark *Rokuanvaara* (4 km²). Die am Ende der letzten Eiszeit entstandene Hügellandschaft mit ihren Kiefernwäldern und außergewöhnlich starken Rentierflechtevorkommen ist ein beliebtes Ausflugsziel. Es bestehen auch einige (teurere) Übernachtungsmöglichkeiten.

Information: Vaalan kunta, PL 12, 91701 Vaala, Tel. (981) 5360111, Fax 5360181; Tourist Information, Asematie 1, Tel. 5361553.
Unterkunft: Gasthaus Seppänen, Vaalantie 16, Tel. 5361183.
Camping: Oulujärven Lomakylä**, Suutarinkylä, 92830 Veneheitto, Tel. 607616, 1.6.-31.8., Hü., Waschm., Fahrradverleih, 9 km südl., am Oulujärvi.
Fahrrad: Konepiste Valtanen, Vaalantie 8, Tel. 5361131; Vaalan Radio ja Vapaa-aika, Asematie 3, Tel. 5361115.

Anschluß Richtung Osten: Etappe 53
Anschluß Richtung Süden: Etappe 85

Etappe 31:
Oulu - Haukipudas - Ii - Kuivaniemi - Simo - Kemi (109 km)
Karten: Napapiirinmaa tiekartta, GT Nr. 12, Oulun jalankulku- ja pyörätiet

Etwa 500 m nördlich des Stadions beginnt an einer großen Kreuzung der *Valtatie*. Auf dem parallelgeführten Radweg gelangt man aus der Stadt heraus bis nach *Kello*.
Jugendherberge: Virpiniemen retkeilyhotelli***/****, Virpiniemi, 90820 Kello, Tel. (981) 401222, Fax 401945, ganzj., Frühstück, Sauna, 5 km westl. der Hauptstraße.
In **Haukipudas** steht eine 1762 errichtete Holzkirche mit Wand- und Deckenmalereien des in Finnland bekannten Kirchenmalers Mikael Toppelius.
Unterkunft: Pohjolan Opisto, Asemakylä, 90840 Haukipudas, Tel. (981) 471309.
Fahrrad: T:mi Haukiputaan pyöräkorjaamo, Herralantie, Tel. 475368.

Der weitere Streckenverlauf bis nach Ii ist zum Zeitpunkt des Redaktionsschlusses noch nicht endgültig absehbar gewesen, da die für 1994 erwartete Fertigstellung des Ausbaus der »4« zur Kraftfahrzeugstraße einige Veränderungen mit sich bringen wird. Es ist zu erwarten, daß parallel zur neuen Trasse ein Radweg gebaut wird. Auch der dann alte Teil der »4« kommt als eine Möglichkeit in Betracht.
Die Gemeinde mit dem einprägsamen Namen **Ii** besteht schon seit dem 14. Jh., als sich Fischer und Händler hier niederließen. Die Häuser der Altstadt *Iin Hamina* gruppieren sich malerisch um eine kleine Gasse.
Unterkunft: Lohitupa, 91100 Ii, Tel. (981) 8174826, 3 km nördl. der Ortsmitte.
Camping: Iin Sillat***, Tel. 8173300, ganzj., Hü., Waschm., in Zentrumsnähe.
Fahrrad: Iin Urheilu ja Kone, Kauppatie, Tel. 8174330.

Leider besteht in der Folgezeit keinerlei Alternative zur Hauptstraße. Wenigstens liegt bis Kemi eine ganze Reihe von Campingplätzen entlang der Etappe.
Camping: Seljänperä***, 91140 Olhava, Tel. (981) 8175257 od. 8173205, 20.5.-25.9., Hü., Waschm., Fahrradverleih, 14 km nördl. von Ii; Kalotti-Majat***, 95100 Kuivaniemi, Tel. (9698) 747103 od. 876234, 1.6.-30.8., Hü., 24 km nördl. von Ii; Lapin Rinki***, Lohitie 14, 95200 Simo, Tel. (9698) 876122 od. 876444, 5.6.-25.8., Hü., Waschm.
Bereits einige Kilometer vor der Stadt beginnt zur Linken ein Radweg, auf dem ungefährdet ins Zentrum geradelt werden kann.

Kemi, 25.000 Einw., ist die bedeutendste Industrie- und Hafenstadt Lapplands. Vor allem die Produkte der holzverarbeitenden Industrie treten von hier aus ihre lange Seereise nach Mitteleuropa an. Im Gegensatz zu vielen anderen Küstenstädten ist das 1869 gegründete Kemi vergleichsweise jung. Einen guten Überblick über das Zentrum erhält man von der Aussichtsplattform am Rathaus. Touristisch interessant ist das umfangreiche Edelsteinmuseum (*Jalokivigalleria*) direkt am Meer.

Kartenskizze Etappen 31 & 32

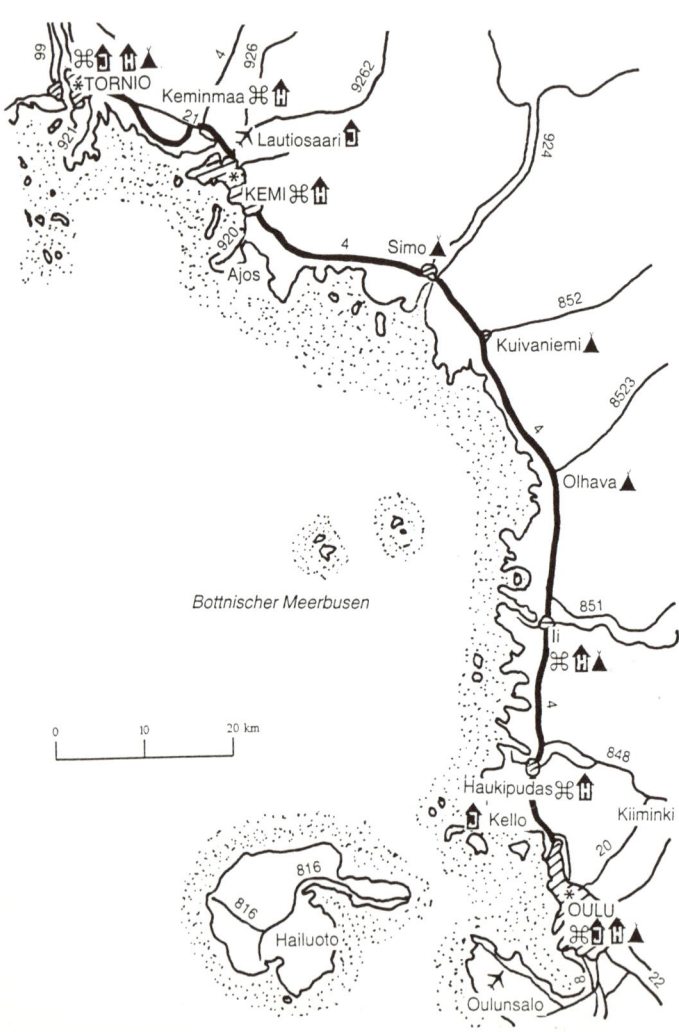

Bottnischer Meerbusen

0   10   20 km

TORNIO
Keminmaa
Lautiosaari
KEMI
Ajos
Simo
Kuivaniemi
Olhava
Ii
Haukipudas
Kello
Kiiminki
OULU
Oulunsalo
Hailuoto

In der Umgebung: Im Hafen der Insel Ajos (6 km südl.) liegt während des Sommers der zu besichtigende Eisbrecher *Sampo* vor Anker.
Information: Matkailutoimisto, Kauppakatu 22, 94100 Kemi, Tel. (9698) 199465, Fax 199468.
Flugverbindungen: nach Helsinki, tägl.; sowie 13 weitere Verbindungen in alle Landesteile.
Bahnverbindungen: nach Oulu, Helsinki, Turku, Rovaniemi.
Unterkunft: Gasthaus Yöpuu, Eteläntie 4, Tel. 32034; Kesähotelli Relletti, Miilukatu 1, Tel. 33541, 1.6.-10.8.
Fahrrad: Pyörä ja Kone Hartikainen, Asemakatu 7, Tel. 21726; Kemin Pyörä- ja Varaosa, Keskuspuistokatu 7, Tel. 21092.

Anschluß Richtung Norden: Etappe 33

> **Etappe 32:**
> Kemi - Keminmaa - Tornio (29 km)
> Karten: Napapiirinmaa tiekartta, GT Nr. 12

Der »gateway to Sweden« gehört sicherlich zu den am stärksten befahrenen Straßen Finnlands. Wenigstens gibt es im gesamten Verlauf einen Radweg. Mit der Überquerung des *Kemijoki* wird die Landgemeinde **Keminmaa** erreicht. Deren 1519 bis 1521 erbaute Kirche (*Pyhän Mikaelin Kirkko*) ist die älteste Feldsteinkirche in diesen nördlichen Breiten. Im mit Deckengemälden verzierten Gotteshaus stellt der 364 Jahre alte mumifizierte Leichnam des Pfarrers Nikolaus Rungius die Attraktion dar - das »Lenin-Mausoleum Lapplands«!
Information: Tourist-Information, Torniontie 30, 94400 Keminmaa, Tel. (9698) 551369.
Unterkunft: Motelli Savotan Sanni, Tel. 520775; Motelli Käpylä, Tel. 520241.
Jugendherberge: Lautiosaarie, s. Etappe 33.

Wenige Kilometer westlich *Keminmaa* zweigt links die ruhige Nebenstraße in Richtung *Ala-Kaakamo* und *Kaakamoniemi* ab, so daß ein Teil der Hauptstraße umfahren werden kann.

Tornio, 23.000 Einw., Lapin lääni. Mit dem Beginn der russischen Herrschaft in Finnland (1809) wurde der *Tornionjoki* zum Grenzfluß nach Schweden. Künstlich getrennt wurde damit eine Region, die schon im Mittelalter als Handelsplatz der Lapplandfahrer (*Pirkkalaiset*) bekannt war. Deren vom schwedischen König im frühen 14. Jh. verliehenes Privileg war es, in den Weiten Lapplands Jagd und Fischfang zu betreiben sowie von den Samen Abgaben zu erheben. Die Stammheimat der Lapplandfahrer lag im Gebiet von Pirkkala, dem Umland von Tampere. Stadtrechte erhielt Tornio 1621, im späten 17. Jh. entstand die reich ausgestattete *Blockpfeilerkirche* nördlich des heutigen Geschäftszentrums. Die Grenze nach Schweden hat in der Neuzeit fast jede Bedeutung verloren, lediglich die unterschiedlichen Zeitzonen stoßen hier aneinander. Ganz in der Nähe des Grenzflusses bietet das Regionalmuseum des Torniotals (*Torniolaakson maakuntamuseo*) einen Überblick über die Kulturgeschichte Westlapplands. Nur einen Steinwurf davon entfernt ist das Kunstmuseum Aine (*Aineen taidemuseo*) mit finnischer Malerei aus den letzten zwei Jahrhunderten zu finden. Tornio ist auch Endpunkt einer organisierten 500-km-Radtour (*Maraton-Pyöräily*) von Kilpisjärvi im nördlichen Lappland nach Süden. Nähere Informationen sind beim Fremdenverkehrsamt (s. Information) erhältlich.

In der Umgebung: Die Stromschnellen von *Kukkolankoski* (15 km nördl.) sind mit 3,5 km Länge und einem Gefälle von 13,8 m die größten des Landes. Während des Sommers werden Wildwasserfahrten organisiert.

Information: Tornion kaupungin matkailutoimisto, Lukiokatu 10, 95400 Tornio, Tel. (9698) 432440 od. 432441, Fax 40048 od. 480048; Green Line Welcome Center, Tel. 432733.

Bahnverbindungen: ab der Grenzstadt Haparanda nach Schweden.

Unterkunft: Heta, Saarenpäänkatu 39, Tel. 40897; Koivupuisto, Saarenpäänkatu 21, Tel. 41316; Lomarautio Ky, PL 124, Tel. 441805, 3 km in Richtung Kemi.

Jugendherberge: Suensaari***, Kirkkokatu 1, Tel. 41682 od. 481682, 1.6.-7.8., Frühstück, Sauna, Waschm., Fahrradverleih, 1 km nördl. des Zentrums.

Camping: Camping Tornio***, Tel. 445945 od. 432440, 1.6.-31.8., Hü., Waschm., Fahrradverleih, 3 km südl. des Zentrums, in Richtung Röyttä; Aittaniemi***, 95410 Kiviranta, Tel. 42011 od. 42020, 5.6.-20.8., Hü., Waschm., Fahrradverleih, 2,5 km nördl. des Zentrums; Isonärä**, 95510 Alavojakkala, Tel. 48455, 10.6.-10.9., Hü., 8 km nördl., entlang der »21«.

Fahrrad: Pyöräosa Keinänen, Kemintie 50, Tel. 42103; Mäkimaan pyörä ja kone, Laivurinkatu 10, Tel. 445820, auch Fahrradverleih.

Etappe 33:
Kemi - Tervola - Rovaniemi (121 km)
Karten: Napapiirinmaa tiekartta, GT Nr. 12 & 14, Rovaniemen Seudun Pyöräilyreitistö

Anfangs folgt man dem Radweg nach *Lautiosaari*, einem Ortsteil im Osten von *Keminmaa*.

Jugendherberge: Kapernaumin lomakylä***, PPA2, Heimarintie 90, 94500 Lautiosaari, Tel. (9698) 58166 od. 14838, ganzj., Frühstück, Sauna, Waschm., vom Ortsteil Lautiosaari 12 km in Richtung Sompujärvi.

Die östlich des *Kemijoki* verlaufende Strecke ist abwechslungsreicher und trotz der relativ dichten Besiedlung bei weitem verkehrsärmer als die westlich des Flusses liegende Hauptstraße. Dafür bestehen entlang dieser mehrere Campingplätze.

Camping: Törmä***, Rovaniementie 1298, 95315 Törmä, Tel. (9698) 526210, 1.6.-15.9., Hü., 20 km nördl. von Kemi, auf der Westseite; Tervaskievari***, PPA 2 Tervaskievari, 95300 Tervola, Tel. (9698) 785299, 1.2.-30.10., Hü., 60 km nördl. von Kemi, auf

Kartenskizze Etappe 33

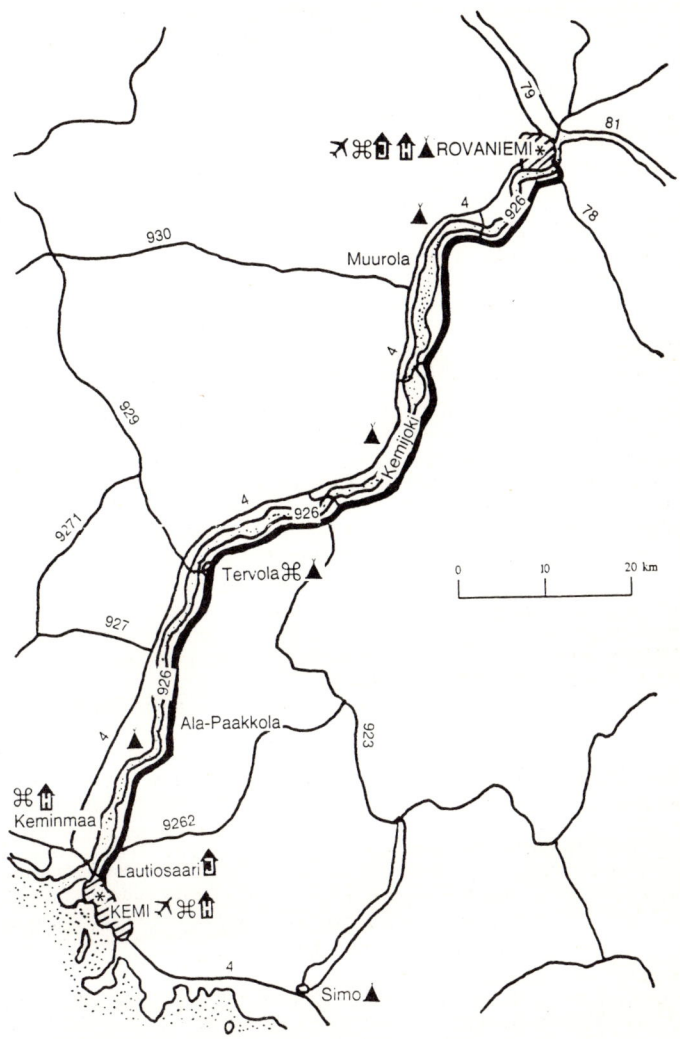

der Ostseite; Räihä***, 95355 Koivu, Tel. (9698) 785213 od. 785221, ganzj., Hü., Waschm., 64 km nördl. von Kemi, auf der Westseite; Petäjämaa*, 95355 Koivu, Tel. (9698) 785333, 15.6.-15.8., Hü., 42 km südl. von Rovaniemi, auf der Westseite; Tuomioja Camping, 97130 Hirvas, Tel. (960) 399396, nur im Sommer geöffnet, Hü., 13 km südl. von Rovaniemi, auf der Westseite.

Obwohl die Strecke über weite Teile in unmittelbarer Nähe des Flusses verläuft, ist das Profil leicht gewellt. Nähert man sich **Tervola**, wird zuerst nur die große Holzkirche (1864) sichtbar. Der eigentliche »Schatz« der Gemeinde, die alte Kirche aus dem Jahre 1687, steht in deren Nachbarschaft.
Nördlich von Tervola nimmt die Besiedlungsdichte merklich ab, Fichtenwälder dominieren. Etwa 15 km südlich von Rovaniemi befinden sich 2 km östlich des Flusses die mit 12 m Tiefe größten Gletschermühlen (*Hiidenkirnut*) auf dem Gebiet Finnlands.

Rovaniemi, 34.000 Einw., Lapin lääni. Nur noch wenige Kilometer trennen das am Zusammenfluß der Flüsse Ounasjoki und Kemijoki gelegene Verwaltungszentrum Lapplands vom Polarkreis. Die von deutschen Truppen im Zweiten Weltkrieg nahezu vollständig zerstörte Stadt wirkt heutzutage eher trist, Betonklötze prägen das Stadtbild. Eine Ausnahme ist das von Alvar Aalto entworfene Gebäudeensemble, bestehend aus Lappia-Haus, Bibliothek und Rathaus. Sehenswert auch die 1989 fertiggestellte Brücke *Jätkänkynttilä* und das *Arktikum*, ein »Geburtstagsgeschenk« zum 75jährigen Bestehen der Republik 1992. In einer beeindruckenden Ausstellung werden dem Besucher unter Einsatz interaktiver Medien das Leben und dessen Gefährdungen in den arktischen Regionen der Erde vor Augen geführt. Eine weitere Dauerausstellung beherbergt das Landesmuseum der Provinz Lappland. Im für die Öffentlichkeit nicht zugänglichen Forschungszentrum bemühen sich Wissenschaftler um weitere Erkenntnisse über die hochsensible Region des »ewigen Eises«.
In der Umgebung: In *Norvajärvi* (22 km nördl.) befindet sich ein deutscher Soldatenfriedhof, auf dem 3000 Angehörige der Wehrmacht begraben sind.
Information: Matkailutoimisto, Aallonkatu 1, 96200 Rovaniemi, Tel. (960) 346270, Fax 347351.
Flugverbindungen: nach Helsinki, tägl.; sowie 20 weitere Verbindungen in alle Landesteile.
Bahnverbindungen: nach Oulu, Tampere, Helsinki, Turku, Kemijärvi.
Unterkunft: Gasthof, Koskikatu 41, Tel. 23222, Fax 23226; Rovaniemen ammattioppilaitos, Kairatie 75, Tel. 392651, 17.6.-5.8., 2 km westl. des Zentrums; Domus Arctica, Ratakatu 6, Tel. 23535, 1.5.-31.8.; Matkakoti Matka-Kalle, Asemieskatu 1, Tel. 20130; Outa, Ukkoherrantie 16, Tel. 312474, 2 km nordöstl. des Zentrums; Ounasvaaran pirtit, Antinmukka 4, Tel. 369056, Fax 369061; Seutulanharju, Ylikylä, Tel. 397071, 7 km nördl. des Zentrums, entlang der »79«.
Jugendherberge: Tervashonka***, Hallituskatu 16, Tel. 344644, ganzj., Frühstück, Fahrradverleih, im Zentrum.
Camping: Ounaskoski***, Jäämerentie 1, Tel. 345304, 1.6.-31.8., Hü., Waschm.,

Fahrradverleih, östl. des Zentrums, direkt am Fluß; Ounasvaara***, Taljatie, Tel. 369039, 1.6.-15.8., Waschm., 4 km östl., hauptsächlich Caravanplätze.
Fahrrad: Reiskan pyörä, Lapinkävijäntie 29-31, Tel. 23442; Pyörä- ja konekorjaamo Seppo Holm TMI, Vartiokatu 32, Tel. 22192; Salon Pyörä, Kansankatu 6, Tel. 313797; Kesport, Rovakatu 23, Tel. 347141, auch Fahrradverleih.
Fahrradverleih: Lappland Safaris, Harrikatu 2-4, 96100 Rovaniemi, Tel. 312304, MTBs.

Anschluß Richtung Südosten: Etappe 56
Anschluß Richtung Osten: Etappe 57

Etappe 34:
Rovaniemi - Sinettä - Marraskoski - Meltaus - Molkoköngäs (80 km)
Karten: Napapiirinmaa tiekartta, GT Nr. 14, Rovaniemen Seudun Pyöräily-reitistö

Kartenskizze Etappen 34 & 35

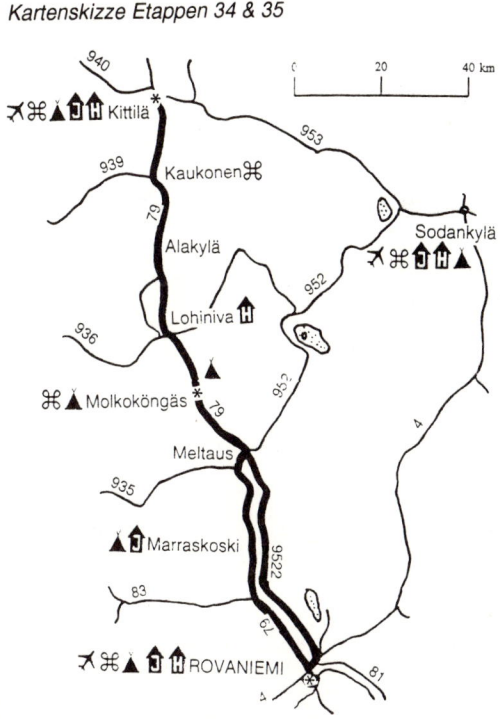

Für den ersten Teil der Etappe bieten sich zwei nahezu gleich lange Wege an: Die östlich des *Ounasjoki* gelegene Straße ist von Anfang an verkehrsarm. Jedoch ist auch die Hauptstraße 79 nicht so stark befahren, als daß sie das Prädikat »radfahrerfeindlich« verdienen würde. Zudem bestehen dort Übernachtungsmöglichkeiten.
Unterkunft: Patomajat, 97310 Patokoski, Tel (960) 763376, 48 km nördl. von Rovaniemi.
Jugendherberge: Koskimökit****, 97290 Marraskoski, Tel. (960) 778086, 1.6.-31.8., Frühstück, Sauna, 37 km nördl. von Rovaniemi.
Camping: Koskimökit**,

Anschrift s. Jugendherberge, ganzj., Hü.

In der Nähe der Stromschnellen **Molkoköngäs** gibt es auf einer Entfernung von 7 km gleich vier Übernachtungsmöglichkeiten.
Unterkunft: Ounasmökit, Jaako Ounaslehto, 97420 Lohiniva, Tel. (960) 764126, 2 km nördl. der Stromschnellen; Muurosen Lomamökit, Lilja Muuronen, Tel. 764103, 7 km nördl. der Stromschnellen.
Camping: Molkoköngäs***, Tel. 764125, 1.6.-30.8., Hü., direkt an den Stromschnellen; Porokarin leirintäalue*, Tel. 765506, 15.6.-15.8., Hü., Waschm., 5 km nördl. der Stromschnellen.

Etappe 35:
Molkoköngäs - Lohiniva - Alakylä - Kaukonen - Kittilä (72 km)
Karten: Napapiirinmaa tiekartta, GT Nr. 14 & 16

Der gesamte Streckenverlauf führt über die gut ausgebaute »79« in Richtung Norden. Etwa 9 km östlich von **Kaukonen** befindet sich das Atelier von Reidar Särestöniemi (1925-1981), einem der bedeutendsten Künstler Lapplands. Zu erreichen ist es nur über eine schlecht befestigte Straße. Der Umweg lohnt sich allerdings!
Am Horizont wird der erste »Tunturi« sichtbar (finnische Bezeichnung für jene Fjälls, von deren Scheitelpunkten man häufig faszinierende Aussichten hat). Die Gemeinde **Kittilä** (2600 Einw.) ist eines der Mittelzentren in dieser dünnbesiedelten Gegend. Im Oktober 1944 wurde es von deutschen Truppen vollständig zerstört. Im Zentrum der Ortschaft befindet sich das Museum des Malers Einari Junttila (1901-1975).
Information: Levin Matkailu Oy, Sairaalantie 6, 99100 Kittilä, Tel. (9694) 13466, Fax 13469.
Flugverbindungen: nach Helsinki, tägl.; sowie 14 weitere Verbindungen in alle Landesteile.
Unterkunft: Kultaisen Ahman Majatalo, Valtatie 42, Tel. 12043.
Jugendherberge: Retkeilymaja***, Valtatie 5, Tel. 12238, 10.6.-5.8., Sauna, im Zentrum.
Camping: Kittilän leirintä**, Tel. 12239, ganzj., Hü., 1 km in Richtung Sodankylä.
Fahrrad: EM-Sport Urheiluliike, Tel. 12788; Myynti Naukkarinen, Tel. 12156; Kittilän pienkone TV, Tel. 12250; Kittilän Laatukone, Tel. 13395.

Etappe 36:
Kittilä - Sirkka - Köngäs - Hanhimaa - Pokka (84 km)
Karten: Saamenmaa tiekartta, GT Nr. 16

Bis zum Wintersportzentrum **Sirkka** am *Levitunturi* (531 m) führt eine gut ausgebaute Straße in Richtung Norden. Dort und im 8 km entfernten **Köngäs** finden sich zahlreiche Übernachtungsmöglichkeiten.

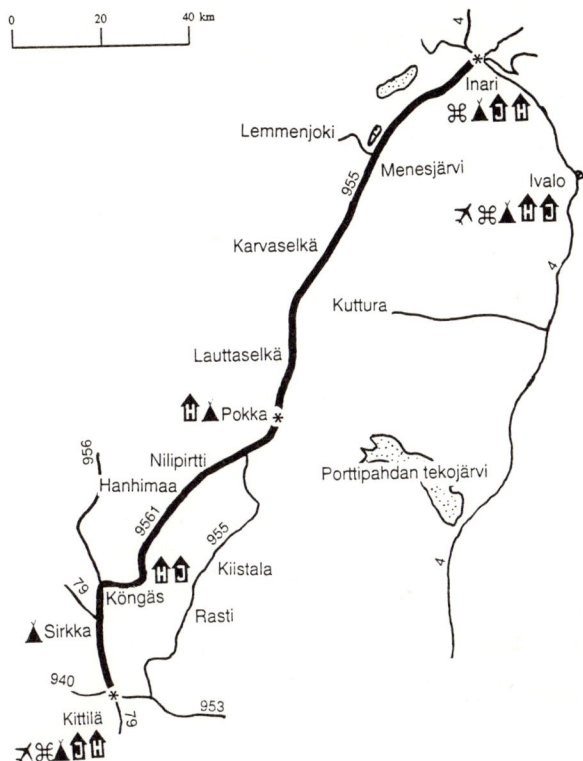

Kartenskizze Etappen 36 & 37

Unterkunft: Levin matkailumaja, Sirkka, Tel. (9694) 81126; Ounaskievari, 99140 Köngäs, Tel. 83477; Kampsumajat, Köngäs, Tel. 83508; Loma-Harjula, Irma Karhunen, 99190 Hanhivaara, Tel. 82115, von Köngäs 12 km in Richtung Inari.
Jugendherberge: Sillankorva***, Köngäs, Tel. 83428, ganzj.
Camping: Immeljärvi***, Sirkka, Tel. 81136, 1.6.-30.9., Hü., Waschm.

Von *Köngäs* bis zum Etappenziel führt lediglich eine äußerst kräftezehrende Strecke; die alte Landstraße ist nicht asphaltiert und mit einigen Steigungen versehen. Gerade bei regnerischem Wetter ist die zu wesentlich größeren Teilen asphaltierte Straße von *Kittilä* über *Rasti* und *Kiistala* in Betracht zu ziehen. Entlang dem Weg finden sich eine Galerie (*Sibakow-Mansikka*) und eine kleine Edelsteinsammlung. Danach wird es jedoch recht einsam. Etwa 14 km vor dem Etappenende weist ein kleines Schild auf die links der Straße stehende Wildnishütte *Nilipirtti* hin. Die kleine Ortschaft **Pokka** besteht im wesentlichen nur aus einem Campingplatz sowie zwei »Baari« mit Übernachtungsmöglichkeiten in Hütten.

Unterkunft: Tieva-Baari ky, 99195 Pokka, Tel. (9694) 87635; Kahvila Majava, Tel. 87611.

Camping: Kirsti, Tel. 87606, Hü.

Etappe 37:
Pokka - Inari (107 km)
Karten: Saamenmaa tiekartta, GT Nr. 16 & 19

Für über 70 km bestehen außer den beiden Wildnishütten *Lauttaselkä* (nach 14 km) und *Karvaselkä* (nach 43 km) keine Unterkunftsmöglichkeiten. Der Straßenbelag ist in jedem Bereich gut zu befahren, jedoch müssen im mittleren und letzten Teil der Etappe einige Steigungen bewältigt werden. Auffallend ist die große Anzahl achtlos weggeworfener leerer Bierdosen beiderseits der Straße. Die wenigen hier lebenden Menschen sind (hoffentlich) nicht die Verursacher dieser Unsitte. Sie leben von und mit der Natur: als Rentierzüchter oder von der Forstwirtschaft.

Camping: Lomakylä Valkeaporo**, Lemmenjoentie, 99870 Inari, Tel. (9697) 56101, Fax 56132, 1.6.-31.8., Hü., Waschm., 36 km südl. von Inari, 1 km in Richtung Lemmenjoki.

In der Umgebung: Von der 10 km nördlich der Strecke gelegenen Siedlung *Lemmenjoki* aus besteht die Möglichkeit, mit einem »Fluß-Taxi« auf dem gleichnamigen Fluß zu den Schürfgebieten der Goldsucher im *Kultaalue* (»Goldgebiet«) und damit tief in den größten Nationalpark (*Lemmenjoen kansallispuisto*, 2855 km²) Finnlands zu fahren.

Inari/Ânâr, Lapin lääni. Aus dem Zentrum der Samen wird mehr und mehr ein Zentrum des Bus- und Caravantourismus. Zahlreiche Souvenirbuden stehen Pate dafür...
Das Gemeindegebiet ist mit einer Ausdehnung von 17.321 km² größer als Schleswig-Holstein. Fast die Hälfte der 7500 Einwohner lebt im 39 km südlich gelegenen Ivalo (s. Etappe 65), lediglich 500 Menschen wohnen im Kirchdorf Inari. Außer der wunderschönen Landschaft verdienen drei Sehenswürdigkeiten Beachtung: Im *Inarin Saamelaismuseo* wird die Entwicklung des Lebens- und Arbeitsweise der Samen dokumentiert. *Ukonkivi*, eine alte Kultstätte der Samen, ist eine per Ausflugsboot erreichbare Insel im Inarijärvi. Zur Kirche von *Pielppajärvi*, einem Holzbau aus der Mitte des 18. Jh., gelangt man nur über einen knapp 5 km langen, sehr schönen und gut markierten Pfad (nicht zum Radfahren geeignet!).
Information: Info-Galleria, 99870 Inari, Tel. (9697) 51193.
Unterkunft: Juutuan Kultaranta, Sulo ja Inkeri West, Solojärvi, Tel. 56513, 13 km südl. entlang der Straße nach Pokka.

Jugendherberge: Kukkula***, Tel. 51244, 1.3.-30.9., Sauna, im Zentrum.
Camping: Uruniemi**, Tel. 51331, 1.6.-20.9., Hü., Waschm., Fahrradverleih, 2 km in Richtung Ivalo; Lomakylä Inari***, Tel. & Fax 51108, 1.6.-20.9., Hü., Waschm., in Zentrumsnähe; Lomakylä Lapponia*, Tel. 52111 od. 52101, 15.3.-30.9., Hü., 9 km nördl. entlang der »4«.
Fahrrad: Fehlanzeige!

Anschluß Richtung Süden: Etappe 65

Etappe 38:
Helsinki - Vantaa - Tuusula - Järvenpää (39 km)
Karten: GT Nr. 3, Helsinki tiekartta, Pääkaupunkiseutu Ulkoilukartta

---

In der Nähe des Olympiastadions beginnt die *Urheilukatu*, der Sie bis zu ihrem Ende folgen. Dann verlassen Sie die Hauptstadt abseits der großen Wege auf einem beschilderten Radweg, der durch einen langgezogenen Park führt; auf diesem Radweg kann man. Folgende Hinweisschilder sind für die Orientierung von Bedeutung: »Laakso«, »Pirkkola«, »Paloheinä« und »Haltialan kartano«. Über einen gut zu befahrenen Feldweg, den *Haltialantie*, gelangt man an einen kleinen Fluß. Diesen überquert man an einer nicht zu übersehenden Brücke und fährt entlang dem *Tammistontie* bis zu einer Ausfallstraße, dem *Valimotie*.

Am Pielppajärvi, Lappland

Von nun an müssen Sie nur noch dem Verlauf der Straße bzw. des Radwegs folgen. Sie überqueren die Ringstraße *KEHÄ III*, passieren den Flughafen zur Linken und erreichen den Radweg entlang dem *Tuusulantie*, dem Sie bis nach *Tuusula* folgen können. Von der weitläufigen Stadt Vantaa bietet der beschriebene Weg nur wenige Eindrücke.

Vantaa/Vanda. Fast jeder, der mit dem Flugzeug nach Finnland reist, wird auf dem internationalen Flughafen in Vantaa landen. Nicht immer stand Vantaa im Schatten von Helsinki, das 1550 an der Mündung des Flusses Vantaanjoki gegründet und 1640 an die heutige, südlichere Stelle verlegt wurde. 1351 wurde Vantaa erstmals urkundlich erwähnt, als der schwedische König Magnus Erikson dem estnischen Zisterzienserkloster Padis das Verfügungsrecht über Vantaa und die Lachsfangrechte im gleichnamigen Fluß erteilte. Magnus Erikson brauchte Unterstützung, weil er das Küstengebiet gegen das mächtige Nowgorod und die orthodoxe Kirche zu befestigen begann. Im letzten Jahrhundert vergrößerte sich Vantaa durch den Anschluß an die Eisenbahnlinie Helsinki-Hämeenlinna. Aber erst 1972 entstand die Großgemeinde Vantaa, in der heute 150.000 Menschen leben. Vantaa ist eine wichtige Unternehmens- und Industriestadt. Die Firmensitze der großen Autoimporteure, der Möbelhäuser und Konfektindustrie befinden sich hier. In Vantaa werden die finnischen Münzen geprägt und die wichtigsten Zeitungen des Landes, so z.B. »Helsingin Sanomat«, gedruckt. Zu den architektonischen »highlights« gehören die St.-Laurentius-Kirche von 1494, deren Inneneinrichtung nach einem Brand im letzten Jahrhundert im neugotischen Stil gestaltet wurde; im Stadtteil Myyrmäki das sehr empfehlenswerte Wissenschaftszentrum *Heureka* und die von Juha Leiviska 1984 gebaute Kirche, in der Lichteffekte eine zentrale Rolle spielen. Das Luftfahrtmuseum (*Ilmailumuseo*) und *Vikerpaja*, ein japanischer Garten mit Kakteenhaus, ziehen ebenfalls viele Besucher an.
Flugverbindungen: in alle Welt!
Bahnverbindungen: (Bahnhof im Stadtteil Tikkurila) nach Helsinki, Tampere.
Jugendherberge: Vantaan retkeilymaja***, Valkoisenlähteentie 52, Tel. 8393310, ganzj., Frühstück, Waschm., im Stadtteil Tikkurila, 1 km westl. des Bahnhofs.
Fahrrad: Myyrmäen Pyörähuolto Ky, Uomatie 13, Myyrmäki, Tel. 5666696; Kunnan kauppa, Peltolantie 2, Tikkurila, Tel. 834248; Piitun Pyörä- ja Suksihuolto, Valmokuja 5, Tel. 8703339.

Am Busbahnhof der 350 Jahre alten Gemeinde **Tuusula** biegt man zunächst links ab. Nach einen kleinen Anstieg beginnt rechts eine Nebenstraße nach Norden. Durch eine Ackerlandschaft geht's auf der Westseite des *Tuusulanjärvi* bis nach **Järvenpää** (33.600 Einw.). Die bekannteste Attraktion der Stadt liegt einige Kilometer südlich des Zentrums: *Ainola*, das Wohnhaus des berühmten Komponisten Jean Sibelius.
Information: Järvenpään kaupungin matkailuneuvonta, Hallintokatu 2, 04400 Järvenpää, Tel. (90) 27192212 od. 27192655, Fax 27192577.

Bahnverbindungen: nach Helsinki, Tampere.
Jugendherberge: Retkeilymaja***, Stålhanentie, Tel. 287775, ganzj., Frühstück, Sauna, 3 km entlang der westl. Seeseite, in Richtung Tuusula.
Camping: Järvenpään matkailukeskus***, Anschrift & Tel. s. Jugendherberge, ganzj., Hü., Waschm., Fahrradverleih.
Fahrrad: Järvenpään Pyörä, Alhotie 1, Tel. 286559; Sportia, Mannilantie 43, Tel. 2922621; Hessun Fillarikorjaamo, am Bahnhof.

Etappe 39:
Järvenpää - Hyvinkää - Riihimäki - Turenki - Hämeenlinna (76 km)
Karten: GT Nr. 2 & 3

Am südwestlichen Ende des Zentrums, in der Nähe der Kirche, beginnt eine Straße nach Westen. Schon kurz nach Verlassen der Stadt biegt die Route rechts ab in Richtung *Jokela*. Immer in Nähe der Bahnlinie und zu einem großen Teil auf Radwegen gelangt man nach *Hyvinkää* (*in Gegenrichtung:* vom Zentrum entlang der *Jokelankatu* nach Südosten).

Hyvinkää, 40.000 Einw., darf sich erst seit 1960 Stadt nennen. Seinen Aufstieg verdankt der im Norden der Provinz Uusimaa gelegene Ort dem Bau der Eisenbahnlinie Helsinki-Hämeenlinna und der Strecke nach Hanko, an deren Schnittpunkt die Stadt entstand. Davon zeugt auch das Eisenbahnmuseum, wo u.a. ein Zug des russischen Zaren zu sehen ist. Das 1982 eröffnete Kunstmuseum (*Taidemuseo*), das eine wichtige Sammlung moderner finnischer Kunst enthält, besticht durch seine Architektur. Kunst auch für Kinder: im finnlandweit museumspädagogisch einmaligen Kunstzentrum für Kinder und Jugendliche (*Lasten ja nuorten taidekeskus*) in der Siltakatu.
Information: Kaupungin Matkailuneuvonta, Hämeenkatu 3 D, 05800 Hyvinkää, Tel. (914) 251275 od. 251440.
Bahnverbindungen: nach Helsinki, Tampere.
Unterkunft: Fremdenheim Kruunu, Timonkatu 7, Tel. 12324.
Jugendherberge: Sveitsin Maja****, Sveitsin kansanopisto, Tel. 436747, Fax 436875, ganzj., Frühstück, Sauna, im Wintersportgebiet Sveitsi, 4 km westl. des Zentrums.
Fahrrad: Pyörä-Kone, Saarelainen, Valtakatu 15, Tel. 417775; Kesport-Hyvinkään Pyörä, Hämeenkatu 27-29, Tel. 417313; Pyörä ja Vapaa-aika Manninen, Runeberginkatu 4, Tel. 416663; Pyörätalo Veli Saarelainen, Ahokaari, Tel. 415377.

Sie verlassen die Stadt, indem Sie zuerst der Beschilderung »Sveitsi«, einem als Naturschutzgebiet ausgewiesenem eiszeitlichem Landrücken, folgen. Zuerst auf der *Valveronkatu*, dann entlang der *Jussilankatu* folgend und anschließend eine Umgehungsstraße überquerend, gelangt man auf die Nebenstraße nach Riihimäki (*in Gegenrichtung:* vom Bahnhof Riihimäkis dem Straßenverlauf nach Süden folgen).

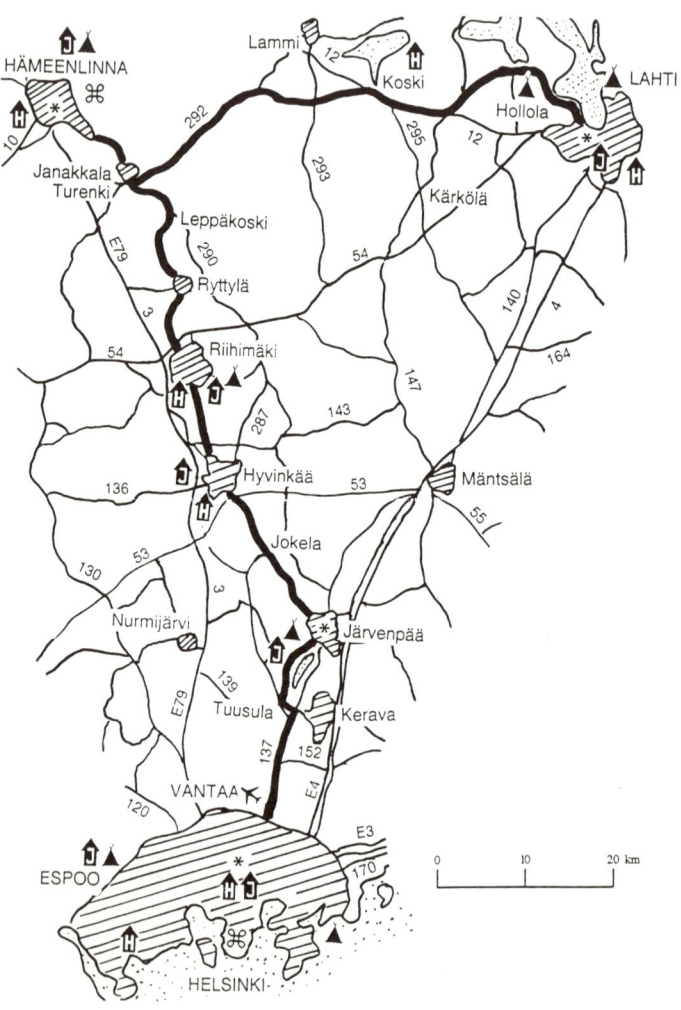

Riihimäki, 25.000 Einw., Hämeen lääni. Die moderne Industriestadt entstand wie viele süd- und mittelfinnische Städte im letzten Jahrhundert an einem Eisenbahnknotenpunkt. Wer sich über das finnische Glasdesign informieren möchte, kann dies im am westlichen Stadtrand gelegenen Künstler- und Handwerkerdorf (*Hyttikortteli*) oder im 500 m entfernten finnischen Glasmuseum (*Suomen lasimuseo*) tun. In dessen Nachbarschaft wiederum ist das finnische Jagdmuseum (*Suomen Metsästysmuseo*) untergebracht. Am nordöstlichen Stadtrand, im ehemaligen zaristischen Offizierskasino finden Sie das Nachrichtenmuseum, das die Geschichte der »Nachrichtenübermittlung von der Brieftaube bis zur modernen Nachrichtentechnik« (Eigenwerbung) dokumentiert.

Information: Kaupungin matkailuneuvonta, Kaupungintalo, PL 125, Kalevankatu 1, 11101 Riihimäki, Tel. (914) 741225, Fax 741700.

Bahnverbindungen: nach Helsinki, Tampere, Pori, Vaasa, Oulu, Rovaniemi, Kuopio, Joensuu.

Unterkunft: Pension Kavi, Erkyläntie 124, Tel. 722738, am östl. Stadtrand.

Jugendherberge: Retkeilyhotelli****, Merkuriuksenkatu 7, Tel. 741471, Fax 741700, 1.6-14.8., Frühstück, Sauna, Waschm., in Bahnhofsnähe.

Camping: Lempivaara***, Karhintie, Tel. 719200, ganzj., Waschm., Fahrradverleih, 4 km östl. des Zentrums.

Fahrrad: Riihi-Pyörä, Mäkikuja 24, Tel. 34963.

Der *Hämeenkatu*, einer Hauptgeschäftsstraße im Zentrum, folgt man bis zu ihrem Ende und befährt dann für etwa 100 m die *Karankatu*, von der links der *Kontiontie* abzweigt. Die sechste nach rechts abbiegende Straße (*Uramontie*) leitet aus der Stadt heraus nach *Ryttylä*. Von dort führt ein nichtasphaltierter Waldweg nach *Leppäkoski* (*in Gegenrichtung:* südl. des Dorfes ein kleines Hinweisschild in der Kurve beachten). Alternativ dazu ist die etwas längere, dafür asphaltierte Strecke über *Turkhauta* zu empfehlen. Nach einigen weiteren Kilometern durch einen Wald erreichen Sie die Straße Turenki-Hausjärvi, auf der Sie bis nach *Turenki*, dem Hauptort des 15.500 Einwohner zählenden Großgemeinde **Janakkala**, gelangen. Die Grausteinkirche im Kirchdorf (*Janakkalan kirkonkylä*) stammt aus dem Jahr 1520. Turenki ist auch Ausgangsort der nachfolgenden Etappe 40.

In der Umgebung: In der Nähe von *Rehakka* (10 km westl.) befinden sich auf dem Hügel *Hakoinen* noch die Reste einer frühmittelalterlichen Burg, die vermutlich als Vorgängerin der Festung Hämeenlinna gedient hat und 1311 auf einem Raubzug der Nowgoroder zerstört wurde.

Information: Kunnantalo, Juttilantie 1, 14200 Turenki, Tel. (917) 8011.

Fahrrad: Jankkalan Konekeskus Ky, Kauppakuja 2, Tel. 81233; Pyöräliike Nieminen, Kinnalantie 9, Tel. 82440.

Bis zum Etappenziel sind es nur noch 15 km, die auf der breiten Straße östlich der Bahnlinie problemlos zurückgelegt werden können (*in Gegenrichtung:* östl. des Zentrums die Eisenbahnschienen überqueren, dann rechts entlang dem *Harvialantie*).

Hämeenlinna, 42.000 Einw., Hämeen lääni. Die Geburtsstadt des Komponisten Jean Sibelius (Geburtshaus: Hallituskatu 11) erstreckt sich südlich der mittelalterlichen Burg. Bereits im 13. Jh. wurde mit den Bauarbeiten begonnen. Neben den Festungsanlagen von Turku/Åbo und Viipuri/Viburg war Hämeenlinna der dritte Stützpunkt, der in der Folgezeit der Kreuzzüge Jarl Birgers die gerade erst gewonnene schwedische Vormachtstellung weiter ausbauen und sichern sollte. Mit dem Verlust der strategischen Bedeutung der Festung wurden andere Nutzungsmöglichkeiten gefunden. Im 18. Jh. diente sie als Getreidespeicher, im 19. Jh. als Gefängnis. Im Inneren der Burg sind heute verschiedene Ausstellungen zu sehen, so z.B. die unter archäologischen Aspekten zusammengestellte »Terra Tavestorum - das Land der Bewohner von Häme«. Das heutige Stadtzentrum ist - wie so viele andere Innenstädte - in erster Linie durch Zweckbauten der 60er Jahre geprägt. Einige wenige Ausnahmen finden sich rund um den weitläufigen Marktplatz, so das Rathaus (1886) und das Haus der Provinzialverwaltung (1832). Die Bestände des in Hafennähe gelegenen Kunstmuseums (*Taidemuseo*) stammen zu einem großen Teil ursprünglich aus denen des Museums von Viipuri/Vyborg.
In der Umgebung: Ein kaum bekanntes Schmuckstück ist die 3 km südwestlich des Zentrums (Straße nach Turenki) gelegene Kirche von *Vanaja* mit ihrer reich verzierten Kanzel und einem ebenso schönen Altarbild.

Information: Hämeen Matkailu r.y., Sibeliuksenkatu 5, 13100 Hämeenlinna, Tel. (917) 6212388.
Schiffsverbindungen: nach Tampere, 3.6.-15.8., 1 x tägl., Fahrrad kostenpflichtig.
Bahnverbindungen: nach Helsinki, Tampere, Pori, Vaasa, Oulu, Rovaniemi.
Unterkunft: Fremdenheim Vanaja, Hämeentie 9, Tel. 22138.
Jugendherberge: Kuusisto***, Aulangon puisto, Tel. 28560, Fax 532430, 29.5.-16.8., Sauna, Fahrradverleih, vom Bahnhof 5 km entlang der Aulangontie nach Norden.
Camping: Aulangon ulkoilukeskus***, Anschrift & Tel. s. Jugendherberge, 14.5.-22.8., Fahrradverleih.
Fahrrad: Kone- ja Sporthuolto, Kasarmikatu 15, Tel. 21634; Intersport, Palokunnankatu 14, Tel. 24574 od. 24575.

Anschluß Richtung Südwesten: Etappe 41
Anschluß Richtung Norden: Etappe 42

Etappe 40:
Turenki - Koski - Hollola - Lahti (69 km)
Karten: GT Nr. 2 & 3

Von Turenki fährt man zunächst auf der »292«, bis bei der kleinen Siedlung *Kataloinen* die nichtasphaltierte Nebenstraße nach **Koski** abzweigt. Alternativ dazu ließe sich auch bis zur Hauptstraße fahren und dann nach Osten abbiegen. Der bislang bekannteste Einwohner der heutzutage 2400 Einwohner zählenden Gemeinde war J. K. Paasikivi, der als Unterhändler der finnischen Regierung die (erfolglosen) Moskauer Verhandlungen vom Herbst 1939 führte. Mit dem Rücktritt Mannerheims vom Amt des Staatspräsidenten begann in Finnland eine neue politische Ära, die von seinem Nachfolger im höchsten Staatsamt, Paasikivi, maßgeblich geprägt wurde. Ein Denkmal erinnert an das Wirken dieses wichtigen Politikers.
Information: Kunnanvirasto, PL 4, 168000 Koski Hl, Tel. (918) 7641202, Fax 7641345.
Unterkunft: Gasthaus Jokelan Kartano, Tel. 7642063, Fax 7642224.

Nach rund 8 km auf der Hauptstraße in Richtung Lahti biegt man nach links in die nach Norden führende »3173« ein. Bereits nach knapp 3 km zweigt rechts die »3161« ab, die zur Kirche von **Hollola** führt. Von dort bis zum Zentrum der Gemeinde ist es nicht mehr sehr weit. In Hollola sind der Gutshof Pyhäniemi, in dem auch moderne und klassische Kunst ausgestellt und verkauft wird, die mittelalterliche Steinkirche (um 1480) und das Atelier der Künstlerin Asta Pulkkinen sehenswert.
Information: Kunnanvirasto, Virastotie 3, 15870 Hollola, Tel. (918) 880111.
Camping: Messilä***, 15980 Messilä, Tel. 86011, ganzj., Hü., Waschm., Fahrradverleih, 10 km südöstl. in Richtung Lahti.
Ein Radweg leitet zum Ziel der Etappe.

Lahti, 100000 Einw., Hämeen lääni. Schon von weitem sieht man die Wahrzeichen von Finnlands Sporthauptstadt: die drei Sprungschanzen des Sportzentrums. Seit 1923 finden hier jeden Winter die Salpausselkä-Winterspiele, das Gegenstück zu den Holmenkollen-Spielen in Oslo, und seit 1974 auch jährlich der Finlandia-Skilauf statt. Bereits fünfmal wurden in Lahti die Nordischen Skiweltmeisterschaften ausgetragen: 1926, 1938, 1958, 1978 und 1989. Ginge es nach dem Willen der Stadtväter, würden die WM 2001 und die Olympischen Winterspiele 2006 ebenfalls in in ihrer Stadt stattfinden.
Wer sich stärker für Skisport interessiert, wird seine Freude am kleinen Skimuseum (*Hiihtomuseo*) im Sportzentrum haben oder am besten im Winter noch einmal nach Lahti fahren. Wer sich weniger dafür interessiert, sollte einen Blick in die Kreuzkirche (*Ristin kirkko*) Alvar Aaltos und das ihr gegenüberliegende Rathaus von Eliel Saarinen werfen. Erwähnenswert sind ferner

das Rundfunk- und Fernsehmuseum (*Yleisradion museo*), das militärmedizinische Museum im Militärgebiet *Hennala*, das Krankenhausmuseum im städtischen Krankenhaus in der Oikokatu und schließlich das Kunstmuseum, in dem alle zwei Jahre eine internationale Posterausstellung stattfindet. Im Touristenbüro gibt es gut ausgearbeitete Fahrradrouten für Lahti und Umgebung.

Information: Kaupungin Matkailu-ja Kongressitoimisto, Torikatu 3 B, PL 175, 15111 Lahti, Tel. (918) 8184568, Fax 8184564.

Bahnverbindungen: nach Riihimäki, Helsinki, Kouvola, Pieksämäki, Oulu, Joensuu.

Schiffsverbindungen: nach Jyväskylä, Juni bis Mitte August, 4 x wöchentl., Fahrradmitnahme Fmk 40; nach Heinola, Juni bis Mitte August, 4 x wöchentl., Fahrradmitnahme Fmk 40.

Unterkunft: Lepola Course and Resort Centre, Sipurantie 26, Tel. 7561521 od. 7521112; Hostel Patria, Vesijärvenkatu 3, Tel. 823783.

Jugendherberge: Lahden kaupungin retkeilymaja***, Kivikatu 1, Tel. 7826324, ganzj., Fahrradverleih, im südl. Stadtgebiet; Mukkulan kesähotelli****, Rietaniemenkatu 10, Tel. 306554, Fax 7304911, 2.5.-31.8., Frühstück, Sauna, Fahrradverleih, am nördl. Stadtrand.

Camping: Mukkula***, Anschrift, Tel. & Fax s. JH Mukkulan kesähotelli, 1.5.-31.8., Hü., Waschm., Fahrradverleih.

Fahrrad: Lahden Keilasoppi, Launeenkatu 5, Tel. 7523292; Polkupyörähuolto, Hirsimetsäntie 24, Tel. 339183; Leppäsen Pyöra, Vesijärvenkatu 24, Tel. 831400; Järvisen, Rauhankatu 6, Tel. 824629.

Anschluß Richtung Süden: Etappe 67
Anschluß Richtung Norden: Etappe 68

Etappe 41:
Hämeenlinna - Renko - Porras - Somero (73 km)
Karte: GT Nr. 2

Vom Westende des Zentrums aus überqueren Sie auf dem *Turuntie* zunächst die Hauptstraße Helsinki-Tampere. Auf einem leicht ansteigenden Radweg geht's bis an einen Kreisverkehr, an dem der nach Süden verlaufende *Hattelmalantie* beginnt. Nach einem Kilometer zweigt man rechts ab in den *Rengontie* und erreicht so den Stadtteil *Luolaja*, dessen Durchgangsstraße zur Hauptstraße 10 führt. Auf dieser zugebenermaßen nicht besonders attraktiven Strecke passiert man *Renko* und biegt nach etwa 15 km, im Dorf *Nummenkylä*, links in den »Ochsenweg« (*Torron suo*) ein. Dieser »Museumsweg« ist ein Teil der spätmittelalterlichen Verbindung Turku-Hämeenlinna. Die »54« wird überquert, und auf einer ruhigen Strecke gelangen Sie in das Dorf *Porras* (*in Gegenrichtung:* an einer Straßengabelung der Ausschilderung »Sotka« folgen).

Unterkunft: Eerikkilän urheiluopisto, Tel. (916) 50841, 6 km westl. von Porras.

Von Porras aus folgen Sie nur noch dem Straßenverlauf, überqueren die »2«

und erreichen so das Etappenziel (*in Gegenrichtung:* in Somero das Hinweis-schild »Letku« beachten).

Ortsbeschreibung Somero & Anschluß Richtung Südwesten: Etappe 6

Etappe 42:
Hämeenlinna - Hattula - Valkeakoski - Lempäälä - Tampere (92 km)
Karte: GT Nr. 4

In der Nähe des Bahnhofs beginnt der *Aulangontie.* Nach etwa 5 km erreichen Sie *Aulanko:* ein Naherholungsgebiet mit Golfplatz, Reitställen, Aussichtsturm; hinzu kommen Übernachtungsmöglichkeiten (s. Stadtbeschreibung Hämeen-linna, Etappe 39). Nach weiteren 7 km kommt die Heilig-Kreuz-Kirche von **Hat-tula** (*Hattulan Pyhän Ristin kirkko*) in Sicht, eine über 500 Jahre alte Backstein-kirche mit im 16. Jh. ausgeführten Wandmalereien. Die andere »Attraktion« der 8900-Einwohner-Gemeinde ist das Panzermuseum (*Panssarimuseo*) im Orts-teil *Parola,* in dem auch ein Panzerzug ausgestellt wird.
Bis zur Abzweigung nach *Valkeakoski* ist die »305« gut zu befahren. Dann ist die Strecke für etwa 12 km nicht asphaltiert. Erst kurz vor dem Erreichen der »307« ändert sich dies wieder. Nach Überwindung einiger leichter Steigungen erreichen Sie die Industriestadt.

Valkeakoski, 22.000 Einw., Hämeen lääni. Die Stadt wirkt auf den Besucher nicht wie ein Ort, an dem man unbedingt länger bleiben möchte, im Gegen-teil: Ein Fabrikgeruch hängt permanent in der Luft, alte und neue Industrie-anlagen prägen das Stadtbild. Bereits in den 70er Jahren des vergangenen Jahrhunderts nahmen eine Holzschleiferei und eine Papierfabrik ihren Be-trieb auf. Eine infrastrukturelle Grundlage dafür war die 1869 erfolgte Fertig-stellung eines Kanals, der eine Verbindung zwischen den Seen *Mallasvesi* und *Vanajavesi* herstellte. Der neueren Stadtgeschichte entsprechend doku-mentieren die Museen einen Ausschnitt der Industrialisierung: Im Freilicht-museum *Kauppilanmäki* werden die Wohnverhältnisse der Arbeiterschaft um die Jahrhundertwende gezeigt. Die Ausstellung im Museum *Myllysaari* geht bis zu den etwa 7500 Jahre alten Anfängen menschlicher Kultur in dieser Region zurück, setzt dann aber einen Schwerpunkt auf die Entwicklung der letzten 130 Jahre.
In der Umgebung: In *Sääksmäki* (10 km südl.), in der Nähe der nicht erhal-tenen prähistorischen Fluchtburg *Rapola,* befindet sich eine ganze Reihe von Sehenswürdigkeiten, so das Kunst- und Kulturzentrum *Voipaala,* die Ateliers des Bildhauers Emil Wikström und des in Finnland bekannten Kari-katuristen Kari Suomalainen (*Visavuori*) und die mittelalterliche Steinkirche.
Information: Valkeakosken Matkailu Oy, Kauppatori 9, 37600 Valkeakoski, Tel. (937) 5846997, Fax 5845363.

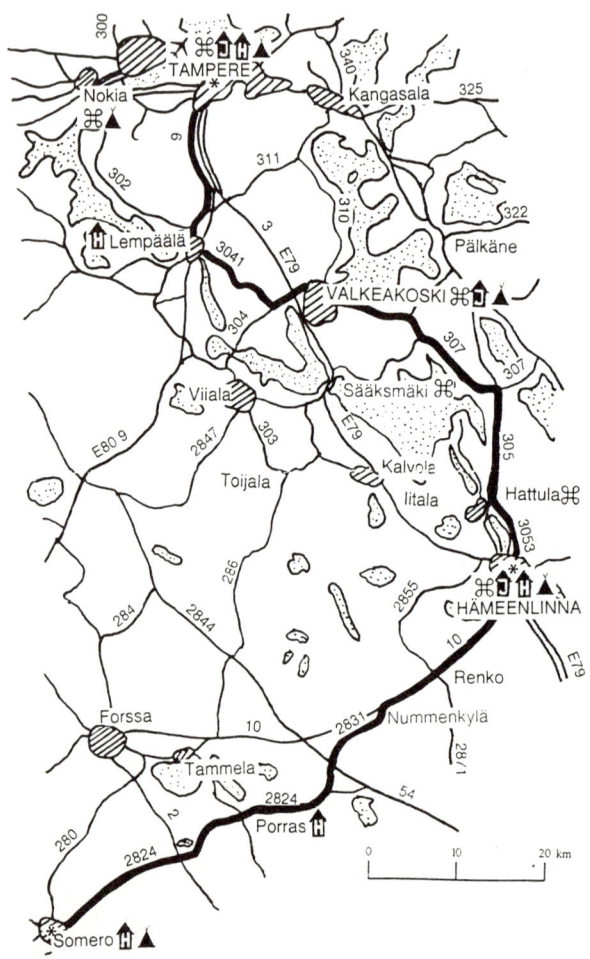

Jugendherberge: Apia****, Apiankatu 43, Tel. 721405, 1.6.-15.8., Frühstück, Sauna, Waschm., an der Straße nach Pälkäne.
Camping: Apianlahti***, Pälkäneentie 43, Tel. 5842441, 1.6.-31.8., Hü., Fahrradverleih, vom Zentrum 1 km entlang der Straße nach Pälkäne, dann links.
Fahrrad: Jussin Pyörä, Jyräänkatu 1, Tel. 5844878; Urheilu-Seppo, Valtakatu 31, Tel. 5845622; Jani-Sport Ky, Valtakatu 12, Tel. 5842495; Kesport, Valtakatu 5-7, Tel. 5842545.

Vom Zentrum befahren Sie zunächst einen Radweg, der entlang der Straße nach *Toijala* verläuft. Nach dem Verlassen der Stadt und dem Passieren der Hauptstraße 3 beginnt zur Rechten die neuausgebaute Straße nach **Lempäälä**. Am Ortseingang überqueren Sie die Gleise, durchfahren das Zentrum und überqueren abermals die Schienenstränge.
Information: Kunnanvirasto, matkailuneuvonta, PL 36, 37501 Lempäälä, Tel. (931) 3744111, Fax 3744216.
Schiffsverbindungen: nach Tampere bzw. Hämeenlinna, 3.6.-15.8., je 1 x tägl., Fahrradmitnahme kostenpflichtig.
Bahnverbindungen: nach Helsinki, Tampere.
Unterkunft: Loma- ja retkeilymaja hiidenvuolle, Tel. 3750489.
Fahrrad: Sportia Matti, Tampereentie 24, Tel. 3750855.

Am nördlichen Ortsende, etwa 500 m hinter der Brücke, biegen Sie links ab in eine Nebenstraße (*Tampereentie*), auf der Sie die Fahrt bis ins Zentrum von Tampere fortsetzen können (*in Gegenrichtung:* vom Busbahnhof aus entlang dem *Tampereen valtatie*, unter zwei Eisenbahnbrücken hindurch, an einer unübersichtlichen Kreuzung rechts in den *Lempäälentie*).

Tampere, 172.600 Einw., Hämeen lääni. Auch die 2500 Menschen fassende neue Kongreßhalle (*Tampere-talo*) kann nicht darüber hinwegtäuschen, daß die Geschichte der Stadt eng mit der Industrialisierung verbunden ist. Zwei Faktoren begünstigten die Entwicklung zum »Manchester« Finnlands: Zum einen konnte die Wasserkraft der Fälle von *Tammerkoski* industriell genutzt werden, zum anderen waren die wirtschaftspolitischen Voraussetzungen durch die Gewährung von Zollfreiheit für einige Rohstoffe sowie Steuerbefreiungen denkbar günstig. So entstanden im 19. Jh. Industrien in den Bereichen Textil, Metall, Holz und Papier. Ursprünglich ein Arbeiterwohngebiet, heute eher ein Wohnort der Besserverdienenden ist der am Hang gelegene Stadtteil *Pispala*. Ein Bild von den Lebensbedingungen der Fabrikarbeiter um die Jahrhundertwende bietet das Arbeitermuseum (*Amurin työläismuseokortteli*). Im Zentrum der nach Helsinki und Espoo drittgrößten Stadt des Landes finden sich zahlreiche sehenswerte Jugendstilbauten. Hervorstechendstes Beispiel ist die Domkirche, ein Meisterwerk nationalromantischer Architektur. Der Aussichtsturm (168 m) im Vergnügungspark *Särkänniemi* offeriert einen guten Überblick über die Stadt. Darüber hinaus bietet Tampere kulturell Interessierten ein reichhaltiges Angebot an Museen: verschiede-

ne Kunstmuseen, Puppen- und Kostümmuseum (*Haiharan nukke- ja puku-museo*), Lenin-Museum, Mumintal (*Muuminlaakso*) u.a.
Information: Kaupungin matkailutoimisto, Verkatehtaankatu 2, PL 87, 33211 Tampere, Tel. (931) 2126652 od. 2126775, Fax 2196463.
Flugverbindungen: nach Helsinki, tägl.; sowie 20 weitere Verbindungen in alle Landesteile.
Schiffsverbindungen: nach Hämeenlinna, 2.6.-14.8., 1 x tägl.; nach Ruovesi bzw. Virrat, 2.6.-14.8., 3 x wöchentl., Fahrradmitnahme kostenpflichtig.
Bahnverbindungen: nach Helsinki, Turku, Pori, Vaasa, Oulu, Rovaniemi, Joensuu.
Unterkunft: Matkailijakoti Astrum, Viinikankatu 22, Tel. 4235317; Kissanmaan Vieraskoti, Keltinkatu 4-6, Tel. 535620 od. 762592; Kesähotelli Härmälä, Nuolialantie 48, Tel. 651250; Ammattikasvatus-Hallinnon Kurssihotelli, Lapinkaari 1, Tel. 534520; Interpoint, Hämeenpuisto 14, Tel. 2124056; Rustholli, Rusthollinkatu 18, Tel. 622331; Sportkievari, Oksatie 1, Tel. 3445500.
Jugendherberge: Domus****, Pellervonkatu 9, Tel. 550000, Fax 225409, 1.6.-31.8., Frühstück, Sauna, Waschm., Fahrradverleih, 2 km östl. des Bahnhofs; Hostel Uimahallin Maja****, Pirkankatu 10-12, Tel. 2229460, Fax 2229940, ganzj., Frühstück, 1 km westl. des Bahnhofs; NNKY:n retkeilymaja***, Tuomiokirkonkatu 12 A, Tel. 2225446, 1.6.-25.8., Frühstück, Fahrradverleih, in der Nähe der Domkirche.
Camping: Härmälä***, Leirintäkatu 8, Tel. 651250, 13.5.-20.8., Hü., Waschm., 5 km südl. des Zentrums.
Fahrrad (Auswahl): Keskuspyörä, Lapintie 6, Tel. 2124074; Messukylän Polkupyöräkorjaamo, Messkylänkatu 37, Tel. 630177; Polkupyöräkorjaamo U. Mäkinen, Opiskelijankatu 14, Tel. 176683; Kemppaisen Pyörä- ja Suksihuolto, Ylöjärventie 25, Tel. 3444881; Pyörä- ja Mopohuolto J. Laukkanen, Takojankatu 13, Tel. 530336.

Anschluß Richtung Nordosten: Etappe 44
Anschluß Richtung Norden: Etappe 46

Etappe 43:
Tampere - Nokia - Vammala - Huittinen (88 km)
Karte: GT Nr. 4

Von der Stadtmitte ab steigt der Radweg entlang dem *Pispalan valtatie* zunächst leicht an, führt durch den Stadtteil *Pispala* und senkt sich dann nach Westen hin ab. Immer dem Straßenverlauf folgend, gelangt man schließlich auf den *Nokiantie*, der in einiger Entfernung zur Hauptstraße bis nach **Nokia** (26.000 Einw.) führt. Der gleichnamige, bereits 1865 durch die Fusion einer Gummifabrik und einer Holzschleiferei hier gegründete Mischkonzern ist mit insgesamt fast 30.000 Beschäftigten zum größten Privatunternehmen Finnlands herangewachsen. An seinem Stammsitz unterhält der Konzern heute noch eine Reifen- sowie ein Schuhfabrik. Darüber hinaus ist auch die holzverarbeitende Industrie gut vertreten. In Finnland wohl einmalig ist *EMMA*, das Museum für Unterhaltungsmusik.
Information: Nokian Matkailu Oy, Välikatu 18, 37100 Nokia, Tel. (931) 423255, Fax 423775.

Camping: Viinikanniemi***, Tel. 3413384, Fax 3442385, 10.5.-15.9., Hü., Waschm., 1,5 km südl. des Zentrums.
Fahrrad: Nokian Pyörä Ky, Yrittäjäkatu 6, Tel. 3412437; T-Sport Nokia, Välikatu 18, Tel. 3423990; Suomen Urheilupyörä, Ahteensivu 4, Tel. 3412602.

Kartenskizze Etappe 43

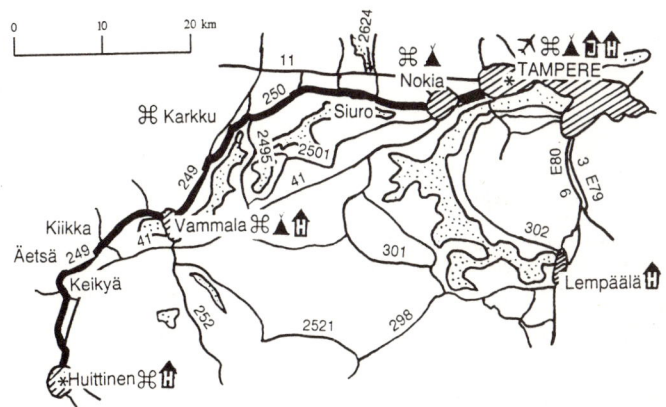

Wer den oben beschriebenen Weg benutzt, passiert am östlichen Ortseingang bereits die klassizistische Kirche und das Heimatmuseum *Hinttala*. Um Nokia in westliche Richtung zu verlassen, bietet es sich an, dem Straßenverlauf (*Nokian valtatie*) zu folgen. Unter einer Eisenbahnbrücke hindurch verläuft die ruhige »250« in Richtung *Siuro*. Nach einiger Zeit auf dieser Straße wird es deutlich bergiger, auch ist die Straßendecke für einige Kilometer nicht asphaltiert. Im kleinen Dorf *Karkku* gelangt man wieder auf Asphalt. Eine kleine, gut zu befahrene Nebenstraße führt vorbei an der etwa 3 km außerhalb liegenden Dorfkirche zur »249«. Schon nach kurzer Zeit bietet sich ein Abstecher zur alten Kirche von Sastamala (*Sastamalan vanha kirkko*) an, die vermutlich zu Beginn des 14. Jh. errichtet wurde. Etwas jünger (Ende 14. Jh.) ist die in der Nähe des Ortseingangs von **Vammala** stehende St.-Olavs-Kirche. Die Stadt (16.000 Einw.) ist Heimatort des Malers Akseli Gallen-Kallela. Sein heute als Museum eingerichtetes Elternhaus (*Jaatsi*) befindet sich in der Nähe des Bahnhofs.
Information: Vammalan kaupunki, matkailuneuvonta, Puistokatu 10, 38200 Vammala, Tel. (932) 1981, Fax 198229; Tourist Information, Rautavedenkatu, Tel. 198255, nur während der Sommermonate.
Unterkunft: Gasthaus Liekoranta, Asemakatu 34, Tel. 43662.
Camping: Tervakallio***, Uittomiehenkatu, Tel. 42720 od. 42146, 15.5.-31.8., Hü., Fahrradverleih, 1 km vom Zentrum entfernt.
Fahrrad: Mopo- ja pyöräkorjaamo Juhani Setälä, Itsenäisyydentie 8, Tel. 42655; Polkupyörä- ja mopedikorjaamo Voitto Välimaa, Saarikatu 7, Tel. 41130.

Über die flache »249« radeln Sie nach *Kiika* und *Keikylä* (Gemeinde **Äetsä**). Unmittelbar hinter der Flußbrücke zweigt rechts eine kleine Straße nach *Kiviniemi* ab. Sobald Sie die Hauptstraße »41« erreichen, überqueren Sie diese und fahren auf dem Radweg bis nach **Huittinen**.

Ortsbeschreibung Huittinen und Anschluß Richtung Südwesten: Etappe 14

Etappe 44:
Tampere - Kangasala - Orivesi (54 km)
Karte: GT Nr. 4

Am Kongreßzentrum (*Tampere-talo*), das sich in der Nähe des Bahnhofs befindet, beginnt der *Kalevantie*. Vorbei an einem Friedhof mündet dieser schließlich in den *Messukyläntie*. Dem weiteren Straßenverlauf folgend, gelangt man nach **Kangasala** (21000 Einw.). Der Aussichtsturm in der Nähe des Automuseums (3 km südöstl. des Zentrums) bietet einen schönen Ausblick auf die umliegende Seenlandschaft.

Information: Kangasalan kunnanvirasto, PL 50, Kunnantie 1, 36200 Kangasala, Tel. (931) 3777111, Fax 3777250.
Unterkunft: Kesäkartano, Tel. 3771250, 5 km östl., an der Straße nach Sahalahti; Lomakoti Pyysalo, Tel. 3762314, 1.6.-31.8., auch Camping, 20 km nördl., am Westufer des Vesijärvi; Leppoja, Tel. 3766533, 12 km in Richtung Orivesi.
Camping: Kisaranta**, Tel. 3770180, ganzj., Hü., Waschm., 1,5 km östl. des Zentrums.
Fahrrad: Pyörä-Myyrä, Antintie 2, Tel. 3771617.

Durch die hügelige Landschaft Pirkanmaas windet sich die »324« nach **Orivesi**. Wichtiger Erwerbszweig der 9200 Einwohner zählenden Gemeinde ist die Schuhfabrikation. Die Bogenkirche (*Kaarikirkko*) im Zentrum gehört zu den frühen Bauten moderner Architektur in Finnland.

In der Umgebung: im Gemeindeteil *Eräjärvi* (20 km südöstl.) befindet sich ein Steinmuseum (*Kivimuseo*) mit Ausstellungen von Mineralien und zur Geschichte der Steinbearbeitung.

Information: Auvisen Käsityökeskus, Keskustie 37, 35300 Orivesi, Tel. (931) 3352874, Fax 3343130.
Bahnverbindungen: nach Helsinki, Tampere, Turku, Seinäjoki, Joensuu.
Hotel: Orivesi, Keskustie 37, Tel. 3352874.
Unterkunft: Motelli Oritupa, Valtatie 9, Tel. 3357001, Hü.
Camping: Säynäniemi***, Karppi, Tel. 3347254, 30.4.-30.9., Hü., Waschm., Fahrradverleih, 5,5 km südl., in Richtung Kangasala.
Fahrrad: Oriveden Pyörä, Anttilantie 6, Tel. 3352235; Orisport, Keskustie 41, Tel. 3352261.

Im Zentrum beginnt der *Koulutie* zur Hauptstraße Tampere-Jyväskylä. Dieser folgt man für kurze Zeit in nordwestlicher Richtung, um dann hinter einer kleinen Brücke links auf die Nebenstraße auszuweichen (Ausschilderung: »Voitila«). Parallel zur »9« trifft man so auf die kleine, nichtasphaltierte Straße, die zur Kirche von **Juupajoki** führt. Durch die Siedlungen *Sahrajärvi* und *Sahrakoski* gelangen Sie auf die »58« (alternativ: von Orivesi auf der »58« in Richtung Mänttä).

Unterkunft: Sammalniemi, Petääjärvi, Tel. (931) 3348770, von der Kirche Juupajokis 7 km nach Osten; Gasthaus Henkireikä, Hirvijärvi, Tel. 3356868, 6 km östl. von Sahrajärvi.

Die gut ausgebaute Straße nach **Mänttä** ist weitgehend eben. Die Ortschaft (7800 Einw.) entwickelte sich mit der Gründung eines Sägewerks vor gut 125 Jahren. In der Folgezeit wurde dieses um eine Papierfabrik erweitert. Der heutige Betreiber der Anlagen, die Metsä-Serla Oy, ist der wichtigste Arbeitgeber der Stadt. Eine herausragende Stellung im Kulturangebot der Region nimmt das *Göstä-Serlachius*-Kunstmuseum ein. Die Sammlung der Stiftung umfaßt Werke italienischer, spanischer, französischer und holländischer Malerei von der Renaissance bis zum Impressionismus sowie Werke finnischer Künstler aus den vergangenen zwei Jahrhunderten.

Information: Mäntän kaupunki, matkailuneuvonta, PL 69, Seppälän puistotie 15, 35801 Mänttä, Tel. (934) 488811, Fax 419500.
Unterkunft: Hyvän Olon Kuntokeskus, Hummalantie 8, Tel. 4748133.
Jugendherberge: Mäntän retkeilymaja***, Seppälän Puistotie 12, Tel. 4888641, Fax 4888500, 1.6.-8.8., Sauna, im Zentrum.

Nördlich von *Mänttä* beginnt eine schöne Strecke auf der Ostseite des Sees *Keurusselkä*. Alternativ dazu bietet sich eine etwas längere, dafür aber ruhigere Straße westlich des Sees an, deren letzter Teil einige Steigungen enthält. In der Gemeinde **Vilppula** bestehen zwei Übernachtungsmöglichkeiten.

Unterkunft: Matkustajakoti Ilves, Tel. (934) 46202; Maatilamatkailu Soilu, Tel. 48623.

Das Zentrum des Etappenziels **Keuruu** erreicht man vorbei an der aus der Mitte des 18. Jh. errichteten Holzkirche, deren Decken mit Rokoko-Malereien verziert sind. Während des Sommers werden Ausflugsfahrten mit dem Raddampfer »Elias Lönnrot« auf dem Keuruuselkä-See angeboten.

In der Umgebung: In *Haapamäki* (16 km westl.) befindet sich der 20 Loks umfassende Dampflokomotivpark (*Veturipuisto*). 31 km in nordwestlicher Richtung sind es bis zur Kirche von Pihlajavesi (*Pihlajaveden vanha kirkko*), einer urtümlichen, über 200 Jahre alten Holzkirche.

Kartenskizze Etappen 44 - 46

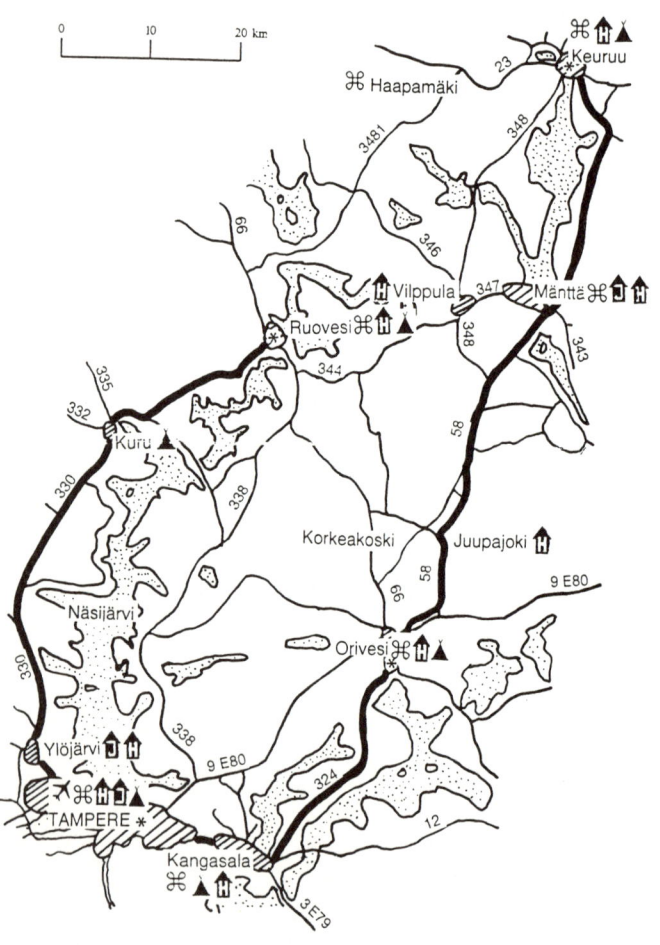

Information: Keuruun Matkailu Oy, Multiantie 5, PL 65, 42701 Keuruu, Tel. (943) 7517144, Fax 771872.
Unterkunft: Kiviselän Kievari, Haapamäentie, Tel. 21140, 4 km westl.; Korpi-Jukolan tila, Jukojärvi, Tel. 45849, 11 km nördl. in Richtung Multia; Iso Kirja, Tel. 7514411, 10 km auf der Hauptstraße in Richtung Mänttä; Leirikeskus Pöyhölä, Tel. 20120, auch Camping, 5 km südl. auf der Nebenstraße in Richtung Mänttä.
Camping: Nyyssänniemi***, Tel. 20480, 3.6.-7.8., Hü., 1,5 km südl. des Zentrums.
Fahrrad: Keurun Saha ja Erä, Keuruuntie 14, Tel. 770860; Sportia Keuruu, Keuruuntie 6, Tel. 21178.

Anschluß Richtung Osten: Etappe 71

Etappe 46:
Tampere - Ylöjärvi - Kuru - Ruovesi (82 km)
Karte: GT Nr. 4

Der Beginn dieser Strecke entspricht dem Anfang in Etappe 43. Jedoch zweigt im Stadtteil *Epilä* (5 km westl. des Zentrums) die *Epilänkatu* vom *Pispalan valtatie* ab. Die Straße führt unter einer Eisenbahnbrücke hindurch an einem kleinen See vorbei bis nach **Ylöjärvi** (19000 Einw.).
Unterkunft: Loma- ja kurssikeskus Koivupuisto, Petäjäntie, Antaverkka, 33480 Ylöjärvi, Tel. (931) 491148, 5 km nördl. von Ylöjärvi.
Jugendherberge: Pinsiön Majat****, 39150 Pinsiö, Tel. 406074, ganzj., Frühstück, Sauna, Waschm., von Ylöjärvi 10 km in Richtung Hämeenkyrö bzw. Pinsiö.

Im Zentrum beginnt die nach Norden verlaufende »330«, anfangs relativ verkehrsreich und hügelig. Das Verkehrsaufkommen verringert sich allmählich, die Steigungen bleiben. **Kuru** ist eine ländliche Gemeinde mit 3200 Einwohnern. Neben der traditionellen Land- und Forstwirtschaft sichert der Abbau von Granit den Lebensunterhalt.
In der Umgebung: 20 km nordwestlich befindet sich ein Nationalpark (*Seitsemisen kansallispuisto*, 40 km²). Sein Landschaftsbild ist durch Oser, Wälder und Moore geprägt. In *Länsi-Aure* befindet sich das Informationszentrum des Parks (Kulomäki, 34530 Länsi-Aure, Tel. [933] 33240).
Information: Kurun kunta, Kauppatie 7-9, 34300 Kuru, Tel. (934) 3911.
Camping: Hevosaari***, Tel. 3314, 20.5.-29.8., Hü., Waschm., 1 km nördl. des Zentrums.
Fahrrad: Kurun pienkonehuolto, pienteollisuustalo, Uudenkyläntie 2, Tel. 3435.

Über eine sehr schöne, aber nach wie vor hügelige Straße nähert man sich dem Etappenziel. Wer einen kleinen Umweg in Kauf nimmt, erreicht dieses auch über einen »Museumsweg« (*museotie*), ein Teilstück der alten Verbindung von Kuru nach Ruovesi. Das am Hang gelegene **Ruovesi** beherbergt eines der ältesten Heimatmuseen des Landes. Im Ortsteil *Ruhala* (6 km südöstl.) ließ sich der Maler Akseli Gallen-Kallela (1865-1931) ein Atelier errichten; es hatte jedoch bislang nur im Juli geöffnet und bleibt 1994 evtl. ganz geschlossen.

In der Umgebung: Auch auf dem Gemeindegebiet von Ruovesi liegt ein kleinerer Nationalpark (*Helvetinjärven kansallispuisto*, 28 km²). Eine lange Kette von Schluchtseen ist kennzeichnend für das Areal. Spektakulär ist ein Felsspalt (*Helvetinkolu*), durch den man in eine Talschlucht gelangen kann.

Information: Ruoveden Matkailu Oy, 34600 Ruovesi, Tel. (934) 761388 od. 4861388.

Schiffsverbindungen: nach Tampere bzw. Virrat, 3.6.-15.8., je 3 x wöchentl., Fahrradmitnahme kostenpflichtig.

Hotel: Hotelli Ruovesi, Tel. 4762273.

Camping: Haapasaaren lomakylä***, Anschrift & Tel. s. Information, 14.5.-11.9., Hü., Waschm., Fahrradverleih, 1,5 km nördl. des Zentrums.

Fahrrad: Mikko Hyödynmaa, Pirkantie, Tel. 4762257.

Kartenskizze Etappe 47

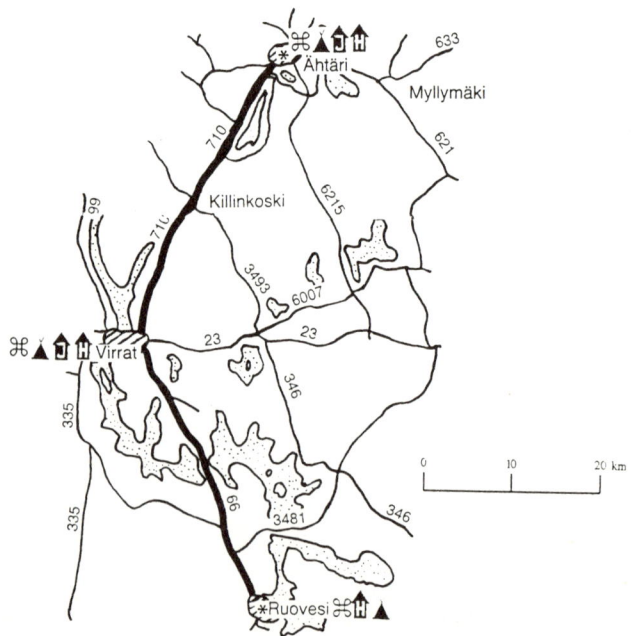

Etappe 47:
Ruovesi - Virrat - Ähtäri (76 km)
Karten: GT Nr. 4 & 7

Zu Beginn verläuft die Etappe durch eine sanft geschwungene, durch den geraden Straßenverlauf ein wenig eintönig wirkende Waldlandschaft. Dies ändert sich jedoch einige Kilometer südlich von **Virrat**, wo die Schluchtseen von *Toriseva* (vor allem in der Abendsonne) ein herrliches Panorama bieten. Im gesamten Verwaltungsgebiet der Kleinstadt (9200 Einw.) liegen etwa 300 Seen und Flußläufe. Dementsprechend hoch ist die Zahl von Urlaubern. *Perinnekylä* ist ein 4 km westlich der Stadt liegendes, verhältnismäßig großes Freilichtmuseum.

Information: Virtain kaupungin matkailutoimisto, 34800 Virrat, Tel. (934) 512276, Fax 512600.

Schiffsverbindungen: nach Ruovesi bzw. Tampere, 3.6.-15.8., 3 x wöchentl., Fahrradmitnahme kostenpflichtig.

Unterkunft: Motelli Motorest 66, Tel. 54399; Ferienheim Rajaniemi, Tel. 55648, 10 km südl. des Zentrums; Loma-Rauhala, Rantatie, Tel. 55936; Jugendzentrum Marttinen Herranen, Tel. 56260, 4 km westl.; Ferienzentrum Pukkila, Visuvesi, Tel. 756233; Feriendorf Suvi-Nuutila, Tel. 58634.

Jugendherberge: Domus Virrat****, Sipiläntie 3, Tel. 54570, 1.6.-15.8., Frühstück, Sauna, Waschm., Fahrradverleih, in der Nähe der Kirche; Haapamäki****, 34710 Vaskivesi, Tel. 58845, Frühstück, Sauna, Waschm., Fahrradverleih, etwa 15 km südl. von Virrat entlang der »335«.

Camping: Lakari***, Tel. 58639 od. 58667, 1.6.-16.8., Hü., Waschm., 7 km südl. des Zentrums in Richtung Ruovesi.

Fahrrad: Raimo Pihlajamäki, Leivontie 1, Tel. 55009.

Nach **Ähtari** gelangt man durch das Dorf *Killinkoski* auf der neu ausgebauten »710«. Wer mit einer älteren Karte fährt, wird noch die Straßennummer »349« verzeichnet finden. Der Straßenverlauf ist derselbe!

Ortsbeschreibung Ähtäri & Anschluß Richtung Westen: Etappe 21
Anschluß Richtung Norden: Etappe 22

Etappe 48:
Ähtari - Pylkönmäki - Saarijärvi (70 km)
Karten: GT Nr. 7 & 8

Vom Geschäftszentrum aus fahren Sie zuerst für einen Kilometer leicht bergauf bis zu einer größeren Kreuzung. Von dort an besteht ein Radweg bzw. eine kleine Parallelstraße, die bis zum Tierpark (vgl. Etappe 20) führt. In *Myllymäki* beginnt die schon etwas hügelige Straße nach *Saarijärvi*. Das Ortszentrum der Gemeinde **Pylkönmäki** läßt man dabei links liegen.

Unterkunft: Lomakouhtero Martinhovi, 43480 Pääjärvi, Tel. (944) 440231, 12 km nördl. von Pylkönmäki.
Camping: Jokilahden Matkailu***, 43440 Pylkönmäki, Tel. 440122, Hü., Waschm., 7 km nördl. von Pylkönmäki.

Etwas östlich von **Saarijärvi** (10.700 Einw.) mündet die bis dahin ruhige Straße in die »13« ein, ein Radweg leitet ins Zentrum. Die Stadt liegt auf einer Landzunge - umgeben vom gleichnamigen See. Älteste Funde deuten darauf hin, daß hier bereits vor über 6000 Jahren Menschen gelebt haben. Im »Steinzeitdorf« (*Kivikaudenkylä*, 6 km südl.) wurde eine Wohnstätte rekonstruiert, wie sie etwa vor 3000 Jahren ausgesehen haben mag. Das moderne Stadtmueum (*Saarijärven museo*) hat die kulturgeschichtliche Entwicklung der Region zum Thema.
In der Umgebung: Etwa 20 km nördlich befindet sich ein kleiner, bereits seit 1912 unter Naturschutz stehender Nationalpark (*Pyhä-Häkin kansallispuisto*, 12 km²) mit zum Teil sehr alten Fichten- und Kiefernbeständen sowie verschiedenartigen Mooren.
Information: Saarijärven kaupunki, matkailuneuvonta, PL 13, 43100 Saarijärvi, Tel. (944) 291300, Fax 291421.
Unterkunft: Leiri- ja kurssikeskus Leiriharju, 43250 Kolkanlahti, Tel. 39711, Fax 39716, 6 km westl. entlang der »13«; Lounas- ja Kahvipaikka Union Kolkanlahti/Kuusiset Ky., Tel. 39559; Suomen Joogaopisto (Finnisches Yoga-Institut), Tel. 21670, 6 km westl. des Zentrums im Ortsteil Ranta-Hännilä.
Camping: Ahvenlampi***, 43250 Kolkanlahti, Tel. 39583, 28.5.-15.8., Hü., Waschm., Fahrradverleih, 8 km nordwestl. entlang der »13«.
Fahrrad: Polkupyörä- ja pienkonekorjaamo, Vesa Limmeri, Kauppakatu 4.

Anschluß Richtung Osten: Etappe 72

Etappe 49:
Saarijärvi - Kannonkoski - Kivijärvi (58 km)
Karte: GT Nr. 8

Am westlichen Ende der Stadt beginnt die gut zu befahrene »648« in Richtung **Kannonkoski**. Noch vor dem Kirchdorf zweigt eine nichtasphaltierte Nebenstraße in Richtung *Kivijärvi* ab (alternativ: von Kannonkoski 12 km nach Norden bis zur »77«, dann in Richtung Westen).
Information: Kannonkosken kunta, 43300 Kannonkoski, Tel. (944) 451211, Fax 451266.
Unterkunft: Piispalan kurssi- ja leirikeskus, Tel. 451551, Fax 451512, auch Camping, nordwestl. von Kannonkoski an der »77«.
Camping: Kallion leirintä***, 44590 Vuorilahti, Tel. (946) 37200, 1.6.-20.8., Fahrradverleih, 22 km östl. von Kannonkoski.
Fahrrad: Kello ja Pyörä Korhonen, Tel. 451082.

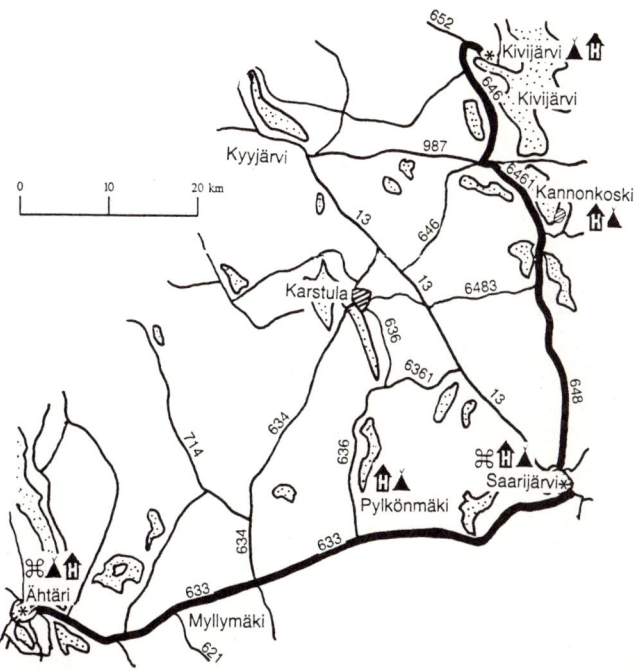

Beim Erreichen der Hauptstraße folgt man dieser für kurze Zeit nach Westen und biegt dann in die »646« ein, die bis nach **Kivijärvi** (2000 Einw.) führt. Das Gemeindezentrum befindet sich auf einer kleinen Halbinsel, umgeben vom gleichnamigen See.

Information: Kivijärven kunta, matkailuneuvonta, Keskustie 5, 43800 Kivijärvi, Tel. (944) 81451.
Unterkunft: Gasthaus Kivikukko, Pajutie 5, Tel. 81616; Hannunkiven lomakylä, Tel. 81626, Fax 81628, 2 km westlich des Zentrums.
Camping: Kivijärven leirialue, Tel. 81328, 2 km westl. des Zentrums; Koirajärven Eräpalvelu, Tel. 87744, 25 km westl. des Zentrums.
Fahrrad: Kivijärven TV- ja Urheilutarvike, Kukkotie 1, Tel. 81275.

Etappe 50:
Kivijärvi - Kinnula - Reisjärvi - Haapajärvi (102 km)
Karten: GT Nr. 8 & 10

Parallel zum langgezogenen *Kivijärvi* verläuft die Etappe durch ein in erster Linie landwirtschaftlich geprägtes Gebiet bis nach **Kinnula**, einer Gemeinde mit 2300 Einwohnern. Einzige Sehenswürdigkeit ist das kleine Heimatmuseum am westlichen Ortsende.
Information: Kinnulan kunta, Keskustie 45, 43900 Kinnula, Tel. (944) 85651, Fax 85803.
Unterkunft: Matkustajakoti Warvikko, Keskutie 48, Tel. 85323.
Fahrrad: Kinnulan pyörä- ja pienkonekorjaamo Lepistö, Tel. 85269.

Nach dem Verlassen der Ortschaft in Richtung *Lestijärvi* durchfährt man einige Kilometer der Provinz Vaasa. In diesem Gebietszipfel befindet sich direkt an der Straße ein Zeltplatz.
Camping: Vakeisjärven leirintäalue**, 69450 Yli-Lesti, Tel. (968) 638331, 1.6.-30.9., Hü. Waschm., Fahrradverleih.

Einige Kilometer hinter dem Platz zweigt rechts die Straße nach **Reisjärvi** ab. In der Nähe des Kirchdorfs befindet sich ein weiterer Campingplatz.
Camping: Susisaari***, 85900 Reisjärvi, Tel. (984) 71640, 1.6.-10.8., Hü., 1,5 km östl. des Zentrums.

Etwa 1 km westlich der Ortsmitte beginnt die schon nach kurzer Zeit nicht mehr as-

Kartenskizze Etappe 50

195

phaltierte Straße »762« nach *Levonperä* und **Haapajärvi** (alternativ: östl. des Zentrums durch die Siedlung *Kalaja* nach Haapajärvi).

Ortsbeschreibung Haapajärvi & Anschluß Richtung Westen: Etappe 27

Etappe 51:
Haapajärvi - Kärsämäki - Pyhäntä (70 km)
Karte: GT Nr. 10

In der Nähe des Heimatmuseums (*kotiseutumuseo*) beginnt die Etappe entlang dem *Ouluntie*. Am nördlichen Ortsausgang befindet sich zur Linken ein Industriegebiet. Im ersten Teilstück wird der Boden vor allem landwirtschaftlich genutzt. Die Landgemeinde **Kärsämäki** (3700 Einw.) liegt am Schnittpunkt der wichtigen Nord-Süd-Verbindung Helsinki-Oulu und der Ost-West-Verbindung Kokkola-Kajaani. Der verkehrsgünstigen Lage ist es zu verdanken, daß sich einige klein- und mittelständische Betriebe angesiedelt haben. Dennoch ist auch hier die Landwirtschaft wichtigster Erwerbszweig.
Information: Kärsämäen kunta, 86710 Kärsämäki, Tel. (984) 61770.
Unterkunft: Motelli Nuttulinna, 86790 Venetpalo, Tel. 66125, etwa 10 km südl., an der »4«; Rauhalan Kievari, PL 33, Tel. 61707, 5 km östl. des Zentrums.
Jugendherberge: Suomela***, Tel. 61455 od. 61770, 1.6.-15.8., Frühstück, Sauna, 1 km nördl. des Zentrums.
Camping: Suomela**, Anschrift, Tel. & Öffnungszeiten s. Jugendherberge.

Kartenskizze Etappe 51

Auf der in diesem Bereich nicht besonders stark befahrenen »85« wird der Weg nach Osten fortgesetzt. Allmählich setzt ein Wandel im Landschaftsbild ein: Der landwirtschaftlich genutzte Küstenstreifen geht über in das stärker forstwirtschaftlich geprägte Gebiet Mittelfinnlands. **Pyhäntä** ist eine kleine Gemeinde, die sich kaum von ihren Nachbargemeinden unterscheidet: Gemeindeverwaltung, Postamt, zwei Banken, einige kleinere Supermärkte - das war's!

Unterkunft: Motelli Pyhäntähovi, Ouluntie 9 A, 92930 Pyhäntä, Tel. (985) 8123401.

Camping: Kirjavaniemi***, Vainiotie 3, Tel. 8123171 od. 8123272, 1.5.-31.10., Hü., Waschm., 2 km nördl. entlang der »818«.

Etappe 52:
Pyhäntä - Otanmäki - Kajaani (76 km)
Karten: GT Nr. 11, Oulujärvi matkailukartta

Nach Osten hin steigt das Streckenprofil leicht an, was jedoch durch die große Entfernung und die gerade verlaufende Straßenführung kaum ins Gewicht fällt. Nach 32 km kreuzt die von Iisalmi nach Vaala verlaufende Etappe 85. Einige Kilometer östlich von *Otanmäki*, einem Standort des Stahlkonzerns Rautaruukki Oy, beginnt eine in Ufernähe des *Oulujärvi* verlaufende Straße nach *Vuoreslahti*. Auf dieser nicht durchgängig asphaltierten Strecke können Sie bis nach Kajaani gelangen (alternativ: weiter bis zur Einmündung in die »5«, dann noch 19 km).

Kartenskizze Etappe 52

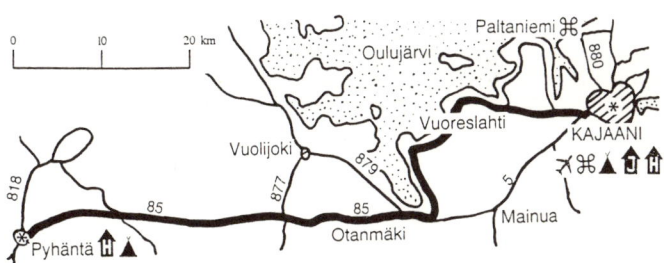

Kajaani, 36.500 Einw., Oulun lääni. Zur Sicherung der schwedischen Vormachtstellung in dieser damals noch recht undurchdringlichen Region ließ König Karl IX. zu Beginn des 17. Jh. eine Burg auf einer kleinen Flußinsel bauen. 1651 wurden durch den Grafen Per Brahe die Stadtrechte verliehen, zur gleichen Zeit erfolgte eine Erweiterung der Festung. Der »Große Unfrieden« zu Beginn des 18. Jh. blieb auch für Kajaani nicht ohne Folgen: Stadt und Burg wurden dem Erdboden gleichgemacht. Die Burgruinen werden heute von der Flußbrücke über den Kajaaninjoki überragt. Zu Beginn dieses Jahrhunderts ergaben sich durch die Fertigstellung der Eisenbahnlinie Oulu-Joensuu und die Gründung der Kajaani Oy (Holzverarbeitung) neue wirtschaftliche Perspektiven. Heutzutage ist Kajaani *das* Zentrum der Region Kainuu. Ein recht ungewöhnliches Technologieprojekt entsteht zur Zeit im Zentrum der Stadt: Ein Tunnelkraftwerk wird unter dem Fluß in den Granit gesprengt.

Mit Kajaani sind zwei berühmte Namen verbunden: *Elias Lönnrot* reiste von hier aus nach Karelien, um die Gesänge der Runensänger zu sammeln, woraus das Kalevala-Epos entstand. Der legendäre *Urho Kaleva Kekkonen*, langjähriger Staatspräsident (1956-1982) und herausragender Leichtathlet (in den 20er Jahren mit 1,85 m finnischer Meister im Hochsprung) wurde hier geboren; sein Elternhaus in der Kalliokatu kann besichtigt werden.

In der Umgebung: Die Holzkirche in *Paltaniemi* (9 km nordwestl.) ist bekannt für ihre Deckengemälde und Einrahmungen im Stil des Rokoko. Die Darstellung des Jüngsten Gerichts (über dem Eingang) geriet etwas heftig: Während sich die Männer im Himmel sichtlich wohlfühlen, schmoren die Frauen in der Hölle... - der untere Teil des Bildes wurde später entfernt.

Gleich neben der Kirche befindet sich der sog. Kaiserstall, in den Zar Alexander I. auf einer seiner Reisen eingekehrt sein soll, sowie einige hundert Meter entfernt der Nachbau des Geburtshauses von Eino Leino, der wegen seiner Balladen verehrt wird. Hier befindet sich ein kleines Museum.

Information: Vuokatin Matkailukeskus Oy, Pohjolankatu 16, 87100 Kajaani, Tel. (986) 155845 od. 155517.

Flugverbindungen: nach Helsinki, tägl.; sowie 12 weitere Verbindungen in alle Landesteile.

Bahnverbindungen: nach Helsinki, Kuopio, Kouvola, Oulu.

Unterkunft: Huone ja Aamiainen, Pohjolankatu 4, Tel. 22254.

Jugendherberge: Retkeilyhotelli Kajaani****, Oravantie 1-3, Tel. 25704, Fax 149343, 1.6.-31.8., Frühstück, Sauna, Waschm., am Ortsausgang in Richtung Iisalmi.

Camping: Onnela***, Niskantie, Tel. 22703 od. 150561, 1.6.-31.8., Hü., Waschm., Fahrradverleih, 1 km östl. des Zentrums, am Kajaaninjoki.

Fahrrad: Kemppainen Aimo Ky, Välikatu 17.

Anschluß Richtung Norden: Etappe 54
Anschluß Richtung Osten: Etappe 99

Etappe 53:
Kajaani - Paltamo - Vaala (93 km)
Karten: GT Nr. 11, Oulujärvi matkailukartta

Über die Flußbrücke in der Nähe des Marktplatzes geht's aus der Stadt nach Norden. Nach etwa 8 km gelangen Sie für kurze Zeit auf die Hauptstraße und folgen dieser bis zur Abzweigung nach *Kuluntalahti*. Eine Nebenstraße führt nach *Jormua*. Wieder auf der »5«, zweigt schon bald die Straße in Richtung *Oulu* ab. Schon nach wenigen Kilometern ist **Paltamo** (5000 Einw.), eines der alten Zentren Kainuus, erreicht.

Bahnverbindungen: nach Helsinki, Oulu, Kuopio, Kouvola, Joensuu.

Unterkunft: Matkakoti Keidas, Harjutie 6, 88300 Paltamo, Tel. (986) 871981; Joutenlammen kurssikeskus, 87930 Salmijärvi, Tel. 473361, Fax 473382, im Ortsteil Mieslahti; Heimvolkshochschule Kainuun Opisto, 88380 Mieslahti, Tel. 873116, Fax 873177, nur nach Voranmeldung; Iso-Melanen, 71 Leirikeskus, 88310 Melalahti, Tel. 873804.

Kartenskizze Etappen 53 & 54

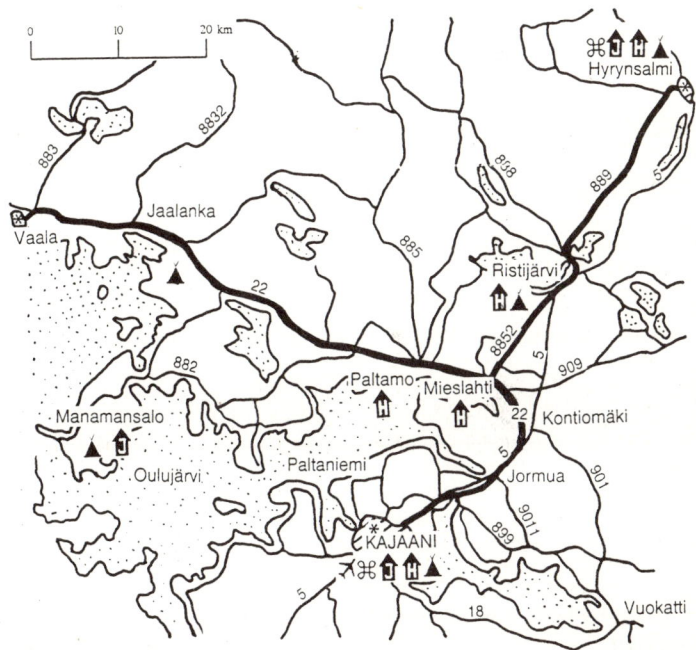

Ein Abstecher könnte auf die Insel *Manamansalo* führen, auf der einige Übernachtungsmöglichkeiten bestehen. Die Abzweigung zur Insel befindet sich etwa auf halbem Weg nach Vaala.

Jugendherberge: Jäkäläpirtti***, 88340 Manamansalo, Tel. (986) 874200 od. (984) 24427, 19.6.-8.8., Frühstück, Sauna, Waschm.

Camping: Martinlahti***, Tel. 874205 od. 874203, ganzj., Waschm., am Nordende der

Insel; Manamansalo***, Tel. 874138, 30.5.-31.8., Hü., Waschm., am Westende der Insel; Kultahiekat***, Tel. 874100, 1.6.-31.8., Hü., Waschm., am Ostende der Insel.

Die Etappe führt weiter entlang dem Nordufer des Sees bis in die Gemeinde **Vaala**. Etwa 25 km vor dem Etappenziel befindet sich ein weiterer Zeltplatz.
Camping: Liminpuron Lomakylä**, 91750 Liminpuro, Tel. (981) 609107 od. (986) 871494, 15.6.-15.8., Hü., Waschm.

Ortsbeschreibung Vaala & Anschluß Richtung Westen: Etappe 30
Anschluß Richtung Süden: Etappe 85

Etappe 54:
Kajaani - Ristijärvi - Hyrynsalmi (73 km)
Karte: GT Nr. 11

Bis nach *Mieslahti* folgt die Beschreibung der vorangegangenen Etappe. In der kleinen Siedlung beginnt die nichtasphaltierte Straße nach **Ristijärvi**, eine noch sehr stark landwirtschaftlich geprägte Gemeinde mit 2200 Einwohnern.
Information: Ristijärven kunta, kunnanvirasto, 88400 Ristijärvi, Tel. (986) 81201, Fax 81313.
Hotel: Hotelli Saukko***, 88400 Ristijärvi, Tel. (986) 81197.
Camping: Pirtti**, Tel. 81221, 1.6.-31.8., Hü., 3 km südl. des Zentrums; Laahtasen lomakylä, PPA 1 Laahtanen, Tel. 83100, 18 km südöstl. in Richtung Sotkamo.

Um dem Etappenverlauf zu folgen, folgt man zunächst der Ausschilderung »Puolanka« und biegt dann schon kurz hinter dem Ortsausgang auf die alte, aber gut zu befahrene Straße nach *Oravivaara* und *Hyrynsalmi* ein. Auf dem Weg dorthin passieren Sie das Wasserkraftwerk Seitenoikea.
Die ehemalige Bedeutung der 4500 Einwohner zählenden Gemeinde **Hyrynsalmi** wird schon im Ortswappen ersichtlich: Das Teerfaß deutet auf die für den Schiffsbau benötigte Teergewinnung hin. Auf langen Flußbooten gelangte dieser bis nach Oulu. Die Holzkirche am nördlichen Ortsausgang sowie ein kleiner Schuppen sind die einzigen Gebäude, die den Rückzug der deutschen Truppen 1944 weitgehend unbeschadet überstanden haben. Sowohl schön als auch überaus praktisch ist das nur hier (hand-) gefertigte und zu erwerbende *Tommipuukko*, eine besondere Form des »Finnmessers«.
Information: Tourist Information, Hyryntie 38, 89400 Hyrynsalmi, Tel. (986) 742190.
Unterkunft: Majatalo Koivula, Hyryntie 32, Tel. 741779, Fax 741518.
Jugendherberge: Iston koulu***, Tel. 741711, Fax 742086, ganzj., Frühstück, Sauna, Waschm., Fahrradverleih, in der Nähe der östl. Ortseinfahrt.
Camping: Vonkka***, Tel. 741174 od. 742190, 1.6.-31.8., Hü., 3 km in Richtung Puolanka.
Fahrrad: Pyörä ja Pienkone E. Ruohonen, Tel. 741667.

Anschluß Richtung Norden: Etappe 58

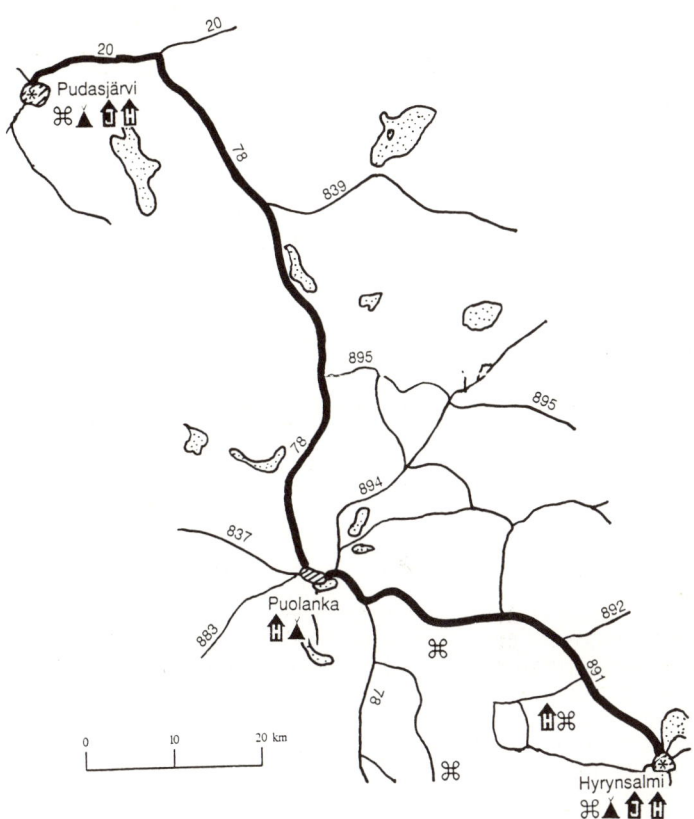

Etappe 55:
Hyrynsalmi - Puolanka - Pudasjärvi (139 km)
Karten: GT Nr. 11 & 13

Kurz vor dem westlichen Ortsende Hyrynsalmis zweigt rechts die »891« in Richtung *Puolanka* ab. Nach etwa 15 km besteht die Möglichkeit, einen Abstecher zum Wasserfall *Komulanköngäs* zu unternehmen. Notfalls ließe sich hier in der am Fall stehenden alten Rauchsauna oder an einer kleinen Lagerstelle etwa 100 m flußab, ein sog. »laavu«, übernachten. Letztere ist per Rad jedoch nur unter großen Mühen zu erreichen. Weitaus komfortabler ist das vor einigen Jahren mitten in den Wald gesetzte Wintersportzentrum *UkkoHalla*, nur einige Kilometer vom Wasserfall entfernt. Die Wunden, die der Natur hier zugefügt wurden, sind noch nicht verheilt.

Hotel: Gasthalla, PPA 4, UkkoHalla, 89400 Hyrynsalmi, Tel. (986) 748421.

In der Nähe der Straße nach Puolanka befindet sich ein weiterer Wasserfall: *Hepoköngäs*; mit einer Fallhöhe von 24 m wirkt dieser noch imposanter als der zuvor beschriebene. Allerdings ist er vom Parkplatz aus nur zu Fuß erreichbar. Nach insgesamt 54 km durch diese bergige Gegend erreichen Sie **Puolanka**, dessen »Teufelskirche« (*Pirunkirkko*), eine große felsige Schlucht, beim Dorf *Kotila* (etwa 30 km südl.) zu finden ist.

Information: Puolangan matkailutoimisto ja varauskeskus, Ouluntie 11, 89200 Puolanka, Tel. (986) 752131.

Hotel: Paljakka, Tel. 755200; Pohjanportti, Tel. 751641.

Unterkunft: Pyssylammin Majat ja Keilahalli, Tel. 754303, 9 km in Richtung Hyrynsalmi.

Camping: Puolankajärvi***, Leiripolku 1, 89200 Puolanka, Tel. (987) 751096, ganzj., Hü., Waschm., Fahrradverleih, 1 km vom Zentrum.

Fahrrad: Puolangan Pienkonehuolto, Huosiusniementie 2, Tel. 751430; Puolangan Konepuoti, Ouluntie 16, Tel. 751890.

Von hier aus folgen Sie der »78« nach Norden. Nach etwa 9 km ist der geografische Mittelpunkt Finnlands erreicht. Die Straße mündet schließlich in die »20«, auf der Sie nach **Pudasjärvi** gelangen. Die dortige Holzkirche aus dem 18. Jh. ist mit Wandgemälden von Mikael Toppelius versehen.

Information: Pudasjärven Matkailu Oy, Varsitie 7, 93100 Pudasjärvi, Tel. (988) 23400

Hotel: Hotelli Kurenkoski, Tel. (988) 21400.

Jugendherberge: Pudas-Maja****, Sähkötie 3, Tel. 23220, ganzj., Frühstück, Sauna, Fahrradverleih, im Zentrum.

Camping: Jyrkkäkoski***, Tel. 22550 od. 22959, 1.6.-16.8., Hü., Waschm., Fahrradverleih, 5 km in Richtung Rovaniemi; Livojoki**, Nissi pj, Tel. 36675 od. 36668, 3.6.-30.8., Hü., 14 km in Richtung Rovaniemi.

Fahrrad: Koillishuolto Ky, Teollisuustie, Tel. 22007; Urheilu ja Sisustus, Kauppatie 5, Tel. 21851.

Etappe 56:
Pudasjärvi - Ranua - Rovaniemi (152 km)
Karten: Napapiirinmaa tiekartta, GT Nr. 12 & 14

Beiderseits der Straße befinden sich ausgedehnte Moore. Etwa 70 % der Gemeinde Pudasjärvi bestehen aus Sümpfen, in denen vor allem die Multebeere gute Wachstumsbedingungen vorfindet. Die kleine Gemeinde **Ranua** ist bekannt für ihren Tierpark (*Eläinpuisto*), einer der ältesten und größten des Landes. Ein wichtiger Arbeitgeber in dieser mit Wirtschaftsbetrieben nicht gerade gesegneten Region ist der Süßwarenhersteller Fazer, der seit 1988 eine Produktionsanlage in Ranua unterhält.

Information: Ranuan Seudun Matkailu Oy, 97700 Ranua, Tel. (960) 3551921, am Tierpark.

Unterkunft: Gasthaus Majatalo-Kärppä, Tel. 3551716.

Camping: Repomajat und Ranuanjärvi***, Tel. 3551780, 1.6.-31.8., Hü., Waschm., 2,5 km östl. der Ortsmitte in Richtung Posio.

Fahrrad: Peten Pyörä ja Kone, Keskustie 11, Tel. 3551512.

Kartenskizze Etappen 56 & 57

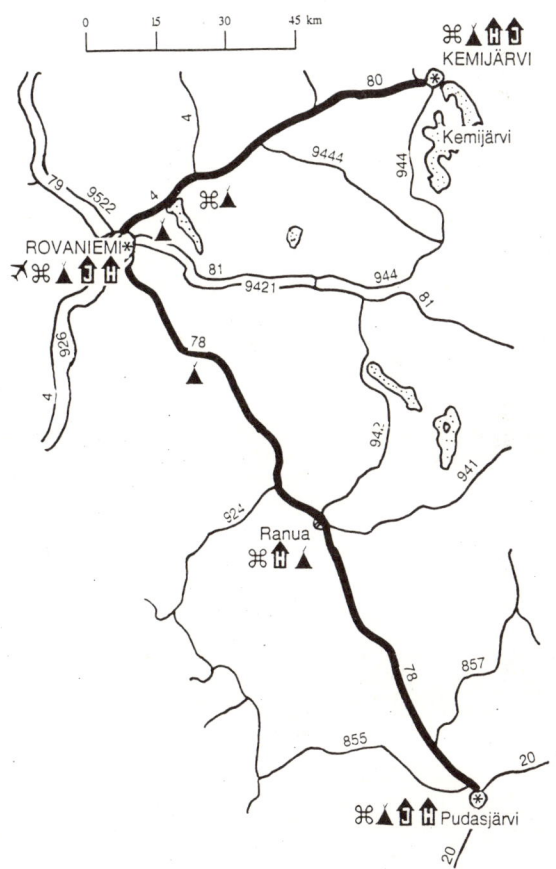

Nördlich von Ranua ist es nicht mehr ganz so flach, jedoch sind keine größeren Steigungen zu bewältigen. Nach 50 km besteht in *Narkaus* eine Übernachtungsmöglichkeit.

Camping: Lamminranta***, 97675 Narkaus, Tel. (960) 71151 od. 71155, ganzj., Hü., Waschm.

Wenige Kilometer vor den Toren von **Rovaniemi** liegt das Lappländische Forstmuseum (*Lapin metsämuseo*). Dokumentiert werden die Veränderungen in den Methoden der Forstwirtschaft während der letzten 150 Jahre.

Stadtbeschreibung Rovaniemi & Anschluß Richtung Südwesten: Etappe 33
Anschluß Richtung Norden: Etappe 34

Etappe 57:
Rovaniemi - Kemijärvi (87 km)
Karten: Napapiirinmaa tiekartta, GT Nr. 14 & 15

Schon nach 8 km ist der Polarkreis erreicht. An dieser Stelle gibt es tatsächlich ein ganz außergewöhnliches »Erlebnis«. Hier zeigt sich der Pauschaltourismus von seiner übelsten Seite: Fernreisebusse auf ihrem Weg zum abstrakten Ziel »Nordkap« laden ihre »Fracht« für einige Minuten aus. Das Werkstattdorf des Weihnachtsmanns will gesehen, »Polartaufe« mitgemacht sein: »Touri-Nepp hoch drei«!

Camping: Napapiirin Kievari ja Leirintä***, 96930 Napapiiri, Tel. (960) 60254, 1.6.-31.8., Hü., Waschm., am Polarkreis.

Auf der leicht bergigen Straße erreicht man nach etwa 30 km die Stromschnellen von *Vikaköngäs*, in deren Nähe sich auch ein Zeltplatz befindet.

Camping: Vikajärven Leirimajat*, 97510 Vikajärvi, Tel. (960) 732227, Hü.

Im weiteren Etappenverlauf sei vor »wildem« Zelten oder gar Wanderungen in die Umgebung dringend gewarnt: Die dichten Wälder sind Teil eines großen Militärübungsplatzes, auf dem nicht nur mit Übungsmunition geschossen wird. Hinweisschilder in verschiedenen Sprachen weisen auf diese Einschränkung ausdrücklich hin.

Weitere Unterkunftsmöglichkeiten bestehen erst wieder in **Kemijärvi**. Seit dem 16. Jh. leben Menschen an den Stränden des gleichnamigen Sees; im 17. Jh. entwickelte sich die Gemeinde zu einem kleinen Marktflecken, der vor allem Waldarbeiter angezogen hat. Viel geändert hat sich daran bis heute nicht. Bei Ostwind liegt permanent Gestank über der Kleinstadt, der von der Papierfabrik Veitsiluoto herrührt.

Freunde moderner Skulpturen kommen im Kunstzentrum *Puustelli* auf ihre Kosten, in dem während des Sommers eine Ausstellung mit Werkstücken aus der »Holzschnitzer-Woche«, *dem* jährlich stattfindenden Kulturereignis, besucht werden kann.

Information: Kemijärven matkailutoimisto, Kuumaniemenkatu 2, 98100 Kemijärvi, Tel. (9692) 813777.
Bahnverbindungen: nach Rovaniemi, Helsinki (nur samstags).
Unterkunft: Matkustajakoti Karppinen, Hallituskatu 2, Tel. 813061.
Jugendherberge: Hostel Kemijärvi***, Lohelankatu 1, Tel. 813253 od. 813341, ganzj., Frühstück, Sauna, 1 km westl. des Zentrums; Matkatupa**, A 725 Ulkuniemi PL, Tel. 888517, 1.4.-31.10., Frühstück, Sauna, Waschm., Fahrradverleih, 26 km südl. von Kemijärvi in Richtung Luusua.
Camping: Hietaniemi***, PL 70, Tel. 813640, Fax 812539, 1.6.-30.8., Hü., Waschm., Fahrradverleih, im Zentrum; Matkatupa***, Anschrift s. JH Matkatupa, 1.6.-30.9., Hü., Waschm., Fahrradverleih.
Fahrrad: Kemijärven Pyöröhuolto, Vapuudenkatu, Tel. 813890.

Anschluß Richtung Süden: Etappe 61 & 62
Anschluß Richtung Norden: Etappe 63

Etappe 58:
Hyrynsalmi - Suomussalmi - Juntusranta - Hossa (121 km)
Karten: GT Nr. 11 & 13

Durch den hügeligen Norden Kainuus führt die »5« bis in die Gemeinde **Suomussalmi** (12600 Einw.), deren eigentliches Zentrum der Ortsteil *Ämmänsaari* ist. Hier befinden sich alle wichtigen Dienstleistungsbetriebe. Im östlichen Gemeindegebiet, entlang der Straße nach *Raate*, tobten während des Winterkrieges schwere Gefechte zwischen sowjetischen und finnischen Truppen. Dabei gelang es den Finnen, der weitaus besser ausgerüsteten Roten Armee standzuhalten. Ein genaues Bild über die damaligen Ereignisse kann man sich in der Ausstellung *Raatteen Portti* machen. Auch sollen zahlreiche nicht beseitigte Unterstände, Schützengräben usw. die Erinnerung daran wachhalten.
In der Umgebung: Von Ämmänsaari aus verkehrt ein Ausflugsschiff zum Haus des Schriftstellers Ilmari Kianto (1874-1970), dessen Bücher in sozialrealistischer Weise vom Leben in dieser etwas abgeschiedenen Region berichten.
Information: Suomussalmen matkailutoimisto, Jalonkatu 1, PL 110, 89601 Ämmänsaari, Tel. (986) 7191243, Fax 711189.
Unterkunft: Matkakoti-Kianta-Baari, Ämmänkatu 4, Ämmänsaari, Tel. 711173; Wanhan Kalevan Majatalo Oy, Kainuuntie 24, Suomussalmi, Tel. 715018; Feriendorf Ämmänsaaren Lomakeskus, Ämmänsaari, Tel. 712525, Fax 712526, ganzj., Hü., auch Camping, 6 km südl. von Ämmänsaari; Kalastuspuisto Ryysyranta, Pesiönlahti, Ämmänsaari, Tel. 711002 od. 713812, Fax 713813, 8 km nördl. von Ämmänsaari an der »5«.
Camping: Kiantajärvi***, Ämmänsaari Tel. 711209, 1.6.-30.9., Hü., Waschm., Fahrradverleih, an der Straße zwischen Ämmänsaari und Suomussalmi; Kangasjoen leirintä*, PL 7, 88999 Kajaani, Tel. 725108 od. 711861, 1.6.-30.9., Hü., 10 km südl. an der »5«.
Fahrrad: Ämmän Erä-Urheilu, Keskuskatu 24, Ämmänsaari, 711338 od. 713558.

Vom Kirchdorf *Suomussalmi* (Ausschilderung: »Pyyvaara«) gelangt man über die nur wenig befahrene »913« in das Dorf *Juntusranta*. Beiderseits der Straße verlocken immer wieder Feuchtgebiete mit ihren unnachahmlich süßen Multebeeren zu einer kleinen Pause. Bis nach **Hossa**, einem schönen Wandergebiet im äußersten Norden Kainuus, sind es noch etwa 30 km. Die kulturhistorisch wichtigste Sehenswürdigkeit sind die ungefähr 4000 Jahre alten Felsmalereien, die jedoch nur über einen Pfad erreicht werden können. Das Zentralamt für Forstwirtschaft (*Metsähallitus*) hat 1993 in Hossa eine Dienststelle (Tel. [986] 732361) eröffnet, bei der auch Hütten, Boote und Angelausrüstungen gemietet werden können.

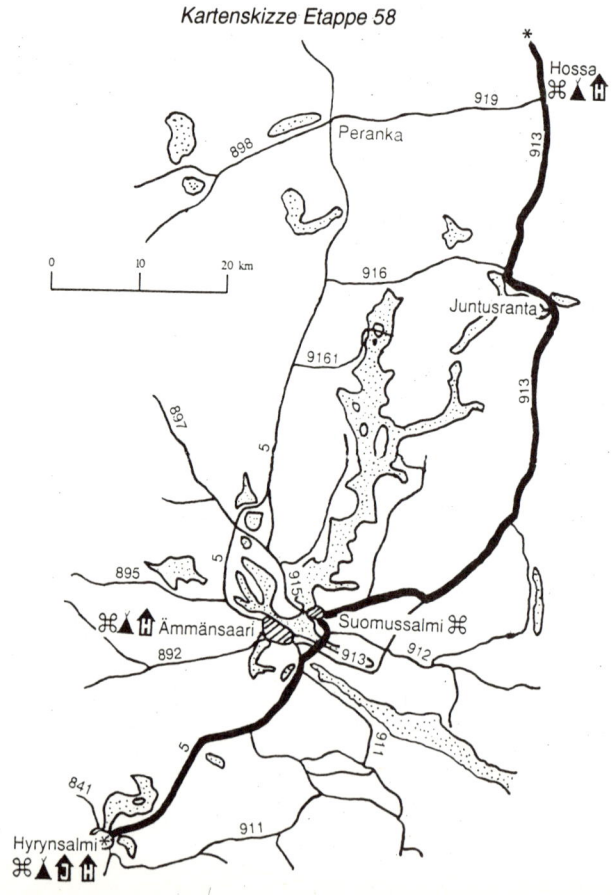

Kartenskizze Etappe 58

Unterkunft: Wildniszentrum Martinselkonen, Pirttivaara, 89920 Ruhtinansalmi, Tel. (986) 736160, Fax 736150, auch Camping, 15 km südl. von Juntusranta, dann 14 km östl. (ausgeschildert); Hossan Lomakeskus, 636 Hossa, Ruhtinansalmi, Tel. 732322, Fax 732307.

Camping: Hossan leirintä***, 636 Hossa, Ruhtinansalmi, Tel. 732310, ganzj., Hü., an der »913« gelegen; Piispansaunat, Hietanen, 89770 Peranka, Tel. 736444, 1.6.-30.9., Hü., Waschm., Fahrradverleih, 23 km entlang der Straße nach Peranka; Karhunkainalon Leirintä***, 636 Jatkonsalmi, 89999 Ämmänsaari, Tel. 732361, Fax 732362; Teeriranta**, 93780 Teeriranta, Tel. (989) 861341 od. 861336, ganzj., Hü., Waschm., 10 km nördl. von Hossa.

Etappe 59:
Hossa - Murtovaara - Kuusamo (79 km)
Karten: Napapiirinmaa tiekartta, GT Nr. 13, Kuusamo matkailukartta

---

Wer auf asphaltierte Straßen angewiesen ist, sollte der »913« bis zur Einmündung in die »5« folgen. Von dort bis nach *Kuusamo* sind es noch gut 30 km. Alternativ dazu bietet sich die schöne, in *Murtovaara* abzweigende, jedoch nichtasphaltierte Straße über *Poussu* an.

Kuusamo, 18.500 Einw., Oulun lääni, hat sich zum prosperierenden Zentrum der als provinziell verschrienen Region entwickelt. War früher in erster Linie Wald- und Landwirtschaft für das Einkommen der Bevölkerung ausschlaggebend, so kommt heute dem Tourismus eine hohe Bedeutung zu. Zu bieten hat Kuusamo vor allem viel Natur, die durch zahlreiche Wanderwege erschlossen ist. Eine sehenswerte Fotoausstellung im Heimatmuseum im Porkkatie vermittelt einen Eindruck von der Landschaft zu allen vier Jahreszeiten. An gleicher Stelle befindet sich auch ein Modell des Ortes vor dem Rückzug der deutschen Truppen im Herbst 1944. Ähnlichkeiten zum heutigen Erscheinungsbild lassen sich nur noch erahnen...

Information: Kuusamo matkailutoimisto, Torangintaival 2, 93600 Kuusamo, Tel. (989) 8502910, Fax 9502901.

Flugverbindungen: nach Helsinki, tägl.; sowie 12 weitere Verbindungen in alle Landesteile.

Hotel: Kuusamon Viikinki Hotelli, Juhantie 10, Tel. 8523619, Fax 8522977; Martina, Ouluntie 3, Tel. 8522051, Fax 8522054.

Unterkunft: Kuusamon Kultainen Joutsen, Haapanantie 1, Tel. 8512701.

Jugendherberge: Kuusamon Kansanopisto***/****, Kitkantie 35, Tel. 8522132, 1.6.-31.8., Frühstück, Sauna, Waschm., Fahrradverleih, im nördl. Teil des Zentrums.

Camping: Rantatropiikki***, Tel. 85960, Fax 8512702, ganzj., Hü., Waschm., Fahrradverleih, 4 km nördl. des Zentrums; Matkajoki**, Ouluntie 2, Tel. 8512702, 1.6.-30.9., Hü., Fahrradverleih, 5 km nördl. des Zentrums; Petäjälampi/Kallunki**, Tel. 8521111, 1.6.-30.9., Hü., 6 km nördl. des Zentrums.

Fahrrad: Kuusamon Pyörä ja pienkone, Joukamontie 22, Tel. 853467.

Anschluß Richtung Norden: Etappe 62

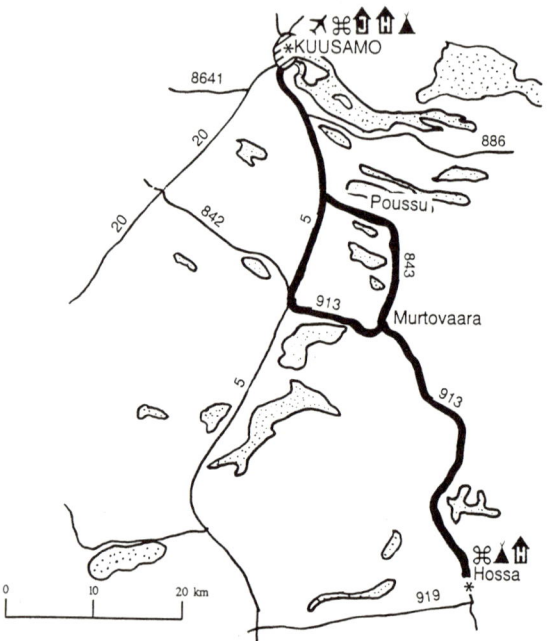

Kartenskizze Etappe 59

Etappe 60:
Kuusamo - Posio (59 km)
Karten: Napapiirinmaa tiekartta, GT Nr. 13, Kuusamo matkailukartta

Um nach Kemijärvi und damit nach Lappland zu gelangen, bestehen zwei sehr unterschiedliche Möglichkeiten. Die erste (Etappe 60 & 61) führt zunächst auf der »5« für etwa 10 km nach Norden. Dort biegt die Straße nach *Posio* bzw. *Rovaniemi* ab. Der Belag auf dieser Strecke ist durchweg gut, jedoch sind einige leichte Steigungen zu bewältigen. Ungewöhnliche Attraktion der Gemeinde **Posio** ist das »Internationale Kaffeetassenmuseum« (*Kansainvälinen kahvikuppimuseo*) im Einkaufszentrum *Pentikmäki* nahe des Zentrums.

In der Umgebung: *Korouoma* (westl. von Posio) ist eine 26 km lange Talschlucht mit bis zu 100 m hohen Steilwänden. Ein Wanderpfad beginnt in der Nähe des Dorfes Pernu und führt durch das gesamte Tal.

Information: Posion kunta, matkailuneuvonta, PL 32, 97901 Posio, Tel. (960) 421321, Fax 422034; Tourist Information, Pentikmäki, Tel. 421412.
Hotel: Posio, Tel. 421021; Resort Kirikeskus, Tel. 421410, 14 km östl. des Zentrums.
Unterkunft: Marjalan lomatila, Tel. 427351, 17 km südl. von Posio; Lehtoniemen pirtti, Tel. 783525, 28 km nordöstl. von Posio.
Camping: Lomakylä Himmerki***, Tel. 424602, 1.6.-31.8., Hü., Waschm., 7 km östl. von Posio in Richtung Kuusamo.
Fahrrad: Aholan Auto- ja Urheilutarvike, Posiontie 44; Posion Vapari, Suopolku 1.

Etappe 61:
Posio - Perä-Posio - Lehtiniemi - Isokylä - Kemijärvi (110 km)
Karten: Napapiirinmaa tiekartta, GT Nr. 15

Die ersten 18 Kilometer führen weiter entlang der »81« nach *Perä-Posio*. Dort beginnt die Nebenstraße nach *Kemijärvi*. Nach etwa 6 km weicht die asphaltierte Fahrbahn einem zwar festen, aber aufgrund der zahlreichen Steigungen nur schwer zu befahrenden Belag. Vor allem das mittlere Teilstück ist äußerst kraftraubend, aber gleichzeitig landschaftlich äußerst reizvoll. Erst mit der Überquerung des Polarkreises bessern sich allmählich die Straßenverhältnisse. In *Isokylä* gelangen Sie wieder auf die »5«, die direkt nach *Kemijärvi* führt.

Ortsbeschreibung Kemijärvi & Anschluß Richtung Westen: Etappe 57
Anschluß Richtung Norden: Etappe 63

Kartenskizze Etappen 60 - 62

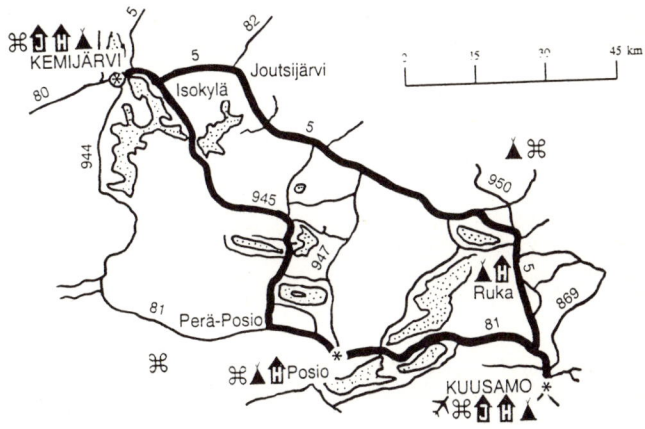

> **Etappe 62:**
> Kuusamo - Kemijärvi (142 km)
> Karten: Napapiirinmaa tiekartta, GT Nr. 13 & 15, Kuusamo matkailukartta

Im Gegensatz zur vorangegangenen Etappe ist die Fahrt auf der »5« für das gesamte Rad eine erhebliche Entlastung. Es bestehen zwar auch bei dieser Variante, nach Lappland zu gelangen, einige Steigungen, doch sind diese bei weitem nicht so steil wie auf der Nebenstrecke (Etappe 62). Allerdings kann das Strampeln auf ein und derselben Straße mit zunehmender Fahrzeit etwas monoton werden. Nach 25 km erreichen Sie das Wintersportzentrum *Rukatunturi*. Etwas weiter nördlich befinden sich einige Campingplätze. Ein weiterer Zeltplatz liegt im Nationalpark von Oulanka (*Oulangan kansallispuisto*, 269 km²). Der Park ist geprägt durch das Flußtal des *Oulankajoki*. Im Nordteil bestimmen weite Moore das Landschaftsbild. Das Informationszentrum des Parks (Tel. 46153) gibt Auskunft über Flora und Fauna des Areals.

Unterkunft: Motelli Ukkoherra, 93825 Rukatunturi, Tel. (989) 8681121, Fax 8681479; ATK-Majatalo, Tel. 8521610, od. 8681496; Matkailumaja Heikkala, Tel. 8681116; Matkailumaja Tapio, Tel. 81124.

Camping: Viipuksen leirintäalue**, Tel. 8681213, 10.6.-20.9., Hü., Fahrradverleih, 30 km nördl. von Kuusamo; Lomakylä Retki-Etappi**, 26 Jyrävä, Tel. 863218 od. 863231, ganzj., Hü., Fahrradverleih, 32,5 km nördl. von Kuusamo, dann 12 km in Richtung Juuma; Jyrävä***, 93875 Jyrävä, Tel. 863236, 1.6.31.8., Hü., 37 km nördl. von Kuusamo, dann 12 km in Richtung Juuma; Juuman leirintäalue**, 26 Juuma, 93999 Kuusamo, Tel. 863212, 1.6.-30.9., Hü., 32,5 km nördl. von Kuusamo, dann 12 km in Richtung Juuma; Oulanka**, Kiutaköngäs, 93999 Kuusamo, Tel. 863429, 1.6.-31.8., vom Dorf Käylä 14 km in Richtung Nordosten.

Etwa auf halber Strecke nach **Kemijärvi** findet sich ein weiterer Zeltplatz (Adresse s. Stadtbeschreibung Kemijärvi).

Stadtbeschreibung Kemijärvi & Anschluß Richtung Westen: Etappe 57
Anschluß Richtung Süden: Etappe 61

> **Etappe 63:**
> Kemijärvi - Pelkosenniemi - Sodankylä (111 km)
> Karten: Napapiirinmaa tiekartta, GT Nr. 15

Westlich des Zentrums von Kemijärvi beginnt entlang dem *Pelkosenniemintie* ein Radweg, der nach etwa 2 km dieser in die nach Norden führende Hauptstraße mündet. Der sanft ansteigenden Strecke folgt man etwa für 30 km bis kurz vor die Ortschaft *Vuostimo*. Eine gut ausgebaute Straße führt zum *Pyhätunturi*. Der Fjäll (540 m) ist Teil des gleichnamigen Nationalparks (*Pyhätunturin kansallispuisto*, 42 km²). Seine sehr steilen Hänge sind mit Geröllfeldern gespickt, die Vegetation ist vergleichsweise karg. In früheren Zeiten war der Fjäll eine heilige Stätte der Samen, heute hat sich an seinem Fuß ein Wintersportzentrum entwickelt (Informationszentrum des Parks: Tel. 82762).

In der Umgebung: Das kleine abgelegene Dorf *Suvanto* (etwa 18 km nordöstl.) ist die einzige Ortschaft in Lappland, die zum Ende des Zweiten Weltkriegs von der Zerstörung durch deutsche Truppen verschont geblieben ist.

Kartenskizze Etappe 63

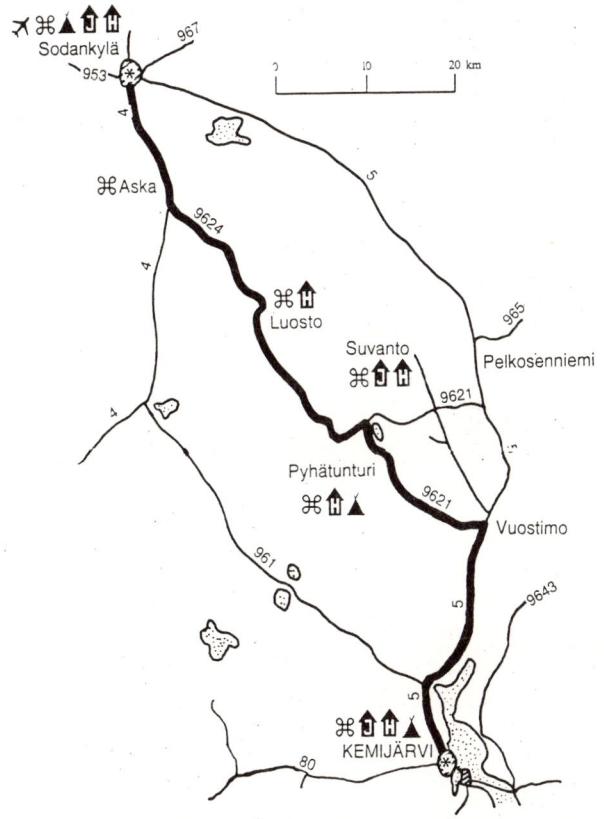

Unterkunft: Oravan lomakeskus, Pyhäjärvi 55, 98530 Pyhätunturi, Tel. (9692) 52103, Fax 52140, auch Camping; Pyhähippu Oy, Tel. 82820 od. 82778, Fax 82853; Postiliiton Loma- ja Kurssikeskus, Luppo, 98370 Vuostimojärvi, Tel. 82745, Ausschilderung an der Straße zum Pyhätunturi beachten; Mettiäisen Kelomökit, 98550 Suvanto, Tel. 54112.
Jugendherberge: Hostel Saukkoaapa***, A 758 Saukkoaapa 2, 98999 Kemijärvi, Tel. & Fax 53402, ganzj., Frühstück, Sauna, Waschm., Fahrradverleih, von Vuostimo 10 km nach Nordwesten; Mettiäinen****, 98550 Suvanto, Tel. 54112, ganzj., Frühstück, Sauna, Fahrradverleih.

Auch am weiter westlich gelegenen Fjäll *Luosto* hat sich ein Wintersportzentrum etabliert. Ganz in dessen Nähe wird im Tagebau am Berg *Lampivaara* nach dem seltenen Bergkristall Amethyst gesucht. Träger dieses edlen Schmuckstückes dürften es sich im nicht ganz billigen Hotel des Wintersportzentrums bequem machen.
Hotel: Hotelli Luostonhovi, Tel. (9693) 644421, Fax 644297.

War die Etappe zwischen den beiden Fjälls mit einigen Steigungen versehen, so verläuft sie nun relativ eben in der Nähe des Flusses *Kitinen*. Etwas nördlich des Dorfes *Aska* befinden sich die während der Sommermonate eher zahmen *Porttikoski*-Stromschnellen. Östlich der Straße wird der große Parabolspiegel der (geophysikalischen) Sternwarte Sodankyläs sichtbar. Bei Voranmeldung ist eine Besichtigung möglich (Kontakt: Sodankylän Observatorio, Ilmala, 99600 Sodankylä, Tel. [9693] 610072).

Sodankylä, 10.700 Einw., Lapin lääni. Am Schnittpunkt der beiden wichtigen Nord-Süd-Straßenverbindungen »4« und »5« gelegen, gehört Sodankylä zu den verhältnismäßig alten Gemeinden Lapplands. Bereits 1689 wurde die heute noch bestehende Holzkirche gebaut. In ihrer Architektur steht sie in der Tradition der alten Kirchbauten aus der Küstenregion. Bereits wesentlich früher dürften in dieser Gegend Samen gelebt haben. Ihr Leben ist Gegenstand der »naiven Malerei« Andreas Alariestos, dessen Bilder in einer Galerie in der Nähe der alten Kirche zu sehen sind. International geht's im Juni eines jeden Jahres beim »Midnight Sun Film Festival« zu.
Information: Sodankylän Matkailu Oy, Jäämerentie 9, 99600 Sodankylä, Tel. (9693) 613474 od. 615200, Fax 613478.
Flugverbindungen: nach Helsinki, 5 x wöchentl.; sowie nach Ivalo, Jyväskylä, Oulu, Rovaniemi.
Unterkunft: Matkakoti Pohjanpirtti, Ojennustie 19, Tel. 621216.
Jugendherberge: Lapin Opisto***, Kansanopistontie 5, Tel. 621960, Fax 621503, 6.6.-12.8., Frühstück, Sauna, vom Zentrum 1 km in Richtung Savukoski; Visatupa***/ ****, 99510 Raudanjoki, Tel. 674133, Fax 674101, ganzj., Frühstück, Sauna, Waschm., Fahrradverleih, etwa 52 km südl. entlang der »4«.
Camping: Camping Sodankylä***, Anschrift & Tel. s. JH Lapin Opisto, 6.6.-12.8., Hü.; Orakoski***, Jäämerentie 68, Tel. 621965 od. 621376, 28.5.-20.9., Hü., 10 km südl. entlang der »4«.
Fahrrad: Elmo-Sport, Jäämerentie 27, Tel. 621142; Urheilu-Harjus, Jäämerentie 15, Tel. 613505.

Etappe 64:
Sodankylä - Petkula - Vuotso (89 km)
Karten: Saamenmaa tiekartta, GT Nr. 17

Die gesamte Etappe verläuft fast völlig flach entlang dem Fluß *Kitinen*. Bereits im kleinen Dorf *Petkula* besteht eine Übernachtungsmöglichkeit.
Camping: Camping Vajusuvanto**, PPA 1 Petkula, 99670 Petkula, Tel. (9693) 645212, 1.6.-15.9., Hü., Waschm., 30 km nördl. von Sodankylä.
Beiderseits der Straße sind immer wieder größere Wasserflächen zu sehen. Dabei handelt es sich nicht um natürliche Seen, sondern um zur Wasserstandsregulierung des Kemijoki angelegte Stauseen. Diese Regulierung ist für den Betrieb der Wasserkraftwerke entlang dem in den Bottnischen Meerbusen fließenden Strom unerläßlich. In *Vuotso*, dem südlichsten von Samen bewohnten Dorf, befindet sich das »Rentierdorf« (*Porokylä*), in dem alte Pferche und Ausstellungsstücke die Geschichte der Rentierzucht anschaulich werden lassen.
In der Umgebung: Am *Sompiojärvi*, etwa 15 km nordöstlich von Vuotso, wurden die Überreste einer rund 8000 Jahre (!) alten Wohnstätte entdeckt.
Camping: Sompio**, 99690 Vuotso, Tel. (9693) 646146, 1.6.-30.8., Hü.

Etappe 65:
Vuotso - Tankavaara - Saariselkä - Ivalo - Inari (111 km)
Karten: Saamenmaa tiekartta, GT Nr. 17 & 19

Gegenüber der vorangegangenen Etappe wird es merklich hügeliger. Erster Haltepunkt könnte das als »Goldgräberdorf« bekannte **Tankavaara** sein. Bei den in unregelmäßigen Abständen stattfindenden »Weltmeisterschaften im Goldschürfen« gibt es sogar eine Anfängerklasse. (Bei welcher WM gibt's das schon?) Das Goldminenmuseum ist während des gesamten Sommers geöffnet.
Unterkunft: Golddorf Tankavaara, 99695 Tankavaara, Tel. (9693) 646158, Fax 46261

Östlich der Straße beginnt der *Urho-Kekkonen*-Nationalpark, mit 2550 km² Fläche das zweitgrößte Naturschutzgebiet im Lande. Er ist gekennzeichnet durch die weite und karge Fjälllandschaft von *Saariselkä*, die sich im Osten bis an die russische Grenze erstreckt. Hier verläuft auch die Wasserscheide zwischen dem Bottnischen Meerbusen und dem Eismeer. In den Wanderzentren an den Bergen *Kiilopää* (546 m) und *Kaunispää* (438 m) bestehen Unterkunftsmöglichkeiten.
Hotel: Tunturihotelli Kakslauttanen, 99800 Ivalo, Tel. (9697) 87100, Fax 87168, am Kiilopää; Saariselän Tunturihotellit, 99830 Saariselkä, Tel. 8111, Fax 81771, am Kaunispää; Hotelli Riekonkieppi, Tel. 81601, Fax 81602, am Kaunispää; Kylpylä Hotelli Saariselkä, Tel. 8121, Fax 812328, am Kaunispää.

Jugendherberge: Ahopää****, Tunturikeskus Kiilopää, 99800 Ivalo, Tel. 87101, Fax 87121, ganzj., Frühstück, Sauna, Waschm., Fahrradverleih, 6 km östl. von Kakslautanen.

Kartenskizze Etappen 64 & 65

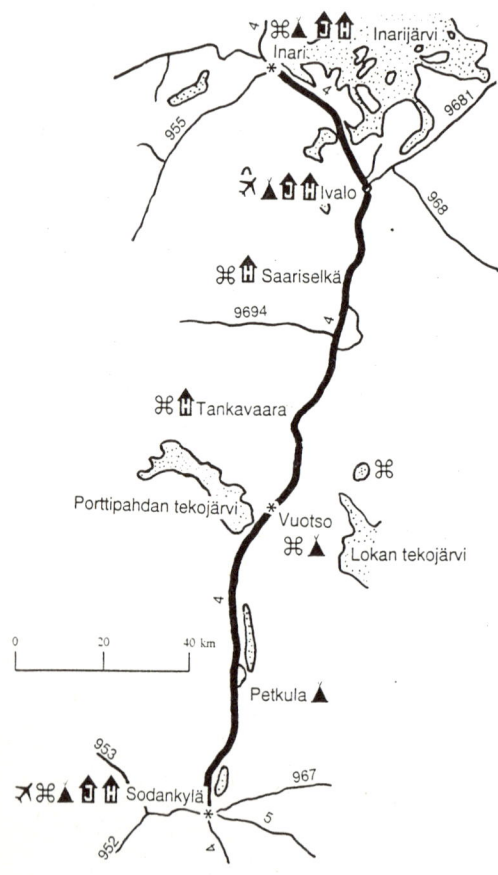

Wer noch die nötigen Kraftreserven besitzt, kann bis zum höchsten Punkt des *Kaunispää* gelangen und von einer Aussichtsplattform die noch vor ihm liegende Strecke in Augenschein nehmen. Diese verläuft zunächst kontinuierlich bergab. In der Folge führt die Straße durch ein breites Flußtal bis nach **Ivalo/Avvil**, dem eigentlichen Zentrum der Großgemeinde Inari. Hier leben etwa 3500 Menschen - die Hälfte der Bevölkerung des gesamten Distrikts.

Information: Pohjois-Lapin Matkailu Oy, Rantatie 2, 99800 Ivalo, Tel. (9697) 12521.

Flugverbindungen: nach Helsinki, 6 x wöchentl.; sowie 19 weitere Verbindungen in alle Landesteile.

Unterkunft: Motel Petsamo, Petsamontie 16, Tel. 21106 od. 21891.

Camping: Näverniemi***, Tel. 21621 Fax 21628, ganzj., Hü. Waschm., 1,5 km südl. des Zentrums; Kerttuojan lomamökit**, PPA 2 Kerttuoja, Tel. 21619, 1.6.-31.8., Hü., Waschm., 4 km südl. des Zentrums; Ukonjärvi***, PL 118, Tel. 43503, Fax 43516, 15.3.-30.9., Hü., Waschm., 10 km in Richtung Inari, dann 1,5 km nach Osten.
Fahrrad: Jorma Sport, Ivalontie, Tel. 21947.

Auf dem Weg in das Kirchdorf **Inari** passieren Sie den »Bärenheimstein« (*Karhunpesäkivi*), eine vermutlich während der letzten Eiszeit entstandene kleine Höhle, sowie einige Ausläufer des *Inarijärvi*.

Ortsbeschreibung Inari & Anschluß Richtung Südwesten: Etappe 37

Etappe 66:
Helsinki - Porvoo (48 km)
Karten: GT Nr. 3, Pääkaupunkiseutu Ulkoilukartta

Am Hauptbahnhof vorbei - erst auf der Hauptstraße, dann auf einem Radweg parallel zur »170« - fahren Sie etwa 10 km durch Industrie- und Gewerbegebiet. Streckenweise weicht der Radweg etwas von der Hauptstraße ab und führt durch ein Wohngebiet. Insgesamt ist die Fahrt aus Helsinki hinaus wegen der vielen Abgase sehr unangenehm. Dann begrüßt Sie aber sogleich die schöne finnische Landschaft. An einem Anstieg kurz vor Porvoo folgen Sie dem Hinweis nach »Vanha Porvoo«. Jetzt geht es abwärts. Achten Sie auf die Schienen! Dann sind Sie an der alten Holzbrücke gegenüber der Altstadt.

Blick auf Porvoo/Borgå

Porvoo/Borgå, Uudenmaan lääni. Die Mehrheit der 20.000 Einwohner spricht zwar Finnisch, doch ohne schwedischen Einfluß würde es Porvoo gar nicht geben: Schließlich war es der schwedische König Magnus Eriksson, der 1346 die zweitälteste Stadt Finnlands gründete. Ihren schwedischen Namen Borgå erhielt die Stadt in Anlehnung an die Begriffe Burg (borg) und Fluß (å). Von der alten Holzbrücke blickt man zur Linken auf den Burghügel, der noch heute Wallgräben aus dem 12. Jh. trägt, zur Rechten auf die Holzhäuser der Altstadt (*vanha kaupunki*) und die Domkirche. Sie ist das bekannteste Gebäude Porvoos, wurde in der ersten Hälfte des 15. Jh. gebaut und ist Bischofssitz. Im Dom fand am 29. März 1809 ein für die finnische Geschichte wichtiges Ereignis statt: Zar Alexander I. eröffnete den ersten Landtag und erklärte Finnland zum autonomen Großfürstentum innerhalb seines Reiches, womit den Finnen Religionsfreiheit und die Möglichkeit der Schaffung einer Verfassung gewährt wurde.In der Altstadt stehen das Bischofshaus (1927 erbaut), das Domkapitel und das Dichterheim, ein Ehrenwohnsitz für aktive finnisch-schwedische Literaten. Ein Gang durch Porvoo sollte zum alten Rathaus mit dem historischen Museum und zum *Edelfelt-Vallgren*-Museum führen, das nach den berühmten Künstlern Albert Edelfelt (Maler, 1854-1902) und Ville Vallgren (Bildhauer, 1855-1940) benannt ist. Einen repräsentativen Überblick über Finnlands Beitrag zur modernen Kunst gewinnt man in der *Yriö-A.-Jänttis*-Kunstsammlung, die in dem ehemals größten Verlagshaus des Nordens untergebracht ist. Im kleinen Empire-Viertel Porvoos, entworfen von C. L. Engel, befinden sich die Häuser des »Nationaldichters« Johan Ludvig Runeberg, der hier 1840 die finnische Nationalhymne »Unser Land« schrieb, und seines Sohnes Walter, dessen Skulpturen dort ausgestellt sind. Walter Runeberg war Bildhauer und wurde bei der Pariser Weltausstellung 1876 mit vier Preisen in Gold ausgezeichnet.

Heute ist Porvoo Industriestadt. Der Chemiekonzern Neste Oy ist mit viertausend Beschäftigten der größte Arbeitgeber.

Information: Kaupungin Matkailutoimisto, Rauhankatu 20, 06100 Porvo, Tel. (915) 580145 od. 582721, dort sind Radtouren-Vorschläge erhältlich.

Schiffsverbindungen: nach Helsinki, 28.5.-4.9., Fahrzeit 3½ h, Fahrradmitnahme frei; außerdem gibt es Ausflugsfahrten in den vorgelagerten Schärengürtel.

Unterkunft: Kesähotelli Sateenkaari, Kesätuulentie 3-5, 2 km vom Zentrum, Tel. 5246799, Juni bis Mitte August; Gästehaus Porvoo, Porvoon Vierasmaja, Adlercreutzinkatu 29, Tel. 5244454; Motelli Porvoo, Pienteollisuustie 2, Tel. 549799, Fax 168797, 4 km vom Zentrum.

Jugendherberge: Porvoon Retkeilymaja***, Linnankoskenkatu 1-3, Tel. 5230012, ganzj., Sauna, im südl. Stadtbereich.

Camping: Kokonniemi***, Tel. 581967, 27.5.-14.8., Hü., Waschm., 2 km vom Zentrum entlang dem Kokonniementie parallel zur westl. Seite des Flusses Porvoonjoki.

Fahrrad: Harrys Cykeldepå, Mannerheiminkatu 18, Tel. 581312.

Anschluß Richtung Osten: Etappe 74

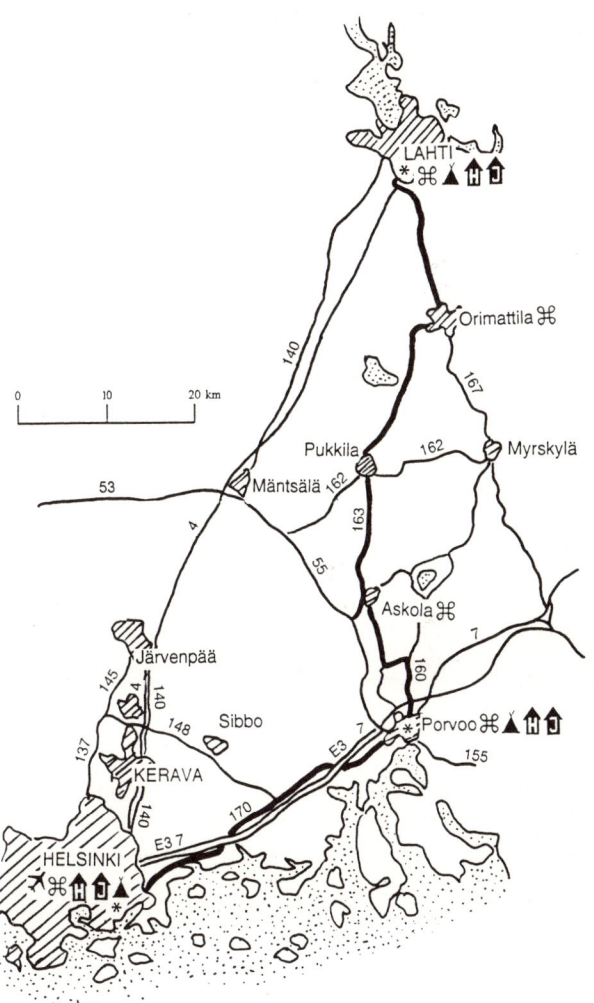

Etappe 67:
Porvoo - Askola - Orimattila - Lahti (76 km)
Karte: GT Nr. 3

Von Porvoo aus folgen Sie zuerst der »170« in Richtung *Kotka* und biegen dann in die »160« in Richtung *Kerko* ab. Sie fahren nun auf der Straße nach *Pukkila* weiter und orientieren sich nach **Askola**. Etwa 7 km hinter Askola kann man auf einem Berg eine Rast einlegen; ein schöner Weg durch steinige Landschaft lohnt sich. Wer länger bleiben will, wird in der Umgebung auf riesige Erdlöcher - sog. Gletschermühlen oder Gletschertöpfe (*Hiidenkirnut*) - aus der Eiszeit stoßen. Fährt man von Askola in Richtung *Myrskylä*, ist der *Valkjärvi* für Schwimmen und Camping zu empfehlen. Einen offiziellen Campingplatz gibt es dort zwar nicht, aber die Einheimischen haben nichts gegen eine solche Nutzung. Bei weiteren Fragen hilft die Gemeindeverwaltung.
Information: Askolan kunnantoimisto, 07500 Askola, Tel. (915) 30162.

In **Orimattila** hat eine Kunststiftung verschiedener bedeutender Sammler das örtliche Kunstmuseum bereichert. Außerdem gibt es eine alte Kirche, ein Heimatmuseum und einige historische Holzhäuser. Der weitere Weg nach **Lahti** ist gut ausgeschildert. Lassen Sie sich nur nicht verwirren: Wenn Sie das Ortsschild von Lahti passiert haben, sind es noch rund 5 km bis zum Zentrum.
Information: Orimattilan kunta, Erkontie 9, 16300 Orimattila, Tel. (918) 888111.

Stadtbeschreibung Lahti & Anschluß Richtung Westen: Etappe 40

Etappe 68:
Lahti - Asikkala - Sysmä - Hartola - Joutsa (111 km)
Karten: GT Nr. 5, Tervasreitit

Aus Lahti heraus führt die Hauptstraße 4. Die Straße ist stark befahren, aber streckenweise gibt es auch einen Radweg. Nach 12 km biegen Sie rechts ab und gelangen auf einer Nebenstraße nach **Asikkala**, wo es das Wassermühlenmuseum *Vääsky*, alte Herrenhäuser und eine sehenswerte Kirche gibt.
Fahrrad: Pyörähuolto Sundgvist, Tel. (918) 662020.

Nach wenigen Kilometern auf der nach Norden verlaufenden »314« fahren Sie über den *Pulkkilanharju*, eine Art natürliche Brücke über dem *Päijänne*-See. Genießen Sie den Blick, denn so intensiv wie hier können Sie selten verstehen, was es heißt, in »Seenfinnland« zu sein. In **Sysmä** gibt es die Kunstgalerie *Vanha Kerttu*; im Sommer findet in alten Herrenhäusern und Kirchen das Musikfestival »Symä Sommer Sounds« statt.
Hotel: Hotelli Uoti, Keskustie 1, 19700 Sysmä, Tel. (918) 172766.

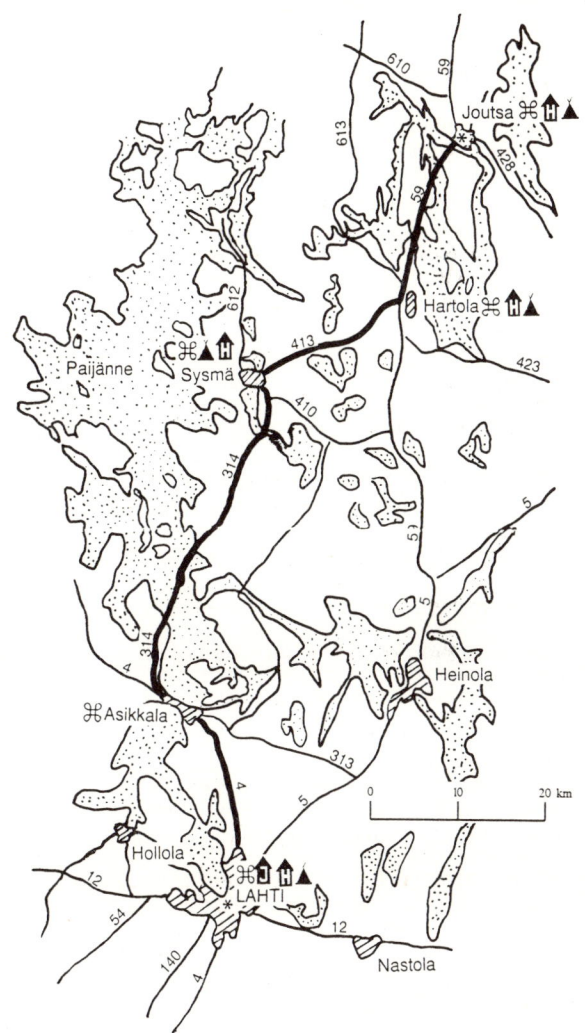

Camping: Sysmän leirintäalue***, Huitilantie 3, 19700 Sysmä, Tel. (918) 171386, 1.6.-31.8., Hü., Waschm., am südl. Ende von Sysmä.
Fahrrad: Oksasen Pyörä ja Kone, Leppäkorventie 1, Tel. 171315.

Von Sysmä aus wird nach 20 km in nordwestlicher Richtung die Hauptstraße erreicht. **Hartola** wird die »Königsgemeinde« genannt, weil in deren Gründungsjahr 1784 König Gustav III. von Schweden hier gekrönt wurde. Im *Itä-Häme*-Museum gibt es deshalb auch einen Stuhl des Königs zu bewundern. Außerdem sind dort zwei Räume für zwei Schriftsteller eingerichtet, die lange in Hartola lebten: Maila Talvio und Uuno Kailas. In Mitteleuropa ist jedoch *Mika Waltari* bekannter, der hier für neun Monate lebte, um seinen Bestseller »Sinuhe, der Ägypter« zu schreiben. Die 4000-Seelen-Gemeinde bemüht sich daher, mit Kunstausstellungen und Literaturseminaren ihre kulturelle Tradition zu pflegen. Darüber hinaus haben Hartola aber das »Sahti«-Starkbier und das Roggenbrot bekannt gemacht.
Information: Hartolan kunta, Kuninkaantie 16, PL 16, 19600 Hartola, Tel. (918) 161311, Fax 162478.
Hotel: Linna-Hotelli, Kaikulantie, Tel. 162250, Fax 161291.
Camping: Koskenniemi***, Tel. 161135, ganzj., Hü., Waschm., Fahrradverleih, 2 km südl., entlang der »59«.
Fahrrad: Sport Robot Shop, Keskustie 48, Tel. 162070.

Auf der Hauptstraße »59« gelangt man nach weiteren 22 km zum Ziel der Etappe. Das 1860 gegründete **Joutsa** ist ein wichtiger Verkehrsknotenpunkt an der Ostseite des *Päijänne*-Sees. Die schöne Natur des Päijänne, die man vom *Tammimäki*-Aussichtsturm zu betrachten ist, erschließt sich am besten durch Kanutouren (Infos beim Gemeindeamt). Besondere Attraktionen sind das Volksfest »Joutsan joutopäivät« im Juli und die Markttage im August.

Information: Kunnanvirasto, Länsitie 7, PL 20, 19651 Joutsa, Tel. (947) 880111, Fax 8801105.
Unterkunft: Gasthaus Vanhatalo, Jousitie 39, Tel. 22716.
Jugendherberge: Vaihelan tila***, 19920 Pappinen, Tel. 889107, Fax 889197, ganzj., Frühstück, Sauna, Fahrradverleih, 10 km nordwestl. von Joutsa; Aholan tila***, 19670 Mieskonmäki, Tel. (947) 78153, 1.6.-31.8., 20 km nordöstl., entlang der Straße nach Kangasniemi, dann 3 km nach Süden.
Camping: Oravakivi***, Tel. 883015, 15.5.-15.9., Hü., Waschm., 3 km südl., an der »59« Richtung Heinola; Tampinmylly***, Tel. 82105, 15.5.-30.9., Hü., 6 km außerhalb an der »616« in Richtung Kangasniemi.
Fahrrad: Asko Hotti, Jousitie 49, Tel. 22166, Kesport-Urheilu Slant, Länsitie 3, Tel. 22325.

Anschluß Richtung Norden: Etappe 70

Etappe 69:
Joutsa - Kangasniemi - Pieksämäki (93 km)
Karten: GT Nr. 5, Tervasreitit

Das erste Teilstück bis nach Kangasniemi gehört sicherlich zu den schönsten der hier beschriebenen Etappen. Immer wieder schimmert ein See durch die lichten Wälder, rot und gelb gestrichene Holzhäuser sind die Farbtupfer inmitten grüner Sommerwiesen. Die schön gelegene Gemeinde **Kangasniemi** (7300 Einw.) hat die »Kunstkapelle« (*Kangasniemen taidekappelli*) vorzuweisen, in der wechselnde Ausstellungen stattfinden. Im südlichen Gemeindeteil Rapala sind durch die Eiszeit geformte Höhlen und Felsen zu sehen (*Rapalan kalliot ja luolat*).

Information: Kangasniemen matkailuneuvonta, Otto Mannisentie 2, 51200 Kangasniemi, Tel. (959) 7801291, Fax 7801292.

Unterkunft: Kangasniemen taidekappelli, Jyväskyläntie 206, Tel. 432549; Makkolan ratsutila, Makkolantie 585, 51360 Koivula, Tel. 434877; Marttilan hevos- ja lomatila, Marttilantie 150, 51440 Vuojalahti, Tel. 437261.

Camping: Kiviniemi***, Tel. 432406, 1.6.-31.8., Hü., Fahrradverleih, 1 km nördl. des Zentrums.

Fahrrad: Puula Sport Oy, Toritie 2, Tel. 433160; Veljekset Ikonen, Otto Mannisentie 4, Tel. 431309.

Nach dem Überqueren der »13« fährt man für mehr als 40 km auf der wenig befahrenen »447«, bis diese auf die Hauptstraße nach Pieksämäki trifft. Von dort bis zum Etappenziel sind es noch etwa 7 km. In **Pieksämaki** fällt vor allem das schöne, moderne Kulturzentrum *Poleeni*, das direkt am See liegt, ins Auge. Die Naturkirche *Ristikivi* in Partaharju und das Museum der Savo-Eisenbahnlinie lohnen einen Besuch. In Mataramäki befindet sich das Naturdenkmal der Region, der Steinblock *Linnakivi*, ein sieben Meter hoher, 10000 Jahre alter Findling aus der Eiszeit. Findlinge sind Felsblöcke, die durch Gletscher oder Inlandeis viele Kilometer von ihrem Ursprungsort zur heutigen Stelle bewegt wurden.

Information: Poleeni, Savontie 13, 76100 Pieksämäki, Tel. (958) 291435.

Hotel: Hotelli Savonsolmu, Toikantie 9, 76100 Pieksämäki, Tel. 614022, Fax 614068.

Unterkunft: Asuntohotelli Saunalythy, Keskuskatu 5, Tel. 484050; Gasthaus Selänpään Kievari, 77120 Venetmäki, Tel. 612045; Ferienheim Lomapirtti, Tel. 424586, 4 km vom Zentrum; Gasthaus Ranta, Torikatu 12, 76100 Pieksämäki, Tel. 615755.

Camping: Lomatrio*, 76850 Naarjärvi, Tel. 611001 od. 611544, Fax 611488, 1.6.-31.8., Hü., Fahrradverleih, 6 km westl. des Zentrums, am See.

Fahrrad: Pyöräkorjaamo Haverinen.

Anschluß Richtung Süden: Etappe 78
Anschluß Richtung Osten: Etappe 79
Anschluß Richtung Norden: Etappe 81

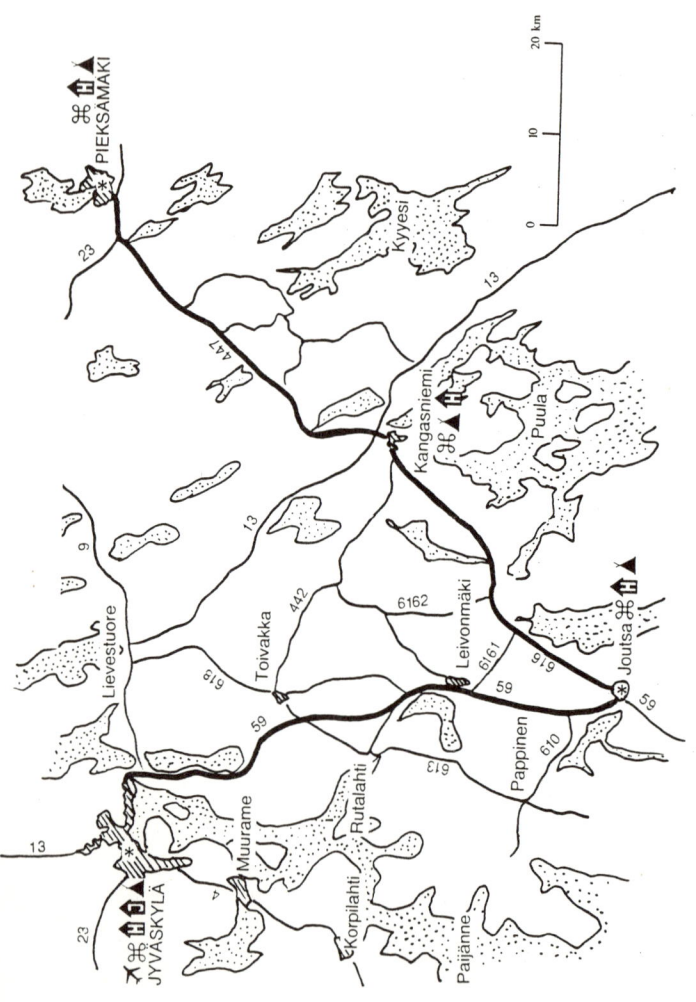

Etappe 70:
Joutsa - Leivonmäki - Toivakka - Jyväskylä (65 km)
Karten: GT Nr. 5, Tervasreitit

Von Joutsa fahren Sie auf der »59« über *Leivonmäki* und an *Toivakka* vorbei nach Jyväskylä. Alternativ könnte man auf der »610« bis *Pappinen* fahren, wenig später auf die »613« abbiegen. Hinter *Rutalahti* müßte man aber auch dann auf die »59« einbiegen. Der Umweg beträgt 10 km.

Jyväskylä, 71.000 Einw., Verwaltungszentrum der Provinz Mittelfinnland, ist eine der Hauptwirkungsstätten des weltberühmten Architekten Alvar Aalto gewesen. Neben dem *Alvar-Aalto*-Museum dokumentieren Häuser aus allen Schaffensperioden die Kreativität des Meisters. So zum Beispiel das Keski-Suomi-Museum, in dem u.a. Modelle von Jyväskylä aus den Jahren 1805, 1880 und 1952 zu sehen sind, oder auch das Hauptgebäude der Universität. 9000 Studenten beleben heute die Stadt, in der das erste finnischsprachige Gymnasium eröffnet wurde. In der Region Jyväskylä ist eine international bedeutende Holz-, Papier- und Metallindustrie angesiedelt. In der abwechslungsreichen, hügeligen Landschaft läßt sich sehr gut wandern. Die Stromschnellen Kuusankoski, Simunankoski, Kuhankoski und Kapeenkoski lohnen sich bei einem längeren Aufenthalt ebenso wie eine Fahrt auf dem *Päijänne*-See nach Lahti; für Fmk 40 kann man auch das Rad mitnehmen.
Das »Jyväskylä Arts Festival«, die 1000-Seen-Rallye und die »Graphica Creativa«, eine Triennale für außereuropäische Grafik (nächste Termine: 1996, 1999) haben die Stadt über die Grenzen Finnlands bekannt gemacht.

Information: Regionale Fremdenverkehrsdienste Jyväskylä, Asemakatu 6, 40100 Jyväskylä, Tel. (941) 624903, Fax 214393.
Flugverbindungen: nach Helsinki, tägl.; sowie 16 weitere Verbindungen in alle Landesteile.
Bahnverbindungen: nach Helsinki, Turku, Joensuu.
Schiffsverbindung: nach Lahti, Juni bis Mitte August, 4 x wöchentl., Fahrradmitnahme Fmk 40.
Unterkunft: Kesähotelli Amis, Sepänkatu 3, Tel. 612920, Fax 619935, 1.6.-7.8.
Jugendherberge: Laajari****, Laajavuorentie 15, Tel. & Fax 253355, ganzj., Frühstück, Sauna, Waschm., am nordwestl. Stadtrand, in der Nähe der Skisprungschanze.
Camping: Tuomiojärvi***, Taulumäentie 47, Tel. 624896, 1.6.-31.8., Hü., Waschm., Fahrradverleih, 2 km nördl. des Zentrums; Hopeasanta am See, Muuratjärvi, Tel. 631999, 1.6.-31.8.
Fahrrad: Risulan Pyörä, Survontie 5, Tel. 244146, Jyväs-Pyörä, Hongikontie 3, Tel. 211383; Service Center, Schaumaninkatu 3, Tel. 614711.

Anschluß Richtung Norden: Etappe 72

Etappe 71:
Jyväskylä - Petäjävesi - Keuruu (61 km)
Karte: GT Nr. 8

Südlich der Universität (*Yliopisto*) beginnt der *Keskussairaalantie*, der vorbei am Krankenhaus in die *Erämiehenkatu* übergeht. Auf dieser gelangt man zur »23« in Richtung Westen. Das Streckenprofil ist leicht wellig, durch die gerade Straßenführung wirkt die Landschaft etwas eintönig. In der 4000-Einwohner-Gemeinde **Petäjävesi** steht ganz in Straßennähe die 1764 errichtete Holzkirche (*Petäjäveden vanha kirkko*). Mit ihrem geschindelten Dach gehört sie zu den bemerkenswertesten Sakralbauten dieser Zeit.
Information: Petäjäveden kunta, PL 28, 41901 Petäjävesi, Tel. (941) 859511, Fax 854271.
Fahrrad: Pyöräliike Virtanen, Tel. 854174.

Die Landschaft wird nach Westen hin allmählich etwas flacher, bis zum Etappenziel **Keuruu** sind es noch 28 km.

Ortsbeschreibung Keuruu & Anschluß Richtung Süden: Etappe 45

Etappe 72:
Jyväskylä - Suolahti - Äänekoski - Saarijärvi (82 km)
Karte: GT Nr. 8

Die Strecke ist gut ausgeschildert. Sie verlassen die Stadt auf der »637« Richtung **Laukaa**. Von dort ist es nicht mehr weit bis nach **Suolahti**. Es lohnt sich nicht, hier länger zu bleiben. In der Umgebung gibt es lediglich ein paar interessante Schleusen (z.B. in Paatela, Vaajakoski).
Unterkunft: Matkustajakoti Niemunein, Kellovepankatu 17, 44220 Suolahti.
Camping: Hankala***, Tel. (945) 42327, 15.5.-29.8., Hü., Waschm., 2 km nördl. des Zentrums.
Fahrrad: Pauli Kella, Keitelrentie 9.

Der Ort ist auch der Ausgangspunkt der nachfolgenden Etappe 73. Um jedoch nach *Äänekoski* zu gelangen, biegt man vor Suolahti links ab und fährt auf der breiten, unschönen »642« nach **Äänekoski**. Die 14.000 Einwohner zählende Stadt ist nicht viel schöner. Fast die Hälfte aller Arbeitsplätze sind in der Industrie oder im Baugewerbe angesiedelt. Die größten Arbeitgeber sind der Metsä-Serla-Konzern (Holzveredelung u. Chemie) und Nokia (Elektroindustrie). Allenfalls einige kleinere Museen können zum Verweilen einladen.
Information: Äänekosken kaupunki, matkailuneuvonta, Hallintokatu 4, 44100 Äänekoski, Tel. (945) 27111, Fax 522392.
Jugendherberge: LomaNiemelä***, Tel. 12711, Fax 12715, ganzj., Frühstück, Sauna, Waschm., Fahrradverleih, 3 km nördl., entlang der »4«, dann 1 km nach Osten.

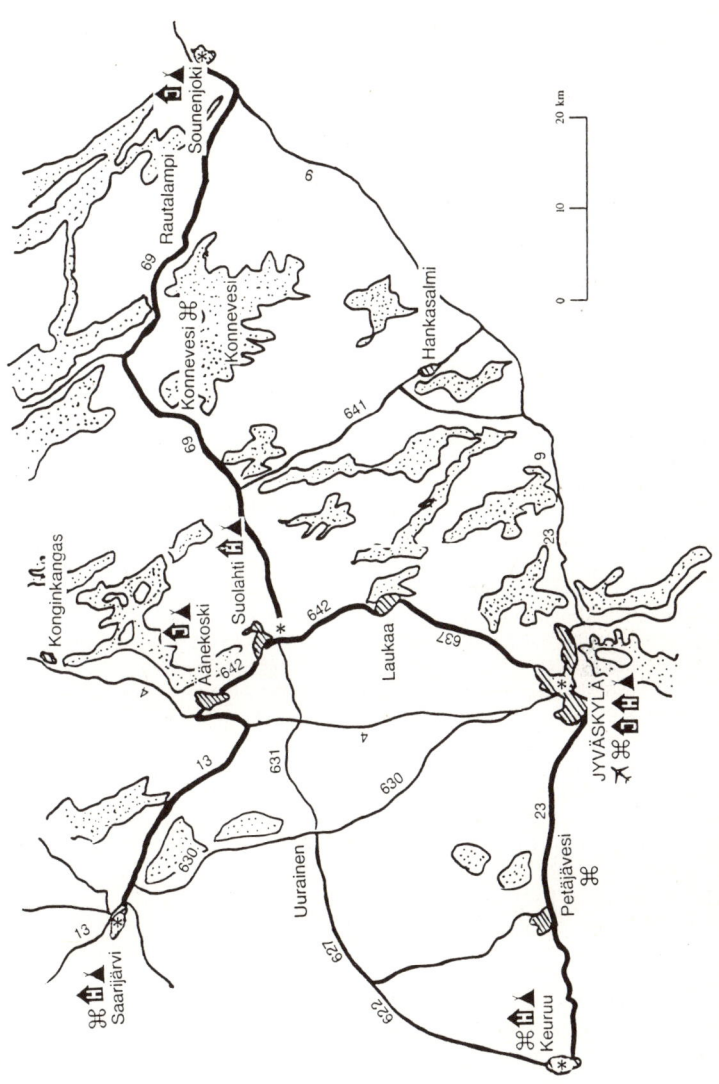

Camping: Nelostien Lomamökit***, Ouluntie 20, Tel. 12251 od. 23808, 1.5.-31.9., Hü., westl. des Zentrums in der Nähe der »4«; Ukonlahti**, 44170 Hietama, Tel. 80021, 16.5.-15.8., Hü., 12 km westl. an der Straße nach Saarijärvi.
Fahrrad: T:mi Korjauspalvelu Heikki Tuimala, Purokatu 1, Tel. 12854; Sähkö Niskanen Oy, Jouni Kaastinen, Kauppakatu 6, Tel. 22341; Penan Apaja P. Raatikainen Ky, Keiteleentie 3, Tel. 23430; Esa Helin Ky, Ostoskeskus, Tel. 13150.

Entlang der viel befahrenen »4« führt ein Radweg bis zur Abzweigung nach **Saarijärvi**. Leider gibt es von hier aus keine Alternativstrecke zur »13«, nur für kürzere Streckenabschnitte könnte man auf nichtasphaltierte Nebenstraßen ausweichen. Kurz vor dem Etappenziel deutet das Hinweisschild »Vallihaudat« auf die Überreste von Schützengräben hin. Diese ließen russische Offiziere im Ersten Weltkrieg aus Furcht vor einem deutschen Vorstoß durch Westfinnland errichten, zu dem es jedoch nicht kam.

Stadtbeschreibung Saarijärvi & Anschluß Richtung Westen: Etappe 48
Anschluß Richtung Norden: Etappe 49

Etappe 73:
Suolahti - Konnevesi - Rautalampi - Suonenjoki (79 km)
Karte: GT Nr. 8

Wenn Sie Suolahti verlassen, dürfen Sie sich nicht dadurch verunsichern lassen, daß lange Zeit keine Beschilderung kommt. Dann lesen Sie ein Schild in Richtung »Jyväskylä«. Ungefähr 4 km fahren Sie weiter, an einem Steinbruch und an einem Friedhof vorbei, bis Sie schließlich zu einer großen Abzweigung gelangen, an der Sie auf die »69« einbiegen und nach **Konnevesi** weiterfahren. Die 3500 Einwohner zählende Gemeinde liegt zwischen den Seen Konnevesi und Keitele, die durch den Kanal Neiturintaipale verbunden werden, an dem noch Holz geflößt wird. Zu den Sehenswürdigkeiten gehören das neue Gemeindezentrum, das Heimatmuseum mit einer Windmühle, die Feldsteinkirche von 1922 und das denkmalgeschützte Gut Iloharja im Empirestil, das aber im 20 km nördlichen Gemeindeteil Särkisalo liegt. Über Rautalampi fahren Sie auf der »63« bis **Suonenjoki** (8700 Einw.). Der Ort ist das Zentrum des finnischen Erdbeeranbaus, weshalb das größte Fest der im Juli (!) stattfindende Erdbeerkarneval ist.
Bahnverbindungen: nach Pieksämäki, Kouvola, Helsinki, Oulu.
Jugendherberge: Suonenjoen retkeilymaja***, Ammattioppilaitos, Koulukatu 21, 77600 Suonenjoki, Tel. (979) 511413, Fax 513290, 1.7.-31.7., 1 km westl. des Bahnhofs.
Camping: Matkailukeskus Koskelo***, Levä, Tel. 519520, 1.6.-30.8., Hü., 6 km südwestl. an der »9«.

Anschluß Richtung Süden: Etappe 81
Anschluß Richtung Nordosten: Etappe 82

Sie verlassen Porvoo auf der »157«, der Sie bis *Isnäs* folgen. Von dort geht's auf der »158« bis *Gammelby*, wo Sie an einer Tankstelle rechts auf die »7« abbiegen. Die Ostseeküste lohnt einen längeren Aufenthalt: Ein Abstecher könnte nach Pernå, dem Geburtsort des Reformators Mikael Agricola führen. Zahlreiche Gutshöfe in der Umgebung zeugen von einer reichen Vergangenheit. 14 km südlich von Isnäs dient im Hafen von Kabböle ein Schiff als Jugendherberge. Eine weitere günstige Übernachtungsmöglichkeit befindet sich bei Liljendal.

Jugendherberge: Kabböle vandrarhem***, Kabböle, 07750 Isnäs, Tel. (915) 35643 od. (949) 302525, 1.5.-30.9., Frühstück, Sauna, Fahrradverleih, 14 km südl. von Isnäs; Embom***, Embom 461 A, 07880 Liljendal, Tel. 616354, ganzj., Frühstück, Sauna, Fahrradverleih, 6 km nördl. von Forsby, dann 2 km nach Westen.

Über die »7« fahren Sie nach *Loviisa*.

Loviisa/Lovisa, 8200 Einw., Uudenmaan lääni. Für deutsche Ohren ist es relativ ungewöhnlich zu hören, daß eine Stadt in ihrer Touristenbroschüre damit wirbt, Standort von zweien der vier Kernkraftwerke des Landes zu sein. Für Loviisas Touristenamt ist das kein Problem. Man weist darauf hin, daß die sowjetischen Importe mit westeuropäischer Sicherheitstechnik nachgerüstet wurden und bietet Interessierten Führungen durch die Kernkraftwerke an.

Eigentlich ist Loviisa aber eine verträumte, angenehme Sommerstadt. Im Jahre 1745 gründeten die Schweden Loviisa an der damaligen Grenze zu Rußland. Ihren Namen bekam die Stadt von der schwedischen Königin Louise Ulrike von Preußen, einer Schwester Friedrichs des Großen. Zum Schutz der damaligen Haupstadt der Provinzen Kyminkartano und Savo wurden - ebenfalls im 18. Jh. - die Festungen Rosen, Ungern und Svartholma gebaut, die man im Sommer besichtigen kann. Sonntags und samstags, im Juli auch mittwochs, fährt ein Ausflugsboot zur Seefestung Svartholma. Sommertheater, Parkanlagen, die vielen Empiregebäude und das Sibelius-Fest laden dazu ein, länger zu bleiben.

Information: Matkailutoimisto, Mannerheiminkatu 4, 07900 Loviisa, Tel. (915) 533212 od. 555234, Fax 532322.
Hotel: Skandinavia, Karlskronabulevardi 9-11, Tel. 531725; Zilton, Mariankatu 29, Tel. 533191.
Unterkunft: Pension Helgas, Sibeliuksenkatu 6, Tel. 531576.
Fahrrad: Sjöblom-Sport, Kuningattarenkatu 18, Tel. 531611.

Für die Weiterfahrt kommt leider nur die vielbefahrene »7« in Betracht. Teilweise ist diese sogar als Kraftfahrzeugstraße eingestuft; in diesen kurzen Strekkenabschnitten gibt es jeweils Radwege bzw. Nebenstraßen, die jedoch immer wieder zur Hauptstraße zurückführen. Vor allem die letzten Kilometer nach Kotka sind alles andere als ein Vergnügen.

Kartenskizze Etappen 74 & 75

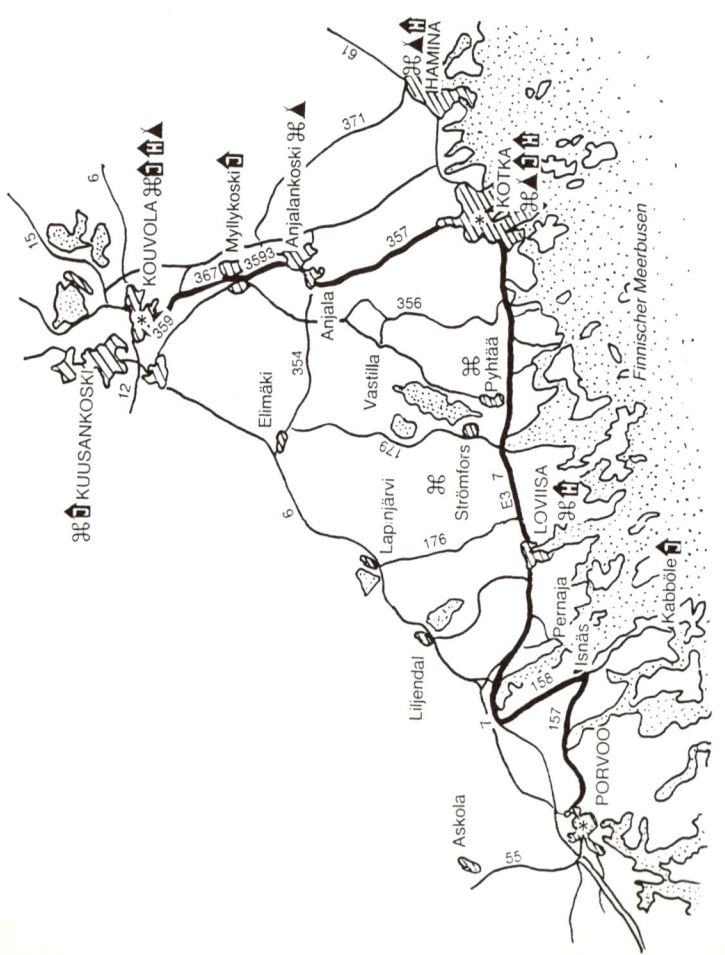

Zuvor - etwas nördlich der Strecke - liegt **Ruotsinpyhtää/Strömfors**. Das dortige Museum erzählt die Geschichte der 1695 gegründeten Eisenhütte Strömfors. Nicht weit davon entfernt befindet sich der kleine Ort **Pyhtää/Pyttis**. Er wurde 1347 erstmals urkundlich erwähnt. Die graue Steinkirche aus dem 15. Jh. ist wegen ihrer Wandbemalungen sehenswert.

Kotka, 56.400 Einw., Kymen lääni, liegt auf einer Halbinsel im Finnischen Meerbusen und ist neben Hamina Finnlands größter Exporthafen. Mit der wirtschaftlichen Bedeutung Kotkas kann sich dessen Stadtbild jedoch nicht messen; die Bauten wirken eher trist. Als strategisch wichtiger russischer Marinestützpunkt schrieb Kotka im sog. Gustav-Krieg zwischen Schweden und Rußland (1788-1790) Geschichte. Zwei Seeschlachten fanden 1789 und 1790 im Bereich zwischen Kotka und den Inseln Ruotsinsalmi und Varissaari statt. Auf Varissaari erinnert ein Denkmal an die Kämpfe. Dort kann man auch eine Ausstellung von Tauchfunden der russischen Fregatte St. Nikolai und alte Festungsreste des Forts Elisabeth besichtigen. Von Ende Mai bis Mitte August fahren Motorboote dorthin; die Überfahrt dauert etwa zehn Minuten. Überhaupt sollte man den Schiffspendelverkehr auf die vorgelagerten Inseln Kaunissaari, Haapasaari, Kuutsalo, Lehmäsaari und Varisaari nutzen. Die Schiffe legen am Sapokka-Kai ab. Fahrpläne gibt es im Touristenbüro und am Strand.

Die Sehenswürdigkeiten der Stadt sind die Fischerhütte Zar Alexanders III., der Eisbrecher Tarmo im Hafen und das Empireviertel aus dem 17. Jh.; dort steht auch die orthodoxe St.-Nikolas-Kirche, die 1795 erbaut wurde und damit das älteste Gebäude der Stadt ist. Ganz in deren Nähe befindet sich der Sibelius-Park.

In der Umgebung: Mit dem Schiff »Kristina Brahe« kann man nach Viipuri/Viborg und nach Kronstadt fahren (Info: Kristina Cruises, Korkeavuorenkatu 2, Tel. [952] 181011). Die billigsten Tickets kosten etwa Fmk 250.

Information: Touristenbüro der Stadt Kotka, Keskuskatu 17, 48100 Kotka, Tel. (952) 274424, Fax 15676.

Unterkunft: Koskisoppi***, Keisarinmajantie 4, Tel. 285555, Fax 285525, 10.5.-21.8., Sauna, Waschm., am nordwestl. Stadtrand; Kotkansaaren retkeilymaja***, Puistotie 9-11, Tel. 14455, Fax 16051, im südl. Stadtgebiet, Kotkan Pooki, Urheilijankatu 2 B, Tel. 181945, 15.6.-15.8.; Aallon maja, Valliniemenk 2, Tel. 604333, Fax 688435; Lomasaari Mäntykari, Tel.257430, 1.6.-31.8.

Jugendherberge: Kärkisaaren retkeilymaja***, Kärkisaarentie, Mussalo, Tel. 604215, Fax 15676, 3.5.-15.9., Sauna, Fahrradverleih, westl. von Kotka, am Norden de der Insel Mussalo.

Camping: Santalahti***, Mussalo, Tel. 605055, 1.4.-30.9., Hü., Waschm., Fahrradverleih, im Süden der Insel Mussalo.

Fahrrad: Matti A. Salomaa, Heponiementie 12, Tel. 282145; Pyöräkorjaamo V. Himanen, Seponkatu 3, Karhula, Tel. 61814.

Anschluß Richtung Osten: Etappe 86

```
Etappe 75:
Kotka - Anjalankoski - Kouvola - Kuusankoski (55 km)
Karte: GT Nr. 3
```

Auf der »357« fährt man aus Kotka heraus bis nach *Anjala*, einem Ortsteil von
Finnlands bedeutendster Papierstadt **Anjalankoski**. Diese entstand durch die
Zusammenlegung der beiden Gemeinden Anjala und Sippola. Das wichtigste
historische Ereignis fand 1917 statt: auf dem Gutshof *Wredeby* wurde die finnische Verfassung ausgearbeitet. In der 19.000-Einwohner-Stadt sind die Wasserfälle, das Gutshaus Anjala und der Sippola-Hof sehenswert.

Information: Anjalan toimitalo, Elimäentie 28, 46910 Anjalankoski, Tel. (951) 2841640,
Fax 2841604.
Jugendherberge: Rauhala***, Itäasemantie 17, 46800 Myllykoski, Tel. 3656061,
ganzj., Frühstück, Sauna, im Ortsteil Myllykoski.
Camping: Saaramaa***, 46570 Saaramaa, Tel. 332503, 1.5.-31.8., Hü., Waschm.,
Fahrradverleih, 30 km nordöstl. von Anjalankoski.

Über die »359« gelangt man in den Ortsteil *Myllykoski*. Von dort aus fährt man
für rund 8 km auf der »3593« und biegt dann in die »367« ein, die bis ins Zentrum von *Kouvola* führt.

Kouvola, 32.000 Einw., Kymen lääni. Dank guter Verkehrsverbindungen
nach Helsinki hat sich Kouvola zu einem interessanten Dienstleistungs- und
Verwaltungszentrum entwickelt. Um das Kouvola-Haus, das neue Kulturzentrum mit Kunstmuseum, befinden sich in schönen, alten Holzhäusern das
Apotheken- und das Radiomuseum. Im Kulturzentrum wird eine Multi-Visi-
ons-Show über Kouvola gezeigt. Von Juni bis August ist die orthodoxe Kirche für Besichtigungen geöffnet.
Information: Matkailutoimisto, Torikatu 10, 45100 Kouvola, Tel. (951) 8296557, Fax
3751013.
Bahnverbindungen: nach Helsinki, Riihimäki, Pieksämäki, Oulu, Joensuu.
Unterkunft: Hotel Turistihovi, Valtakatu 23, Tel. 3115661, Hotel Kymenhovi, Keski-
kakatu 9, Tel. 3758770, Hotel Matkahovi, Nummentie 1, Tel. 3720281.
Jugendherberge: Kouvonpesä****, Utinkatu 39, Tel. 3754771, Fax 3751013, 1.6.-
8.8., Frühstück, Waschm., Fahrradverleih.
Camping: Käyrälampi***, Tel. 3211226, ganzj., Hü., Waschm., Fahrradverleih, 5 km
außerhalb an der »6« Richtung Lappeenranta.
Fahrrad: Pyörä-Paja, Kauppalankatu 37, Tel. 3752292; Sydänmaalakan korjaamo,
Eräpolku 16, Tel. 3754350.

Viele (Rad-) Wege führen ins benachbarte Kuusankoski. Dank guter Beschilderung ist das Finden des Weges kein Problem.

Kuusankoski, 22.000 Einw., Kymen lääni. In der Stadt am Kymijoki dreht sich alles um das Papier. 1904 vereinten sich drei Papiermühlen und sorgten für die Gemeindegründung, die dann 1921 stattfand. Erst 1973 wurden Kuusankoski offiziell Stadtrechte zuerkannt. In der Kymmene-Papiermühle befindet sich die größte Papiermaschine Europas. Wichtigste Sehenswürdigkeiten sind das neue Kulturzentrum, die 1929 von Lindgren entworfene Kirche und die finnische Papierkunstgalerie in den Pavillons von Kurjenmiekka im Ort Keltti, nahe der »6«.

In der Umgebung: In Verla (20 km nördl.) gibt es ein altes Fabrikdorf aus den ersten Jahrzehnten der Industrialisierung, das von Mitte Mai bis Ende August zu besichtigen ist.

Information: Kuusankoskitalo, Kymenlaaksonkatu 1, 45700 Kuusankoski, Tel. (951) 404336, Fax 3748937.

Jugendherberge: Kuusankoski***, Uimahallintie 3, Tel. 404462, ganzj., im Zentrum.

Etappe 76:
Kuusankoski - Vuohijärvi - Voikoski - Mäntyharju - Mikkeli (105 km)
Karten: GT Nr. 3 & 5

Aus Kuusankoski fahren Sie auf der »60« in Richtung *Jaala*, biegen bei *Oravala* ab, um auf die »368« zu gelangen. Auf dieser fahren Sie über *Vuohijärvi* und *Voikoski* bis nach **Mäntyharju**, wo die zweitgrößte finnische Holzkirche steht. Die Strecke führt durch eine waldreiche, ländliche Gegend. Man braucht für die Strecke, die teilweise nicht asphaltiert ist, eine gute Kondition. Alternativ dazu kann man auch die »416« auf der Westseite des Vuohijärvi wählen.

Information: Mäntyharjun kunta, Asematie 1, 52700 Mäntyharju, Tel. (956) 683600.

Camping: Tommolansalmi**, Tommola, Tel. 31120, 15.5.-30.9., Hü., etwa 25 km südöstl. von Mäntyharju, in der Nähe der »15« am See Korpijärvi; Vihantasalmi***, Tel. 685241, ganzj., Hü., Waschm., Fahrradverleih, 10 km westl. von Mäntyharju, an der »5«.

Fahrrad: Mäntyharju Kärkipyörä Oy, Liiketie 3, Tel. 464240, Fax 464921.

In Mäntyharju biegen Sie auf die »420« nach **Ristiina** ein. Die landschaftlich sehr schöne Gegend der Gemeinde mit der Brahe-Burgruine, der zweihundert Jahre alten Kirche, dem Kanalsystem bei Varkaantaipale und Kirkkotaipale sowie die vielen verschlungenen Buchten des Saimaa-Seengebiets lohnen einen längeren Aufenthalt. Kulturgeschichtlich hochinteressant sind auch die Felszeichnungen von Astuvansalmi (s. Etappe 77).

Information: Papiergeschäft Klemmari, Brahentie 16, 52300 Ristiina, Tel. (955) 458133.

Jugendherberge: Löydön kartano***, 52320 Vitsisälä, Tel. 664101, ganzj., Frühstück, Sauna, 5 km nördl. von Ristiina, an der »13«.

Fahrrad: Ristiinan Kone- ja Urheilu, Brahentie 6, Tel. 661238.

Auf der Hauptstraße (»15« bzw. »13«) gelangen Sie zum Etappenziel.

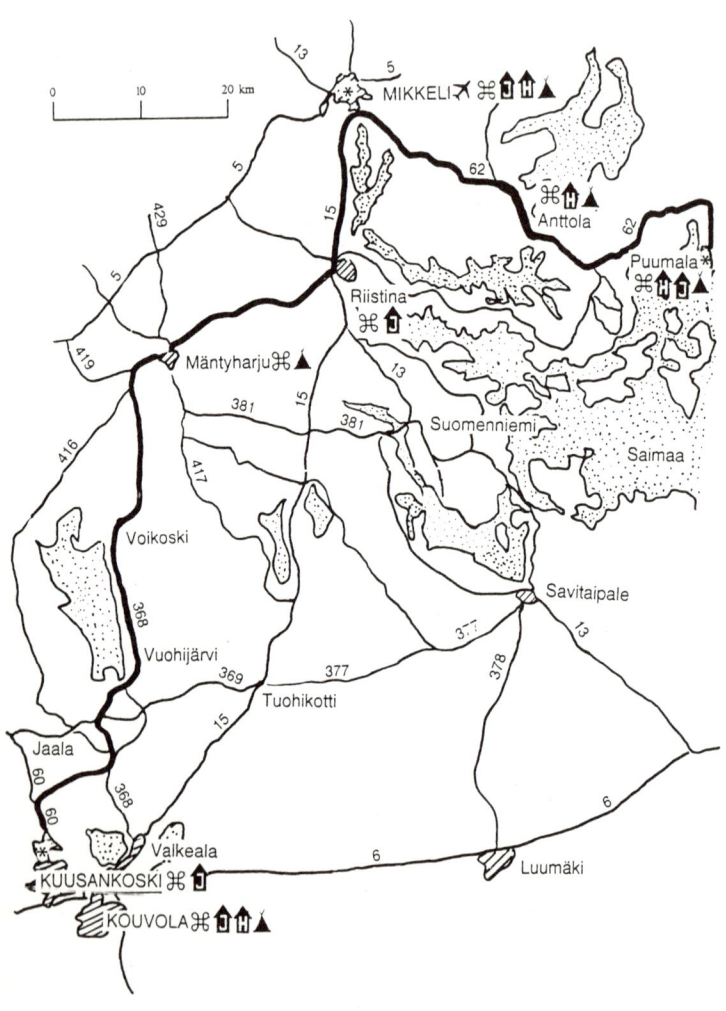

Mikkeli, 32.000 Einw., benannt nach dem Stadtheiligen St. Michael, ist das Zentrum der »Ferienregion Seen-Finnland« und liegt direkt im Saimaa-Seengebiet. Die ersten Spuren menschlicher Besiedlung finden sich in den Grabfeldern der Eisenzeit in Tuukkala und Visulahti, in denen Schmuck- und Bekleidungsstücke entdeckt wurden. Im letzten Jahrhundert war Mikkeli Zentrum der Militärverwaltung des östlichen Finnlands und diente in drei Kriegen als Hauptquartier der finnischen Armee. Auch Marschall Mannerheim schlug hier 1939/40 und 1941-1944 sein Lager auf. Das Infanterie- und das Hauptquartiermuseum sowie der Mikkeli-Club informieren über die Militärgeschichte. Pazifistisch gesinnte Radfahrer können statt dessen vom Aussichtsturm auf dem Berg Naisvuori (geöffn.: 1.5.-31.8.) einen schönen Rundblick genießen. Dort wird im Sommer auch Theater gespielt. Im Naturzentrum Urpola und im Anja-Park bieten Ausstellungen und Lehrpfade eine Einführung in die Flora und Fauna der Region. Architektonisch herausragende Gebäude in Mikkeli sind das neue Kongreßzentrum (1988) und die drittgrößte Holzkirche Finnlands in der Otavankatu. Die Domkirche ist Bischofssitz, und die orthodoxen Kirchen beherbergen wertvolle Kunstschätze. Von Mikkeli aus lohnt es sich, Rundfahrten ins Umland zu machen, z.B. zur Museumsstraße - durch die Moränenlandschaft von Porrassalmi - oder zu den Felszeichnungen von Hirvensalmi.

Information: Tourist-Service, Hallituskatu 3 A, 50100 Mikkeli, Tel. (955) 151490, Fax 151625.

Flugverbindungen: nach Helsinki, 5 x wöchentl.; sowie 13 weitere Verbindungen in alle Landesteile.

Bahnverbindungen: nach Kouvola, Helsinki, Pieksämäki, Oulu.

Unterkunft: Kesähotelli Suomen Nuoriso-Opisto (Institut der finnischen Jugend), Paukkulantie 22, Tel. 361633 Fax 361283; Pillinki, Porrassalmentie 16 A, Tel. 335820.

Jugendherberge: Tekuila****, Raviradantie 1, Tel. 366542, 1.6.-15.8., Frühstück, Sauna, Waschm., vom Zentrum 1 km nordwestl., entlang der »13«.

Camping: Rauhaniemi***, Tel. 211416, 1.6.-31.8., Hü., 3 km in östl. Richtung; Visulahti***, Tel. 182281, 1.5.-30.8., Hü., Waschm., Fahrradverleih, 5 km nordöstl. des Zentrums.

Fahrrad: Mikkelin Pyörä ja Kone, Mikonkatu 14, Tel. 363750; Urheiluliike Kesport-Tintti, Maaherrankatu 20, Tel. 368877; Savon Urheilukeskus Oy, Porrassalmenkatu 11, Tel. 150111.

Anschluß Richtung Norden: Etappe 78

Etappe 77:
Mikkeli - Anttola - Puumala (73 km)
Karten: GT Nr. 6, Saimaa matkailukartta

Auf der in der Nähe des Stadions beginnenden *Päiviönkatu* verläßt man Mikkeli zunächst in südlicher Richtung, bis linker Hand die »62« in Richtung Osten beginnt. Mit der alten Holzkirche von **Anttola** hat es etwas Besonderes auf sich. Diese wurde ursprünglich 1729 im 40 km nördlichen Juva errichtet und im Winter 1869/70 nach Anttola »versetzt«.

Information: Anttolan kunta, 52100 Anttola, Tel. (955) 660400, Fax 450567; Tourist-Information im Hafen, Tel. 660442, nur während des Sommers.

Hotel: Anttolanhovi, Tel. 61330, auch Hü.

Unterkunft: Rantaharju, Saukonsalo, Tel. 65602 od. 176353; Pyrhölä, Pitkälahti, 52100 Tel. 65150; Yrttimäki, Kaija Pynnöen, Tel. 660408, 15.5.-15.9., 3 km westl. von Anttola.

Camping: Lakeistenranta***, Tel. 660215, Fax 660072, 4.6.-31.8., Hü., Fahrradverleih, 2 km nördl. des Zentrums.

Fahrrad: Antollan Kone ja Urheilu, Satamatie 10, Tel. 660442, auch Verleih.

Einige Kilometer östlich der Ortschaft weist ein Schild auf die prähistorischen Felsmalereien von *Astuvansalmi*, die umfangreichsten ihrer Art in Finnland, hin. Auf 15 m sind sechzig Figuren angeordnet, die zum größten Teil noch gut erhalten sind. Die Zeichnungen wurden von Angehörigen der kammkeramischen Jagdkultur gestaltet und sind schätzungsweise 5000 Jahre alt. Eine Seltenheit sind die bewaffnete Frau und der mit drei Hörnern versehene Schamane. Zu den Felszeichnungen führt ein markierter Pfad, der von der Straße Ristiina-Puumala abzweigt.

Die Landschaft entlang der Straße ist paradiesisch: Wald, Felsen und Wasser. Dies wußten wohl auch die Manager eines namhaften hessischen Großkonzerns; diese ließen hier einen Werbefilm für eines ihrer vierrädrigen Produkte herstellen.

Im Freizeitzentrum von Sahanlahti (Anschrift s. u.) befinden sich nicht nur Übernachtungsmöglichkeiten, sondern auch ein kleines Sägewerkmuseum. Im Hafen von **Puumala** liegt der alte Teerdampfer »Wenno« (1907) vor Anker. Nicht weit davon entfernt steht ein Bunker. Puumala war Teil der 1940 errichteten Salpalinja (»Riegel-Linie«), eine Verteidigungsanlage, die von der Küste des Finnischen Meerbusens bis nach Salla in Lappland reichte. (Den Schlüssel für den Bunker gibt's beim Fremdenverkehrsamt.)

Information: Puumalan matkailutoimisto, Keskutie, 52200 Puumala, Tel. (954) 801250 oder 801251.

Unterkunft: Sahanlahden vapaa-ajankeskus, Aira ja Jorma Kiuru, Tel. 86278 od. 86131, Fax 86193, Hü., Waschm., 8 km in Richtung Mikkeli; Pension Kiviniemen kesäranta, Tel. 87709 od. 87780, etwa 12 km in Richtung Mikkeli, dann 7 km in Richtung Süden; Lintusalon Melontakeskus (Paddelzentrum), Kimmo Karjalainen, Tel. 88759, auch Camping, Fahrradverleih, etwa 20 km südl. auf der Insel Lintusalo; Ferienzentrum Majamäki, Tel. 87140, 5 km in Richtung Imatra, dann 4 km nach Norden.

Jugendherberge: Reissumaja***, Tel. 81119, Fax 81809, ganzj., Sauna, Waschm., Fahrradverleih, von der Kirche aus 2 km in Richtung Mikkeli.

Camping: Koskenselkä***, Anschrift, Tel. & Fax s. Jugendherberge, ganzj., Hü., Waschm., Fahrradverleih; Pistohiekka***, Tel. 87762, Fax 87734, 11.6.-8.8., Hü., Fahrradverleih, 17 km in Richtung Mikkeli.

Fahrrad: Väri ja vapaa-aika Tiusanen Oy, Keskustie 10.

Anschluß Richtung Südosten: Etappe 89
Anschluß Richtung Nordosten: Etappe 90

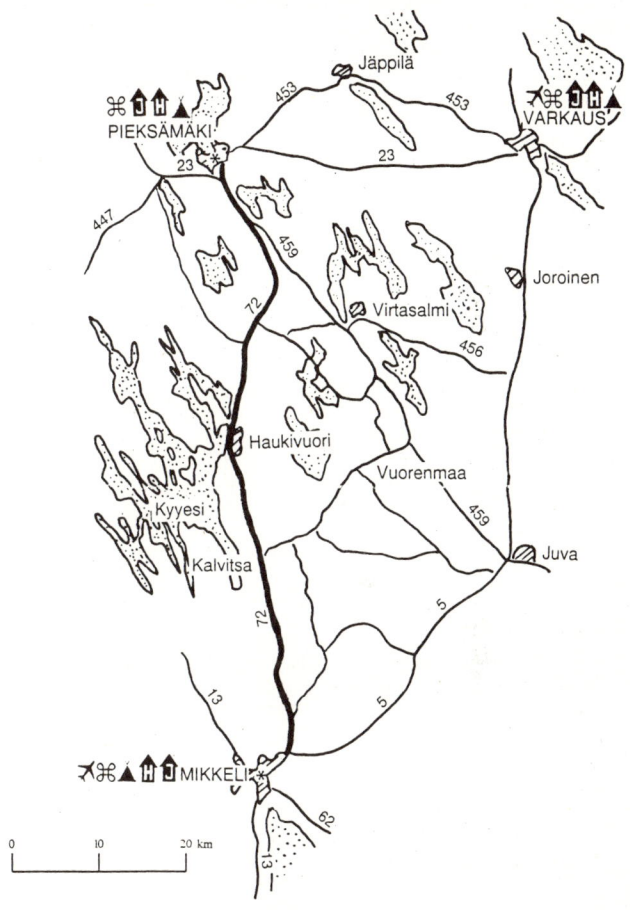

Kartenskizze Etappe 78

Etappe 78:
Mikkeli - Haukivuori - Pieksämäki (74 km)
Karten: GT Nr. 5, Saimaa matkailukartta

Von Mikkeli nach Pieksämäki folgen Sie der »72«, die gut ausgeschildert, aber wenig abwechslungsreich ist. Von der Hauptstraße bis zum Zentrum von Pieksämäki sind es etwa 4 km. Die mögliche Alternative zur »72« wäre ein Abstecher auf nichtasphaltierte Straßen durch die Dörfer Kalvitsa, Vuorenmaa und Virtasalmi.

Stadtbeschreibung Pieksämäki & Anschluß Richtung Südwesten: Etappe 69
Anschluß Richtung Norden: Etappe 81

Etappe 79:
Pieksämäki - Varkaus - Heinävesi (98 km)
Karten: GT Nr. 5 & 9, Saimaa matkailukartta

Vom Poleeni-Kulturzentrum fahren Sie ortsauswärts über eine Eisenbahnbrücke. Dann biegen Sie auf die »453« in Richtung *Jäppilä* ein. Eine hügelige, kurvenreiche Landstraße führt bis nach *Varkaus*, wo Sie über mehrere Brücken und durch dichten Verkehr ins Zentrum gelangen.

Varkaus. Wenn man auf dem Marktplatz von Varkaus steht, hat man das Gefühl, in Dortmund oder Oberhausen zu sein. Die große Papierfabrik der Enso-Gutzeit Oy ist allgegenwärtig. Im Unterschied zum Ruhrgebiet kann man aber in Varkaus - ein Drittel der Stadtfläche ist von Wasser bedeckt - mitten in der Stadt angeln; besonders im Pirtinvirta-Stromfischereigebiet. Beliebt sind auch Fahrten mit dem Saimaa-Passagierdampfer »Paul Wahl«. Ungewöhnlich ist das Museum für Mechanische Musik, das 1988 als Finnlands größte Touristenattraktion ausgezeichnet wurde. Dort steht u.a. ein 4000 kg schweres Orchestrion, das wie ein Symphonieorchester spielt. In der 25.000-Einwohner-Stadt, die zum Radfahren sehr gut geeignet ist, sind die orthodoxe und die lutherische Kirche, das Museum Varkaus und der 1840 gebaute Taipale-Kanal, an dem es auch ein überregionales Kanalbaumuseum gibt, sehenswert.
Information: Fremdenverkehrs- und Kongreßservice Varkaus, Kauppatori 6, 78250 Varkaus, Tel. (972) 27311.
Flugverbindungen: nach Helsinki, tägl.; sowie 14 weitere Verbindungen in alle Landesteile.
Bahnverbindungen: nach Tampere, Turku, Joensuu.
Unterkunft: Gasthaus Joutsenkulma, Käärmeniementie 20, Tel. 164688.
Jugendherberge: Finnhostel Varkaus****, Kauppakatu 37 D, Tel. 26454, Waschm., im Zentrum.
Camping: Taipale***, Leiritie, Tel. 26644, 1.6.-20.8., Hü., Waschm., Fahrradverleih, 3 km außerhalb in Richtung Joensuu.
Fahrrad: Huoltoliike Suihkonen, Ahlströminkatu 15, Tel. 22315.

Von Varkaus bis nach Heinävesi fahren Sie knapp 30 km auf der »23«, ehe Sie 20 km vor Heinävesi auf die »476« abbiegen, die zum Etappenziel leitet.

Kartenskizze Etappen 79 - 83

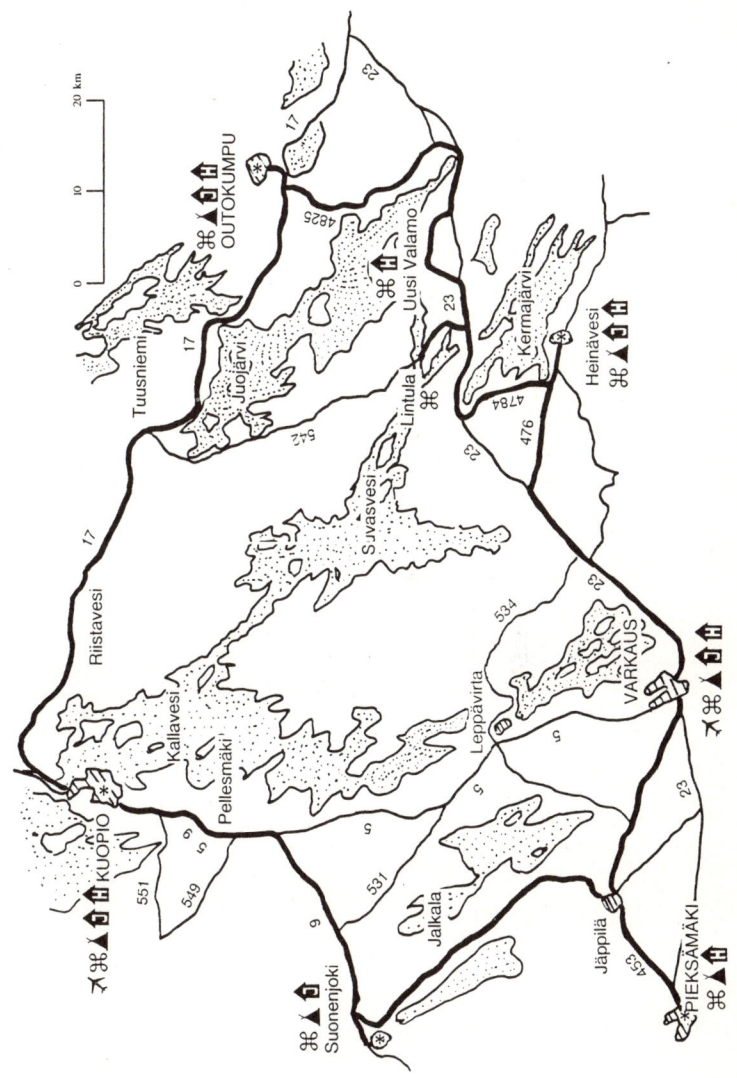

Heinävesi liegt am Wasser: Am Varistaipale-Kanal mit fünf Schleusen und einer Höhenüberwindung von 14,5 m, am schönen Wasserweg von Savonlinna nach Kuopio und natürlich im Naturpark Kolevesi, in dem es noch wenige Exemplare der Saimaa-Ringelrobbe gibt. Ein Blick lohnt sich ins Kirchdorf mit der riesigen Holzkirche, und zur Übernachtung fährt man am besten nach Karvio, wo es einen Zeltplatz und das Gasthaus Karvion Kievari mit seinen rustikalen Büfetts gibt - sofern das Geld reicht.

Information: Heinävesi Tourist Information, Kermanrannantie 7, 79700 Heinävesi, Tel. (972) 5781273, Fax 5781280.

Bahnverbindungen: nach Tampere, Turku, Joensuu.

Unterkunft: Karvion Kievari, Lepikkomäentie 3, 79810 Karvion kanava, Tel. 63504; Valamon Luostarin Vierasmaja, 79850 Uusi-Valamo, Tel. 61911 od. 61959, Fax 62301, Gasthof Hirvola Pihapuisto, Helvejärvi, 78480 Timola, 6 km von Varkaus an der »5« in Richtung Kuopio.

Jugendherberge: Pohjataipaleen kartano***, Pyylintie 8, 79700 Heinävesi, Tel. 66419, ganzj., Frühstück, Sauna, 12 km südl. des Zentrums.

Camping: Karvio Camping***, 79810 Karvion kanava, Tel. 63603, ganzj., Hü., Waschm., Fahrradverleih, an der »23« bei Karvio; Viitalahti***, Tel. 68707, 1.6.-15.8., Hü., Waschm., nordwestl. Heinävesi, nahe der »23«.

Etappe 80:
Heinävesi - Uusi-Valamo - Outukumpu (84 km)
Karten: GT Nr. 9, Saimaa matkailukartta

Aus Heinävesi fahren Sie auf der »476« bis Rasimäki und biegen dort auf die »4784« ab. Nach 28 km stoßen Sie auf die »23«. Die Abzweigungen nach Lintula und Uusi-Valamo sind gut ausgeschildert. Dort befindet sich das griechisch-orthodoxe Männerkloster **Uusi-Valamo** (*Valamon luostari*), das einzige in Finnland (s. auch Kapitel *Religion*). Der Besuch bei den sehr freundlichen und hilfsbereiten Mönchen ist ohne Zweifel einer der Höhepunkte jeder Tour durch Karelien. Man sollte nicht überrascht sein, das Kloster ist sehr modern. Da die Mönche teilweise ihren Unterhalt durch den Tourismus bestreiten, wird die klösterliche Atmosphäre auch kommerziell genutzt, so z.B. durch Gästezimmer. Wer sich stärker für den orthodoxen Glauben interessiert, für den bieten die Mönche Seminare, Vorträge und sogar Volontärsaufenthalte an. Das nahegelegene Nonnenkloster Lintula (*Lintulan luostari*) in Palokki sollte man sich ebenfalls angeschaut haben. Dort kann man auch übernachten und die Kerzenwerkstatt bewundern, in der alle Bienenwachskerzen der orthodoxen Kirche Finnlands hergestellt werden.

Zwischen den beiden Klöstern kann man mit dem Ausflugsschiff »MS Sergei« eine schöne Schleusenroute abfahren.

Von Uusi-Valamo fahren Sie rund 15 km auf der »23« bis Pöytälahti. Dort biegen Sie auf die »4825« ein, die sehr ruhig und landschaftlich schön gelegen ist. Leider ist der Asphalt in keinem guten Zustand. Nach etwas mehr als

30 km ist das Etappenziel erreicht.

Outokumpu bietet seinen Besuchern zwei Attraktionen an: Einmal das Bergwerksmuseum, in dem der alte Förderturm, Maschinen und Modelle sowie eine Mineralienausstellung die Erzförderung in Nord-Karelien dokumentieren. Von 1910 bis 1989 befand sich nämlich in Outokumpu Finnlands bedeutendste Erzgrube. Zum zweiten die urige Jugendherberge in einem typischen, rotgestrichenen Holzhaus auf einem alten Bauernhof von 1870. Sie wird von zwei sehr freundlichen und gut Deutsch sprechenden Familien als Hobby betrieben. Dusche und Frühstück gibt es bei den Herbergseltern, ein Klavier dient zur Entspannung, und gegen Fmk 10 kann man auch in die Sauna.
Information: Outokumpu Matkailu Oy, Kiisukatu 6, 83500 Outokumpu, Tel. (973) 54793, Fax 555525.
Jugendherberge: Muurajan kartano**, Suvis 15, Tel. 552309 od. 552312, Fax 555525, 1.5.-30.9., Frühstück, Sauna, Fahrradverleih, 6 km vom Zentrum an der »17« in Richtung Joensuu.
Camping: Luotoniemi**, Sänkinotkonkatu 12 A, Tel. 553532 od. 555300, 1.6.-15.8., Hü., 10 km südl. des Zentrums, an der »4825« in Richtung Varkaus; Särkiselkä***, Sepänkatu 6, Tel. 553037, 54793, Fax 555525, 15.5.-31.8., Hü., Fahrradverleih, 5 km nordwestl. des Zentrums.
Fahrrad: Okun Huoltokellari, Kari Hiltunen, Kummunkatu 10, Tel. 550515.

Anschluß Richtung Nordwesten: Etappe 83
Anschluß Richtung Osten: Etappe 95

Etappe 81:
Pieksämäki - Suonenjoki (42 km)
Karten: GT Nr. 8, Saimaa matkailukartta

Von Pieksämäki nach *Jäppilä* geht's auf der »453«. Kurz hinter dem Ortsausgang biegt man auf eine ruhige Nebenstraße ein, die durch eine landwirtschaftlich geprägte Gegend über *Ruuhilampi* und *Jalkala* nach **Suonenjoki** führt.

Ortsbeschreibung Suonenjoki & Anschluß Richtung Westen: Etappe 73

Etappe 82:
Suonenjoki - Kuopio (42 km)
Karten: GT Nr. 8, Saimaa matkailukartta

Die direkte Strecke von Suonenjoki nach Kuopio ist stark befahren, vor allem das letzte Stück, wenn die »9« bei *Vehmasmäki* in die »5« übergeht. Man könnte in *Pellesmäki* nach Norden ausweichen, um von der Hauptstraße mit dem Fernverkehr verschont zu bleiben; jedoch ergibt sich dadurch ein großer Umweg.

Kuopio, 80.000 Einw., ist Hauptstadt der gleichnamigen Provinz, Universitätsstadt und ein beliebtes Touristenzentrum. Wenn man über den funktionalistisch gestalteten Marktplatz mit den vielen ihn umgebenden Betonhäusern schaut, ist man eher enttäuscht. Entschädigt wird man dagegen durch einen Blick vom *Puijo*-Turm, dem markantesten Gebäude Kuopios. Bei gutem Wetter liegt dann die *Kallavesi*-Seenplatte wie in einem Bilderbuch vor dem Betrachter. Wer noch ein paar Finnmark übrighat, kann in dem drehbaren Turmrestaurant essen. Die jährlich 360.000 Touristen kommen aber auch wegen des internationalen Tanz- und Musikfestivals im Juni oder besuchen das sehr empfehlenswerte orthodoxe Kirchenmuseum in der Karjalankatu. Das Haus des Dichters J. V. Snellman (1806-1881), der sechs Jahre hier lebte, lockt ebenso wie das Blumenhaus *Kukka-Kulma*, das Kuopio Museum oder das *Kuopio Art Museum*. Das Fremdenverkehrsamt verteilt gut ausgearbeitete Routenvorschläge für Radfahrer. Mit fast 100 Jahre alten Dampfern kann man über Heinävesi bis Savonlinna auf den Kallevesi- bzw. Saimaa-Seen fahren, was elfeinhalb Stunden dauert. Die Überfahrt ist recht teuer; Räder kann man gegen Bezahlung mitnehmen.
Information: Fremdenverkehrsamt, Haapaniemenkatu 17, 70110 Kuopio, Tel. (971) 182584, Fax 2624004.
Flugverbindungen: nach Helsinki, tägl.; sowie 15 weitere Verbindungen in alle Landesteile.
Bahnverbindungen:nach Pieksämäki, Kouvola, Helsinki, Oulu.
Schiffsverbindungen: nach Savonlinna, 14.6.-14.8., 1 x tägl. außer montags, Fahrradmitnahme kostenpflichtig.
Unterkunft: Puijo-Hovi, Vuorikatu 35, Tel. 2614943; Hospitsi, Myllykatu 4, Tel. 2614501; Souvari, Vuorikatu 42, Tel. 2622144.
Jugendherberge: Finnhostel Rauhalahti****, Katiskaniementie 8, Tel. 311700, Fax 311843, ganzj., Frühstück, Sauna, 7 km südl. des Zentrums, Tekma****, Taivaanpakontie 14 B, Tel. 222925, Fax 220442, 1.6.-10.8., Frühstück, Sauna, Waschm., 3 km westl. des Zentrums.
Camping: Rauhalahti***, Kiviniementie, Tel. 3612244, 28.5.-22.8., Hü., Waschm., Fahrradverleih, 7 km südl. des Zentrums.
Fahrrad: Puijon Pyöräpiste, Kauppakatu 26.

Anschluß Richtung Norden: Etappe 84

Etappe 83:
Kuopio - Riistavesi - Tuusniemi - Outukumpu (85 km)
Karten: GT Nr. 9, Saimaa matkailukartta

Vom Zentrum folgen Sie zunächst der Beschilderung »Puijo«. Unmittelbar bevor die Straße zum Aussichtsturm ansteigt, beginnt rechter Hand ein Radweg parallel zur Stadtautobahn. An einer Teboil-Tankstelle biegt man links in den *Kallantie* ein. Die Halbinsellage Kuopios ist dafür verantwortlich, daß der weitere Verlauf entlang der Kraftfahrzeugstraße und den Eisenbahnschienen führen muß. Kurz vor dem Zentrum von *Vuorela* biegt man rechts ab in die »17« Richtung **Outukumpu** bzw. Joensuu. Auf dieser Strecke sind sehr intensiv Finnlands Wälder zu genießen, was auf die Dauer aber etwas monoton werden kann!

Camping: Jännevirta*, 70940 Jännevirta, Tel. (971) 461112, 1.6.-15.8, Hü., Waschm., 8 km östl. von Vuorela; Camping Atrain***, 71160 Riistavesi, Tel. 723038, 1.6.-20.8., Hü., Waschm., Fahrradverleih, 20 km östl. von Vuorela.

Stadtbeschreibung Outukumpu & Anschluß Richtung Süden: Etappe 80
Anschluß Richtung Osten: Etappe 95

Etappe 84:
Kuopio - Siilinjärvi - Maaninka - Iisalmi (97 km)
Karten: GT Nr. 8, Saimaa matkailukartta

Bis nach *Vuorela* gelangen Sie, wie es in der vorhergehenden Etappe 83 beschrieben ist. Der unlängst erst abgeschlossene Ausbau der Kraftfahrzeugstraße hat die alte Streckenführung über *Kasurila* nach **Siilinjärvi** zur Nebenstraße werden lassen. Der Gemeinde einzige Attraktion ist das neue Freizeitbad »Fontane«. Zwischen einem Gewirr von Brücken beginnt die »77« in Richtung **Maaninka**. Nach Überquerung eines kleinen Kanals führt rechts die schöne Straße nach *Martikkala*, deren Verlauf man für mehr als 40 km bis nach *Peltosalmi* folgt. Kurz vor Erreichen der »5« und unmittelbar vor einer Eisenbahnbrücke zweigt links eine Nebenstraße nach Iisalmi ab (*in Gegenrichtung:* 1 km südl. des Zentrums an einer Kesoil-Tankstelle in den *Eteläntie* einbiegen).

Iisalmi, 24.000 Einw., Kuopion lääni, ist das Zentrum der Region Ober-Savo. Erste Spuren menschlichen Schaffens reichen bis in die Steinzeit zurück, eine feste Besiedlung läßt sich jedoch erst für das 16. Jh. nachweisen. Heute beherbergt Iisalmi neben dem orthodoxen Kulturzentrum auch das älteste Brauereimuseum (*panimomuseo*) Skandinaviens. Wer auf seiner Reise auch einmal ganz Besonders essen gehen will, kann das im Restaurant »Korkki« tun. Allerdings bietet es für nicht mehr als zwei Gäste einen Sitzplatz; es ist damit wohl das kleinste Lokal der Welt!

Information: Ylä-Savon Matkailu ry, Kauppakatu 22, 74100 Iisalmi, Tel. (977) 22346, Fax 26760.
Bahnverbindungen: nach Helsinki, Lahti, Kajaani, Oulu.
Jugendherberge: NMKY:n retkeilymaja***, Sarvikatu 4 C, Tel. 13586, 1.6.-31.7., Frühstück, Sauna, Waschm., im Zentrum.
Camping: Koljonvirta***, Tel. 49161, 22.5.-21.8., Hü., Waschm., Fahrradverleih, 4 km nördl. des Zentrums.
Fahrrad: Vapaa-ajan Välinehuolto, Riistakatu 7, Tel. 12793.

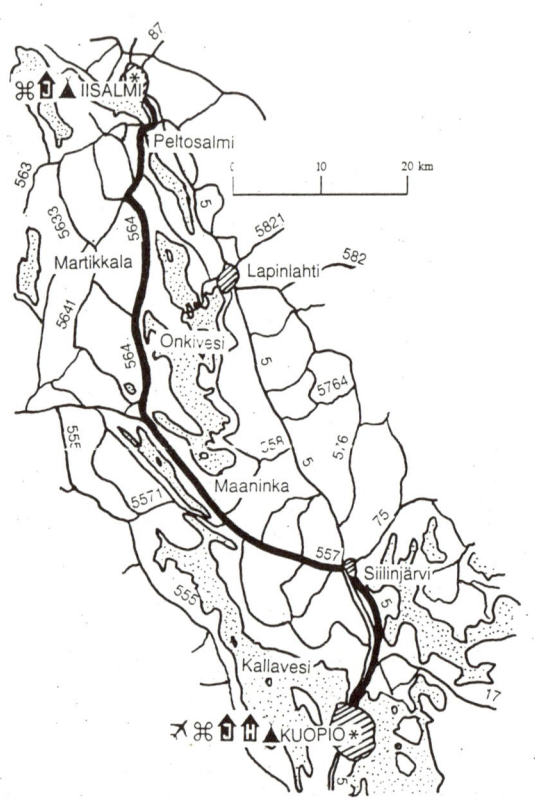

Etappe 85:
Iisalmi - Vieremä - Vuolijoki - Vaala (133 km)
Karten: GT Nr. 11, Oulujärvi matkailukartta

Am Nordrand von Iisalmi beginnt die »19« in Richtung **Vieremä**. Im Ort ist ein kleines Pferdefuhrwerkmuseum zu sehen. In der Gemeinde besteht eine Übernachtungsmöglichkeit.
Unterkunft: Anttilan maatilamatkailu, 74230 Salahmi, Tel. (977) 86163.

Kartenskizze Etappe 85

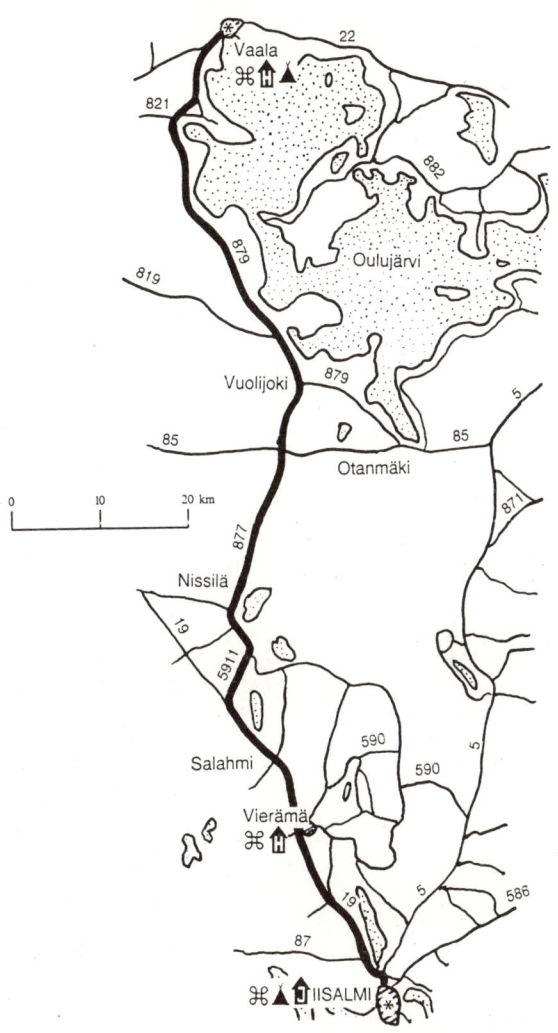

Etwa 15 km weiter beginnt die Nebenstraße nach *Nissilä*. Dort angelangt, biegt man in eine Nebenstraße in Richtung Norden ein. Die nächsten 21 km sind nicht asphaltiert und zum Teil schwierig zu befahren. Gerade bei regnerischem Wetter ist die von Iisalmi nach Norden führende »5« trotz der höheren Verkehrsdichte eine echte Alternative. Mit dem Erreichen der Hauptstraße Kokkola-Kajaani kreuzt die Etappe 52. Beim Dorf **Vuolijoki** wird der *Oulujärvi* erreicht. Entlang seinem Südwestufer gelangen Sie bis zum Etappenziel nach **Vaala**.

Ortsbeschreibung Vaala und Anschluß Richtung Westen: Etappe 30
Anschluß Richtung Osten: Etappe 53

Etappe 86:
Kotka - Hamina - Virolahti (63 km)
Karte: GT Nr. 3

Sie verlassen Kotka durch den Vorort *Karhula* entlang der Hauptstraße. Nach etwa 20 km, von denen ein großer Teil über Radwege führt, wird die für die Holz-, Papier- und Chemieindustrie wichtige Hafenstadt *Hamina* erreicht.

Hamina, 10.000 Einw., Kymen lääni. Die Stadt ist nach einem für Skandinavien einzigartigen Renaissancebebauungsplan aus dem frühen 18. Jh. entstanden. Der radiale Grundriß dieses Plans prägt das gesamte Stadtbild. Im Zentrum befindet sich das Rathaus (1798), um das herum die orthodoxe Peter-und-Paul-Kirche (1837) sowie eine größere Anzahl im Stil der Neurenaissance und des Neoklassizismus errichteter Häuser angeordnet sind. Umgeben wird der Stadtkern von einem noch gut erhaltenen Festungswall. Grundlage für diesen waren von den Schweden vor rund 300 Jahren angelegte Sandaufschüttungen. In der heutigen Form entstand die Befestigung im späten 18. Jh., als Hamina westliche Grenzstadt des Zarenreiches war. Die Befestigungsfunktion ging mit der Errichtung des autonomen Großfürstentums (Frieden von Hamina, 1809) verloren, als Schweden ganz Finnland an Rußland abtreten mußte. Im ältesten Haus der Stadt, dem heutigen Stadtmuseum, trafen sich 1783 die Zarin Katharina II. und der schwedische König Gustav III. zu ergebnislosen Verhandlungen. Die russische Monarchin war daran interessiert, den Rücken bei ihrer aggressiven Politik gegenüber der Türkei und Polen frei zu haben. Gustav III., elf Jahre zuvor durch einen Staatsstreich an die Macht gekommen, war seinerseits darauf bedacht, daß sich Rußland im Falle eines schwedischen Angriffs gegen Dänemark und Norwegen zurückhielt...

Information: Ympyräkaupunki matkailutoimisto, Pikkuympyräkatu 5, 49400 Hamina, Tel. (952) 495250 od. 495251, Fax 40657; Fahnenturm am Marktplatz, Tel. 7495252, 1.6.-14.8.

Kartenskizze Etappen 86 & 87

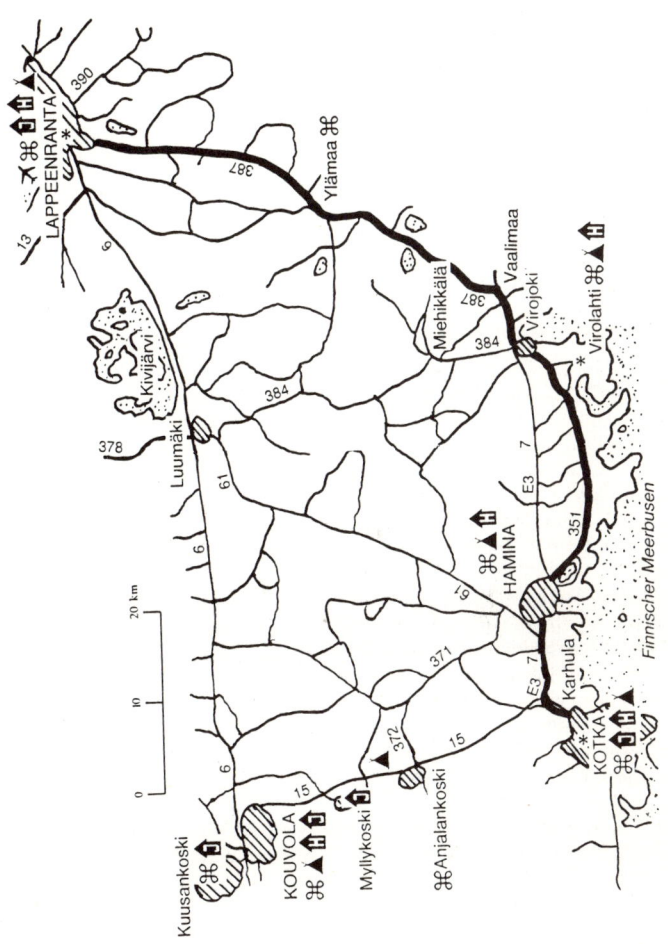

245

Unterkunft: Kesähotelli Anna, Annankatu 1, Tel. 477747, 1.6.-15.8.; Schiffsmotel s/s Hyöky, Tel. 43600, April-Oktober; Jamilahden kansanopisto, Tel. 46040, 16.5.-31.8., 2 km vom Zentrum, Voranmeldung erforderlich; Koivumäki, Brandstakantie 223, Töytäri, Tel. 58580, 6 km nördl. entlang der »61«.
Camping: Pitkäthiekat***, Vilniemi, Tel. 41583, 30.4.-26.9., Hü., Waschm., 6 km östl. von Hamina.
Fahrrad: Haminan Pyörä Ky, Lepikönkatu 2, Tel. 43870; Urheilu-Illi, Puistokatu 6, Tel. 45000.

Am Ostende Haminas zweigt rechter Hand die als *museotie* (Museumweg) gekennzeichnete Küstenstraße nach *Virojoki*, dem Hauptort der Gemeinde **Virolahti**, ab. Diese äußerst kurvenreiche, mit kurzen, aber kräftigen Steigungen versehene Straße ist Teil der alten Verbindung von Turku nach Viipuri/Vyborg. Die Kirche (mit einer Steinsakristei aus dem 14. Jh. auf dem Kirchhof) steht im südlichen Gebiet der Grenzgemeinde.
Information: Kunnantoimisto, 49900 Virolahti, Tel. (952) 71610.
Hotel: Virolahden Kartanolomat, Tel. 71935.
Unterkunft: Lintulahden Loma- ja Viristyskeskus, Vilkkilä, Tel. 73110.
Camping: Vaalimaa Camping**, Tel. 71451 od. 71590, 21.5.-5.9., Hü., Waschm., Fahrradverleih, 3 km östl. von Virojoki; Hurpun leirintä*, Tel. 73125, 1.4.-31.10., Hü., westl. von Virojoki, in der Nähe der Kirche.
Fahrrad: Joku, Tel. 71197; Huoltokorjaamo Valto Hartikainen, Tel. 71252.

Etappe 87:
Virolahti - Vaalimaa - Ylämaa - Lappeenranta (66 km)
Karten: GT Nr. 3, Saimaa matkailukartta

Die ersten 7 km fährt man auf der (noch) nicht sehr stark befahrenen Straße in Richtung der finnisch-russischen Grenze. Dann beginnt die »387«, der Sie durch eine nur leicht geschwungene Landschaft bis zum Ziel der Etappe folgen. Abgebaut wird in dieser Region der sog. »Rapakivi«, ein verhältnismäßig junges magmatisches (Granit-) Gestein. Geomorphologen ist dies sicherlich ein fester Begriff. Nur wenige wissen jedoch, daß es sich dabei um einen der ganz seltenen finnischen Ausdrücke handelt, der in die internationale Fachterminologie übernommen worden ist. »Rapa« bedeutet soviel wie »Dreck«, »kivi« heißt »Stein«. Weitaus edlere Steine sind im Edelsteinmuseum (*Jalokivimuseo*) von **Ylämaa** unmittelbar an der nach Norden führenden Straße zu sehen (*in Gegenrichtung:* vom Bahnhof Lappeenrantas entlang der *Ratakatu* nach Südwesten).

Lappeenranta, 55.000 Einw., Kymen lääni. Die Entwicklung Lappeenrantas basiert zum einen auf seiner Lage als Grenzstadt, zum anderen ist sie in Zusammenhang mit dem Bau des nach Viipuri/Viborg führenden Saimaa-Kanals zu sehen.

Als schwedische Gründung (1649) war Lappeenranta schon bald in die Auseinandersetzung zwischen Schweden-Finnland und Rußland verwickelt worden. Durch die Abtretung eines großen Gebietes an Rußland (1721) wurde der Ort zur unmittelbaren Grenz- und Festungsstadt gegenüber dem Zarenreich. Schwedische Versuche, das verlorene Territorium zurückzuerobern, endeten mit der Zerstörung und dem Verlust Lappeenrantas sowie weiterer Gebiete (1743). Die nun unter russischer Herrschaft stehende Stadt behielt bis zur Gründung des Großfürstentums 1812 ihre Festungsfunktion bei, freilich unter umgekehrten Vorzeichen. Die Festungsanlagen (*Linnoitus*) sind in der Nähe des Passagierhafens zu finden. Hinter ihren Mauern stehen die älteste orthodoxe Kirche auf finnischem Boden (1785), das Kunstmuseum (*Taidemuseo*) sowie das Süd-Karelische Museum (*Etelän Karjalan museo*) mit einer ständigen Ausstellung zur Geschichte Viipuris/Viborgs.

Die verkehrsgünstige Lage führte dazu, daß das heutige Stadtbild in starkem Maße durch Industrieansiedlungen gekennzeichnet ist. Die Fertigstellung des ersten Saimaa-Kanals (1856) ermöglichte eine Schiffsverbindung bis zum Finnischen Meerbusen, der heutige Kanal wurde 1968 fertiggestellt. Auf einer Länge von 43 km (Höhendifferenz 76 m, 8 Schleusen) werden jedes Jahr 1,8 Mio. Tonnen Güter befördert. Der südöstliche Teil ist gegen harte Währung an Finnland verpachtet.

In der Umgebung: Per Schiff sind visafreie Tagesausflüge in das 700 Jahre alte *Viipuri/Vyborg* möglich (Auskunft u. Buchung: Matka Lappee, Valtakatu 46, Tel. 4153422, Fax 4153438). Die Stadt galt bis zum Angriff der Sowjetunion 1939 als das »Paris Finnlands«. Die einstige Pracht läßt sich heute nur noch erahnen. Wer hier herkommt, überwindet mehr als die 76 m Höhendifferenz des Saimaa-Kanals...

Information: Lappeenrannan Matkailu Oy, PL 113, 53101 Lappeenranta, Tel. (953) 4156860, Fax 4156140.

Flugverbindungen: nach Helsinki, 6 x wöchentl.; sowie 17 weitere Verbindungen in alle Landesteile.

Bahnverbindungen: nach Helsinki, Lahti, Joensuu, Oulu.

Unterkunft: Kesä-Loas, Leirikatu 2 F, Tel. 4530900, Fax 4530910; Matkahovi, Kauppakatu 52, Tel. 4156705; Loma- ja kurssikeskus Marjola, Mikonsaarentie 15, Tel. 4524160 od. 4524165, 6 km nordöstl. vom Zentrum; Gasthaus Majarest, Mattilantie 1, Tel. 4569110, 4 km südöstl. vom Zentrum.

Jugendherberge: Finnhostel Lappeenranta****, Kuusimäenkatu 18, Tel. 4515555, Fax 4515558, ganzj., Frühstück, Sauna, Fahrradverleih, 2 km westl. des Zentrums entlang dem Helsingintie; Huhtiniemi***, Anschrift, Tel. & Ausstattung s. Finnhostel, 1.6.-15.8.; Karelia-Park****, Korpraalinkuja, Tel. 5521 od. 4530405, Fax 4528454, 1.6.-31.8., Frühstück, Sauna, Waschm., 2 km westl. des Zentrums entlang dem Helsingintie.

Camping: Huhtiniemi***, Tel. 4531888 od. 4515555, 1.2.-15.12., Hü., Waschm., Fahrradverleih, 2 km westl. des Zentrums.

Fahrrad: Fillari-Antti, Raatimiehenkatu 15, Tel. 4156176; Pyöräjussi, Koulukatu 35, Tel. 4119110; Pyörärenki, Kirkkotie 2, Tel. 4523252.

Papierfabrik in Lappeenranta

Etappe 88:
Lappeenranta - Joutseno - Imatra (41 km)
Karten: GT Nr. 6, Saimaa matkailukartta

An einem Kreisverkehr in der Nähe des Wasserturms beginnt die *Valtakatu* (Ausschilderung: »Lauritsala«). Dem zu Straße und Bahnlinie parallelen Radweg folgt man »stur«, bis, nachdem verschiedene Vororte passiert wurden, die Stadt verlassen ist. Wer dem Hinweisschild »Ilottula« folgt, gelangt auf eine ruhige Nebenstraße, die bis nach *Pulp* und weiter nach *Honkalahti*, einem Ortsteil von **Joutseno** führt. Der 12.000 Einwohner zählende Ort ist durch die holzverarbeitende und chemische Industrie geprägt. Überhaupt führt diese Etappe durch eines der am höchsten industrialisierten Gebiete Finnlands. Ein Grund dafür ist die gute Verkehrsanbindung am Südende des Saimaa-Seengebietes: Schiene und Straße stellen schnelle Verbindungen zu den Küstenstädten dar; durch den Saimaa-Kanal gelangen Schiffe bis zum Finnischen Meerbusen bei Viipuri/Viborg. Auch deutsche Küstenfrachter werden hier beladen, so daß ein direkter Transport bis nach Rostock oder Lübeck ermöglicht wird. Der Gestank der Papier- und Zellulosefabriken läßt einen längeren Aufenthalt nicht besonders attraktiv erscheinen.

Bahnverbindungen: nach Helsinki, Joensuu, Oulu.
Information: Joutsenon kunta, matkailuinfo, PL 5, 54101 Joutseno, Tel. (953) 3261.
Unterkunft: Gasthaus BEBE, Tel. 28322, im Zentrum; Gasthaus Joutseno, Saimaantie 16, Tel. 320670, Fax 34079, im Zentrum; Gasthaus Korvenpesä, Tel. (954) 28322, im Ortsteil Korvenkylä; Karjalan Portin Majatalot, Tel. (954) 28880, im Ortsteil Korvenkylä, in der Nachbarschaft des Automuseums.

Über die Siedlung *Karsturanta* gelangt man auf die Hauptstraße, folgt ihr für 2,5 km und biegt dann links in Richtung *Joutsenranta* ab. Der parallel zur »6« verlaufende *Jänkiäläntie* endet schon nach kurzer Zeit. Folgen Sie von hier aus dem Radweg (Ausschilderung: »Korvenkylä«) und im weiteren Verlauf den Hinweisschildern »Rauha« und »Mansikkala« (*in Gegenrichtung:* vom Zentrum Imatras entlang der *Joutsenkatu* sowie dem *Mannerintie*).

Imatra, Kymen lääni, am südöstlichen Ende der Saimaa-Seenplatte gelegen, trennen nur noch wenige Kilometer zur finnisch-russischen Grenze. Nach dem Zweiten Weltkrieg wurde die Stadtplanung für etwa 80.000 Bewohner ausgelegt. Soviel sind es jedoch nie geworden. Heute leben etwa 33.000 Menschen in Imatra. Die weitläufige Stadt ist geprägt durch die holzverarbeitende Industrie, 3000 Mitarbeiter hat allein der staatlich geführte Holzriese Enso-Gutzeit Oy. Seit vielen Jahren Anziehungspunkt sind die Stromschnellen (*Imatran koski*) des Vuoksi-Flusses, als eine der ersten »Touristen« gilt die russische Zarin Katharina II. Jedoch ist dies prächtige Wasserschauspiel nur noch an Werktagen um 19 Uhr sowie an Sonn- und Feiertagen um 15 Uhr anzusehen - die Stromschnellen sind Opfer der Technik geworden: das größte Wasserkraftwerk Finnlands setzt die Energie der Wassermassen in Strom um. Etwas weiter flußaufwärts befindet sich das Arbeiterwohnungsmuseum (*Teollisuustyöväen asuntomuseo*). Weiterhin: die Drei-Kreuz-Kirche (*Kolmen Ristin Kirkko*, im Ortsteil Vuoksenniska) nach einem Entwurf von Alvar Aalto, das Kunstmuseum (*Taidemuseo*) mit Werken zumeist finnischer Künstler.
In der Umgebung: Das Grenzmuseum (*Rajamuseo*) zeigt die Geschichte der finnischen Grenzen sowie Leben und Arbeit der Grenzwächter (10 km nordöstlich des Zentrums).
Information: Imatran Seudun Matkailu Oy, PL 22, Liikekeskus Mansikkapaikka, 55121 Imatra, Tel. (954) 6812500, Fax 4377727.
Bahnverbindungen: nach Helsinki, Kouvola, Joensuu, Oulu.
Jugendherberge: Retkeilymaja Ukonlinna**, Leiritie, Tel. 21270, ganzj., Sauna, Fahrradverleih, 5 km westl. des Zentrums.
Camping: Ukonniemi***, Leiritie 1, Tel. 24055, 3.6.-14.8., Hü., Waschm., Fahrradverleih, 5 km westl. des Zentrums.
Fahrrad: Urheiluliike Kisa, Vuoksenniskantie 83, Tel. 4731118 od. 4732022.

Anschluß Richtung Norden: Etappe 91

Etappe 89:
Imatra - Ruokolahti - Puumala (63 km)
Karten: GT Nr. 6, Saimaa matkailukartta

Bis zur Abzweigung auf die »62« gibt es entlang der Hauptstraße einen Radweg. Auf dem Friedhof von **Ruokolahti** befindet sich ein ungewöhnlicher achteckiger Glockenturm mit Schindeldach.

In der Umgebung: Im Dorf *Savilahti* (15 km westl.) wurden rund 5000 Jahre alte Felszeichnungen am Berg *Kolmiköytinen* gefunden; ein markierter Pfad führt dorthin.

Information: Ruokolahden kunta, 56100 Ruokolahti, Tel. (954) 4011.
Unterkunft: Saimaan Loma-Hovi, Salosaari, Tel. 41133, 2 km südl. des Zentrums.
Camping: Korosniemen matkailuvaunualue*, 56140 Äitsaari, Tel. 4347158 od. 46155, 30.4.-31.8., Hü., 15 km westl. des Zentrums.
Fahrrad: Pyörä- ja Apuvälinehuolto, keskustaajama, Tel. 41930.

Im weiteren Verlauf der Etappe stören weniger die immer wieder auftretenden leichten Steigungsstrecken als vielmehr die schweren Holztransporter - beladen in Richtung Imatra, leer westwärts.

Bis zum Jahre 1994 wird man die Gemeinde **Puumala** noch per Fähre erreichen können, danach wird die neue Brücke fertiggestellt und der schöne Blick auf den Ort verbaut sein.

Ortsbeschreibung Puumala & Anschluß Richtung Westen: Etappe 77

Etappe 90:
Puumala - Sulkava - Savonlinna (77 km)
Karten: GT Nr. 6, Saimaa matkailukartta

Etwas nördlich von Puumala beginnt die abwechslungsreiche, relativ hügelige und kurvenreiche »434«, die schon bald in die »435« übergeht.
Unterkunft: Freizeitzentrum Mannilanniemi, 52270 Ryhälä, Tel. (954) 84741, auch Camping, auf halbem Weg nach Sulkava.

4 km südlich der Ortsmitte von **Sulkava** sind auf dem Berg *Linnanvuori* noch die Reste einer Schutzburg aus dem 12. Jh. zu erkennen. Von dort bietet sich auch ein wunderschöner Blick auf die Seenlandschaft.
Information: Kunnanvirasto, PL 25, 58701 Sulkava, Tel. (957) 73911, Fax 7391210; Matkailuneuvonta, Alanteentie 9, Tel. 7391236, 1.6.-15.8.
Unterkunft: Motelli Muikkukukko, Tel. 71651; Alaton Kestikievari (Bauernhof), Tel. 75161, 10 km nordwestl. von Sulkava; Sulkavan Lomakeskus, Tel. 71761, 3.6.-6.8., vom Zentrum 4 km nach Osten, dann 3 km auf der »438« in Richtung Imatra; Mehtäläisen Maja, Syväjärventie 140, 58720 Kaartilankoski, Tel. 78122, 10 km südl. von Sulkava.

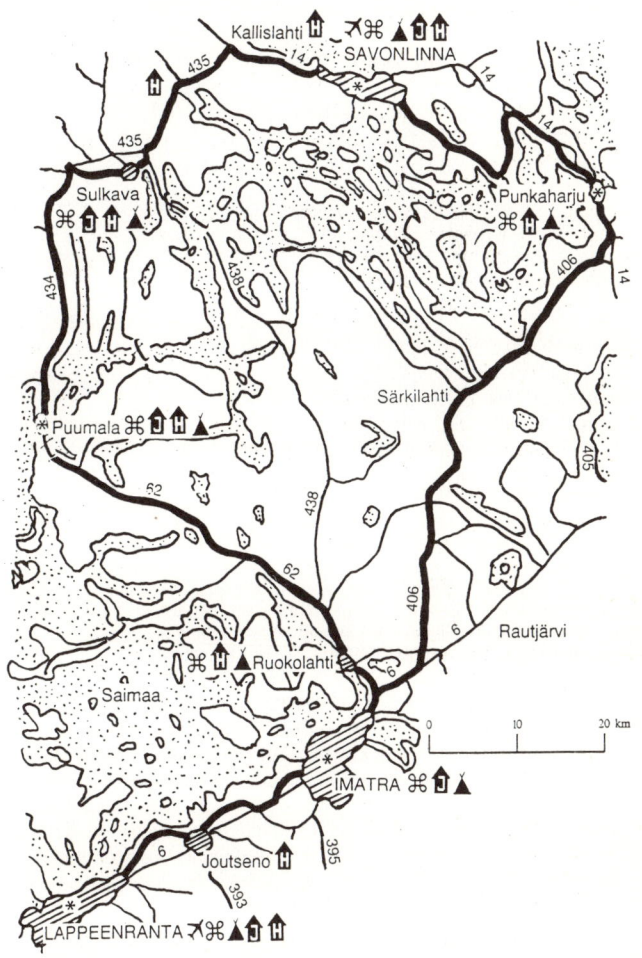

Burg Olavinlinna, Savonlinna

Jugendherberge: Partalanssaren Lomakoti***, 58720 Kaartilankoski, Tel. 76150, Fax 76161, ganzj., Frühstück, Sauna, Waschm., Fahrradverleih, 17 km südl. von Sulkava.
Camping: Vilkaharju***, Tel. 71223, 10.6.-14.8., Hü., Waschm., Fahrradverleih, vom Zentrum 4 km nach Osten, dann 3 km auf der »438« in Richtung Imatra.
Fahrrad: Radio ja Kone Kemppinen, Alanteentie 32, Tel. 71190.

An der Kirche des Ortes folgt man am besten nicht der Beschilderung »Savonlinna«, sondern hält sich rechts. In *Kallislahti* erreichen Sie die »14«, auf der Sie bis ins 17 km entfernte *Savonlinna* fahren können. Nordwestlich dieser Straße erstreckt sich das als Nationalpark (*Linnansaaren kansallispuisto*, 36 km²) ausgewiesene Seengebiet des *Haukivesi*. Eine besonders seltene dort lebende Tierart ist die Saimaa-Ringelrobbe (*norppa*). Schätzungsweise 150 bis 200 Tiere stellen den gesamten Bestand der weltweit einzigen Süßwasserrobbenart dar. Auf der Strecke von Sulkava bis zum Etappenziel bestehen zwei weitere Übernachtungsmöglichkeiten.

Unterkunft: Sydänmaan tila, 58770 Pihlajalahti, Tel. (957) 331009; Kirsin kievari, Massilanmäki, 58810 Kallislahti, Tel. 330053.

Savonlinna, 28.600 Einw., Mikkelin lääni. Zweifelsfrei wichtigste Sehenswürdigkeit ist die Burg *Olavinlinna*, die der dänische Ritter Erik Axelsson Tott 1475 erbauen ließ. Grund für den Bau war die Sicherung der angrenzenden Neusiedlung sowie der Ostgrenze. Tott ließ die Festung in einem Gebiet errichten, das nach russischer Auffassung eindeutig nicht zum Territorium des westlichen Nachbarn gehörte. Entsprechend war die Reaktion: Immer wieder befehdeten sich die verfeindeten Parteien in dieser Gegend. Bis zum Jahr 1714 konnte die Besatzung der Burg den Angriffen aus dem Osten standhalten. Sogar die Zerstörung der Stadt 1656 überstand die Festung weitgehend unbeschadet. Im Frieden von Turku 1743 mußte die »Olavsborg«, so der schwedische Name, an das erstarkte Zarenreich abgetreten werden. Seit Jahrzehnten sind immer wieder Instandsetzungsarbeiten an der auf finnischem Boden am besten erhaltenen Burg notwendig. Jeweils im Juli finden im Innenhof die berühmten Opernfestspiele statt. In dieser Zeit ist es nahezu unmöglich, unangemeldet noch ein freies Bett zu ergattern. Verschiedene Sehenswürdigkeiten (Provinzmuseum, drei Museumsschiffe, einige Kunstausstellungen, Puppenmuseum *Suraton*) laden zu einem längeren Verweilen ein.

In der Umgebung: Etwa 16 km entfernt, auf der Halbinsel *Lehtiniemi*, befindet sich das Lustschloß *Rauhalinna*, ein Geschenk des zaristischen Generals Nils Weckmann an seine Gattin zur Silberhochzeit - anno 1900.

Information: Savonlinnan matkailupalvelu, Puistokatu 1, 57100 Savonlinna, Tel. (957) 273492 od. 273493, Fax 514449.
Flugverbindungen: nach Helsinki, tägl.; sowie 16 weitere Verbindungen in alle Landesteile.
Schiffsverbindungen: nach Kuopio, 14.6.-14.8., 1 x tägl. außer montags, Fahrrad kostenpflichtig; nach Punkaharju, 8.6.-17.8., 1 x tägl., Fahrrad kostenpflichtig.
Unterkunft: Perhehotelli Hospits, Linnankatu 20, Tel. 515661, Fax 515120; Retkeilyhotelli Vuohimäki, Tel. 537353; Unijuna, Tel. 514868; S/S Heinävesi, Tel. 273492, Dampfschiff im Hafen, mit dem tagsüber Ausflugsfahrten gemacht werden, Übernachtung ab Fmk 65.
Jugendherberge: Malakias****, Pihlajavedenkuja 6, Tel. 23283, Fax 272524, 1.7.-7.8., Sauna, 2 km westl. des Bahnhofs; Vuorilinna****, Kylpylaitoksentie, Tel. 5750495, Fax 272524, 1.6.-28.8., Frühstück, Sauna, Waschm., auf der Halbinsel Vääräsaari, nördl. des Zentrums.
Camping: Vuohimäki***, Tel. 537353, 3.6.-28.8., Hü., Waschm., Fahrradverleih, 5 km westl. des Zentrums.
Fahrrad: Kesport-Vepsäläinen, Olavinkatu 44, Tel. 273680, auch Verleih; Polkupyörähuolto Koponen Ky, Olavinkatu 42, Tel. 23977.

Anschluß Richtung Osten: Etappe 92

Etappe 91:
Imatra - Särkilahti - Punkaharju (87 km)
Karten: GT Nr. 6, Saimaa matkailukartta

Die ersten 10 km folgen dem Radweg entlang der »6«. Weitere 6 km müssen jedoch direkt auf der Hauptstraße bewältigt werden. Auf der »406« durchfährt man eine bergige, touristisch nicht sehr stark erschlossene, nichtsdestoweniger schöne Landschaft.
Jugendherberge: Karjalan Lomahovi***, Tel. (957) 61851, Fax 62597, 1.6.-31.8., Frühstück, Sauna, Waschm., Fahrradverleih, im Zentrum von Parikkala, etwa 30 km östl. des Etappenverlaufs.

Wer sich zum Etappenende hin die Hauptstraße ersparen möchte, kann bereits kurz vor deren Erreichen (an einer Bushaltestelle) links in den *Vanha Viipurintie* einbiegen, der anschließend in den *Vanhatie* übergeht (*in Gegenrichtung:* vom Zentrum Punkaharjus über die Eisenbahnbrücke, dann links in Richtung *Palomäki* bzw. *Paloranta*).

Punkaharju, 5000 Einw., Mikkelin lääni. Der schmale eiszeitliche Landrücken im nördlichen Gemeindegebiet (s. folgende Etappe) gehört mit Sicherheit zu den am meisten bestaunten Natursehenswürdigkeiten im Land. Ein kultureller Höhepunkt einer Finnlandreise ist das Kunstzentrum *Retretti*, in dessen - zum Teil - unterirdischen, in den Granit gesprengten Gängen Ausstellungen namhafter Künstler stattfinden. Als einer der bisherigen Höhepunkte des Kunstzentrums war 1993 eine ausgezeichnete Zusammenstellung der Werke Marc Chagalls zu bewundern. Darüber hinaus werden im Felsensaal von Retretti Konzerte veranstaltet.

Information: Punkaharjun kunta, matkailuneuvonta, Kauppatie 20, 58500 Punkaharju, Tel. (957) 441011 od. 441075, Fax 441676.
Schiffsverbindungen: nach Savonlinna, 8.6.-17.8., 1 x tägl., Fahrrad kostenpfl.
Unterkunft: Gasthaus Punkaharju, Tel. 311371; Punkaharjun Leiri- ja kurssikeskus, Tel. 314189; Itä-Karjalan Kansanopisto, Tel. 311471; Gasthaus Naaranlahti, Naaranlahti, 58520 Hiukkajoki, Tel. 473123.
Camping: Kultakivi***, 58999 Savonlinna, Tel. 514757, Fax 315110, 1.3.-31.12., Hü., Waschm., Fahrradverleih, 5 km südl. von Punkaharju entlang der »14«; Lomakeskus Retretti***, Tel. 441761, Fax 441784, ganzj., Hü., Waschm., Fahrradverleih, 5 km nördl.

Anschluß Richtung Norden: Etappe 93

Etappe 92:
Punkaharju - Savonlinna (36 km)
Karten: GT Nr. 6, Saimaa matkailukartta

Schon kurz hinter der Ortsausfahrt beginnt zur Linken die schmale Straße über den berühmten Landrücken (Beschilderung: »Harjualue«). Vorbei am Kunstzentrum zweigt in *Kulenoinen* eine kleine Straße in Richtung *Lahdenkylä* und *Moinsalmi* ab. Nach etwa 8 km biegen Sie an der Kreuzung rechts nach **Savonlinna** ab.

Stadtbeschreibung Savonlinna & Anschluß Richtung Südwesten: Etappe 90

Etappe 93:
Punkaharju - Kerimäki - Kitee (87 km)
Karten: GT Nr. 6, Saimaa matkailukartta

Die ersten 12 km entsprechen dem Verlauf der vorhergehenden Etappe. Eine gut ausgebaute Verbindungsstraße führt nach **Kerimäki** (6500 Einw.), wo der Welt größte Holzkirche steht. Es ist bis heute nicht abschließend geklärt, warum gerade hier ein so überdimensioniertes Gotteshaus errichtet wurde. Eine 37 m hohe Kuppel wölbt sich über 3000 Sitzplätzen. An weltlichen Dingen ist das Finnische Museum für Binnenseefischerei (*Suomen järvikalastusmuseo*) noch das Interessanteste.
Information: Kunnanvirasto, matkailuneuvonta, 58200 Kerimäki, Tel. (957) 57541; Souvenirshop Apaja, Tel. 541334, 5.6.-21.8.
Unterkunft: Kerihovi, Puruvedentie 28, Tel. 541225; Motelli Lomasaaret, 58350 Villala, Tel. 40569, 22 km entlang der »71« in Richtung Kitee.
Jugendherberge: Korkeamäen Majatalo***, Ruokolahti, Tel. 4827 od. 442186, 1.6.-31.8., Frühstück, Sauna, Fahrradverleih, 6 km südl. des Zentrums.
Camping: Loma-Lohi***, Tel. 541771, 3.6.-16.8., Hü., Waschm., 3 km entlang der »71« in Richtung Savonlinna.

Bis nach *Puhos* folgen Sie dem Verlauf der »71«. Auf dem Weg dorthin macht ein Schild auf das Atelier von Leo Karpanen aufmerksam, in dem Holzskulpturen des Künstlers zu sehen sind. Kurz vor der Ortsausfahrt Puhos' zweigt links eine kleine Straße in ein Industriegebiet ab. Nach etwa 1 km biegen Sie an einer Kreuzung rechts ab, überqueren nach 2 km die »6« und gelangen nach **Kitee**, das sich erst seit 1992 Stadt nennen darf. *Die* Attraktion: die angeblich größte Modelleisenbahnanlage Finnlands im Stadthaus. Darüber hinaus gibt es noch das obligate Heimatmuseum zu besichtigen.
Was unter den Begriffen »Pontikka« und »Kiteen kirkas« in Kitee verstanden wird, fragen Sie am besten deren Einwohner!

Kartenskizze Etappen 93 & 94

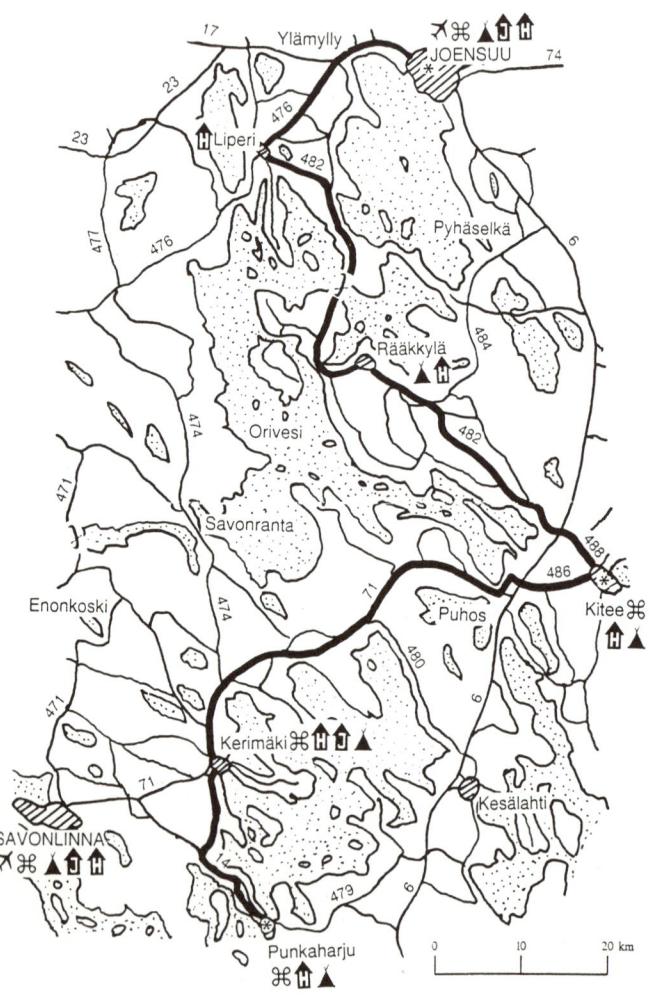

Information: Kiteen kaupunki, matkailuneuvonta, Kiteentie 25, 82500 Kitee, Tel. (973) 416214, Fax 411342.

Bahnverbindungen: nach Helsinki, Kouvola, Joensuu, Oulu.

Unterkunft: Gästehaus M. Ilvonen, Kiteentie 57, Tel. 411137; Ev. Volkshochschule Kitee, Opistontie 7, Tel. 412441, Voranmeldung notwendig.

Camping: Pajarinhovi***, Syrjäsalmi, 82430 Puhos, Tel. 429761, Fax 429764, ganzj., Hü., Waschm., Fahrradverleih, 16 km südl. an der »6«; Likolampi**, 82380 Tolosenmäki, Tel. 422222, 1.6.-15.8., Hü., Waschm., 6 km nordwestl. des Zentrums; Reino ja Eila Koskinen, Gartencamping, Tasapää, 82430 Puhos, Tel. 429736; Röskö, Tel. 413013 od. 427231, ganzj., Hü., Voranmeldung notwendig.

Fahrrad: Kiteen pyörä ja tarvike Ky, Heikki Matikainen, Kiteentie 5, Tel. 413129.

Etappe 94:

Kitee - Rääkkylä - Liperi - Joensuu (100 km)

Karten: GT Nr. 6 & 9, Saimaa matkailukartta, Pyöräily- ja Ulkoilukartta Joensuu

---

Mit dem Überqueren der »6« und dem Passieren des Campingplatzes von *Tolosenmäki* (s. o.) beginnt die gut ausgebaute Straße nach **Rääkkylä** (3450 Einw.), wo jährlich Anfang Juli das karelische Volksmusikfestival *Kihaus* stattfindet.

Information: Rääkkylän kunta, 82300 Rääkkylä, Tel. (973) 6601, Fax 660209.

Unterkunft: Niemisen Hovintila, Tel. 664184, 8 km in Richtung Kitee, dann 12 km nach Norden und 5 km nach Westen; Maaseutumatkailu Toivanen, Oravilahdentie 9 A, Tel. 661214, 3 km in Richtung Kitee.

Camping: Koivuniemi***, Tel. 661182, 1.6.-15.8., Hü., Fahrradverleih, vom Zentrum 2 km in Richtung Liperi.

Vorbei an flachen Buchten mit breiten Schilfgürteln erreicht man die Fähre, welche die Verbindung zur Gemeinde **Liperi** herstellt.

Unterkunft: Kivelän Hovi, Keskustie 23, 83100 Liperi, Tel. (973) 652834; Mylly Pirtti, Myllyrinne, Ylämyllyntie 67 C, 80400 Ylämylly, Tel. 852120.

Bei *Ylämylly* trifft man auf die Hauptstraße Outukumpu-Joensuu. Parallel zu dieser beginnt der Radweg nach *Joensuu*. Vom Stadtteil *Noljakka* an führt er durch einen kleinen Wald bis zur Universität (*in Gegenrichtung:* s. folgende Etappe).

Joensuu, 48000 Einw., Pohjois-Karjalan lääni, ist nach Helsinki die Stadt mit der größten orthodoxen Gemeinde. Viele der rund 4500 Gemeindemitglieder stammen aus dem Teil Kareliens, der heute zum russischen Staatsgebiet gehört. Exponate auch aus dieser Gegend sind im nordkarelischen Museum (*Pohjois-Karjalan museo*) ausgestellt. Die Universität von Joensuu ist die einzige des Landes, an der orthodoxe Theologie gelehrt wird; in der Nikolaikirche (1887) in der Kirkkokatu (»Kirchstraße«) sind wertvolle Ikonen zu sehen. Bemerkenswerterweise am entgegengesetzten Ende derselben Straße befindet sich die lutherische Kirche, die von Josef Stenbäck 1903 geschaffen wurde. Bekannt ist die Provinzhauptstadt für das große Sängerfestival im Juni. Deutlich ruhiger geht es im Kunstmuseum (*Joensuun taidemuseo*) zu, in dem neben Bildern finnischer Maler u.a. eine chinesische Sammlung zu betrachten ist. Ferner hat die 1848 durch Zar Nikolai I. gegründete Stadt gleich zwei Gärten vorzuweisen: den botanischen Garten der Universität im Stadtteil Linnunlahti sowie den Schmetterlings- und Drachengarten am nördlichen Stadtrand.

Information: Joensuun kaupungin matkailutoimisto, Koskikatu 1, 80100 Joensuu, Tel. (973) 1675300, Fax 123933.

Flugverbindungen: nach Helsinki, tägl.; sowie 16 weitere Verbindungen in alle Landesteile.

Schiffsverbindungen: nach Koli (am Pielinen-See), 12.6.-9.8., 2 x wöchentl., Fahrradmitnahme möglich.

Bahnverbindungen: nach Helsinki, Kouvola, Lappeenranta, Oulu, Pieksämäki, Tampere, Turku.

Unterkunft: Apartamentos Joensuu, Torikatu 47, Tel. 224886; Matkakoti Hostel Aaro, Kirkkokatu 20, Tel. 1481051, Fax 1481053.

Jugendherberge: Finnhostel Joensuu****, Kalevankatu 5, Tel. 1675076, Fax 1675075, ganzj., Sauna, Fahrradverleih, im südlichen Zentrumsbereich; Joensuun Elli****, Länsikatu 18, Tel. & Fax 225927, 1.6.-31.8., Frühstück, Sauna, Waschm., in der Nähe des Stadions; Partiotalon retkeilymaja**, Vanamokatu 25, Tel. 123381, 1.6.-31.8., im nördl. Stadtteil Kanervala.

Camping: Linnunlahti***, Tel. 225733 od. 126272, 4.6.-16.8., Hü., Waschm., 1 km südwestl. des Zentrums, in der Nähe der Trabrennbahn (Ravirata).

Fahrrad (Auswahl): Pyörähuolto K. Väisänen, Torikatu 37 B, Tel. 224665; Pyörähuolto Sarola, Huvilakatu 9, Tel. 32189; Pyöräkorjaamo Joensuun Pyörähuolto ja Tarvike, Torikatu 33, Tel. 129490.

Anschluß Richtung Norden: Etappe 96

Etappe 95:
Joensuu - Vaivio - Viinijärvi - Outokumpu (55 km)
Karten: GT Nr. 9, Saimaa matkailukartta, Pyöräily- ja Ulkoilukartta Joensuu

---

An der Schwimmhalle in der Nähe der Universität (*yliopisto*) beginnt ein nichtasphaltierter Radweg, auf dem Sie Joensuu durch den Stadtteil *Noljakka* hindurch verlassen können. Etwa 2 km nach dem Passieren der Abfahrt zum Flughafen beginnt rechter Hand die »502«. Dieser folgt man für rund 5 km, um dann auf die Nebenstraße nach *Vaivio* einzuschwenken. Für einige Kilometer ist der Fahrweg nicht asphaltiert. Parallel zur Eisenbahn und zur »17« gelangen Sie durch die Gemeinde **Viinijärvi** bis fast nach Outukumpu. Nur das letzte Teilstück muß noch auf der Hauptstraße zurückgelegt werden.

Ortsbeschreibung Outukumpu & Anschluß Richtung Südwesten: Etappe 80
Anschluß Richtung Nordwesten: Etappe 83

Kartenskizze Etappen 95 & 96

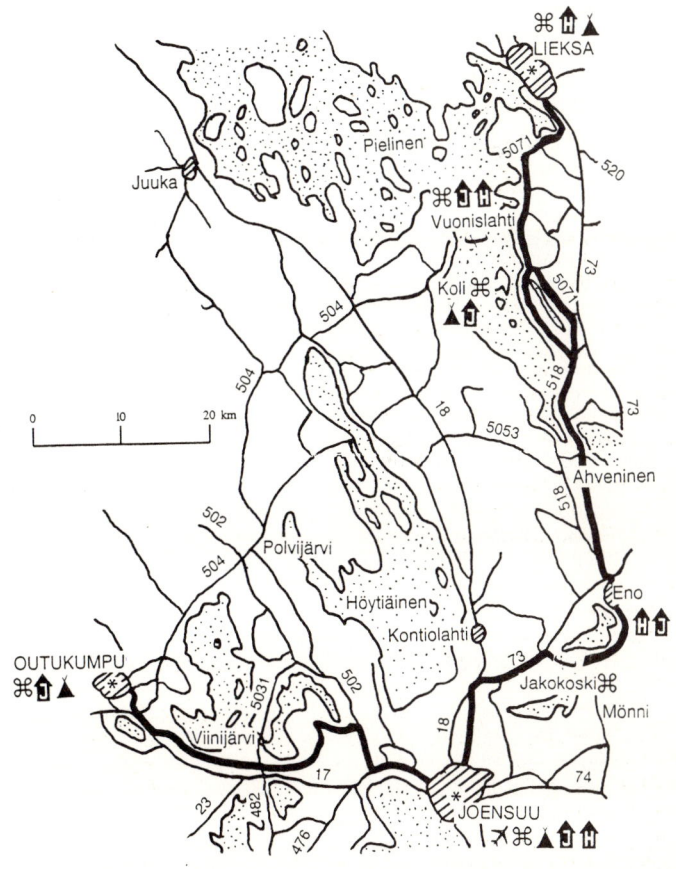

Etappe 96:
Joensuu - Jakokoski - Eno - Ahveninen - Lieksa (105 km)
Karten: GT Nr. 9, Saimaa matkailukartta, Pyöräily- ja Ulkoilukartta Joensuu

Entlang dem Flußufer des Pielisjoki folgen Sie dem Radweg in nördlicher Richtung. An einer Esso-Tankstelle biegen Sie links in den *Nurmeksentie* ein, dessen Verlauf Sie für etwa 12 km folgen.
Unterkunft: Motelli Lehmo, Tel. (973) 893211.

Für kurze Zeit befährt man die Hauptstraßen »18« und »73«. In **Jakokoski** zweigt ein kleiner Weg (auf etwa 4 km nicht asphaltiert, jedoch gut befahrbar) in Richtung *Mönni* ab. In der Nähe der Fähre, mit der Sie auf die andere Flußseite übersetzen, befindet sich das Kanalmuseum (*Jakokosken museokanava*). Einige hundert Meter hinter dem Fähranleger zweigt links die Straße nach *Pilkkasuo* und **Eno** ab.
Information: Enon Matkailu Oy, Kauppatie 11, 81200 Eno, Tel. & Fax (973) 761980.
Hotel: Kaltimonkoski, Tel. 762095.
Unterkunft: Alavan Rantatuvat, Jouko u. Kirsi Puhakka, Tel. 763774; Kaltimon Lomamajat, H. u. I. Ikonen, Tel. 761124, 6 km nördl. von Eno, dann 2 km in Richtung Hutunvaara; Purotorpan Lomamajat, Ignatius Arvo, Naurisoja, Tel. 761467, 4 km südl. von Eno.
Jugendherberge: Jokipirtin Majatalo***, 81270 Paukkaja, Tel. 77607, 1.2.-30.11., Frühstück, Sauna, Fahrradverleih, 10 km in Richtung Uimaharju.
Fahrrad: Polkupyöräkorjaamo, Lauri Puhakka, Kuusijärvi, Tel. 763732.

Sie verlassen Eno, in dem Sie den Fluß überqueren. An der Kreuzung halten Sie sich für kurze Zeit links und biegen am Sportplatz rechts in die »518«. Ein besonders schönes Teilstück beginnt mit dem kleinen Dorf *Ahveninen* am Südufer des *Pielinen*. Nachdem Sie einige Zeit am See entlanggeradelt sind, geht links die Straße nach *Vuonislahti* ab. Von hier ergeben sich zwei Möglichkeiten; die westliche Variante ist etwas leichter zu befahren. Dort besteht auch eine Übernachtungsmöglichkeit.
Unterkunft: Loma- ja kurssikeskus Päivänkakkara, Läpikäytäväntie 54, 81570 Kelvä, Tel. (975) 544106, Fax (942) 47271.

Die östliche Variante folgt für 3 km einer alten karelischen Handelsstraße bis in das Dorf *Kelvä*. Bei *Ala-Kelvä* treffen die beiden beschriebenen Straßen wieder aufeinander, von nun an ist der Weg auch wieder asphaltiert. Von *Vuonislahti* besteht eine Wasserbusverbindung (kostenpflichtig) nach Koli auf der Westseite des Pielinen. Ganz in der Nähe von Vuonislahti befindet sich auch das Atelier der Bildhauerin Eva Ryynänen. Am einfachsten zu erreichen ist es über die Siedlung Törmälä. Eine Jugendherberge lädt zum Übernachten ein (Anschrift s. Stadtbeschreibung Lieksa). Am Ende einer großen Bucht zweigt links die nichtasphaltierte Nebenstraße nach *Lamminkylä* ab.

Lieksa, 17.400 Einw., Pohjois-Karjalan lääni. Bereits 1653 gründete Graf Per Brahe die nach ihm benannte Stadt »Brahea« auf dem Gebiet des heutigen Zentrums von Lieksa. Im Gegensatz zu anderen Stadtgründungen des Grafen sank »Brahea« schon gegen Ende des 17. Jh. wieder auf den Rang eines Kirchspiels. Die Stadt Lieksa entstand erst 1973 durch den Zusammenschluß mit der umliegenden Landgemeinde Pielisjärvi. Sehenswert ist die moderne Kirche (1982) am Fluß Lieksanjoki, wo auch die 1979 abgebrannte Vorgängerkirche stand. Wer nur flüchtig an dem imposanten Kuppelbau vorbeifährt, mag das Gotteshaus für eine Sporthalle halten. Ganz in der Nähe der Kirche befindet sich das *Pielisen museo*, eines der größten Freilichtmuseen in Finnland.

In der Umgebung: Im Gebiet östlich von Lieksa werden organisierte Wildwasserfahrten angeboten. Nähere Informationen erteilt das Fremdenverkehrsamt.

Auf der gegenüberliegenden Seite des Pielinen (Fährverbindung im Sommer zweimal täglich, kostenpflichtig) liegt der Nationalpark *Koli* (11 km²). Von der höchsten Erhebung, dem Berg *Ukko-Koli* (347 m), gibt es einen fantastischen Blick auf das Seengebiet. In Koli besteht auch die Möglichkeit zur Übernachtung (s. u.). Im Reisezentrum Kolinportti (an der Straße »18«) gibt eine Naturschutzinformationsstelle Auskunft über den Nationalpark.

Information: Lieksan Matkailu Oy, Pielisentie 7, 81700 Lieksa, Tel. (975) 5201500, Fax 526438.

Fährverbindungen: nach Koli, 22.5.-22.8., 2 x tägl., Dauer 1 h 40 min, kostenpflichtig.

Bahnverbindungen: nach Helsinki, Lappeenranta, Joensuu, Oulu.

Hotel: Kulma, Pielisentie 44, Tel. 522112.

Unterkunft: Motelli Aigabriha, Honkatie 3, Tel. 522922, Fax 526356; Lomapirtti Sillankorva, Ruunaantie 124, Tel. 533121; Lieksan Kotitalous- ja Sosiaalialan Oppilaitos, Märäjälahdentie, Tel. 535211, Fax 535273; Lieksan Kristillinen Opisto, Kylänlahdentie 81, 81820 Kylänlahti, Tel. 547141, Fax 547129, 15 km nördl.; Isäntärenki, Vuonisjärventie 2, 81560 Vuonisjärvi, Tel. 543114.

Jugendherberge: Herranniemi****, 81590 Vuonislahti, Tel. 542110, 20.5.-30.9., Frühstück, Sauna, Waschm., Fahrradverleih, 27 km südl. des Zentrums.

Camping: Timitraniemi***, Tel. 521780 od. 541166, 1.6.-20.8., Hü., Waschm., Fahrradverleih, 2,5 km südwestl. des Zentrums; Neitikoski/Ruunaan retkeilyalue***, Tel. 521816 od. 533170, Fax 526609, 1.6.-30.9., Hü., Waschm., Fahrradverleih, 25 km östl. des Zentrums.

Fahrrad: Polkupyöräliike ja Korjaamo V. Timonen, Torikatu 3, Tel. 521706.

Nationalpark Koli auf der Westseite des Pielinen:

Information: Kolin ja Juuan alueen matkailuneuvonta, Tel. (973) 671333, Fax 671334.

Fährverbindungen: nach Lieksa, 22.5.-22.8., 2 x tägl., Dauer 1 h 40 min, kostenpflichtig.

Schiffsverbindungen: nach Joensuu, 10.6.-8.8., 2 x wöchentl.; nach Nurmes, 9.6.-7.8., nur sonntags, Fahrradmitnahme in Absprache mit der Besatzung möglich.

Unterkunft: Tarina-Aho, 81590 Vuonislahti, Tel. (975) 542212, 1.6.-15.9., auf der Insel Kelvänsaari, nur mit Wasserbus vom Hafen Koli erreichbar, Fahrradmitnahme möglich.

Jugendherberge: Kolin retkeilymaja***, Niinilahdentie 47, Tel. 673131, ganzj., Frühstück, Sauna, Fahrradverleih.

Camping: Loma-Koli Camping***, Tel. 673212 od. 673211, Fax 673201, 1.6.-22.8., Hü., Waschm., Fahrradverleih; Hotelli Kolin matkailuvaunualue***, 83970 Yläkoli, Tel. 672221, Fax 672240, ganzj., auch Fremdenzimmer.

Etappe 97:
Lieksa - Nurmes (58 km)
Karte: GT Nr. 9

Wer sich und sein Rad nicht unbedingt schonen möchte, kommt auf der Nebenstrecke gut voran. Allen anderen sei der Verbleib auf der »73« empfohlen. Etwa 5 km hinter der Ortsausfahrt Lieksas zweigt links die Straße nach *Jamali* und *Kylänlahti* ab. Die Strecke ist teilweise nicht asphaltiert, zahlreiche kurze Steigungen bedeuten eine zusätzliche Erschwernis. Mehrfach die Eisenbahnschienen kreuzend, gelangt man schließlich nach *Höljäkkä*.

Unterkunft: Elvi Nevalainen, Mäntylä, 75990 Höljäkkä, Tel. (976) 431004.

Flößerei am Pielinen

Kurz vor Erreichen der Hauptstraße beginnt links eine Nebenstraße, auf der man bis nach *Nurmes* fahren kann (*in Gegenrichtung:* vom Stadtzentrum Nurmes' der Straße in Richtung des Ferienzentrums *Hyvärilä* folgen).

Nurmes, 11.000 Einw., Pohjois-Karjalan lääni. Die »Stadt der Birken« entwickelte sich an der vom Ladoga-See nach Norden führenden Handelsstraße der Karelier, die bereits im 16. Jh. hier siedelten. Marktrechte wurden im Jahre 1876 durch den russischen Zaren Alexander II. verliehen. Aus dieser Zeit stammt auch das am Hang gelegene Holzhausviertel *Puu-Nurmes*. Nordwestlich davon schließt sich der *Kirkkoharju*-Landrücken mit dem Glockenturm (1773) und altem Friedhof an. In allen Fremdenverkehrsprospekten besonders hervorgehoben wird das im Ortsteil Ritoniemi gelegene *Bomba*-Haus, der Nachbau eines ostkarelischen Bauernhofes. Vermutlich geschieht dies aufgrund der guten Möglichkeiten, im nicht ganz billigen Hotel, dem Restaurant oder auch an den zahlreichen »Neppbuden« sein Geld loszuwerden. Wer sich für die Entwicklung der Milchwirtschaft interessiert, sollte das Stadtmuseum *Ikola* am nördlichen Ortsende besuchen.
Information: Loma-Nurmes Oy, Lomatie, 75500 Nurmes, Tel. (976) 481770, Fax 481775, 4 km östl. des Zentrums, im Ferienzentrum Hyvärilä.
Schiffsverbindngen: nach Koli, 9.6.-7.8., nur sonntags.
Bahnverbindungen: nach Helsinki, Lappeenranta, Joensuu, Oulu.
Unterkunft: Retkeilyhotelli Pehtoori, Anschrift s. Information; Koivula, Liisa Klippel, Joensuuntie 50, Tel. 440066, 10 km in Richtung Joensuu; Nurmeksen evankelinen opisto, Opistontie, 75970 Kohtavaara, Tel. 430120, Fax 431004, 12 km südöstl.
Jugendherberge: Hyvärilän Matkailukeskus***/****, Anschrift s. Information, ganzj., Frühstück, Sauna, Fahrradverleih; Pompannappi****, Koulukatu 16, Tel. & Fax s. Information, 1.6.-10.8., Frühstück, Fahrradverleih, im Zentrum.
Camping: Hyvärilä***, Anschrift s. Information, 15.5.-15.9., Hü., Waschm. u. Trockner, Fahrradverleih.
Fahrrad: Pyörä- ja Pienkonehuolto, Karjalankatu 4, Tel. 480850; Pyöräkorjaamo Jorma Pieviläinen, Hyvärilä, Tel. 431864; Konesola, Kirkkokatu 16 A, Tel. 480180.

Etappe 98:
Nurmes - Kuhmo (81 km)
Karte: GT Nr. 11

Scheinbar unendlich durchzieht das Asphaltband diese schon recht dünn besiedelte Gegend. Entlang der ersten Streckenhälfte weisen Schilder auf verschiedene Übernachtungsmöglichkeiten in Ferienhütten hin. Um diese nutzen zu können, empfiehlt sich eine Voranmeldung (Adressen im Prospekt der Stadt Nurmes). Mit dem Erreichen der Gemeinde Kuhmo gelangt man gleichzeitig in die Provinz Oulu.

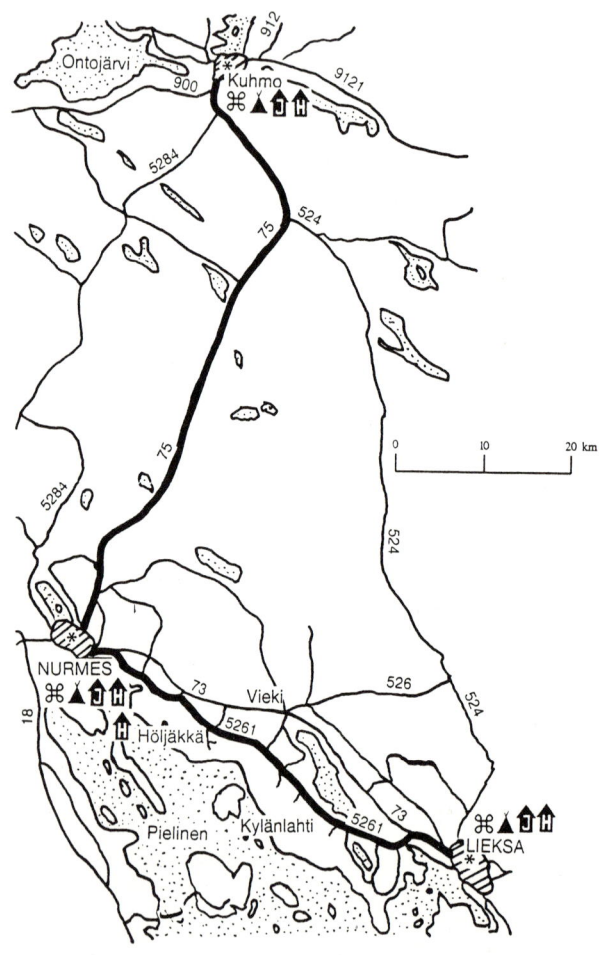

Kuhmo, 13.000 Einw., Oulun lääni. Unbestrittener kultureller Höhepunkt im Jahresablauf der Kleinstadt sind die Mitte Juli bis Anfang August stattfindenden *Kammermusikfestspiele*, zu denen sich Interpreten aus der ganzen Welt ansagen. Beliebteste Sehenswürdigkeit ist ein dem finnischen »National-Epos« Kalevala nachempfundenes Museumsdorf (*Kalevalakylä*). Darüber hinaus werden im Sommer auf den Stromschnellen von *Lentuankoski* (15 km nördl. des Zentrums) Stromschnellenfahrten angeboten.

In der Umgebung: Etwa 40 km südwestlich befindet sich der Nationalpark Hiidenportti (*Hiidenportin kansallispuisto*, 43 km²). Vor allem Kiefernwälder und verschiedenartige Moore prägen das Landschaftsbild. Besonders sehenswert ist eine 20 m hohe Felswand, zu deren Fuß ein kleiner Fluß verläuft.

Information: Kuhmon Kaupunki, Matkailutoimisto, PL 15, 88901 Kuhmo, Tel. (986) 561382 od. 561211, Fax 561139.

Unterkunft: Kuhmon Matkakievari Ky, Vienantie 3, Tel. 50271.

Jugendherberge: Retkeilymaja***, Piilolan koulu, Tel. 561245, 27.6.-1.8., Sauna, Fahrradverleih, im Zentrum.

Camping: Kalevalan leirintä***, PL 15, Tel. 561388, 1.6.-31.8., Hü., 4 km vom Zentrum in Richtung Suomussalmi; Lentuankosken leirintäalue*, Ilmo Ahtonen, 604 Lauttavaara, 88899 Kuhmo, Tel. 538626, 1.6.-10.9., Hü., 15 km vom Zentrum in Richtung Suomussalmi.

Fahrrad: Elmo Sport, T-Market Marikko, Koulukatu 13, Tel. 520273; August Korhonen, Kainuuntie 87, Tel. 51721.

Etappe 99:
Kuhmo - Sotkamo - Kajaani (104 km)
Karte: GT Nr. 11

Für die ersten 20 km folgt man der Beschilderung »Hyrynsalmi«. Vorbei an Seen mit schönen Sandstränden führt die wenig befahrene »900« durch zunehmend hügeliger werdendes Gebiet nach Westen. Unterwegs weist ein Schild auf das Freilichtmuseum *Tervajärvi* hin. Mit **Sotkamo** erreichen Sie eine der Hochburgen des »Pesäpallo«. Diese finnische Version des Baseball ist wohl die beliebteste Ballsportart im Lande. Von der Sprungschanze im westlich gelegenen Gemeindeteil *Vuokatti* sowie vom *Naapurivaara* (»Nachbarberg«) erhält man einen weiten Blick ins bergige Kainuu.

Information: Vuokatin Matkailukeskus Oy, Kainuuntie 3, 88600 Sotkamo, Tel. (986) 60055, Fax 60639.

Bahnverbindungen: nach Oulu, Joensuu, Lappeenranta, Helsinki.

Jugendherberge: Tikkanen***, Kainuuntie 31, Tel. 60541, ganzj., Frühstück, Sauna, Waschm., Fahrradverleih, im Zentrum.

Camping: Vuokatinranta***, Tel. 640261 od. 640296, ganzj., Hü., Waschm., im Ortsteil Vuokatti; Naapurivaara***, Tel. 64422 od. 60630, ganzj., Hü., Fahrradverleih, 4 km westl. des Ortsteils Vuokatti.

Fahrrad: Sotkamon Keskusliike Oy, Kainuuntie.

Kartenskizze Etappe 99

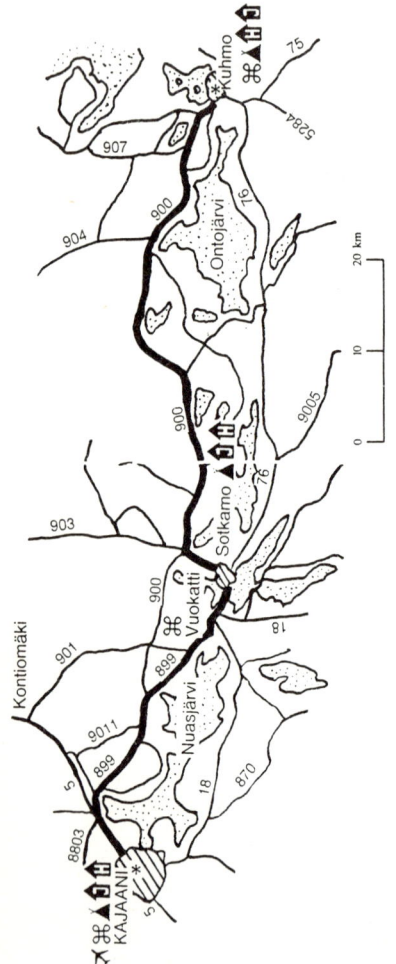

Hinter Vuokatti steigt die »899« langsam aber stetig an, nach Westen folgt eine lange Abfahrt. **Kajaani** erreicht man am einfachsten, wenn man die »5« nach einigen Kilometern wieder verläßt und der Beschilderung »Heinisuo« folgt. Der dort beginnende Radweg führt bis ins Zentrum.

Stadtbeschreibung Kajaani & Anschluß Richtung Südwesten: Etappe 52
Anschluß Richtung Nordwesten: Etappe 53
Anschluß Richtung Norden: Etappe 54

Register

Entsprechend der Einordnung im finnischen bzw. schwedischen Alphabet sind die skandinavischen Sonderbuchstaben Ä, Ö und Å am Schluß genannt.

Bei mehreren Seitenangaben ist die jeweilige Hauptnennung **halbfett** gedruckt; die Seitenzahlen der Abbildungen sind *kursiv* gesetzt.

RegionalRadGeber

RegionalRadGeber sind für Tagestouren und Kurzreisen in einem eng begrenzten Gebiet gedacht. Das Wegenetz ist deshalb zum einen sehr feinmaschig, zum anderen besonders auf die Nutzung autofreier Wege - auch Wald- und Feldwege - ausgerichtet.

1994 sind folgende Bände lieferbar:

Mecklenburger Seen: Neustrelitz bis Werbellinsee (RRG 3)
127 Etappen in der südöstlichen Hälfte der Mecklenburgischen Seenplatte einschließlich von Teilen der Uckermark und der Schorfheide
192 Seiten; **DM/sfr 19,80, öS 156**

Ostseeküste von Wismar bis Ahlbeck (RRG 4)
165 Etappen für die Ostseeküste Mecklenburg-Vorpommerns
240 Seiten; **DM/sfr 24,80, öS 194**

Neue Fränkische Seen und Altmühltal (RRG 5)
180 Etappen im südlichen Drittel Frankens
240 Seiten; **DM/sfr 24,80, öS 194**

Rhön, Spessart, Steigerwald - Unterer Main und Tauber (RRG 6)
188 Etappen im nordwestlichen Drittel Frankens
240 Seiten; **DM/sfr 24,80, öS 194**

Frankenalb, Fränkische Schweiz - Fichtelgebirge & Oberer Main (RRG 7)
146 Etappen im nordöstlichen Drittel Frankens
240 Seiten; **DM/sfr 24,80, öS 194**

Schleswig-Holstein (RRG 8)
128 Etappen für das Land zwischen Nord- und Ostsee
256 Seiten; **DM/sfr 24,80, öS 194**

Ost-Niedersachsen (RRG 9)
101 Etappen im Dreieck Hamburg - Hannover - Helmstedt
240 Seiten; **DM/sfr 24,80, öS 194**

Niederrhein (RRG 10)
98 Etappen im Niederrheingebiet Deutschlands und der Niederlande
192 Seiten; **DM/sfr 22,80, öS 178**

Münsterland (RRG 11)
ca. 100 Etappen im klassischen Radwandergebiet Deutschlands
ca. 192 Seiten; **DM/sfr 22,80, öS 178**

Ruhrgebiet (RRG 12)
ca. 90 Etappen in Deutschlands dichtestbesiedelter Region
ca. 192 Seiten; **DM/sfr 22,80, öS 178**

Mit dem Mountain-Bike in den Bergen

25 kombinierte Rad- und Bergtouren

Christian Dialer hat 25 kombinierte Rad- und Bergtouren für Mountain-Bikes/All-Terrain-Bikes erradelt und beschrieben, die meisten davon im deutsch-österreichischen Voralpenland, ergänzt durch einige Strecken im Bayerischen Wald, im Salzkammergut und im Engadin. Ein Spezial-Führer für Touren auf Schotter-, Wald und Feldwegen.

160 Seiten, 14 Farbfotos, 8 SW-Fotos, zahlreiche Skizzen.
Preis: DM/sfr 19,80, öS 156

Der Wind kommt immer von vorn

Der Titel dieses Buches steht stellvertretend für die Erfahrungen auf einer Fahrradreise.
Bei der Planung, Vorbereitung und Durchführung einer Reise, angefangen mit der Auswahl und Ausstattung eines geeigneten Fahrrades, gibt es eine Vielzahl von Details zu beachten.
Der Autor **Jürgen Rieck** hat in seinem Buch alle nötigen Informationen zusammengetragen. Die darin gegebenen Hinweise sind für jede Radtour gültig, gleich wie lange sie dauert und wohin sie geht. Sie sollen dazu beitragen, daß Fahrradreisen mit Planungsfehlern der Vergangenheit angehören.
Zur Vorbereitung Ihrer Reise sollten Sie sich dieses Buch besorgen. Da wird Ihnen auch dann der Spaß an der Reise nicht vergehen, wenn Sie das meteorologische Wunder erleben:
Der Wind kommt immer von vorn.

176 Seiten, zahlreiche Fotos und Abbildungen.
Preis: DM/sfr 19,80, öS 156

CYKLOS-Fahrrad-Reiseführer

Finnland ist nicht das einzige Fahrradreise-Paradies. Für die wichtigsten radtouristischen Gebiete Europas erscheinen Fahrrad-Reiseführer mit Routenbeschreibungen auf bis zu 320 Seiten. Alle Bände dieser Reihe sind speziell für den deutschsprachigen Radtouristen konzipiert und recherchiert worden; um Aktualität und Zuverlässigkeit zu gewährleisten, sind die Strecken erst kurz vor Drucklegung im Fahrradsattel überprüft worden.

Bisher sind folgende Fahrrad-Reiseführer lieferbar:

DDR per Rad
Irland per Rad
Schottland per Rad
England per Rad
Norwegen per Rad
Südschweden per Rad
Dänemark per Rad
Holland per Rad
Belgien/Luxemburg per Rad
Nordwest-Frankreich per Rad (Normandie - Bretagne - Loiretal)
Süd-Frankreich per Rad
Ost-Frankreich per Rad
Korsika per Rad
Mallorca per Rad
Kreta per Rad
Mittel-Italien per Rad (Toskana/Umbrien)
Ober-Italien per Rad
Schweiz per Rad
Österreich per Rad
Ungarn per Rad
Tschechoslowakei per Rad
Polen per Rad - Bd. 1 (Norden) / Bd. 2 (Süden)
Thailand per Rad

Außerdem geplant: Island, Südtirol, Baltikum, Spanien (2 Teilbände), Portugal.

Jeder Band mit etwa 250-320 Seiten kostet **DM/sfr 19,80 - 24,80 (öS 156 - 194).**

Die genannten Bücher sind zu beziehen in jeder Buchhandlung oder direkt vom

Verlag Wolfgang Kettler
Bergstr. 28
D-15366 Neuenhagen b. Berlin

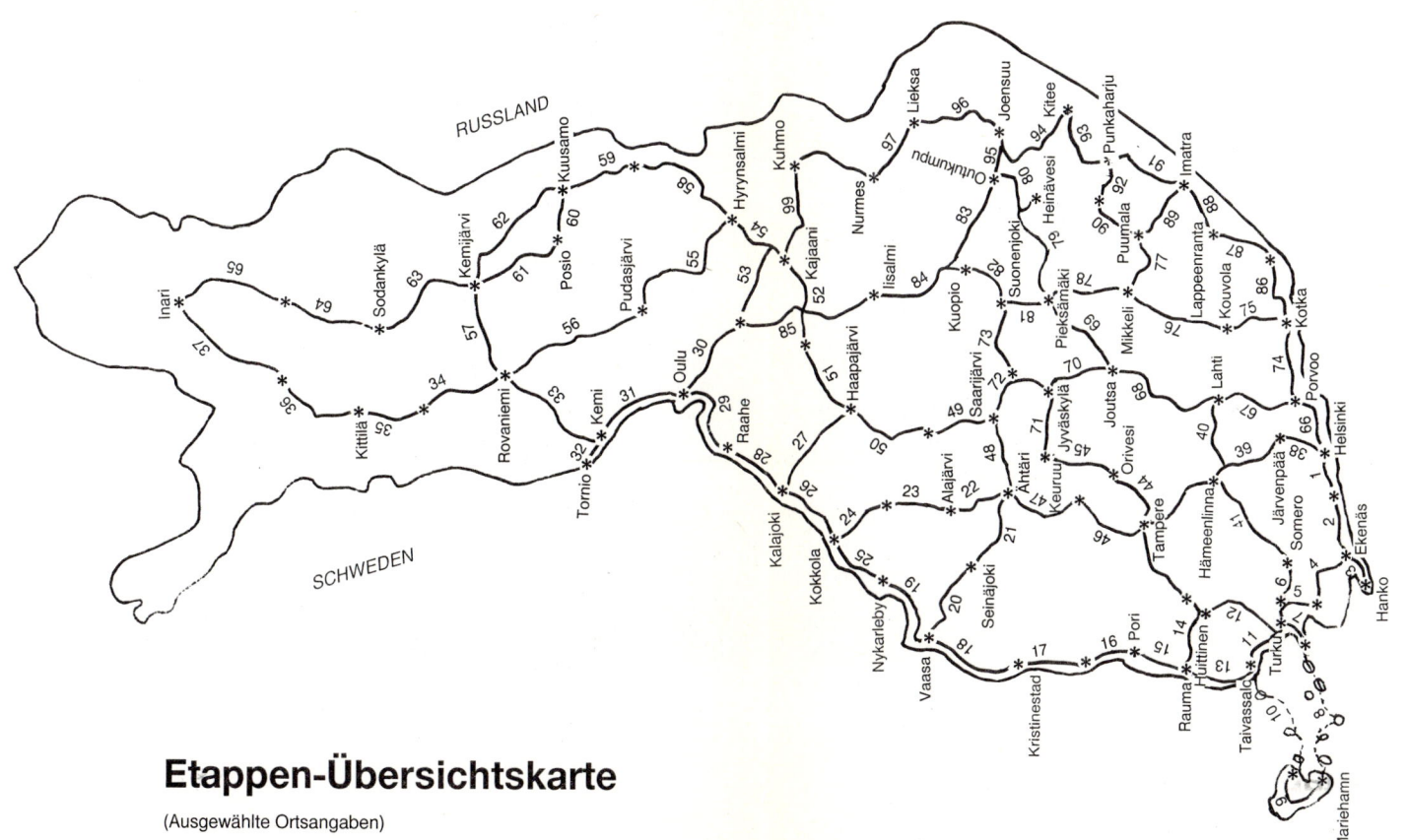

Etappen-Übersichtskarte

(Ausgewählte Ortsangaben)